고대 노예제사회

로마 사회경제사

이 도서의 국립중앙도서관 출판예정도서목록(CIP)은
서지정보유통지원시스템 홈페이지(http://www.seoji.nl.go.kr)와
국가자료공동목록시스템(http://www.nl.go.kr/kolisnet)에서 이용하실 수 있습니다.
CIP제어번호: CIP2015034283(양장), CIP2015034285(반양장)

고대 노예제사회

로마 사회경제사

Ancient Slave Society

The Social and Economic History of the Roman World

차전환 지음

한울
아카데미

120년의 로마제국

북해

대서양

게르마니아

칼레도니아

에보라쿰

데바

브리타니아

이스카

론디니움

콜로니아
아그리피나

벨기카

게르마니아
수페리오르

두로코르토룸

아우구스타
트레베로룸

루테티아

루그두넨시스

아우구스타
빈델리코룸

빈도보나

아퀸쿰

게르마니아
수페리오르

라이티아

라우리아쿰
노리쿰

판노니아
수페리오르

판노니아
인페리오르

리모눔

아퀴타니아

부르디갈라

루그두눔

안케스

포이니아이

메디올라눔

아퀼레이아

달마티아

알페즈

코티아이

알페스

마리티마이

크레모나

살로나이

톨로사

나르보넨시스

나르보

아렐라테

마실리아

이탈리아

타라코넨시스

살라만티카

카이사라우구스타

로마

코르시카와
사르디니아

알레리아

네아폴리스

루시타니아

에메리타 아우구스타

톨레툼

타라코

이탈리카

코르두바

가데스

바에티카

카르타고 노바

카랄리스

타렌툼

팅기

카이사레아

파노르무스

마우레타니아
팅기타나

마우레타니아
카이사렌시스

키르타

우티카

카르타고

시칠리아

시라쿠사이

테베스테

아프리카
프로콘술라리스

지중해

렙티스 마그나

일러두기

• 연도는 서력기원(西曆紀元)을 기준으로 했으며, 별도의 표기가 없다면 기원후를 뜻한다.
• 본문의 성경 구절은 1977년에 편찬되고 1999년에 개정된 『공동번역성서』에서 인용했다.

책을 펴내며

서양 고대에서 시민의 자유가 신장되고 이른바 고전 문명이 꽃을 피운 시기에는 전형적인 노예제사회slave society가 발달했다. 서양 고대사를 연구하는 학자나 일반인들의 주된 관심은 고대인의 자유와 문명에 있었으며, 노예제는 상대적으로 잘 알려지지 않았다. 시민의 자유와 문명이 노예servus의 예속obnoxietas에 기초했다면, 두 측면을 모두 조명해 역사를 전체로서 파악하는 것이 중요하다.

연구사를 돌아보면 고대 노예제만큼 한때 논쟁을 불러일으킨 연구 주제도 드물 것이다. 이 책의 제1장에서는 고대 노예제와 관련해 제기된 쟁점들을 살펴보았다. 마르크스주의 역사가들에 따르면 노예제는 고대사회의 토대였으며, 노예제 생산양식modes of production은 근본적인 한계를 지녀서 노예 소유자 계급과 노예 계급 사이에 계급투쟁이 첨예했다. 이러한 해석을 거부한 서구 학자들은 노예제가 담당한 경제적 역할의 중요성을 부정하고 노예제에 존재한 인도주의적 측면을 강조하는 경향이 있었다.

제2장에서는 로마 노예제사회의 일반적 특성을 살펴보았다. 오늘날 많은 학자는 로마가 진정한 노예제사회였다는 것을 당연시한다. 공화정 후기와 제정 초기 로마제국의 핵심지에서는 노예들이 경제적으로 중요한 역할을 수행했으며, 노예 소유주들은 권력을 과시하거나 사치스러운 용도를 위해 노

예를 소유하는 것도 중시했다. 자유와 노예 상태는 동전의 양면을 이루었으며, 시민의 자유는 노예제에 의해 보장되었다. 프린키파투스principatus 기(원수정 시기)에 인도주의적 정신이 보급됨으로써 노예제가 개선되었을 것으로 보는 학자들도 있었다. 그러나 대표적인 지식인들인 스토아철학자와 기독교 지도자들의 사례들을 고찰해보면 그들은 노예제 자체에 의문을 제기하지 않았다. 스토아철학자들은 아리스토텔레스Aristoteles의 노예 천성론natural slavery을 거부하고 노예도 자유인과 동일한 인간임을 인정했지만, 스토아철학자들의 관심은 노예 소유주들의 도덕적 행복에 있었다. 기독교 저도자들은 주인에게 복종하면서 내세에서 누릴 자유와 영생의 희망을 품도록 노예들에게 가르쳤다.

제3장에서 제5장까지는 노예제 생산양식과 그 변화를 고찰했다. 대표적 생산양식인 노예제 농장 경영과 노예제 이목移牧에 관한 정보를 제공해주는 사료는 마르쿠스 포르키우스 카토Marcus Porcius Cato (대大 카토)와 마르쿠스 테렌티우스 바로Marcus Terentius Varro, 루키우스 유니우스 모데라투스 콜루멜라Lucius Iunius Moderatus Columella가 저술한 농업서들이다. 노예제 농장은 포도주나 올리브유와 같은 상품생산을 하는 한편 자급자족self-sufficiency을 위한 생산도 중시했다. 노예들의 현실적 지위는 다양했으며, 카토의 시대와 콜루멜라의 시대 사이에 지주들이 노예들을 통제하는 방식에서 변화가 나타났다. 일반적으로 노예제 농업 생산양식이 발달함으로써 농민의 몰락을 초래한 것으로 이해되지만, 이 책은 노예제 농장이 주변의 자유인 노동을 전제해 노예노동을 조직했고 노예제 농장과 주변 농민들이 공존 관계에 있던 양상에도 주목했다. 노예제 이목은 방목용 공유지ager scripturarius 또는 pascua publica와 칼레스calles (가축 이동로)에 대한 국가적 차원의 통제와 후원 아래 발달했다. 국가는 이목업자들이 방목용 공유지를 자유롭게 이용하게 하고 이목업자 간의 과도한 경쟁을 억제하면서 방목세scriptura를 징수하는 데 관심이 있었으며, 다른 한편 공동

방목지ager compascuus에 대한 방목권으로 소농peasant farmer이나 소규모 가축 사육자들을 보호하고자 했다. 이목업자들은 계절에 따라 가축 떼를 이끌고 이동하는 남녀 이목 노예들의 동거를 허용했다. 노예제 농장의 일반 노예들이 독신의 성년 남자였던 반면, 이목 노예들에게는 통제의 수월성과 노예 자식의 양육을 고려해 동거가 허용되었음을 알 수 있다.

노예제 생산양식의 변화는 노예제 농장 경영이 쇠퇴하고 소작제가 발달한 것과 관련해 살펴보았다. 노예제 농장 경영은 왜 쇠퇴했는가? 소작제가 노예제를 대체했는가? 제정 전기에는 자유롭던 소작인(콜로누스colonus)들이 제정 후기에 법적으로 토지에 결박되어 예속된 원인과 예속의 과정은 어떠했는가? 로마제국이 동서로 분리된 후 콜로누스들의 지위가 제국 서부와 동부에서 대조적으로 달라진 이유는 무엇인가? 노예제 생산과 소작제는 공존했으며, 시간이 지남에 따라 소작제의 비중이 증가하는 추세였다. 제정 전기에는 자유롭던 콜로누스가 4세기에 지주의 토지에 결박된 것은 조세수입을 확보하려는 황제들의 입법 때문이었다. 로마제국이 동서로 분리된 후 동로마 지역의 콜로누스들이 법적으로 자유인으로 간주되었고 점차 자유로운 농민으로 신분이 상승하는 추세였던 반면, 서로마 지역의 콜로누스들은 그 지위가 하락해 중세 농노serf의 특성을 가지게 되었다.

제6장에서는 노예제사회가 어떻게 성립되었고, 왜 쇠퇴했는가 하는 문제에 대한 모지스 핀리Moses Finley의 견해를 살펴보았다. 핀리는 노예제사회가 성립하기 위한 세 가지 조건으로 유력자들의 수중에 토지가 집중되어 유력자들에게 노동자들이 필요할 것, 상품생산과 시장이 발달할 것, 유력자들이 사회 내부에서 노동자들을 구할 수 없어 이방인을 찾을 수밖에 없는 부정적 조건이 존재할 것을 제시했다. 이 세 가지 조건이 동시에 존재할 때 노예제사회가 성립되었으며, 3세기 이후 상품생산과 시장이 위축되고 노예 소유주들이 제국 내 하류층의 노동을 이용함으로써 노예제사회가 쇠퇴했다는 것이

다. 핀리의 이론적인 설명은 노예제사회의 발달과 쇠퇴를 체계적으로 이해하는 데 도움을 준다.

핀리에 따르면 노예제사회는 도시와 농촌의 잉여 생산에서 노예들이 추축樞軸을 담당한 사회였다. 제7장에서는 노예제 농장이나 고대 경제의 특성에 대한 학자들의 상반된 주장을 살펴보았다. 고대 경제는 기술, 합리성, 영리 행위 등의 견지에서 근대 경제와 달리 원시적이었다고 주장하는 원시론자primitivist들이 있었는가 하면, 근대론자modernizer들은 고대 경제도 그 나름대로 합리적이었고 근대 경제와 비슷한 특성을 가졌다고 주장했다. 근대론자들은 근대 자본주의경제의 모델과 개념들을 고대 경제에 적용했다. 로마 시대 노예제 농장은 시장을 지향한 상품생산과 자급자족 생산이 결합된 이중경제dual economy의 특성을 가졌다. 그런데 여러 학자가 단순히 근대 경제의 기준으로 고대 경제의 원시성이나 근대성을 지적하는 경향이 있었다.

제8장에서 제10장까지는 노예제사회의 온정적 측면으로 지적되는 노예 가족과 노예해방manumissio에 관해 고찰했다. 노예 가족은 노예 소유주가 보여준 인도적 배려의 산물이었다기보다 노예들을 효과적으로 통제하기 위한 수단이었다. 노예 소유주들은 일부 남녀 노예에게 가족 관계를 허용함으로써 노예들의 충성을 확보했으나, 노예 가족은 안정적이지 못했다. 노예 소유주는 필요한 경우 노예 가족 구성원들을 분리해 매각하고 유증했다. 공화정 말기와 제정 초기 로마 사회에서는 지나치게 많은 노예가 해방되어 시민이 됨으로써 시민단의 혈통을 오염시킨다는 비판이 일어났다. 새로운 체제를 확립한 아우구스투스Augustus 황제(재위: 기원전 27년~기원후 14년)는 노예 소유주가 유언장으로 해방할 수 있는 노예들의 비율을 제한하는 법을 제정했다. 또한 노예를 해방할 수 있는 노예 소유주의 최소 연령과 해방될 수 있는 노예의 최소 연령을 정하고, 시민이 되기에 부적합한 자질을 지닌 노예는 해방되더라도 시민이 될 수 없게 하는 법을 제정했다. 노예해방을 제한하는 법들

은 노예해방의 길을 완전히 봉쇄하지는 않았으나, 노예 소유주들이 노예들을 더욱 용이하게 통제하게 하는 효과가 있었다. 노예 소유주들은 노예들을 비공식적으로 해방하기도 했다. 비공식 피해방인은 주인에게 사실상 자유인으로 대우받았지만, 법적으로는 여전히 노예이므로 긴장과 갈등의 소지가 있었다. 제정 초기에 비공식 피해방인들은 '유니우스법 lex Iunia Norbana'에 의해 라틴 시민권 ius Latii을 받음으로써 법적으로 자유인이 되었지만, 비공식 피해방인이 죽으면 비공식 피해방인의 재산은 페쿨리움 peculium(특유재산)으로 간주해 전 주인의 소유가 되었다.

제11장에서는 노예 검투사와 관련해 검투사 경기의 기원과 발달 양상을 빵과 서커스 panis et circensis의 정치라는 맥락에서 살펴보았다. 잔인한 검투사 경기가 벌어진 경기장은 황제와 엘리트, 대중이 함께 만나는 정치의 장이기도 했다. 빵과 서커스는 대중의 관심을 정치에서 돌리기 위한 정책이라기보다 대중이 정치적 의사를 표출할 기회였다.

제12장과 제13장에서는 시칠리아 Sicilia에서 두 차례 일어난 대규모 노예 반란에 대해 고찰했다. 반란한 노예들의 의도는 무엇이었는가? 노예들은 노예가 없는 세상을 꿈꾸었는가? 노예들이 남긴 기록은 없지만, 그리스계 시칠리아인 역사가 디오도로스 시켈리오테스 Diodoros Sikeliotes가 남긴 저술이 노예 반란에 관한 유일한 정보원으로 남아 있다. 제1차 시칠리아 노예 반란에서 노예들은 헬레니즘 시대의 셀레우코스 Seleucos 왕국을 모델로 해서 국가를 세웠다. 왕권 아래 조직된 노예들은 항구적인 자유를 확보하기 위해 여러 도시를 점령하면서 세력 확장을 시도했다. 제2차 시칠리아 노예 반란에 대해서는 디오도로스의 증언을 충실하게 소개하는 데 중점을 두었다. 제1차 시칠리아 노예 반란이 노예들에 대한 노예 소유주들의 가혹한 취급에서 비롯되었다면, 제2차 시칠리아 노예 반란은 자유를 얻고자 하는 노예들의 열망에서 시작되었다. 반란 노예들은 단순히 주인의 억압에서 벗어나기를 의도한 것이

아니라 왕을 내세우고 노예군을 조직해 자신들의 자유를 확보하려는 장기적인 목적을 추구했다.

농업서 저술가 카토의 『농업론 De Agricultura』을 바탕으로 노예제 농장 경영에 대한 석사 논문을 쓰면서 역사 연구의 길로 들어선 필자는 한동안 로마 사회경제사, 특히 노예제 연구에 매달렸다. 기원전 2세기에서 기원전 1세기 이탈리아의 농업 경영이라는 주제로 박사 학위논문을 썼고, 그 후 연구 범위를 확대해 로마 사회경제사의 흐름을 조명해보려고 시도했다. 무엇보다도 대학에서 사회경제사 과목을 가르치기 위해 연구를 계속하지 않을 수 없었다. 이 책은 필자가 그동안 발표한 논문들에다 최근에 쓴 몇 편의 글을 더한 것으로, 그리스 노예제에 관한 논의를 포함한 글들도 있지만, 로마 사회경제사를 다룬 것이 대부분이다. 물론 이 책이 단순히 논문집은 아니다. 오래전에 학술지에 발표한 논문이 다수여서 출판에 적합하도록 내용을 요약하고 논지를 수정했으며, 노예제 농장 경영의 경우 논문 두 편을 통합해 한 편으로 다시 썼다. 이 책이 노예제사회와 사회경제사에 관심이 있는 분들께 작으나마 도움이 되었으면 하는 바람이다.

　책이 나오기까지 많은 분의 도움을 받았다. 박사 학위논문을 지도해주시고 학문하는 올바른 자세를 가르쳐 주신 고故 김진경 선생님께 늘 감사하는 마음을 금할 수 없다. 필자의 논문들을 비판하고 격려해준 서양고대역사문화학회의 여러 선생님께도 감사드린다. 마지막으로 책을 출판해준 한울엠플러스(주) 김종수 사장님과 편집을 담당한 모든 분께 감사의 말씀을 드린다.

2015년 12월
차전환

제 1 장

고대 노예제 연구의 쟁점

1. 머리말

인류가 문명 단계에 들어선 이래, 인간이 인간을 노예로 소유하는 노예제가 존재했다. 시민의 자유와 정치적 권리가 크게 신장된 서양 고대 그리스·로마 시대에는 역설적으로 노예제가 매우 발달한 전형적인 노예제사회가 전개되었다. 그리스·로마 사회에서는 노예 외에도 부채 노예, 피호민, 헤일로타이heilotai, 농노와 같은 다양한 범주의 자유롭지 못한 신분에 속하는 사람들이 있었지만, 노예는 철저하게 예속된 존재로서 다른 범주의 비자유인과 근본적으로 다른 특성을 지니고 있었다. 노예 소유주는 노예의 노동은 물론 신체에 대해서도 법적으로 절대적인 권한을 소유했다. 노예는 자신의 혈연과 단절되었으며, 포획되거나 매각되는 과정에서 사회적 정체성을 상실했고, 혼인을 통해 새로운 혈연 유대를 형성할 능력이 없었다. 이처럼 삶의 모든 측면에서 노예를 주인에게 철저히 종속한 사회제도가 노예제였다. 노예가 주인의 재산에 예속되었음을 나타내기 위해 학자들은 흔히 '동산 노예'와 '동산 노예제'라는 용어를 사용한다.

노예제는 그리스·로마의 사회적·정치적 엘리트를 형성한 유산계급에게 광범하게 수용되었다. 고대에는 노예제를 폐지하기 위한 아무런 운동도 일어나지 않았을 뿐 아니라, 노예제에 대한 비판이나 옹호도 없었다. 일반적으로 말하자면, 고대부터 17세기 말까지는 어떤 위대한 사상가나 정치가도 노예제의 존재와 그 정당성을 사실상 부정하지 않았다. 그들은 굳이 노예제에 대해 변명하거나 비난할 필요가 없었는데, 노예제를 나쁜 것으로 생각하지 않았기 때문이었다. "이성적인 능력이 부족한 사람은 지적·도덕적으로 더 우월한 사람의 노예가 될 필요가 있다"라는 플라톤Platon의 말은 주인과 노예의 관계가 서로에게 이익이 된다는 생각을 반영했다. "태어나는 순간부터 어떤 사람은 타인에게 종속되고, 어떤 사람은 타인을 지배한다"라는 아리스토텔레스의 '노예 천성론'은 노예제를 자연적인 질서로 인식한 것이었다.[1] 2세기의 로마법에서 "포로는 살해되기보다 매각되어 목숨이 살려지기 때문에 노예(=목숨이 살려진 자)로 불린다"[2]라고 규정한 것은 포로를 노예로 삼던 일반적인 관행을 보여준다.

그리스·로마의 고전 문명을 흠모하는 인문주의 전통 학자들의 눈으로 볼 때, 고대 노예제는 한동안 옥에 티처럼 애써 외면해야 할 대상으로 생각되기도 했다. 계몽주의 시대에 이르러서야 도덕적·종교적 입장에서 노예제가 비난의 대상이 되었고, 학문적으로 연구되기 시작했다. 이제 고대 노예제는 관점을 달리하는 역사가 사이에서 뜨거운 쟁점이 되었다. 1848년의 공산당선언 이후, 고대 노예제에 대한 마르크스주의자와 서구 부르주아 역사가들 사

---

1   노예제에 대한 플라톤과 아리스토텔레스의 견해는 Peter Garnsey, *Ideas of Slavery from Aristotle to Augustine*(Cambridge University Press, 1996), pp. 11~34 참조.

2   *Digesta*, 1.5.

이의 논쟁은 전장戰場으로 표현될 정도였다. 고대 노예제는 역사적 현상이라 기보다 정치적 쟁점이 되었던 것이다. 대략 1960년 이후 역사가들은 점차 현실 이념의 지배에서 벗어나 고대 노예제를 객관적으로 연구하려고 시도했지만, 고대 노예제의 주요 관심사들은 여전히 논쟁거리이다. 이 장에서는 고대 노예제에 대한 연구사를 돌아보면서 쟁점으로 부각된 몇몇 주제를 고찰하고자 한다. 이런 과정에서 그리스와 로마의 노예제를 균형 있게 다루기보다는 사료의 여건과 전개된 논쟁에 따를 것이다.

2. 기독교는 노예제에 어떤 영향을 미쳤는가?

근대 초 유럽의 인문주의적 전통에 선 역사가들은 17세기까지도 고대 노예제에 특별한 관심을 기울이지 않았으며, 노예제를 도덕적 견지에서 비난하지도 않았다. 그들은 고대의 철학자나 시인들의 저술에서 발견한 인문주의적 이상에 사로잡혀 있었다. 고대 노예제는 재능 있는 소수의 지적·문화적 성취를 가능케 한 전제 조건으로서 문명의 촉진제이자 필요악이었던 것으로 생각되었다. 노예가 노동을 담당함으로써 자유인은 예술과 학문을 위한 여가를 가졌고, 정치와 국방에 참여할 수 있었으므로 노예제는 비난할 필요가 없다는 것이었다. 이런 견해는 19세기에도 널리 확산되어 있었다.

다른 한편으로 18세기 말에 이르면 아메리카 대륙과 영국, 프랑스 식민지의 노예제가 뜨거운 정치적·사회적 문제로 등장했다. 모든 인간의 자유와 평등을 주장하는 계몽주의 철학자들은 현실의 노예제와 노예무역의 폐지를 주장했으며, 기독교도들도 노예제 폐지 운동을 벌였다. 그 결과 1794년 국민 공회는 프랑스 식민지의 노예제를 폐지했으며, 1833년에는 영국도 식민지에서 노예제를 폐지했다. 이런 시대정신으로부터 노예제의 기원과 그 특성에 대한 관심이 높아짐으로써 고대 노예제에 대한 학문적 연구가 시작되었다. 당시 분위기에서는 그 어떤 연구자에게도, 그 연구자가 자유주의자이든 보수주의자이든, 혹은 기독교도이건 비기독교도이건, 고대 노예제는 정당화될 수 없었다. 파리 윤리·정치학 아카데미 Académie des sciences morales et politiques 의 현상 공모에 당선된 저술로서 1847년에 출판된, 앙리 왈롱 Henri Wallon 의 방대한 『고대 노예제의 역사 Histoire de l'esclavage dans l'Antiquité 』는 이런 경향을 잘 드러냈다. 왈롱은 그리스·로마의 노예제가 문화 발전에 기여하기는커녕 모든 악의 원천이었다고 주장했다. 노예제는 악과 왜곡된 인간성에서 비롯되었으며, 노예와 주인 모두에게 파괴적인 영향을 미친 것이었다. 자유인들로 하여금 노동을 경멸하게 하고, 자유인들을 '나태한 군중'으로 전락시킨 것도 노예제였다. 왈롱이 보기에 솔론 Solon 에서 페리클레스 Pericles 에 이르는 전성기의 아테네 Athenae 에서는 자유인 노동이 존중되었지만, 기원전 4세기에 노예노동의 이용이 보편화됨으로써 아테네는 몰락이 촉진되었다. 로마제국의 노예제도 노예제와 접촉한 모든 사람을 오염시켰으며, 제국의 지적·문화적 발전을 촉진하기보다 기술의 진보를 정체시켰다. 노예제는 위대한 제국을 수립한 자긍심을 지닌 자유 평민들을 위축시켜 빵과 서커스에 만족하는 기생적 존재로 변화시킨 원인으로 지적되었다.

경건한 기독교도이던 왈롱은 로마제정 시기에 노예제가 쇠퇴한 원인을 기독교의 성장에서 찾았다. 당시 기독교도들이 보기에, 노예제는 기독교의 원리에 반하는 것으로서 비난받아 마땅한 것이었다. 왈롱은 로마 시대의 초기 기독교도들도 노예제에 대해 마찬가지의 태도를 가졌을 것으로 생각하면서, 로마제국에 기독교가 보급됨으로써 노예제의 풍습에 점차 변화가 일어났고, 노예들의 해방을 끌어냈다고 보았다. "하느님 앞에 만인은 평등하다"라고 가르친 기독교가 로마 사회에 보급됨으로써 자유의 이상을 실현하고 노예제를 타파하는 데 기여했다는 폴 알라르 Paul Allard 의 주장도 왈롱의 견해

와 동일한 맥락에서 나온 것이었다.[3]

그러나 기독교의 발달과 고대 노예제의 쇠퇴를 관련짓는 주장은 사실과 일치하지 않는다는 비판에 직면했다. 에른스트 트뢸치Ernst Tröltsch는 1931년에 『기독교 교회의 사회적 가르침The Social Teaching of the Christian Churches』에서 기독교가 발달한 이후에도 로마제국의 노예와 관련된 법들에 아무런 변화가 없었다는 것을 강조했다.[4] 성경과 기독교 관련 문헌들을 면밀히 연구한 학자들은 트뢸치의 견해를 수용했다. 윌리엄 린 웨스터먼William Linn Westermann은 왈롱의 저술이 "노예제 폐지론자의 편견"이 반영된 것으로서 종교적·도덕적 입장에서 노예제에 접근하게 하는 해악을 남겼다고 비난했다.[5] 모지스 핀리도 로마제정 시기의 인도주의적 관심이 노예제를 쇠퇴시켰다는 주장을 일축했다. 5세기 초 이래 교황과 종교회의가 내린 일련의 판결이 교회와 성직자들로 하여금 그들이 소유한 노예의 해방을 제한하거나 심지어 금지한 사실을 보면, 교회는 무엇보다도 교회 재산을 보호하는 데 관심이 있었다는 것이다.[6] 사실 초기 교회가 노예제를 당연시하고 정당화했다는 증거는 쉽게 확인할 수 있는 반면, 노예제를 폐지하기 위해 노력한 흔적은 발견할 수 없다. 램지 맥멀런Ramsay MacMullen에 의하면 기독교가 공인된 후 기독교도 황제들이 노예제와 관련된 법을 제정할 때, 그들은 결코 노예제를 폐지하거나 심지어 완화하려고 의도하지 않았다. 범행을 저지른 노예들에게 적용된 처벌들은 이

---

3   Henri Wallon, *Histoire de l'esclavage dans l'antiquité*, Vol. I (L'imprimerie royale, 1847), pp. 406~459; Zvi Yavetz, *Slaves and Slavery in Ancient Rome*(Transaction Publishers, 1988), pp. 118~119.

4   Ernst Tröltsch, *The Social Teaching of the Christian Churches*, Vol. 1, translated by Olive Wyon(George Allen and Unwin, 1931), p. 132.

5   William Linn Westermann, *The Slave Systems of Greek and Roman Antiquity*(American Philosophical Society, 1955), p. 152.

6   모시스 핀리, 『고대 노예제도와 모던 이데올로기』, 송문현 옮김(민음사, 1998), 203쪽.

전보다 더욱 가혹해졌다. 맥멀런이 보기에 노예의 삶이 이교 시대보다 기독교 시대에 전반적으로 더 나아졌는가에 대한 질문을 제기해본다면, 그 대답은 '아니오'일 것이었다. 기독교는 아무런 혁신을 도입하지 않았으며, 로마제국 말기의 교회와 성직자들은 노예를 소유하고 매매하기를 계속했고, 노예에게 더욱 가혹한 법을 적용하는 데 주저하지 않았다.[7]

최근 디미트리스 키르타타스Dimitris J. Kyrtatas는 고대 노예제를 유지하는 데 기독교가 도움이 되었다고 주장했다. 기독교는 노예에게 부당한 노예 상태를 감내하는 것이 하느님의 영광을 위한 것이며, 모든 기독교도가 구원에 이르는 유일한 길은 그 기독교도가 자유인이든 노예이든 하느님에 대해 복종하는 것이라고 가르쳤기 때문이라는 것이다. "하인으로서 일하고 있는 사람은, 주인에게 진정 두려운 마음으로 복종하십시오. 착하고 너그러운 주인에게뿐만 아니라 고약한 주인에게도 그렇게 하십시오. 억울하게 고통을 당하더라도 하느님이 계신 것을 생각하며 괴로움을 참으면 그것은 아름다운 일입니다"(베드로전서 2:18~19)라는 베드로Petros의 말은 키르타타스의 주장을 뒷받침하는 증거였다. 하느님이 인간을 대신해 몸소 고통을 당하고 모범을 보였기 때문에 노예의 부당한 고통은 노예가 하느님께 받은 소명의 근거로 해석되었다.[8] 노예에게 영혼의 구원을 내세우며 주인에게 복종하라는 교회의 가르침이 현실의 노예제를 유지하는 데 이바지했다는 것이다. "형제 여러분, 여러분은 각각 부르심을 받았을 때의 상태를 그대로 유지하면서 하느님과 함께 살아가십시오"(고린도전서 7:24)라는 바울Paulos의 가르침은 기독교도들에게 현세의 사회적 지위를 개선하는 것은 중요하지 않으며, 중요한 것은

---

7   Ramsay MacMullen, "What Difference did Christianity make?," *Historia*, Bd. 35, H. 3 (1986), pp. 324~325.

8   Dimitris J. Kyrtatas, "Slavery as Progress: Pagan and Christian Views of Slavery as Moral Training," *International Sociology*, Vol. 10(1995), p. 220.

최후의 심판을 위한 준비라는 것을 강조했다. 고대 노예제에 대한 왈롱의 방대한 연구는 마르크스주의자들의 연구 이전에도 서구에서 고대 노예제가 간과되지는 않았음을 보여주었지만, 왈롱이 종교적·도덕적 입장에서 노예제를 '사악한' 것으로 비난한 것, 그리고 기독교가 고대 노예제를 쇠퇴시켰다고 주장한 것은 설득력이 없음이 드러났다.

3. 마르크스주의적 해석

19세기는 당시의 공장노동자를 가리켜 임금을 받는 노예로 간주한 카를 마르크스Karl Marx의 시대로 일컬어지기도 하는데, 마르크스와 마르크스를 추종한 학자들은 고대 노예제를 전혀 새로운 시각에서 연구했다. 그들에 의하면 노예제는 고대사회에서 나타나는 악의 원천이었던 것이 아니라 고대사회의 토대였다. 이른바 '사적 유물론'에 의하면 모든 사회질서의 기초는 물질적 생산과 생산물의 교환에 놓여 있으며, 사회 변화의 궁극적인 원인은 인간의 정신에서가 아니라 생산양식, 즉 착취 양식의 변화에서 찾아져야 했다. 생산양식의 변화에 따라 역사는 원시 공산주의, 고대 노예제, 봉건제, 자본주의, 사회주의의 시대로 구분되었다.[9] 노예제는 모든 인간 사회의 발전에서 필연적인 단계로 인식되었으며, 노예들이 겪는 고통에도 불구하고 특정 시점에서는 원시적 단계로부터 진보적 단계로 이행할 수 있게 한 진보의 요소로 인식

---

9   마르크스는 오리엔트의 노예제가 그리스·로마의 노예제와 크게 다르다고 인식해 아시아적 생산양식(Asiatic mode of production)이라는 용어로 구분했다. 마르크스는 아시아적 생산양식이 좀 더 원시적인 단계로서 그것으로부터 그리스·로마의 노예제가 발달해나왔는가, 그렇지 않으면 아시아적 생산양식이 동양에만 고유한 별도의 체계였는가 하는 의문을 제기했다.

되었다. 프리드리히 엥겔스Friedrich Engels는 고대 노예제의 역할을 다음과 같이 평가했다.

> 농업과 대규모 공업 간의 분업을 최초로 가능케 하고, 고대 세계의 개화를 이룩할 수 있게 한 것은 노예제였다. 노예제가 없었더라면 그리스 국가도, 예술과 과학도 없었을 것이다. 노예제가 없었다면 로마제국도 존재하지 않았을 것이다. 그리스 문화와 로마제국에 의해 놓인 토대가 없었더라면 근대 유럽도 존재하지 않았을 것이다.[10]

고대 노예제는 그리스·로마의 시민이 자유를 향유하고 문화를 발전시킬 수 있게 한 토대로 인식되었다. 이러한 노예제는 생산수단의 소유 계급인 노예 소유주가 토지뿐 아니라 토지에서 일하는 사람까지 소유함으로써 성립된 것으로 설명되었으며, 노예제의 양상은 시기에 따라 달랐다. 초기 노예제는 '가부장제적 노예제'로 일컬어지는데, 이 단계에서는 노예 소유주의 생산 목적이 자급자족적인 생계 수단을 생산하는 것이었고, 주인과 노예가 협소한 가정 공동체 안에 결합해 있어서 주인과 노예 간에 심지어 일정한 신뢰 관계가 형성될 수도 있었다고 말해졌다.
그러나 마르크스주의자들은 노예제를 본질적으로 '착취 양식', 최초의 적대적인 생산양식으로 파악했다. 마르크스주의자들에 따르면 노예제가 발달한 단계에 이르렀을 때 노예 소유주의 유일한 관심은 노예에게서 잉여가치를 끌어내는 것이었기 때문에 노예들은 가혹하게 착취되지 않을 수 없었다. 대규모의 정복 전쟁과 정복 전쟁에 따른 집단적 노예화도 노예에 대한 착취

---

10 K. Marx and F. Engels, *Pre-Capitalist Socio-Economic Formations: a collection*(Progress Publishers, 1979), pp. 240~241.

를 잔인하게 한 요소였다. 노예와 노예 소유주는, 전자는 노동하고 후자는 노동을 통제하는 분업을 통해 대립하는 두 계급을 형성했으며, 노예의 생산 기능은 필연적으로 비생산적인 감독 기능과 결합되지 않을 수 없었다. 그런 데 노예들을 감독하는 비용은 값비싼 것이어서 노예노동은 수익성이 없었고, 노예는 생산을 개량하고 촉진하려는 아무런 동기를 가지지 못했으므로 기술이 발달할 수 없었다. 따라서 노예제는 봉건제나 자본주의와 마찬가지로 '계급투쟁class struggle'의 특성을 지니고 있었다. 마르크스주의자들이 보기에 노예제는 그리스 · 로마 문명의 토대였지만, 사회 자체와 더불어 성장하는 사회라는 근육 속의 암cancer, 고전 문명의 근본적인 결함이었다. 노예제가 발달한 단계의 고대사회에서는 농업뿐 아니라 공업도 대체로 노예노동에 의해 행해졌다. 그 결과 노예제는 자유인들이 육체노동을 천시하게 했고, 자유인들의 몰락을 초래했다. 예컨대 엥겔스는 아테네의 상공업에서 노예제가 발달함으로써 자유 시민들은 궁핍한 존재로 몰락했다고 보았다. 자유 시민들은 천시하는 노동을 놓고 노예들과 경쟁하던지, 아니면 사회의 찌꺼기로 전락하는 선택이 강요되었는데 후자의 길을 걷지 않을 수 없게 되었으며, 그런 자들이 다수였기 때문에 아테네는 몰락했다는 것이다.[11]

고대 노예제에 대한 마르크스주의 이론은 블라디미르 레닌Vladimir Lenin과 이오시프 스탈린Joseph Stalin을 통해 더욱 일반화되고 통일적으로 인식되었는데, 노예 소유주의 필요를 충족하기 위한 잉여 생산은 노예제의 경제적 기본 법칙으로 규정되었다. 노예제는 노예 소유주가 생산수단과 노예를 무제한적으로 소유한 토대 위에서 노예에 대한 약탈적 착취, 농민과 수공업자들의 파멸과 노예화, 외국 인민들의 정복과 예속을 통해 이루어졌다고 인식되었다.

---

11 Norbert Brockmeyer, *Antike Sklaverei*, 2nd ed.(Wissenschaftliche Buchgesellschaft, 1987), pp. 22~29.

마르크스주의 역사가들은 노예들의 계급투쟁, 노예 반란, 노예노동의 비생산성을 강조하는 경향이 두드러졌다. "모든 역사는 계급투쟁의 역사이다"라고 선언한 마르크스는 노예 반란의 지도자 스파르타쿠스Spartacus를 흠모하고, 근대 프롤레타리아를 위해서도 스파르타쿠스와 같은 인물이 출현하기를 갈망했지만, 노예제사회가 노예 혁명slave revolution으로 몰락했다고 주장하지는 않았다.

그러나 스탈린은 1933년의 한 연설에서 로마제국이 노예 혁명으로 무너졌다고 선언했다. 노예 소유주들을 제거하고 노동의 착취 형태인 노예제를 철폐하려는 노예들의 혁명을 통해 노예제에서 봉건제로 이행했다는 것이었다. 그 후 소련 학자들은 로마제국 말기에 노예 혁명이 일어난 것을 밝혀내기 위해 많은 노력을 기울였다. 스파르타쿠스의 반란(기원전 73년~기원전 71년)을 로마제국의 몰락과 관련해 설명하려는 시도도 있었다. 그러나 스파르타쿠스가 이끈 노예 반란에도 불구하고 노예제는 1세기에서 2세기까지 계속 발달했으며, 로마제국 말기의 몇몇 산발적인 반란은 쉽게 진압되었다는 사실을 부정할 수 없었다. 이런 상황에서 니콜라이 마시킨Nikolai Mashkin은 로마가 두 단계의 혁명으로 몰락했다는 주장을 제기했다. 첫 번째 단계의 혁명은 기원전 2세기 시칠리아 노예들과 기원전 1세기 이탈리아 노예들의 반란이었다. 이들 반란은 진압되었지만 로마공화정의 토대를 붕괴시켰으며, 충격을 받은 노예 소유주들은 노예제에 기초한 정권을 유지하기 위해 가이우스 율리우스 카이사르Gaius Julius Caesar와 아우구스투스의 통치하에서 군사독재정(제정)을 수립하지 않을 수 없었다는 것이다. 그 후 로마제국은 300년 동안 유지되었지만 궁극적으로는 두 번째 단계의 혁명으로, 즉 제국 내부의 소작인과 노예 그리고 제국 밖에 있는 야만인들이 행사한 공동의 압력으로 몰락했다는 것이다.

소련과 동유럽의 역사가 중에는 1950년대 말까지도 로마제국에서 일어난 노예 혁명이 고대에서 중세로 이행하게 했음을 입증하려는 사람들이 있었다. 마르크스주의 역사가들, 특히 스탈린주의 시대의 역사가들은 과거를 객관적으로 연구하는 자유를 상실한 채 정치적 이데올로기의 도구로 전락했다. 이것은 이념적으로 대립하던 서구 역사가들의 경멸과 조롱의 대상이 되었다. 결국 스탈린이 죽고, 1956년 스탈린 개인숭배에 대한 비난이 시작되자 역사가들은 고뇌에서 벗어났다. 노예제사회가 노예 혁명으로 몰락했다는 테제를 유지하면서 노예제를 봉건제와 연결하기 위해, 소련과 동독의 역사가들은 '사회혁명의 시기'라는 용어를 만들어내기도 했다. 이로써 로마제국을 멸망시킨 하나의 노예 혁명이 존재했다고 전제할 필요가 없어졌다. 그것은 로마의 몰락에서 정점을 이룬, 오랜 시기에 걸친 일련의 사회혁명에서 위안을 찾으려는 시도였다. 그러나 상고 사회와 노예제사회 사이, 혹은 노예제사회와 봉건사회 사이에서 혁명들을 찾으려는 시도가 헛수고임이 드러났을 때, 마르크스주의 역사가들은 부르주아혁명에 앞선 모든 사회체제를 '자본주의 이전 체제들precapitalistic systems'이라는 포괄적인 범주로 분류했다. 그것은 자본주의에 이르는 도정에서 하나의 혁명(부르주아혁명)만을 내세워도 가능하기 때문이었다.[12]

그 후 고전적인 마르크스주의 테제에 여전히 충실히 하려고 노력하면서도 스탈린주의의 도식적인 해석에서 벗어나려고 시도하는 학자들이 등장했는데, 대표적 인물로 엘레나 슈타에르만Elena Schtaerman을 꼽을 수 있다. 슈타에르만의 저술들은 소련 학자들의 향후 연구 방향을 재조정하는 데 여러모로 이바지한 것으로 평가된다. 슈타에르만은 고대사회의 근본적인 분쟁은 주인과 노예 간에 존재했다는 고전적 마르크스주의의 원리를 고수하고, 노

---

12 같은 책, 43~48쪽; David Konstan, "Marxism and Roman Slavery," *Arethusa*, 8(1975), pp. 140ff; Yavetz, *Slaves and Slavery in Ancient Rome*, pp. 123~129.

예의 도주나 태업을 계급투쟁의 증거로 간주했지만, 노예 혁명의 개념을 단호히 폐기했고 공화정 말기의 노예 반란들은 완전히 실패했다는 것을 인정했다. 슈타에르만은 스파르타쿠스가 노예제를 폐지하기를 열망했다고 주장한 동료 역사가를 비난했다. 고대사의 논점을 입증하기 위해서 마르크스, 엥겔스, 레닌, 스탈린의 저술을 인용하는 것은 충분하지 않으며, 원사료를 연구함으로써만 입증할 수 있다는 것이 슈타에르만의 생각이었다.[13] 자유인 노동이 노예노동과 공존했고, 때로는 자유인 노동이 더 중요할 수도 있었다는 슈타에르만의 생각은 헤르만 굼메루스Herman Gummerus, 에두아르트 마이어Eduard Meyer, 미하일 로스톱체프Michael Rostovtzeff와 같은 서구 부르주아 역사가들의 지배적인 견해를 받아들인 것이었다. 그 후 이러한 견해가 소련에서도 통용되었으며, 동구 역사가와 서구 역사가들 사이의 무익한 논쟁이 끝날 수 있게 되었다.

4. 서구 역사가들의 대응

20세기 전반까지 서구 역사가들은 고대 노예제에 대한 마르크스주의적 해석을 거부하면서도 대체로 노예제에 무관심하고 무지한 편이었다. 그러나 고대 세계가, 정확히 말하면 고전고대 세계가 노예노동에 기초했다는 마르크스주의 이론이 수용되기 시작하자, 부르주아 역사가들의 공격과 본격적인 노예제 연구가 시작되었다. 결과적으로 마르크스주의적 해석은 고대 노예제 연구를 촉발하는 데 크게 공헌한 셈이었다. 서구 역사가들은 사적 유물론을 무조건 거부했고, '경제적 결정론'이라는 딱지를 붙였다. 우선 마르크스주의

---

13 같은 책, 135~138쪽.

자들이 주장한 역사 발전의 다섯 단계 이론이 공격을 받았다. 그 이론에 의하면 모든 사회의 역사에서는 봉건제에 앞서 노예제의 시기가 존재했다. 이를 뒷받침할 증거를 찾기 위해 마르크스주의 역사가들은 고대 중국, 인도, 이집트, 근동 제국들의 노예제나 봉건제에 대해서도 폭넓게 논의했지만, 일원론적인 도식적 주장이라는 비난을 피할 수 없었다.[14] 고대 근동과 이집트의 경우 노예의 경제적 역할은 중요하지 않았다는 사실이 드러났다. 서구 역사가들의 공격은 두 가지 측면에서 두드러졌다. 노예제가 경제적으로 중요한 역할을 하지 못했다는 것이 하나였고, 다른 하나는 노예제의 온정적인 측면과 노예의 자유, 노예해방을 통한 신분의 유동성을 강조하는 것이었다.

고대 세계 어느 사회의 경제에서도 노예제가 기본적이지 않았다는 주장을 내세운 대표적인 학자는 체스터 스타 Chester Starr 이다. 스타에 의하면, 그리스 경제는 주로 농업에 토대를 두었는데, 노예의 대다수는 도시의 상공업과 상류층 주인에게 봉사하는 일에 종사했으므로 노예가 경제에서 중요한 역할을 담당하지 못했다. 더구나 그리스·로마의 상공업도 노예노동에 주로 의존했다는 증거가 명확하지 않았다. 노예 수십 명을 소유한 작업장들이 사료상에 나타나고, 기원전 5세기에서 기원전 4세기의 아테네 그리고 로마의 속주 히스파니아 Hispania 의 광산에서는 훨씬 더 많은 노예가 이용된 사례들을 확인할 수 있지만, 이들 분야에서도 노예노동이 시민과 거류 외인의 노동보다 주축을 이루었다고 일반화할 수 없다는 것이다. 그리스 경제의 주축을 이룬 농업에서는 가부장 paterfamilias 이 가족노동의 도움을 받으며 소토지 수 에이커를 경작하는 형태가 일반적이어서 노예노동의 여지가 별로 없었던 것으로 생각되었다.

스타가 보기에 기원전 2세기에서 기원전 1세기의 로마공화정 말기는 예

---

14 Konstan, "Marxism and Roman Slavery," pp. 145~146.

외적으로 농업 노예제가 발달했다. 당시 이탈리아에서 상공업이 발달하기 시작했지만, 대규모의 정복 전쟁과 해적 행위를 통해 유입된 노예의 다수는 농업에 투입되었다. 로마의 자본가들은 이탈리아의 성장하는 도시들과 지중해 세계를 지향하면서 노예를 투입해 포도주나 올리브유의 생산에 집중하는 농장을 경영하거나 대규모의 이목을 행했다. 그러나 스타는 이탈리아 전반의 농업에서도 노예 이용의 실제가 과장되었다는 것을 지적했다. 이탈리아 북부의 비옥한 포 강 유역에서는 여전히 자유농민들이 경작했으며, 노예제 농장들은 농번기나 특별한 작업을 행할 때 자유인 노동을 광범하게 이용했기 때문이라는 것이었다. 스타의 주장에 의하면 이탈리아에서 노예제가 발달한 시기는 기원전 2세기 중반에서 기원전 44년 카이사르의 죽음에 이르는 짧은 기간이었을 뿐이며, 아우구스투스의 시대에 이르면 노예제의 우세가 사라졌다.[15]

서구 역사가들은 고대 노예제의 다양한 측면을 실증적으로 연구하는 데 몰두했다. 서구 역사가들은 노예제의 의미에 대한 이론적인 혹은 포괄적인 질문은 거의 제기하지 않은 채, 이제까지 역사가의 손길이 닿지 않았던 비문과 파피루스 자료까지 이용하면서 노예제의 개별적 특성들을 규명했다. 웨스터먼의 논문들과 특히 1955년에 출판된 『고대 그리스·로마의 노예제The Slave Systems of Greek and Roman Antiquity』는 그동안의 개별적 연구 성과를 포괄한 방대한 저술이었다. 웨스터먼은 노예제에 내포된 자유의 측면을 강조했다. 아테네의 노예가 법적으로는 주인의 물건으로 규정되었지만, 현실 생활에서는 능력과 지위에 따라 상당한 자유와 유동성을 지녔으며, 주인의 허락 아래 스스로 축적한 돈으로 해방을 달성했던 점을 주목했다. 도시 노예가 주인과 떨

---

15 Chester. G. Starr, "An Overdose of Slavery," *Journal of Economic History*, 18(1958), pp. 17~32.

어져 살며 주인의 작업장을 운영하거나, 주인이 임대한 노예가 임금을 벌어 그 일부를 보유하거나, 심지어 해방을 매입하려는 노예에게 돈을 대여해주는 공제 클럽도 존재했던 점은 자유의 측면을 강조하기에 충분한 것으로 여겨졌다.[16]

웨스터먼은 노예제의 역할이 과장되어서는 안 된다는 입장을 분명히 했다. 웨스터먼은 사료가 부족한 상황에서, 아티케Attike의 주민 가운데 상당수는 노예를 전혀 소유하지 않았다고 보는 것이 노예 수를 과장해 추산하는 것보다 더 중요하며, 노예는 전체 인구의 3분의 1, 혹은 4분의 1을 넘지 않았을 것으로 생각했다. 웨스터먼은 아티케, 코린토스Kórinthos, 메가라Megara와 같은 도시국가에서 노예노동은 농업보다 수공업에서 주로 이용되었다고 보았다. 그러나 이들 도시를 포함한 그리스의 대부분 지역에서 노예제는 부수적 역할을 했을 뿐이며, 그런 역할마저도 헬레니즘 시대에는 현저히 감소했음을 입증하려는 것이 웨스터먼의 시도였다. 웨스터먼이 보기에 제2차 포에니전쟁(기원전 218년~기원전 201년) 이후의 기원전 2세기 동안 이탈리아, 시칠리아, 북아프리카에서는 고대 세계의 어느 시기와 어느 지역보다도 노예제가 발달했다. 이탈리아와 시칠리아에서 노예노동은 제정기의 첫 2세기까지도 경제적·문화적 삶을 형성하는 데 중요한 역할을 한 요소로 평가되었다. 그런데도 노예제가 과대평가되어서는 안 된다는 것이 웨스터먼의 견해였다. 웨스터먼은 로마 문화가 전적으로 노예제에 기초했다는 이론적 설명을 거부했다. 특히 웨스터먼은 제정 초기인 1세기에서 2세기에 이르면 노예들의 지위가 더 나아졌고, 노예에 대한 인도주의적 대우가 현저하게 증가함으로써 노예제가 '개선'되었음을 강조했다. 이 시기 황실 노예들의 지위는 특권적이

---

16 W. L. 웨스터맨, 「古代 희랍에 있어서의 奴隷制와 自由의 諸要素」, M. I. 핀리 엮음, 『古代奴隷制』, 金鎭京 옮김(探求堂, 1976), 55~83쪽.

었으며, 노예가 대규모로 해방되었고, 황제들이 제정한 일련의 법을 통해 노예의 사회적·법적 지위가 개선되었다는 것이다.[17]

웨스터먼의 저술은 고대 노예제의 역사와 본질에 대해 당시까지 나온 가장 포괄적이고 훌륭한 연구였지만, 고대 노예제를 전체적으로 조망할 수 있기 위해서는 세부적인 주제들에 대한 더 많은 전문적 연구가 이루어져야 할 필요가 있었다. 이런 문제의식에서 요제프 포크트Joseph Vogt가 주도하는 마인츠 아카데미Mainz Academy 학자들의 체계적이고 실증적인 노예제 연구가 이루어졌다. 19세기 중반 이래 독일은 고전 연구의 중심지로서 선도 역할을 해오다가 나치 통치기에 그 지위를 상실했는데, 고대 노예제 연구에 관한 한 제2차 세계대전 이후 다시 한 번 주도권을 장악했다. 포크트는 노예제 연구에 관해 당시까지 나온 문헌의 상세한 목록을 작성했다. 또한 포크트는 동료 역사가와 제자들에게 노예제와 관련된 모든 사료를 편견 없이 재해석하도록 요구하면서 세부 주제들에 대한 일련의 전공 논문을 작성하기 시작했고, 소련 학자들과 학문적 대화도 시도했다. 1953년에서 1964년 사이에 마인츠 아카데미의 학자들이 고대 노예제에 대한 수많은 연구논문을 발표했고, 1967년부터는 '고대 노예제 연구Forschungen zur Antiken Sklaverei' 시리즈가 나오기 시작했다.

우선 포크트 자신의 연구가 마인츠 아카데미 학자들의 연구 방향을 특징적으로 보여주었다. 포크트는 노예제의 긍정적 측면들을 지적했고, 노예와 주인 사이에 인간성humanity이 존재했다는 것을 강조함으로써 노예의 억압·착취·굴욕·반란을 강조한 마르크스주의 역사가들의 시각과 현저한 대조를 드러냈다. 포크트가 보기에 노예 소유주는 자신의 이익을 위해서라도 노예에게도 이익을 제공할 수 있었다. 일부 노예는 다양한 봉사와 전문적인 일들

17　Westermann, *The Slave Systems of Greek and Roman Antiquity*, pp. 102~117.

을 위해 양육되었고, 그런 일들을 통해 해방되는 것이 일반적이었다. 또한 많은 노예가 문자를 읽고 쓰는 법을 배우고 지배층의 정신세계에 유입되었다. 포크트는 이런 측면이 노예들을 혁명적 자극으로 이끌지 않고 지배층의 가치 체계를 기꺼이 수용하게 한 것으로 해석했다. 포크트가 보기에, 비록 자유인과 노예 사이의 경계와 차이가 결코 사라지지는 않았지만, 적어도 좀 더 유리한 지위에 있는 가내노예들은 인간으로 인식되었다. 노예제는 경제적·법적 예속 관계와 권력관계였을 뿐 아니라, 부정적 효과와 함께 긍정적 효과도 지닌 인간적인 관계였다.

마인츠 아카데미에 속한 다른 학자들의 연구 주제와 시각도 포크트의 그 것과 비슷한 경향을 보였다. 라우리온Laurion 은광의 노예들을 연구한 지크프리트 라우퍼Siegfried Lauffer는 경제적 견지에서 노예들의 처지가 여러모로 자유인 노동자들의 처지보다 더 유리했다는 것을 암시했는데, 노예들의 일자리가 좀 더 안정되었기 때문이라는 것이었다. 라우퍼는 노예의 노동생산성을 향상하기 위해 노동을 자극하는 정교한 방법들이 있었다는 점도 강조했다. 프란츠 뵈머Franz Bömer는 노예를 종교 공동체의 구성원으로 기록한 비문들에 주로 근거해 그리스·로마 노예의 종교에 대해 연구했다. 오리엔트 출신의 노예들이 오리엔트 종교를 확산시키는 과정에서 중요한 역할을 했으며, 노예의 종교적 욕구는 시민의 종교적 욕구와 거의 동일하게 표출되었다는 것이 뵈머의 결론이었다. 노예는 공식적인 숭배 의식에서는 배제되었다고 하더라도, 종교적 견지에서는 인간으로 간주되었다는 것이다. 프리돌프 쿠틀린Fridolf Kudlien은 그리스 의술에서 노예가 중요한 역할을 했다는 것을 지적했다. 기술이 침체된 원인을 얼마나 노예제에 돌릴 수 있는지를 비판적으로 검토한 프란츠 키힐레Franz Kiechle는 노예제가 기술의 진보를 저해하지 않았을 뿐 아니라 노예가 집중적으로 투입되었던 경제 분야에서, 그리고 노예제의 최성기最盛期에 수많은 기술혁신이 이루어졌다고 주장했다. 하인츠 벨렌Heinz

Bellen은 로마제정 시기에 매우 만연되었다고 주장된 노예 도주의 문제를 연구했는데, 벨렌이 보기에 노예의 도주는 농업 노동력의 부족에서 비롯된 현상이었다. 도주한 노예는 좀 더 유리한 일자리를 희망할 수 있었으며, 노예의 도주는 계급투쟁의 수단으로, 즉 노예제를 붕괴시키기 위한 혁명적 행위로 생각될 수 없었다. 이와 같은 마인츠 아카데미 학자들의 연구는 고대 노예제에 대한 마르크스주의 역사가들의 이론적·도식적 해석의 틀을 여러 측면에서 공격한 셈이었다.[18]

최근까지 노예들의 가족생활이나 특권적 지위, 특히 노예해방에 대해 여러 역사가가 세부적으로 연구했다. 그리스 노예의 해방을 다룬 연구도 있지만, 관련된 사료가 좀 더 풍부한 로마의 노예제에 대한 연구가 두드러졌다. 그렇다면 노예들의 가족생활이나 해방은 노예제의 인도주의적 측면을 입증하는 것으로 해석할 수 있을까? 로마 시대의 노예는 주인이 공식적으로 또는 비공식적으로 해방할 수 있었으며, 공식적으로 해방된 피해방인 libertus 에게는 자유와 함께 시민권이 주어졌다. 가이우스 수에토니우스 트란퀼리우스 Gaius Suetonius Tranquillus , 할리카르낫소스 Halikarnassos 의 디오니시오스 Dionysios , 루키우스 카시우스 디오 Lucius Cassius Dio 등 제정 초기의 저술가들은 지나치게 많은 외국인 노예가 무분별하게 해방되어 시민단에 유입된다고 비난했다. 실제로 제정 초기에는 유력자들이 사후의 명성을 위해 유언으로 노예들을 대규모로 해방하는 것을 제한하거나, 노예를 해방할 수 있는 노예 소유주와 해방될 수 있는 노예의 나이를 제한하거나, 도덕적으로 시민이 되기에 부적합한 자질의 노예는 해방되어도 시민권을 수여하지 못하게 하는 법들이 제정되기도

---

18 Joseph Vogt, *Sklaverei und Humanität: Studien zur antiken Sklaverei und ihrer Erfor-schung*(Franz Steiner Verlag, 1965); 高麗大學校大學院 西洋古代史研究室 편역, 『西洋古典古代 經濟와 奴隷制』(法文社, 1981), 330~405쪽; 金炅賢, 「서양 고대세계의 奴隷制」, 歷史學會 엮음, 『노비·농노·노예: 隸屬民의 比較史』(一潮閣, 1998), 56~57쪽.

했다. 이런 증거에 입각해 당시 로마인들은 도시 노예들을 빈번하게 대규모로 해방하는 것이 관행이었으며, 대부분의 도시 노예에게 노예 상태는 시민의 지위로 나아가는 '이행 상태'였다고 주장하는 역사가들도 있었다.[19]

그러나 노예해방을 연구한 학자들은 일반적으로 일부 노예를 해방하는 것이 주인에게 경제적으로 이익이 되었으므로 해방이 이루어졌다는 데 의견이 일치했다. 해방될 때의 조건에 따라 피해방인은 일정 기간을 전 주인에게 계속 충성해야 하는 경우도 있었다. 몇몇 역사가는 지나치게 많은 노예가 해방되었다는 사료들의 과장을 지적했다. 이 분야에 대해 상세히 연구한 키스 브래들리Keith R. Bradley는 노예 소유주가 일부 노예를 해방하거나, 노예들에게 가족생활을 허용하는 것은 전체 노예들의 충성을 확보하고 노예제를 탄력적으로 유지하기 위한 유인책이자 수단이었음을 강조했다. 노예제는 당근과 채찍이 동시에 필요했다. 노예 소유주들은 노예의 해방이나 가족생활이라는 당근을 제공하는 한편, 채찍을 이용하고 공포 분위기를 조성했다.[20] 해방의 약속이나 노예들의 가족생활은 주인의 변덕에 따라 언제든 깨어질 수 있었다. 노예 소유주들이 노예들에게 허용한 관대한 보상책들이 단순히 인도주의를 반영한 것으로 생각될 수는 없다.

5. 노예제사회란 무엇인가?

고대 노예제에 대한 마르크스주의 역사가들의 도식적인 설명이 퇴조하고,

---

19 車轉桓, 「로마 제정초기 노예해방을 제한하는 법들」, ≪歷史學報≫, 166집(2000), 145~171쪽.
20 K. R. 브래들리, 『로마제국의 노예와 주인: 사회적 통제에 대한 연구』, 차전환 옮김(신서원, 2001).

노예제의 다양한 측면에 대한 서구 역사가들의 실증적인 연구가 축적되어왔다. 그러나 고대사회에서 노예의 역할은 어느 정도였는가, 노예제가 발달한 사회의 특징은 무엇인가 하는 본질적인 문제는 여전히 논쟁이 된다. 노예제를 연구한 방대한 문헌 목록을 작성할 수 있지만, 어떤 이론이나 문제의식 없이 세세하고 하잘 것 없는 문제들을 실증적으로 연구한 결과들이 지식의 축적에 도움이 되지 않는다는 비판이 제기되기도 한다.

최근 고대 노예제를 연구하는 학자 사이에서 고전기의 아테네, 그리고 공화정 말기에서 제정 초기(대략 기원전 2세기에서 기원후 2세기)까지의 로마는 '노예제사회'로 일컬어진다.[21] 노예제가 발달한 시기의 그리스·로마 사회를 표현하는 '노예제사회'라는 용어를 적절한 것으로 받아들인다면, 노예제사회 이전과 이후의 그리스·로마 사회는 노예와 노예제가 존재했지만 노예의 역할(특히 생산에서 하는 역할)이 상대적으로 작았던 시기이거나, 혹은 노예제의 쇠퇴기였다. 학자들은 노예제사회가 무엇인가에 대해 다양한 시각으로 정의했다. 키스 홉킨스Keith Hopkins는 특정 사회에 존재한 노예의 수와 역할이라는 관점에서 노예제사회를 바라보았다. 노예제사회란 노예가 생산에서 중요한 역할을 하고 전체 인구 가운데 노예가 높은 비율(가령 20퍼센트 이상)을 차지한 사회를 의미했으며, 이에 따르면 인류 역사상 진정한 노예제사회는 다섯 개에 지나지 않았다. 두 개는 고전기의 아테네, 그리고 공화정 말기와 제정 초기의 이탈리아였고, 세 개는 근대 초기의 서인도제도, 브라질, 미국 남부의 주들이었다. 전체 인구에 대비해 노예가 차지하는 비율은 기원전 400년경의 아테네가 30퍼센트, 기원전 31년경의 이탈리아가 35퍼센트, 1800년의 브라질이 33퍼센트, 1820년의 미국 남부 주들이 33퍼센트, 1861년의 쿠바가 30퍼센트로 추산되었다.[22] 홉킨스의 이러한 정의에 따르면 기원전 3세기 중반

21　Garnsey, *Ideas of Slavery from Aristotle to Augustine*, p. 2.

이전의 로마는 노예제사회라 불릴 수 없었다. 성공적인 해외 전쟁들에 뒤이어 엄청난 수의 전쟁 포로가 이탈리아와 시칠리아에 유입된 기원전 2세기에 이르러서야 로마는 노예제사회가 되었다. 홉킨스의 견해는 증거가 빈약해 인구에 대한 추산을 신뢰하기가 어렵다는 한계를 지닌다.

핀리는 자유인과 노예의 수적 비율을 추산하는 것은 무의미하다고 말하면서 노예가 사회에서 담당한 역할 혹은 기능을 통해 접근했다. 핀리는 노예를 소유한 사람들은 누구였는지, 노예는 경제적으로 어떤 역할을 했는지를 중시했다. 이런 관점에서 볼 경우에도 세계 역사상 진정한 노예제사회는 앞에 언급된 다섯 개였다. 핀리에 따르면 고전기(기원전 6세기에서 기원전 5세기)의 아테네와 기원전 3세기에서 기원후 3세기까지의 이탈리아가 노예제사회였으며, 그 이유는 이 시기에 농촌과 도시의 대규모 생산에서 노예의 역할이 지배적이어서 엘리트들이 얻는 직접 수입의 대부분을 노예가 제공했기 때문이었다. 그런데 핀리에 따르면, 노예제사회는 엘리트들이 노예를 이용해 대규모 생산을 할 수 있게 하는 경제적 조건이 충족되어 있어야 하였다. 그 조건이란 엘리트들의 수중에 토지가 집중되어 있고, 시장이 발달해 생산한 상품을 판매할 수 있으며, 유력자들이 사회 내부에서 노예 외에는 다른 노동을 이용할 수 없어야 하는 것이었다. 그리스·로마의 노예제사회는 이 세 가지 조건이 동시에 충족된 시기에 발달했다는 것이다.[23]

고대사회에서는 노예 외에도 부채 노예나 농노처럼 비자유노동자의 범주에 속하는 사람들이 있었다. 제프리 드 생크루아 G. E. M. de Ste. Croix 는 노예를 유산계급이 잉여가치를 끌어내기 위해 이용할 수 있던 다양한 범주의 비자유노동자 가운데 한 범주로 보았다. 그리고 그리스·로마 역사의 더욱 오랜 시

---

22 Keith Hopkins, *Conquerors and Slaves*(Cambridge University Press, 1978), pp. 99~102.
23 핀리, 『고대 노예제도와 모던 이데올로기』, 130~138쪽.

기에는 소농과 다른 독립적인 자유인 생산자들이 전체 인구 가운데 다수를 이루었고, 생산에서 노예나 다른 비자유노동자들보다 더 큰 역할을 했음을 인정했다. 그렇지만 부자들이 넓은 의미의 비자유노동을 착취함으로써 수입의 대부분을 끌어냈기 때문에, 그리스·로마 세계를 노예제사회나 노예경제로 부를 수 있다고 주장했다.[24] 드 생크루아의 폭넓은 정의에서는 '비자유노동'의 개념이 명확하지 않기 때문에 본래적 의미의 노예제가 지닌 모습도 모호해질 위험이 있다.

노예제사회에 대한 이상의 정의들은 주로 경제적 관점에서 이루어진 것이었다. 그러나 노예 소유주들이 경제적 이익을 추구하기 위해서만 노예를 소유한 것은 아니었다. 노예제사회에서는 생산에 직접 종사하지 않는 노예도 다수 존재했다. 가내노예들은 종종 생산적인 노동과 무관한 봉사를 주인에게 제공했으며, 부를 생산하기보다 소비하는 경향이 있었다. 요리사, 침실 시중, 안마사 같은 노예들은 소유주의 사치스러운 개인적 필요를 위해 소유되었다. 로마의 유력자들을 뒤따르던 대규모의 과시적인 노예 수행원들은 경쟁적인 정치적·사회적 분위기에서 주인의 사회적 명성을 선전하기 위해 필요한 존재였다. 따라서 노예제사회를 경제적 측면에서만 정의하는 것은 노예제가 지녔던 폭넓은 문화적 의미에 대한 관심을 외면하는 결과를 초래할 수 있다. 비경제적 분야에 종사한 노예들을 논외로 하고, 노예들이 경제적으로 중요한 역할을 한 사회를 노예제사회라고 보더라도 노예들이 경제적으로 어떤 역할을 했는지도 여전히 논쟁이 되고 있다. 특히 그리스·로마는 인구의 대다수가 농업에 종사하는 사회였으며, 농민 가운데 80퍼센트 정도는 소농이었다고 추산된다. 따라서 그리스·로마 노예제사회의 농업에서 자

---

24 G. E. M. de Ste. Croix, *The Class Struggle in the Ancient Greek World: from the Archaic Age to the Arab Conquests*(Cornell University Press, 1981), pp. 52~55, 173, 209.

유인 노동과 노예노동은 어떤 관계에 있었는지, 노예들은 얼마나 중요한 역할을 했는지는 노예제사회의 특성을 이해하는 데 중요한 문제이다.

로마공화정 말기와 제정 초기에는 노예들을 이용하는 대규모의 노예제 농장 경영이나 이목이 발달했다는 데 역사가들은 동의한다. 사료가 매우 빈약한 그리스의 경우와 달리, 로마의 노예제 농업 생산양식의 실태는 비교적 잘 알려져 있다. 그런데 노예제 농업 생산의 발달과 관련해 고대의 저술가들은 자유농민이 몰락하고 노예로 대체되었음을 과장하는 경향이 있었다. 플루타르코스Plutarchos는 전 이탈리아에서 자유인이 소멸되고 외국인 노예 무리로 가득했으며, 부자들은 자유인들을 내쫓고 차지한 토지를 노예들의 도움으로 경작했다고 주장한 티베리우스 셈프로니우스 그라쿠스Tiberius Sempronius Gracchus의 연설을 전한다. 알렉산드리아Alexandria의 아피아노스Appianos도 유력자들은 지나치게 부유해졌고, 노예들이 전 농촌에서 크게 증가했음에 반해 자유로운 이탈리아인들은 빈곤과 조세, 군대 복무로 그 수효와 힘이 줄어들었음을 강조했다. 따라서 이 시기를 연구하는 역사가들, 특히 마르크스주의 역사가들에게 노예제사회의 발달이 소농의 몰락과 희생을 수반했다는 것은 자연스러운 설명으로 받아들여졌다.

그러나 공화정 말기와 제정 초기 농업서 저술가들의 농업서들을 분석해보면 노예제 농장은 상비 노동력으로 노예들을 이용할 뿐 아니라 주변 소농들의 노동이라는 도움이 필요했음이 드러난다. 노예제 농장의 노동은 외부의 자유인 노동을 전제해 조직되었다. 그리고 소농들은 수입을 보충하기 위해 노예제 농장에 기꺼이 노동을 제공했을 것으로 이해된다. 따라서 고대 사료들의 과장, 그리고 서로 다른 성격의 사료들이 전하는 상반된 내용에 주의를 기울일 필요가 있다. 특히 이탈리아의 여러 지역에서 행해진 고고학 발굴 결과들을 통해서도 노예제 농장의 주위에 소농이 다수 존재했음이 드러났다. 따라서 피터 간지Peter Garnsey, 옌스 에리크 스퀴스고르Jens Erik Skydsgaard, 도

미닉 래스본Dominic Rathbone 등 여러 학자가 노예제 생산이 소농층을 희생해 발달했다는 식의 설명에 이의를 제기했다.[25] 노예제가 발달함과 더불어 소농이 위기에 처하고 몰락했다는 설명은 여전히 로마의 노예제사회를 설명하는 데 도움이 된다. 그러나 소농의 위기는 복합적인 원인을 고려해 파악할 필요가 있다. 노예제 농장 경영과 소농 경영의 관계를 배타적인 것으로만 볼 것이 아니라, 서로 공존할 수도 있었다는 시각에 유의할 필요가 있다.

한편 아테네의 농업에서 노예들의 역할이 어떠했는지는 더욱 논쟁의 대상이었다. 민주정이 발달한 고전기의 아테네에서 평범한 아테네 시민들이 정무관, 협의회 의원, 배심원 등의 역할을 하고, 연극을 관람하고, 정치와 철학을 논하고, 시장에서 빈둥거리는 동안 노예들은 그 평범한 아테네 시민들을 뒷받침하기 위해 땀 흘려 일했다고 말해지고는 했다. 이 말은 어느 정도나 진실일까? 고전기 아테네의 농업에서는 공업과 상업에서보다 노예제가 훨씬 덜 중요했다는 것이 역사가들의 일반적인 견해였다. 예컨대 아널드 휴 마틴 존스A. H. M. Jones는 특정한 지주가 소유한, 산재한 토지 가운데 일부는 자유 소작인들에게 임대되었으며, 적어도 하나의 토지는 될 수 있으면 최소 규모의 노예들로 유지되면서 계절에 따라 추가로 고용 노동자들을 이용하는 농장을 이루었을 것으로 보았다. 그 이유는 가장 많은 노동의 투입이 요구되는 일을 수행할 만큼 충분한 노예를 1년 내내 보유하는 것은 비경제적이기 때문이었다. 아티케의 좀 더 많은 부분은 노예들을 부양하기에는 너무 가난한 소농들이 차지했다고 존스는 보았다. 가족을 유지하고 국가의 공적인 부담을 이행해야 하는 소농 가족은 노예를 유지할 능력이 없었으며, 가부장은 처자식의 노동을 이용하면서 스스로 토지를 경작했다. 존스에 따르면 농업

---

25 車轉桓, 「紀元前 二世紀前半 로마의 農場經營: 카토의 農業書를 中心으로」, ≪歷史學報≫, 116집(1987), 61~98쪽.

과 마찬가지로 공업에서도 노동의 대부분은 노예를 소유하기에는 너무 가난한 시민들이 행했다. 가난한 시민들이 정치에 참여한 대가로 국가에서 받는 일당은, 그 제도가 가장 발달했던 기원전 4세기에도 가난한 시민들의 생계를 유지할 수 없었다. 아테네 시민의 대다수는 생계를 유지하기 위해 스스로 일했으며, 정치에 참여했을 때 아테네 시민들이 받는 일당은 상실한 노동의 대가를 어느 정도 보충해줄 뿐이었다. 요컨대 공업과 농업에 이용된 노예들은 주된 수입원을 토지에 두던, 상대적으로 적은 지대 수취자 계급rentier class의 재산에 속했으며, 가내노예들도 대부분 그 계급이 소유했다.[26]

이와 달리 아테네의 농업 노예제가 중요했고 광범하게 확산되어 있었다고 주장한 학자들도 있었다. 핀리도 이런 견해를 주장했다고 때때로 인용되었다. 그러나 핀리는 아테네인이 누리는 삶의 모든 측면에서 노예제의 중요성을 강조했지만, "가족적 작업 단위보다 더 큰 모든 그리스나 로마의 작업"에서 노예들이 상비 노동력을 구성했다고 주장했을 뿐이다. 아테네인의 생산에서 노예제가 폭넓게 확산되어 있었고 중요했으며 특히 농업에서도 그러했다고 주장한 대표적인 역사가는 마이클 제임슨Michael H. Jameson이었다. 제임슨은 소농의 토지에서도 노예노동을 이용하는 것이 일반적이었음을 입증하려고 했다. 제임슨에 따르면 적어도 고전기 아테네의 상황에서 농민은 가장 부유한 자와 가장 빈곤한 자들을 제외하고는, 자신의 능력에 노예노동의 도움을 약간 덧붙이는 것이 필수적이었다. 이런 경우 노예노동은 토지에 노동을 집약적으로 투자할 수 있게 함으로써 농민이 가진 가족노동력의 범위를 확대해 농민이 시민의 역할을 충분히 이행할 수 있게 했다는 것이다.[27] 바꾸

---

26 A. H. M. Jones, *Athenian Democracy*(B. Blackwell, 1957), pp. 10~20.

27 Michael H. Jameson, "Agriculture and Slavery in Classical Athens," *Classical Journal*, 73 (1977), pp. 122~141.

어 말하면, 아테네 농민-시민이 자신들의 시민적·군사적 역할을 수행하기 위해서는 노예제가 필요했는바, 노예제는 농민과 시민이 일치하기 위한 조건이었다는 것이다. 제임슨의 주장은 민주정이 가능하려면 노예제가 필요했다는 전제에 입각했다.

제임슨의 주장을 반박한 대표적인 역사가로는 엘런 메이크신스 우드Ellen Meiksins Wood가 있다. 우드는 우선 노예제를 농민들이 노동을 좀 더 집약적으로 투입할 필요, 혹은 시민의 역할을 위한 여가와 관련짓는 논지는 설득력이 없다고 주장했다. 제임슨이 보기에 아테네 농민-시민의 지위는 가령 고대 근동의 열악한 농민의 지위와 달랐다. 고대 근동의 지배층, 군주, 종교 단체들은 동산 노예제가 아니라 예속된 농민이 부담한 중세와 부역으로 지탱되었던 반면, 아테네에서는 민주정에 의해 지주들의 부와 권력이 제한되어서 농민-시민에 대한 지대나 조세의 압력이 억제되었다는 것이다.[28] 이런 점에서 아테네는 로마의 경우와도 달랐다고 제임슨은 보았다. 여기서 제임슨은 로마의 경우를 다룬 홉킨스의 분석을 인용했다. 홉킨스에 의하면 기원전 3세기에, 즉 로마제국의 팽창과 노예들의 대규모 유입이 있기 전에 대부분의 농지와 공유지는 소농이나 자영농이 경작했다. 소농이나 자영농들은 대개 불완전고용 상태에 있었다. 최저 생계 수준 이상을 생산하는 독립적인 자영농들의 경우 1년 중 많은 시간은 할 일이 없었다. 양질의 토지에서 최저 생계 수준의 생산을 하는 보통의 소농 가족이 가족노동력의 절반에도 훨씬 못 미치는 노동력을 이용할 뿐이었다. 홉킨스는 이런 만성적인 불완전고용이 건조농경dry farming을 하는 많은 소농 경제에서 아직도 일반적임을 지적했다. 로마 농민의 경우 이런 잉여노동이 특히 군대에 복무하는 형태로 요구되었으므로

---

28   Ellen Meiksins Wood, *Peasant-Citizen and Slave: The Foundations of Athenian Democracy* (Verso, 1988), pp. 51~55.

로마가 제국으로 성장함에 따라 농민들의 군사적 부담이 증가한 것은 특히 소농 경제에 파괴적이었으며, 부자들은 대체 노동의 공급을 구하지 않을 수 없었다는 것이다.[29]

홉킨스의 분석에 의거할 때, 고전기의 아테네는 제국으로 팽창한 로마보다 공화정 초기의 로마에 대한 홉킨스의 묘사에 더욱 가깝다고 우드는 보았다. 그리하여 로마 소농의 운명이 대체로 제국 팽창의 군사적 요구에 의해 결정되었다면, 아테네 소농의 지위는 거의 정반대였다는 것이다. 우드에 따르면 아테네인들이 벌이는 전투의 성격·방법·목적·시기는 소농들의 필요·능력·계절적 리듬에 의해 제약되었다. 대개의 전투는 국경 지대의 토지를 놓고 분쟁하는 이웃 도시 간에 벌어졌으며, 인간의 생명을 위협하거나 영토를 확장하려는 전투라기보다 약탈적 성격을 지녔다. 이런 전투는 농경을 보충하는 것이었다. 따라서 부자들을 위해서나 거대한 정치적 상부구조를 위해 막대한 부를 창출해야 할 필요가 상대적으로 적던 아티케의 소농 가족은 외부의 노동 없이 자신들을 유지할 수 있었고, 가부장은 자신의 정치적·군사적 기능을 수행할 수 있었다는 것이다.[30]

우드의 견해와 달리 제임슨의 주장에 찬성하는 역사가도 있었다. 드 생크루아는 제임슨이 노예제의 역할을 적절하게 평가하고 증거를 정확히 제시했다고 말함으로써 제임슨의 견해를 받아들였다. 그러나 제임슨이 노예제가 사회의 모든 스펙트럼에 확산되어 있었다는 입장에서 아테네를 노예제사회로 간주했음에 반해, 드 생크루아는 생산자에게서 잉여가 수취되는 형태인 착취 체계가 모든 사회의 본질적 특징이라는 가설에서 출발했다. 드 생크루아에 따르면 아테네의 농업 노예들에 대한 증거가 거의 없지만, 매우 많은 노

---

29 Hopkins, *Conquerors and Slaves*, pp. 24~25.
30 Wood, *Peasant-Citizen and Slave*, pp. 59~63.

예노동이 토지에 이용되었다. 그 이유는 고용 노동이 존재하지 않는 곳에서는 비자유노동을 이용하는 것이 잉여를 끌어내는 가장 수익성 있는 방법이었기 때문이라는 것이다. 드 생크루아가 보기에 유산자들이 많은 잉여를 확보하기 위해서는 직접생산자의 대부분에게 노예제나 농노제, 혹은 부채 노예제의 속박 아래에서 노동을 제공하도록 강요하거나, 그렇지 않으면 임금을 위해 노동력을 팔도록 강요해야 하였다. 그런데 고대 그리스와 로마의 지배적인 조건에서는 자유 고용 노동은 드물었고, 대체로 비숙련노동이나 계절노동에 국한되었으며, 유동성이 없었음에 반해 노예들은 값싼 가격에 이용될 수 있었기 때문에 노예제가 잉여를 끌어낼 수 있는 가장 유리한 방법이었다는 것이다.[31]

노예를 동산으로 소유한 것에서 비롯된 노예에 대한 완전한 통제력이 노예 소유주들에게 크게 유리했다고 볼 수 있다. 그러나 이러한 유리함에도 불구하고 노예제사회는 그리스·로마 역사의 한정된 시기에 특정 지역에서 발달했음을 고려해야 한다. 노예제사회에서 지주들의 대규모 농업 외에 소농들의 자급자족적 농경에도 노예들이 얼마나 이용되었는지를 둘러싼 논쟁 역시 사료의 부족 때문에 대립되는 견해들이 평행선을 달리는 느낌을 받게 된다. 소농은 자신과 가족의 노동만으로도 소토지를 경작하는 것이 일반적이지 않았을까? 소농에게는 노예들을 소유해 부양하는 것 자체가 경제적 부담이 될 수도 있었을 것이다. 또한 지주들의 대규모 농업에서처럼 상품(포도주나 올리브유)의 잉여 생산을 지향하는 것이 아니라, 일차적으로 자급자족을 위해 곡물 위주의 생산을 하는 것에는 노동의 수요가 매우 불균등해 노예를 소유할 필요가 적었을 것이다. 게다가 소농의 가족노동이 만성적인 불완전고용 상태에 있었으면 더욱 그러했을 것으로 생각된다.

31　De Ste. Croix, *The Class Struggle in the Ancient Greek World*, pp. 40~53, 144.

6. 맺음말

고대 노예제의 연구사를 돌아보면 역사가들의 연구에 역사가들의 시대가 반영된다는 사실이 여실히 드러난다. 노예제를 도덕적 관점에서 비난한 계몽주의 시대의 역사가들은 노예제가 모든 악의 원천이었다고 주장했다. 또한 기독교도들이 현실 노예제의 철폐를 부르짖던 시대의 일부 기독교도 역사가는 로마제정 시기에 기독교가 성장함으로써 고대 노예제가 쇠퇴했다고 역설했다. 이런 견해는 설득력이 없다는 것이 드러났다. 마르크스주의 역사가들에게 노예제는 모든 사회의 발달에서 필연적으로 나타난 것이었고, 고대사회의 토대였다. 고대 시민들의 자유와 모든 문화적 발전은 노예들을 희생함으로써 가능했다. 모든 역사는 계급투쟁의 역사라고 주장한 마르크스주의 역사가들은 노예제의 모순과 노예들의 계급투쟁을 강조했으며, 스탈린 시대에 이르면 고대 노예제가 노예 혁명으로 몰락했다는 주장이 제기되었다. 현실의 정치적 이데올로기가 대립하는 가운데 마르크스주의 진영의 역사가들은 역사의 진리를 추구할 자유를 상실하고 정치적 도구로 전락했다. 이런 질곡은 무엇보다도 스탈린의 사후, 그리고 동서 유럽 간의 이념적 대립이 완화됨에 따라 해소되었다.

마르크스주의적 해석을 경멸하고 무시하던 서구 역사가들은 고대 노예제의 다양한 측면, 특히 법적 측면을 실증적으로 연구하기 시작했다. 서구 역사가들은 사적 유물론을 거부하면서 노예들이 경제적으로 중요한 역할을 했음을 부정하는 경향을 보였다. 서구 역사가들은 노예들이 당한 억압과 착취, 노예들의 계급투쟁이 아니라 노예제에 존재한 인도주의, 노예들의 자유와 해방을 부각했다. 그러나 노예해방이나 노예들에게 허용된 보상책은 인도주의에서 비롯되었다기보다 노예 소유주의 경제적 이익을 위한 당근으로 이용되었다는 것이 후대 학자들의 일반적인 견해이다.

동서 유럽 역사가들 간의 이념적 대립이 사라진 후, 동구 학자들도 일차 사료를 바탕으로 노예제를 객관적으로 연구하는 경향을 보였다. 그리고 고대 노예제에 대한 방대하고 실증적인 연구들이 축적되었다. 오늘날의 역사가들은 이념에 냉담할 뿐 아니라 고대인들의 노예 소유를 도덕적 입장에서 비난하지도 않는다. 이에 따라 역사가들이 좀 더 객관적이고 초연한 태도로 노예제의 세세한 주제들을 밝혀내는 작업이 진행되었다. 그렇지만 고대 노예제의 주된 관심사들은 여전히 논쟁의 대상이 되고 있으며, 역사가의 새로운 연구에 열려 있다.

제 2 장

노예제사회와 지식인들의 노예관

1. 머리말

고대 로마는 노예제가 발달한 전형적인 노예제사회로 일컬어진다. 노예제는 로마사의 초창기부터 존재했지만, 로마가 제국으로 팽창해 지중해 세계에 평화와 번영을 가져다준 로마사의 중심적 시기에 가장 발달했으니 로마 문명은 노예노동에 기초했다고 말할 수 있을 것이다. 이 글에서는 로마 노예제 연구의 대표적인 학자로 인정받는 키스 브래들리의 최근 저술들[1]을 중심으로 노예제가 발달한 시기의 로마 노예제사회가 보여주는 특징을 개관하고 로마 지식인들의 노예제에 대한 관념을 살펴보고자 한다. 학자들은 시간이

---

[1] Keith R. Bradley, *Slaves and Masters in the Roman Empire: A Study in Social Control* (Oxford University Press, 1987); *Slavery and Rebellion in the Roman World, 140 B.C.-70 B.C.* (Indiana University Press, 1989); *Slavery and Society at Rome* (Cambridge University Press, 1994); "Freedom and Slavery," in A. Barchiesi and W. Scheidel(eds.), *The Oxford Handbook of Roman Studies* (Oxford University Press, 2010).

지남에 따라 로마 노예제와 노예들의 삶에 어떤 변화가 있었는가, 변화가 없었다면 그 원인은 무엇인가 하는 문제에 관심을 보였다. 이 문제에 대한 해답은 사료의 여건상 로마인들이 노예와 노예제에 대해 어떻게 생각했는가 하는 관점에서 찾아볼 수 있다. 그래서 공화정 말기부터 제정기에 걸쳐 로마의 대표적인 지식인들인 스토아철학자들과 기독교 지도자들이 노예와 노예제에 대해 어떤 관념과 태도를 보였는지를 고찰하고자 한다.

2. 노예제와 노예제사회

노예제는 고대의 모든 사회에 공통적인 제도였지만, 고대 로마에서만큼 노예제가 두드러진 사회도 없었다. 로마인이 누리는 삶의 모든 영역에서 노예들이 도움을 제공하지 않은 분야는 없었다. 로마가 진정한 '노예제사회'였다는 말은 무엇을 의미하는가? '로마'는 제국의 수도를 의미할 수도 있고, 제국의 핵심을 이룬 이탈리아반도와 시칠리아를 포함한 수도를 지칭하거나, 로마제국 전체, 혹은 제국의 통치 아래 발달한 로마성 Romanitas 의 문화를 나타낼수도 있다. 노예의 수는 시기와 지역에 따라 매우 달랐다. '노예제사회'란 노예가 주민 가운데 일정 부분(4분의 1 또는 3분의 1)을 이루고, 그 노예 가운데 상당한 수가 경제적으로 생산적인 노동에 종사한 사회를 의미하는 것으로 정의된다. 이런 정의에 따르면 노예제가 발달한 시기인 대략 기원전 200년부터 기원후 200년경까지의 이탈리아반도와 시칠리아는 노예제사회였지만, 로마제국 내에서 노예제에 관해 예외적으로 풍부한 문헌 증거를 제공해주는 이집트는 노예의 수가 주민 수의 약 10분의 1에 지나지 않아 노예제사회가 아니었다. 로마인들은 노예의 수를 통계적으로 추산해볼 수 있게끔 하는 방식으로 증거를 남기지 않아서, 얼마나 많은 노예가 존재했는지에 관한 우리의 지식은 충분하지 않다. 학자들에 따라 아우구스투스의 시대에 이탈리아에 거주한 노예들은 전체 주민 가운데 3분의 1 이상 혹은 약 30퍼센트를 차지했을 것으로 계산되기도 했고, 노예가 전체 주민의 15~25퍼센트를 차지했을 것으로 추산되기도 했다.[2]

많은 학자는 로마 문명이 노예노동에 기초했다는 것을 당연시한다. 노예제가 발달한 시기 일부 노예는 주요 작물들(곡물, 포도, 올리브)을 생산하고 가축을 사육하는 데 이용되었고, 다른 노예들은 완제품을 생산하거나 로마 도시들에 특징적인 극장과 원형극장, 전차 경주장stadium 및 그 밖의 건물들을 짓는 데서 일했다. 그렇지만 어느 장소와 어느 시기에도 노예노동만이 배타적으로 이용되지는 않았다. 노예노동과 자유인 노동은 경쟁적인 경제적 범주들이었던 것이 아니라 그것을 이용하려는 사람들에게 열린, 양립할 수 있는 선택이었다. 모든 사람은 법적으로 자유인이거나 노예였으며,[3] 그 두 범주의 사람들이 사회를 구성하는 기본적인 요소들이었다. 두 요소 가운데 하나는 다른 하나가 없이는 존재할 수 없었다. 물론 자유인과 비자유인들에게도 여러 등급이 존재한 것이 사실이다. 매해 동지 무렵에 벌어진 사투르날리아Saturnalia 축제 동안 로마인들은 고정된 사회적 경계를 완화해서 노예들에게 평소 허용되지 않던 형태의 자유를 허용했으며, 1년에 수 일 동안 모든 사람이 평등하고 노예제가 존재하지 않던 아득한 신화적인 시대를 상기했다. 그렇지만 축제의 휴일이 끝나면 노예와 자유의 '정상적' 구분이 신속히 복구되었다. 사회적 지위를 고도로 의식하는 로마 세계에서는 아무도 비자유인이 없는 사회를 상상할 수 없었으며, 사투르날리아는 결코 사회적 변화나 개선의 비전을 고취하지 못한 일시적 파격에 지나지 않았다. 로마의 노예제는

---

2   Bradley, "Freedom and Slavery," pp. 624~626.

3   Gaius, *Institutes*, 1.9.

억제되어야 할 도덕적 악으로 간주되지 않았으며, 근대 노예제의 역사에서와 같은 노예제 폐지론자들도 결코 배출하지 않았다. 로마의 한 전설에 따르면 유피테르luppiter가 사투르누스Saturnus를 타도하고 강자들이 부를 통제하고서 불행한 사람들과 공유하기를 거부했을 때, 노예제가 세상에 출현했다.[4]

로마 역사에서 자유 상태와 노예 상태는 서로에게 필요하고 서로를 강화하는 사회적 범주들로서 공존했다. 자유 상태와 노예 상태는 동전의 양면을 이루었으며, 일부 사람의 자유가 다른 사람들의 노예화에 의존하고 그 노예화에 의해 보장되었다는 의미에서도 로마를 노예제사회로 정의할 수 있다. 이러한 정의는 노예를 사회의 '정상적' 요소로 인식한다. 클라우디우스Claudius 황제(재위: 41년~54년)는 알렉산드리아인들에게 보낸 편지에서 노예 어머니에게서 태어난 사람들의 시민권 요구를 단호히 거부했다. 시리아 중부에 위치한 도시 팔미라Palmyra에서 2세기 중반에 작성된 한 관세표는 그 도시에 운반되어 들어오고 나간 노예들에 대해 거둔 상세한 통행세 내역을 기록했는데, 로마제국의 동부 변경에서도 노예무역이 꾸준히 그리고 활발하게 이루어졌음을 시사해준다. 오늘날 튀니지 동부에 자리 잡은 도시 엘 젬El Djem에서 3세기에 만들어진 모자이크 달력은 12월에 노예 한 무리가 휴일을 즐기는 모습을 나타냈다.[5] 노예제는 사회의 근본적인 요소로 인식되었다.

공식적으로 노예는 소유주의 재산으로서만 존재했다. 법인격과 인간 개성이 없는 노예는 스스로 재산을 소유하거나 가족 관계를 형성할 수 없었다. 노예는 권리가 없는 강등된 존재여서 개념상 다른 형태의 재산과 흡사했으며, 노예와 다른 재산 사이의 유일한 차이는 노예가 말을 할 수 있는 재산으

4   Lactantius, *Divinae institutiones*, 5.5.1~5.6.13.
5   David Parrish, *Season Mosaics of Roman North Africa*(Giorgio Bretschneider Editore, 1984), p.158.

로 이해되는 것이었다.[6] 관습적으로 학자들은 노예를 시민 공동체의 일에 참여하는 것이 금지된 주변인 혹은 '이방인'으로 구분했다. 그러나 노예들의 공식적 지위가 로마 문화에 만연한 노예제의 이념적 무게를, 그리고 노예들이 노동과 온갖 서비스에 종사한 두드러진 가시성을 가릴 수는 없다. 로마사의 가장 특징적인 시대에 노예의 존재는, 그 존재가 실제적이든 혹은 상징적인 것이든, 어디서나 피할 수 없는 현실이었다. 이러한 점을 두 가지 사회적 관행이 명확하게 해준다.

첫째, 로마의 엘리트 문화가 매우 중시한 것으로, 개인의 장점을 현저하게 과시하는 경향이 있었다. 로마인이 노예를 소유한 목적 가운데 하나는 인간 재산의 소유를 통해서 자신의 권력과 위신을 선전하는 것이었다. 상류층 로마인들은 공적으로 행차할 때 대규모 노예 수행원들을 거느리는 관습이 있었다. 수행단은 위대한 인물의 출현을 알렸다. 가령 165년 5월 1일에 마케도니아 총독인 푸블리우스 안티우스 오레스테스Publius Antius Orestes가 사모트라케Samothrace 섬에 있는 신전의 성소에 들어갔을 때는, 오레스테스의 친구와 보좌관, 호위병, 그리고 노예 15명으로 이루어진 수행단이 오레스테스를 호위했다. 노예 3~4명으로 이루어진 작은 수행단만 거느리는 것은 아마도 철학적으로 고취된 금욕적 취향에 의한 절제의 표시로 받아들여질 수 있었지만, 그러한 사람은 예외적이었다.

권력을 과시하려는 관심은 노예 소유주들이 자신의 도시 가옥과 농촌 빌라를 그림과 모자이크, 조각품들로 공들여 장식하는 방식에서도 분명히 드러났는데, 노예들이 농사일과 가내의 힘든 천한 일을 하는 것을 주제로 한 그림을 흔히 볼 수 있다. 노예들이 수확한 포도를 으깨고, 올리브를 수확하고, 바다 자원을 확보하는 다양한 일을 하고, 식사 시중이나 그 밖의 봉사를 하는

---

6   Varro, *De Re Rustica*, 1.17.1.

모습을 묘사한 그림은 노동을 낭만화하고 일들이 요구한 고통을 가렸지만, 노예 소유주의 부와 명령권 및 상징적 가치를 나타냈다. 히스파니아 바이티카Baetica 의 한 노예 소유주가 청동으로 제작된 아프리카 청년 조각상을 램프 스탠드로 사용한 것은 사하라 사막 너머에서 노예들을 수입할 수 있는 자신의 능력을 암시했으며, 그 조각상을 바라보는 노예들에게는 열등감과 무기력을 상기시켰다.

둘째, 로마인들은 인간 세상과 신의 세상 사이의 조화를 유지하는 것을 중요시했다. 2세기 말 카르타고Carthago 에서 비겔리우스 사투르니누스Vigellius Saturninus가 자신 앞에서 재판받는 기독교도들에게 상기시켰듯이, 로마 문화는 종교적인 문화였다. 노예는 더럽히는 영향이 있다고 생각되었기 때문에 시민들의 일부 제식에서 배제되었는데, 노예가 이방인이라는 사실보다 그러한 관념을 더 잘 설명해주는 것도 없을 것이다.[7] 다른 한편으로 로마인의 가정에서는 가부장이 자신의 책임 아래 있는 모든 사람을 대표해 종교의식을 주관했으며, 노예들도 신의 호의가 내려지는 파밀리아familia 의 구성원으로서 그 의식에 참여할 수 있었다. 대 카토는 자신의 『농업론』에서 농부가 노예들을 포함한 자신의 가정이 안녕하기를 바라며 올리는 기도와 목자들의 보호를 위해 마르스 신에게 하는 기도의 표본을 제시했다.[8]

일부 노예는 공적인 의식을 수행하는 데서 매우 두드러졌다. 로마 공동체를 대표한 정무관들과 황제에 의해 희생된 황소, 돼지, 양과 같은 동물을 도살하는 제관들victimarii은 때때로 공노예였다.[9] 노예 제관들은 평화의 제단Ara Pacis , 베네벤툼Beneventum 에 세워진 트라야누스 개선문, 렙티스Leptis 에 있는 셉

---

7   Bradley, "Freedom and Slavery," p. 629.
8   Cato, *De Agricultura*, 141.3.
9   Alexander Weiss, *Sklave der Stadt: Untersuchungen zur öffentlichen Sklaverei in den Städten des römischen Reiches*(Franz Steiner Verlag, 2004), pp. 139~141.

티미우스 세베루스 개선문과 같은 항구적인 기념물들에서 분명하게 드러난다. 노예 제관들이 제물을 불에 태울 때 솔개가 제물을 먹이로 훔치면 좋지 않은 징조라는 기이한 믿음이 생기기도 했다.[10]

노예제가 발달한 시기 로마 종교 생활의 두드러진 특징인 비교秘教 의식들에도 노예들이 참여했음을 알 수 있다. 2세기에 이탈리아에서 제작된 대 디오니소스Dionysos 제식 비문에는 약 420명에 달하는 숭배자의 이름이 기록되었는데, 이 숭배자들은 아마도 귀족 여사제 폼페이아 아그리피닐라Pompeia Agrippinilla와 아그리피닐라의 친척들 가정에 속했을 것이다. 그 비문에는 아그리피닐라의 남편을 비롯한 엘리트들의 이름뿐 아니라 노예들의 이름도 다수 포함되어 있으며, 디오니소스 의식에서는 숭배자들의 사회적·법적 신분의 차이가 크게 문제되지 않았음을 시사해준다. 주인과 노예 간의 구분이 완전히 사라질 수는 없었을 테지만, 디오니소스 의식은 분명히 숭배자들을 단일 집단으로 통합했다. 초기 교회가 노예들을 잠재적인 신도로 기대했다는 비난은 기독교도들의 불미스럽고 지적으로 낮은 특성을 드러내기 위한 것이었다. 그러나 4세기에 이르면 에우세비우스 소프로니우스 히에로니무스Eusebius Sophronius Hieronymus는 율리아 에우스토키아Julia Eustochia(에우스토키움Eustochium)에게 기독교도의 순결을 강화하기 위한 방법으로 그녀의 여자 노예들과 교류하고, 특별히 여자 노예들과 함께 식사하도록 권고했다.[11]

역설적이게도 노예들은 이방인인 동시에 내부자였다. 노예는 공식적으로 권리가 없고 주인이 처분할 수 있는 상품이었지만, 동시에 어느 정도 능력이 있는 인간 행위자로서 인정받았으며, 결코 동물의 수준으로 완전하게 강등될 수 없었다. 무엇보다도 노예들은 언제나 여러모로 불가결한 존재로 '내부

---

10   Gaius Plinius Secundus, *Naturalis Historia*, 10.28.

11   Jerome, *Epistles*, 22.29.

에' 있었으며, 특히 주인에게 가장 긴밀한 봉사를 했다. 노예는 주인이 손가락으로 신호하면 요강을 가져다주었고, 주인의 침실을 경호했다. 농업서 저술가 콜루멜라는 농장 소유주가 노예들에게 항상 말하지는 않더라도 노예들은 어디서나 가시적이며 기본적인 존재라고 말했다.[12]

3. 폭력과 자유

노예가 소유주에게 투자로서 가치를 지녔고, 이런저런 노예들이 아무리 잘 대우받았다고 하더라도, 제도로서 노예제가 궁극적으로 패전에서 목숨이 살려질 때 지배 권력이 주장한, 인간의 타인에 대한 폭력적 종속에 기초한 것은 더욱 역설적이었다. 루키우스 안나이우스 세네카Lucius Annaeus Seneca(소小 세네카)의 표현을 빌리면, 노예들은 소유주들과 언제나 전쟁 중이었다.[13] 학자들은 때때로 로마 노예제가 시간이 지남에 따라, 특히 제정 성기盛期에 좀 더 인도적이 되었다고 말했는데, 노예에 대한 주인의 지나치게 잔인한 대우를 억제한 법률상의 증거들이 있기 때문이었다. 그러나 노예의 운명은 여전히 주인의 처분에 달려 있었으며, 노예에 대한 가혹한 취급을 억제하고자 도입된 모든 규제는 시행되기가 어려웠다. 3세기 말에 플라비아 폴리타Flavia Politta가 자신의 가정에서 기독교의 오염을 제거하기 위해 기독교도 노예 사비나Sabina를 속박한 채 스미르나Smyrna 근처 언덕으로 추방했을 때, 폴리타의 행동은 그 지역 신전 관리인에 의해서도, 나중에 사비나의 기독교도 동료 피오니우스Pionius를 재판할 때 사비나를 심문한 속주 아시아Asia 총독에 의해서도 문

---

12 Columella, *De Re Rustica*, 1.8.15.

13 Seneca, *Epistulae*, 18.4.

제시되지 않았다. 기독교도들은 스스로 노예 상태와 종속 간의 폭력적 관계가 규범적이며 변화될 필요가 없는 것으로 이해했다. 루키우스 카이킬리우스 피르미아누스 락탄티우스Lucius Caecilius Firmianus Lactantius는 노예 소유주가 노예에 대한 생살여탈권을 가지며 노예는 소유주를 두려워하는 것으로 예상했다. 히에로니무스는 사소한 이유로 노예들을 잔인하게 다루는 것에 아무런 반대도 제기하지 않았다.[14] 아우렐리우스 암브로시우스Aurelius Ambrosius는 노예화된 포로들의 몸값을 내는 것을 기독교도가 지닌 아량의 증거로 생각했지만, 전투 자체의 노예화 관행에 의문을 제기하지는 않았다. 암브로시우스는 오히려 노예는 미천하게 굴복해 노예 상태를 견뎌야 한다고 말했다.[15]

　로마는 무력으로 지중해 세계를 지배했다. 로마 문화는 적지 않게 군국주의적이었으며 지도적인 위치에 있는 시민들은 방대한 제국 건설을 자신들의 운명으로 여겼다. 노예화를 찬미하고 다른 사람들을 자신들의 의지에 굴복시키는 이미지들을 통해, 로마인들은 예속된 노예가 자신들의 세계에서 확고한 요소임을 알았다. 에트루리아Etruria의 포르토나키오Portonaccio와 로마의 루도비시Ludovisi에서 발견된 석관들에 장식된 부조들에는 로마 장군들과 군대가 야만인 적들을 맹렬하게 공격해 쓰러뜨리고, 극심한 고통으로 온몸을 비틀며 공포와 절망에 휩싸인 포로들이 노예시장에 매각되기 위해 사슬에 구속되는 모습이 새겨져 있다. 마르쿠스 툴리우스 키케로Marcus Tullius Cicero는 자신의 아들이 영예를 추구해야 할 분야로 전투를 지목했으며,[16] 락탄티우스도 전투에서 패한 사람들의 말살이나 노예화가 여전히 '불멸로 가는 유일한 길'이라고 말했다.[17] 트리말키오Trimalchio처럼 이전에 노예였다가 스스로 노예

14　Lactantius, *Divinae institutiones*, 4.3.14~4.3.17, 4.4.1~4.4.2, 4.4.11.

15　Bradley, "Freedom and Slavery," p. 631.

16　Cicero, *De Officiis*, 2.45.

17　Lactantius, *Divinae institutiones*, 1.18.8.

소유주가 된 사람은 자신이 경험한 육체적 고통으로 말미암아 노예들에게 그런 고통을 가하는 일을 억제할 것으로 예상된 것은 놀랍지 않다.[18] 노예제에 내재한 폭력은 변함없는 사회질서의 일부였으며, 마르쿠스 비트루비우스 폴리오Marcus Vitruvius Pollio는 여인상이 건물 기둥으로 사용된 것의 기원을 패전국 여성을 잔혹하게 노예화한 것에서 찾았다.

물론 노예 상태는 비정상적인 상태로 분류될 수 있었으며, 노예 상태의 역설적 특성의 근원은 자연에 반하는 특성에 있었다. 아주 드문 예외적인 상황을 제외하고 노예는 노예가 되기를 선택하지 않았다. 노예 상태가 비정상적이기 때문에, 노예 소유주들은 자신들의 가정과 농장의 원만한 기능을 보장하기 위해 자신들의 인간 재산을 의식적으로 관리하지 않을 수 없었다. 농업서 저술가들은 노예들을 관리하는 것에 대해 세세한 실제적인 권고를 했으며, 다양한 유형의 노예를 어떻게 활용하고 부양하는지, 노예들의 동기를 어떻게 유발하는지에 대해 관심을 기울였다. 농업서 저술가들의 언급들은 노예들을 통제할 필요가 얼마나 절박했는지를 보여주는 뚜렷한 증거로 남아 있으며, 분할해 정복하는 방식에 따라 노예들을 강제하는 것에 대한 진지한 관심을 드러냈다.

노예 소유주가 노예에게 제공할 수 있는 가장 큰 장려책은 자유의 전망이었다. 노예해방은 로마가 자신들의 역사 초창기에 제도화한 장치로써, 노예 소유주들은 여러 세기 동안 노예해방을 자신들에게 유리하게 활용했다. 노예해방은 정의상 노예 상태가 본래 바람직스럽지 않은 상태임을 상정했다. 로마사의 특정 시기에 얼마나 많은 노예가 해방되었는지는 알 수 없다. 문학과 비문 형태의 전통적인 사료들에는 어디서나 피해방인들이 등장하기 때문에, 노예의 대다수가 조만간 해방되었을 것으로 잘못 추론하는 학자들도 있

---

18 Petronius, *Satyricon*, 28.7, 34.2, 49.1~50.1.

었다. 노예해방이 기본적으로 어떤 기능을 했는지에 대해서는 논란이 적다. 로마가 적들에게 선별적으로 시민권을 부여해 국가 내에 있는 적들을 통합함으로써 권력을 확대하고 분할해 정복하는 원리는 애초부터 제국의 전략이었다. 사비니Sabini족 족장 아티우스 클라우수스Attius Clausus가 로마 공동체에 받아들여진 후 클라우디우스 씨족의 창건자가 되었다고 하는, 푸블리우스 코르넬리우스 타키투스Publius Cornelius Tacitus가 알던 전설은 제국 전략의 전형적인 사례를 보여준다.[19]

사적인 관계에서 노예에게 자유를 조금씩 부여하는 것은, 노예해방의 기대가 의무에 대한 헌신을 유발하고 노예들에게 공동의 관심사보다 개인적인 관심을 고취함으로써 노예 집단을 분열시키고 약화하는 효과가 있었다. 로마는 해방된 노예들을 시민이 되도록 허용했다는 점에서 특이한 노예제사회였으며, 타키투스가 언급했듯이 시간이 지남에 따라 자유로운 로마인 가운데 노예 조상을 두지 않은 사람은 많지 않다는 의심이 늘어났다.[20] 그러나 시민권을 부여하는 것이 독특하기는 했지만, 노예해방이 관대함 그 자체를 위한 행동은 아니었다. 노예들은 흔히 자유의 대가를 치렀으며, 노예들에게 결코 보장된 것은 아니었지만, 노예의 희망은 페쿨리움[21]을 잘 관리하게 했으

---

19 Tacitus, *Annales*, 11.24.

20 같은 책, 13.27.

21 페쿨리움은 법적으로 재산권이 없는 자식이나 노예에게 용익권과 관리권, 그리고 제한된 범위 내의 처분권이 허용된 재산(화폐, 물건, 토지, 노예)이었다. 페쿨리움을 허용하는 것은 상업과 재정, 사업에서 점차 중요해졌다. 법적으로 페쿨리움은 가부장이나 주인이 자발적으로 수여한 것이었고, 수여자는 언제나 페쿨리움을 박탈할 수 있었다. 그러나 실제로는 페쿨리움을 받은 자는 일반적으로 그 페쿨리움에 대한 재량권을 가졌고, 페쿨리움을 받은 노예는 페쿨리움에서 나오는 수익을 통해 궁극적으로 자신의 자유를 매입하기를 기대하거나, 혹은 페쿨리움을 사후 자식에게 물려주기를 기대할 수 있었다. 아우구스투스 시대부터 병사가 군대 복무 기간에 획득한 모든 것은 법률상 자동적으로 그 병사의 페쿨리움[이른바 페쿨리움 카스트렌세(peculium castrense)]이 되었다.

며, 노예 소유주들은 해방되는 노예가 낸 해방금으로 새로운 노예를 구매해 대체할 수 있었다. 노예를 해방하는 것은 로마 노예제를 재충전하는 방법이었다.[22]

노예해방이 사회적 조작의 수단으로 성공한 것은 일부 노예가 기존 사회의 가치를 내면화하고 그 사회 안에 스스로 통합된 방법에서 분명히 찾아볼 수 있다. 공화국의 마지막 세기에는 종종 장례 의식의 맥락에서 자신과 가족을 기념 부조에 묘사하는 관습이 발달했는데, 부유한 피해방인은 부조에 자신이 로마 시민 공동체의 새로운 멤버가 되었음을 상세한 초상과 의복을 통해 강조했다. 피해방인 남편과 아내는 로마인의 전형적인 복장인 토가와 팔라palla를 입은 모습을 통해 훌륭한 시민과 결혼 생활의 조화를 달성한 것을 드러내고자 했으며, 준엄한 얼굴 표정은 전통적인 로마 상류층의 위엄gravitas과 품위dignitas를 표방했다. 피해방인들은 노예 상태에 있던 삶의 기념물을 세우는 데에는 아무런 관심을 보이지 않았으며, 심지어 해방되던 순간의 의식을 묘사하는 것에도 관심이 없었다. 대신에 피해방인들은 사회 주류에 순응하고 동화하는 것을 강조했다.[23]

예술품과 정교한 장례 기념물들에 묘사된 피해방인들의 이미지는 그 이미지를 바라보는 노예들이 자유를 열망하도록, 자유를 얻기 위해 충실하게 일하도록 자극했을 것이다. 해방을 경험할 만큼 행운이 있는 노예들에게 해방이 가져다주는 변화는 근본적이었다. 자유가 부여되는 동시에 존재가 무시되던 노예는 실제 인물이 되었고, 가족 관계의 불안정을 안정이 대체했으며, 사회적 죽음은 사회적 삶에 자리를 내주었다. 노예 소유주들이 자유의 매력을 얼마나 잘 알았는지를 보여주는 증거는 노예 소유주들이 정치적 위

---

22   Keith Hopkins, *Conquerors and Slaves*(Cambridge University Press, 1978), Ch. 1.

23   Bradley, "Freedom and Slavery," p. 633.

기의 시기에 노예들에게 물리적 도움의 대가로 자유를 제안한 기록에서 발견된다. 로마의 내전 기간들에 그러한 제안이 빈번하게 있었다. 그렇지만 어떻게 하는 것이 최선인지를 판단하는 능력이 노예들에게 있었다는 것을 노예들이 때때로 자유의 제안을 거부한 것에서도 알 수 있다. 노예해방은 노예해방이 보장될 수 없다면 무의미했지만, 노예제를 위한 조종 장치로서 많은 이점을 지니고 있었다.

노예들의 사유 능력은 노예들이 노예 상태에 대항해 적극적으로 투쟁한 기록에서도 알 수 있다. 노예들은 스파르타쿠스의 반란과 같은 대규모 노예 반란을 일으키기도 했고, 좀 더 일반적으로 속임수와 기만을 통해 도주와 태업 및 재산 파괴를 시도하는가 하면, 소규모 반란의 일반적인 전술을 활용했다. 로마 노예들은 결코 수동적인 집단이 아니었으며, 노예 소유주들은 노예제가 내포하는 반란과 방해의 위험에 민감했다. 노예들의 삶에 대해 노예들 스스로 남긴 증거가 없기 때문에 로마 노예들의 심리 상태와 행동의 동기는 파악될 수 없다고 때때로 말해졌다.[24] 그렇지만 고대 역사가들은 노예 소유주들의 심리에 대해 언급하기를 피하지는 않았다. 마르쿠스 발레리우스 마르티알리스Marcus Valerius Martialis는 한 노예 이발사가 주인에게 면도해줄 때 주인의 목에 면도칼을 대고서 자신에게 자유와 약간의 재산을 주도록 협박한 이야기를 전해준다. 주인은 생명에 대한 두려움에서 노예에게 굴복하고서 죽음에서 벗어난다. 그러나 주인은 즉시 노예의 팔과 다리를 부러뜨려 응징함으로써 권력의 '정상적' 균형이 회복된다.[25] 이 이야기가 전해주는 요점은, 노예는 그 소유주에게 어느 정도 미연에 방지되어야 하는 실제적 위협이라

---

24 Aldo Schiavone, *The End of the Past: Ancient Rome and the Modern West*(Harvard University Press, 2000), pp. 123~124.

25 Martialis, *Epigrams*, 11.58.

는 분명한 인식이었다. 노예제가 만연해 있고 특권의 평등이나 공통성에 대한 아무런 인식이 없는 사회에서, 자유와 노예 상태의 상호작용은 단지 수사와 은유의 문제가 아니었다. 2세기 초에도 노예는 천하고 강등된 모든 것의 생생한 상징이었으며, 어디서나 쉽게 눈에 띄는 존재였다.

4. 노예에 대한 관념: 스토아철학과 기독교

1) 스토아철학자들의 노예관

로마 노예제의 오랜 역사 동안 노예제에 어떤 의미심장한 변화가 있었는가? 일부 학자는 로마 노예제의 중심적 시기, 특히 프린키파투스기에 새로운 인도주의 정신이 점차 사회에 침투한 결과 철학자와 지식인들에게서 노예에 대한 동정이 표현되었고, 공적인 수준에서 노예들의 삶을 위한 일련의 긍정적인 개선이 이루어졌다고 주장했다. 병에 걸려 티베리스Tiberis 강의 아이스쿨라피우스Aesculapius 섬에 버려진 후 회복된 노예들에게 클라우디우스 황제가 자유를 준 것은 그러한 개선의 좋은 사례로 종종 받아들여졌다.[26] 그러나 로마 노예제가 일반적으로 개선되었다는 견해는 역사적으로 올바른 것인가? 이에 대한 대답을 찾기 위해서는 노예제에 대한 로마의 대표적인 사상들이 얼마나 인도주의적이었는지, 그리고 제도적 수준에서 노예제에 중요한 변화의 증거가 나타났는지를 검토해보아야 한다.

---

26 Barbara M. Levick, *Claudius*(Yale University Press, 1990), pp. 123~124; Ramsay MacMullen, *Changes in the Roman Empire: Essays in the Ordinary*(Princeton University Press, 1990), p. 5; Charles E. Manning, "Stoicism and slavery in the Roman Empire," *Aufstieg und Niedergang der römischen Welt*, II, 36.3(1989), pp. 1519, 1533~1534.

만년에 키케로는 플라톤의 방식을 본떠 일련의 토론회를 통해서 로마의 교육받은 엘리트들에게 그리스철학 학파들의 사상을 가르치기 시작했는데, 그러한 시도는 약 1세기 전부터 로마에 등장한 그리스철학의 문화적 존재를 반영했고 강화했다. 로마 사회의 지식인들은 그리스 고전기와 헬레니즘 시대의 철학적 업적에 노출되지 않을 수 없었기 때문에, 플라톤이 세운 토대 위에서 아리스토텔레스가 확립한 노예 천성론을 알고 있었다. 그 이론에 따르면 노예는 이성을 소유하거나 발휘할 수 없지만, 이성을 인지할 수 있는 독특한 존재, 즉 영혼이 없는 도구였다. 노예는 좀 더 우월한 지력으로 자신에게 할 일을 정해준 주인을 위해 일을 수행함으로써 자연적인 역할을 실현했으며, 그 결과 주인과 노예 사이에 서로 유익한 관계가 성립되었다. 아리스토텔레스의 결론은 "자연에 의해 어떤 사람들은 자유롭고, 다른 사람들은 노예이며 …… 따라서 노예가 주인에게 봉사하는 것은 정당하고 편리하다"[27]라는 것이었다.

로마 지식인들은 또한 노예 천성론이 노예제가 부자연스럽고 관습의 문제일 뿐이며 부당하다고 보는 경쟁적인 이론에 대응하기 위해 표명되었다는 사실도 알고 있었다. 가령 기원전 4세기 초 고르기아스Gorgias의 제자인 소피스트 알키다마스Alcidamas는, 자유는 모두에게 공통이며 아무도 노예로 태어나지 않았다고 주장했다. 이러한 주장은 기원전 4세기 말의 희극작가인 필레몬Philemon의 극에도 반영되었는데, 필레몬은 노예와 자유인이 동일한 육체를 가졌고, 아무도 천성적으로 노예가 아니며, 육체를 노예화한 것은 우연일 뿐이라고 말했다.[28]

---

27 Aristoteles, *Politica*, 1.2.15; Bradley, *Slavery and Society at Rome*, p. 134.
28 Robert Schlaifer, "Greek theories of Slavery from Homer to Aristotle," *Harvard Studies in Classical Philology*, 47(1936), pp. 199~201.

노예 천성론과 노예 천성론에 반하는 이론 간의 대립은 로마 법학자들의 견해에도 반영되었는데, 이 견해에 따르면 "노예제는 누군가가 자연에 반해 다른 사람의 소유권에 종속된다고 하는 만민법상의 제도"[29]였다. 반면에 자유는 모든 사람이 평등하고 날 때부터 똑같이 자유롭다고 하는 자연법상의 상태였다. 로마인들은 노예제를 모호하고 심지어 취약한 제도로 간주했으며, 이는 노예들에게 유리한 변화를 가져올 일정한 잠재력이 언제나 존재했다는 것을 의미한다. 그러나 로마인들이 노예제가 자연에 반하는 것으로 분류될 수 있다는 이유만으로 노예제의 개선에 관해 생각했음을 시사해주는 것은 아무것도 없다. 그리스철학 학파 가운데 로마에서 가장 인기가 있던 스토아철학에 매력을 느낀 로마인들은 노예제의 개선에는 관심이 없었다.[30]

스토아학파는 노예의 인간성을 인정할 준비가 되어 있었으며, 노예와 자유인 간의 차이는 현명한 사람과 어리석은 사람 간의 차이보다 철학적으로 훨씬 덜 중요한 것으로 생각했다. 스토아학파의 이상은 자연에 따라 생활함으로써, 즉 모든 인간이 가진 이성을 우주 전체의 기저를 이루는 이성적 원리와 조화를 이루게 함으로써 지혜를 달성하는 것이었다. 각 개인은 우주적 질서의 필수적인 부분이며, 자연과 조화를 이루어 사는 것이 개인의 운명이었다. 그러나 선과 악 사이에서 부단히 선택을 해야 하는 상황에서 자연과 조화를 이루어 사는 것은 달성하기 어려운 목표였으며, 지혜의 추구는 일생의 투쟁이었다. 그래서 인간의 내적 삶이 강조되었는데, 지혜는 개인의 덕성을 함양함으로써 추구되었기 때문이다. 노예제와 같은 외적인 현실은 개인의 결정과 같은 방법으로 통제될 수 없었기 때문에 관심의 대상이 아니었다. 그러나 스토아철학자들은 노예와 자유인이 모두 덕성을 함양할 수 있다고 생

---

29   *Digesta*, 1.5.4.1
30   같은 책, 1.1.4, 12.6.64, 50.17.32.

각했다. 사회적 신분은 자연과 조화를 이루어 사는 것에 아무런 장애가 되지 않았는데, 문제가 되는 유일한 자유는 영혼의 자유이고 영혼의 자유는 모든 사람에게 가능한 것이기 때문이었다.

노예가 공통된 인간성의 일부라는 관념은 적어도 기원전 1세기에 이르면 키케로와 그나이우스 폼페이우스 마그누스Gnaeus Pompeius Magnus의 동료이기도 했던 스토아철학자 포세이도니오스Poseidonios의 저술을 통해 로마인들에게 전해진 것으로 보인다. 포세이도니오스는 자신의 『역사Histories』에서 시칠리아 노예 반란들에 대해 다루면서 반란 노예들에게 동정을 보였는데, 그러한 태도는 포세이도니오스의 스토아적 세계시민주의와 관련이 있을 것으로 이해된다.[31] 노예 상태의 모멸과 굴욕에 대한 진정한 감성은 1세기 중반부터 스토아철학자 세네카의 저술들에서 두드러졌다. 세네카는 노예가 자유인과 똑같이 인간으로 인정되어야 한다고 강조했다. 세네카에 따르면 노예는 자유인과 동일한 방법으로 태어나고 같은 공기를 마시며 자유인과 마찬가지로 죽음에 종속된다. 자신의 잘못 때문이 아니라 우연에 의해 노예가 된 것 때문에 노예가 잔인하고 오만하게 다루어져서는 안 되며, 노예는 인간이기 때문에 신중하고 예의 있게 대우되어야 했다. 노예 상태는 정신의 상태가 아니라 육체의 상태이며, 노예는 예속을 모르는 영혼의 자유를 발휘함으로써 육체적 예속을 초월할 수 있었다.[32]

트라야누스Traianus 황제(재위: 98년~117년) 치세에 그리스인 웅변가 디온 크리소스토모스Dion Chrysostomos는 현명한 사람만이 진정으로 자유로울 수 있다는 스토아학파의 공통적인 이론을 따르면서도, 자유는 허용된 것과 금지된 것을 아는 것으로 이루어진 반면 노예 상태는 그렇지 못하다는 견해를 제

---

31 Bradley, *Slavery and Rebellion in the Roman World, 140 B. C.-70 B. C.*, pp. 133~136.

32 Seneca, *Epistulae*, 47.

시했다. 만약 노예가 자유의 진정한 의미를 이해한다면, 그가 노예로 수없이 자주 매각되거나 속박되어 사는 것은 중요하지 않았다. 노예는 철학이 자신을 자유로워질 수 있게 하는 열쇠라는 것을 깨닫는 한, 사실 왕보다 더 자유로울 수 있다는 것이었다. 2세기 말경에 재위한 마르쿠스 아우렐리우스Marcus Aurelius 황제(재위: 161년~180년)는 죽음이 알렉산드로스Alexandros 대왕(재위: 기원전 332년~기원전 323년)이나 알렉산드로스 대왕의 마부에게나 모두에게 평등한 종말을 가져다준다는 철학적 주제에 대해 생각할 때, 노예와 자유인의 공통된 인간성을 당연시했다.

로마사의 중심적 시기 내내 그리스와 로마의 지식인들은 노예 상태와 자유의 의미를 놓고 논쟁하기를 즐겼으며, 이러한 점에서 노예제는 무시되지 않았다. 그러나 스토아철학자들이 정신적 평등의 관념을 강조했는데도 그중 누구도 사회에 만연한 노예제의 현실에 대해 진지하게 의문을 제기한 적이 없다. 일부 노예 소유주가 세네카와 같은 스토아철학자들이 한 권고의 영향으로 노예들에게 부드럽게 대우하는 일이 발생했을지도 모르지만, 일상의 노예제를 무관심의 대상으로 간주하는 논의에서 개혁을 위한 열정이 나타날 수는 없었다. 철학적 논쟁은 현실 세계와는 동떨어진 순전히 추상적이고 지적인 것이어서 노예 대다수에게는 들리지도 않았다. 스토아철학은 개인의 영적 안정을 개선하는 실제적 목적을 지향했으며, 노예를 소유한 계층의 개인들이 철학의 대상이었기 때문에 세계시민주의와 사회적 행동 사이에 정신적 연계가 있을 수 없었다.[33]

또한 철학자들이 노예들이 학대되는 방법에 대해 어떤 거리낌을 느꼈을 때, 철학자들은 무절제의 희생자들에게 우선으로 관심을 보였다기보다는 무

---

33 Miriam Tamara Griffin, *Seneca: A Philosopher in Politics*(Clarendon Press, 1976), pp. 275~285.

절제 그 자체와 무절제를 보인 노예 소유주들에게 관심이 있었다. 철학자들의 목적은 노예 소유주들의 도덕적 건강을 위해 노예 소유주들의 과도한 행위를 제거하는 것이었다. 노예 소유주가 자신의 노예들을 다루는 방법에서 잔인함을 피하는 것은 스토아적 목적을 향한 올바른 방향에서 내딛는 한 걸음이었으며, 잔인함 자체는 문제가 되지 않았다. 철학자들이 가르친 결과 노예들에게 어떤 혜택이 있었다면 그 혜택은 부수적이고 이차적이었으며, 노예제 자체는 논란의 여지가 없었다.

2) 기독교 지도자들의 노예관

초창기부터 기독교는 로마의 전통 종교의 경우와 달리 신자들에게 종교적 기회의 평등을 제공했다. 기독교는 현세에서 얻는 영적 충족과 만족뿐 아니라 내세의 구원에도 이를 수 있게 했다. "유다인이나 그리스인이나 종이나 자유인이나 남자나 여자나 아무런 차별이 없습니다. 그리스도 예수 안에서 여러분은 모두 한 몸을 이루었기 때문입니다"(갈라디아서 3:28)라는 말처럼 세례를 받고 그리스도 안으로 들어간 사람은 모두 하나가 되었다. 또한 기독교는 신자들에게 자신뿐 아니라 다른 사람들도 중시하도록 가르쳤으므로, 새로운 종교는 무한한 잠재력의 새로운 사회적 의식을 약속했다. 고대 말기에 활동했던 아우렐리우스 아우구스티누스Aurelius Augustinus는 죄인을 교화하고 괴로워하는 사람을 고통에서 자유롭게 하며 위험에 빠진 사람을 죽음에서 구제하는 외부 지향의 목적은 전통적인 그리스·로마 철학의 자기 지향 특성과 매우 다르다고 지적했다.[34] 3세기 로마교회가 1500명이 넘는 과부와 거지들을 지원하면서 이타주의를 드러냈을 때,[35] 신앙을 사회적 행동과 결합하는

---

34 Augustinus, *De Civitate Dei*, 9.5.

기독교도들의 능력에 대한 의심은 있을 수 없었다. 기독교는 의심의 여지없이 로마 세계에 변화를 가져왔다.

그러나 기독교도 노예 칼리스투스Callistus 또는 Callixtus의 사례는 3세기 말까지 기독교가 로마 노예제에 거의 변화를 가져오지 않았음을 시사해준다. 젊은 칼리스투스는 마찬가지로 기독교도인 주인 카르포포루스Carpophorus의 소유 아래 있었는데, 카르포포루스는 칼리스투스에게 로마에서 은행업을 하도록 맡겼다. 칼리스투스는 곧 자신의 은행에 예금한 사람들의 돈을 횡령하기 시작했고, 결국 횡령 사실이 탄로 날까 두려워 도주했다. 칼리스투스는 포르투스Portus 항구로 가서 배를 탔지만 주인이 추적하는 것을 알고는 절망해서 자살하기 위해 바다로 뛰어들었다. 그러나 칼리스투스는 배의 승무원에게 구조되어 다시 로마로 끌려갔고, 주인은 칼리스투스에게 방앗간에서 제분하는 일을 하도록 처벌했다. 예금자들은 칼리스투스가 여전히 자신들의 돈을 어느 정도 가지고 있다고 생각하고서 칼리스투스의 해방을 주선했다. 하지만 돈이 없던 칼리스투스는 위험을 피하고자 유대인들에게서 돈을 빌리려고 하다가 유대교 회당에서 소동을 일으키는 바람에 다시 체포되었고, 로마 경비대장으로부터 사르디니아Sardinia 광산에서 노동을 하라는 판결을 받았다. 하지만 칼리스투스는 기독교도 수형자들을 석방하려는, 콤모두스Commodus 황제(재위: 180년~192년)의 정부情婦인 마르키아Marcia Aurelia Ceionia Demetrias의 개입으로 다시 풀려난 후에 교황(로마 주교) 빅토르Victor에 의해 안티움Antium에 정착했다. 빅토르를 계승한 교황 제피리누스Zephyrinus 아래에서 칼리스투스는 교회의 관리인이자 고문으로 탁월한 능력을 발휘했으며, 217년에 제피리누스가 죽자 새 교황으로 선출되었다.[36]

---

35   Eusebius, *Historia Ecclesiastica*, 6.43.11.

36   Hippolytus, *Refutatio Omnium Haeresium*, 9.

칼리스투스의 이야기에서 기독교가 영향을 미친 2세기 동안 주인과 노예 간의 관계가 개선된 아무런 징후가 보이지 않는 것을 주목할 만하다. 영적인 평등에 관한 신앙의 가르침이 무엇이었든, 노예 소유에 대한 기독교도들의 반대는 분명히 없었다. 기독교도 노예 소유주는 비기독교도 노예 소유주와 마찬가지로 노예노동에서 이익을 얻는 것에 관심이 있었으며, 죄를 범한 노예는 그 노예가 기독교도라 하더라도 육체로 속죄해야 한다는 것을 당연시했다. 3세기 카르타고의 주교 키프리아누스Cyprianus는 기독교도 노예 소유주가 노예를 매질하기, 음식과 물 혹은 옷을 주지 않기, 검으로 위협하기, 투옥하기 등의 다양한 방법으로 자신의 의지에 복종하도록 강요할 수 있다는 것을 이해했다. 3세기에 히스파니아 남동부 일리베리스Iliberis에서 열린 주교 회의는 홧김에 여자 노예를 때려 죽게 한 여자는, 노예의 죽음이 고의에 의한 것이면 7년 동안 파문되고, 우발적으로 이루어진 것이면 5년간 파문되도록 규정했다. 최초로 간통한 사람에 대한 처벌도 5년간 파문이었다.[37]

370년대 카이사레아Caesarea의 주교 바실레이오스Basileios는 수도원 규율을 수집하면서, 도망 노예가 수도원으로 피신할 경우 그 노예는 소유주에게 되돌려주어야 한다고 규정했다. 바실레이오스의 규정은 200년 전 바울의 사례를 염두에 둔 것이었다. 바울은 에페소스Ephesos에서 투옥되었을 때 오네시무스Onesimus를 새로운 종교로 개종시켰지만, 오네시무스가 도망 노예였기 때문에 오네시무스를 로마법의 요구대로 기독교도 주인 필레몬Philemon에게 돌려보냈다. 4세기의 전환기 기독교 옹호자 락탄티우스에 따르면 잘못을 범한 노예가 육체적으로 처벌받아야 하는 것은 아주 적절했다. 그렇지만 락탄티우스는 착한 노예에게는 관대하게 대우하고 칭찬해주며 충성스러운 봉사에 대한 보답으로 책임을 늘려주도록 주인에게 충고했다.[38] 노예들에게 보상과 처

---

37 Bradley, *Slavery and Society at Rome*, p. 147.

벌을 이용하는 것의 이득은 여러 세기 동안 노예 소유주들에게 알려져 있었다. 노예의 열등함이라는 오래된 관념에도 변화가 없었다. 2세기 초 안티오키아Antiochia의 주교 이그나티우스Ignatius는 노예의 건방짐을 결코 용납해서는 안 된다고 말했다. 노예는 비록 친절하게 대우받는다 하더라도 자신이 사회적 등급 가운데 최하층의 위치에 있다는 것을 알아야 했다. 2세기 말 알렉산드리아의 티투스 플라비우스 클레멘스Titus Flavius Clemens는 주인과 노예는 인간으로서 서로 거의 다르지 않으며 어떤 점에서는 노예가 주인보다 더 우월하다고 주장했지만, 그런데도 기독교도는 확실히 노예의 식사 습관을 피해야 한다는 전통적인 인식을 견지했다.[39]

그렇지만 노예제와 관련해 아무런 변화도 없었다고 말하는 것은 오류일 것이다. 평등에 대한 기독교의 가르침은 스토아철학의 세계시민주의 이론과 많은 공통점을 가지고 있었다. 기독교도들은 스토아철학자들처럼 노예 상태가 영적 혹은 도덕적 영역의 문제이며 육체적이고 세속적인 속박은 영적 진보에 중요하지 않다고 생각했다. 기독교도들은 진리와 미덕을 추구하는 노예는 실제로 노예가 아니며 진정한 노예는 욕정이나 다른 악에 의해 노예화된 자유인이라는 데 동의했다. 그러나 스토아철학자들이 자신들의 견해를 우선적으로 사회적 동배들에게 이야기하고 자신을 관심의 주된 초점으로 삼았던 반면, 기독교 지도자들은 노예들에게 복음을 직접 전했다. 노예들은 과거처럼 자신들의 위치를 알아야 했지만, 사후의 영생이 매우 중요했기 때문에, 노예의 지위에 머무르는 것에 만족하고 의문을 제기하지 않도록 적극적으로 가르침을 받았다.

---

38 Lactantius, *De Ira Dei*, 5.12; *Divinae institutiones*, 5.18.14~5.18.16.
39 Bradley, *Slavery and Society at Rome*, p. 149.

- 남의 종이 된 사람들은 그리스도께 복종하듯이 두렵고 떨리는 마음으로 성의를 다하여 자기 주인에게 복종하십시오(에베소서 6:5).
- 남의 종이 된 사람들은 무슨 일에나 주인에게 복종하십시오. 남에게 잘 보이려고 눈가림으로 섬기지 말고 주님을 두려워하면서 충성을 다하십시오(골로새서 3:22).
- 노예들은 자기 주인을 대할 때 깊이 존경하며 섬겨야 할 사람으로 여기십시오. 그래야 하느님이 모독을 당하지 않으실 것이고 우리의 교회가 비방을 받지 않을 것입니다(디모데전서 6:1).
- 하인으로서 일하고 있는 사람은, 주인에게 진정 두려운 마음으로 복종하십시오. 착하고 너그러운 주인에게뿐만 아니라 고약한 주인에게도 그렇게 하십시오(베드로전서 2:18).
- 부르심을 받았을 때에 노예였다 하더라도 조금도 마음 쓸 것 없습니다(고린도전서 7:21).

성경에 나오는 이와 같은 명령은 로마 세계 전역에서 기독교 공동체의 노예들에게 거듭해서 반복되었을 것이다. 기독교는 제도로서 노예제의 정당성을 강화했으며, 노예들의 고통을 완화하거나 교회 안에서 주인과 노예 간의 평등을 촉진하지 않았다.[40] 노예 소유주들이 언제나 자신의 노예들에게 심어주려고 노력한 충성과 복종의 이념을 기독교는 새로이 세련되게 했다. 물질적 보상과 장려책을 통해 주인이 정한 행동 패턴을 노예에게서 끌어내는 것은 더는 주인만의 일이 아니라, 주님이 노예에게 명령한 것처럼 행동해야 할 노예의 일이었다. 기독교도 노예 소유주들은 자신의 노예를 이전보다 더 확고하게 장악할 수 있게 되었다. 복종과 굴복의 가르침은 경건한 노예들이 자

---

40 Robin Lane Fox, *Pagans and Christians*(Viking, 1986), p. 296.

유를 위해 선동하거나 물질적 개선을 모색하거나 예속에 저항할 가능성을 봉쇄했다. 노예들은 자신에게 중요한 모든 것은 영혼의 자유와 영생의 희망이라는 가르침을 거듭 받았다. 죄의 노예가 되는 것보다 세속 주인의 노예가 되는 것이 더 좋은 것이었다. 노예 상태는 하느님의 의지였다.[41]

따라서 기독교는 변화를 가져왔지만, 노예들의 입장에서 그 변화는 개선이 아니라 개악이었다. 과거 로마인들은 노예 상태를 오염과 공포로 가득 찬 도덕적 악으로 생각했다. 이제 기독교도들은 노예 상태를 죄와 동일시함으로써 그것에 신학적 차원을 덧붙였다. 아우구스티누스는 노예 상태를 죄에 대한 하느님의 처벌로 선언했으며, 죄는 노예 상태의 최초 원인이었다.[42] 영적 구원의 약속과 영원한 지옥살이의 위협으로, 인간 재산에 대한 기독교도 노예 소유주들의 심리적 지배는 완전했다. 이런 의미에서 기독교는 노예의 삶을 인간답게 하거나 개선한 것이 아니라 파괴했다.[43]

기독교 지도자들이 사회구조에서 기본적인 노예제에 대해 의문을 제기하려고 하지 않은 것은 자신들과 하느님의 관계를 묘사하고 상징하기 위해 노예 이미지를 채택한 것에서 가장 분명했다. 바울과 다른 기독교 지도자들은 자신들과 자신들의 추종자들을 '그리스도의 노예'나 '주님의 노예' 혹은 '하느님의 노예'로 불렀다. 숭배의 대상이 숭배자들에게 명령한 절대적인 권위는 세속의 노예 소유주가 노예에게 명령한 권위와 동일했으며, 하느님 앞에 숭배자의 무력한 종속은 소유주에 대한 세속 노예의 종속과 같았다. 새로운 종교의 추종자들은 하느님과 자신들의 관계를 자신을 가장 낮추고 강등하는 말로 표현했다. 유대교 선구자들이 최초로 채택한 그러한 은유적 표현이 기

---

41 Peter Astbury Brunt, "Aristotle and Slavery," in Peter Astbury Brunt, *Studies in Greek History and Thought*(Oxford University Press, 1993), pp. 384~386.

42 Augustinus, *De Civitate Dei*, 19.15.

43 Bradley, *Slavery and Society at Rome*, p. 151.

독교도들에게 받아들여졌고, 종파에 관계없이 언제 어디서나 일반적으로 사용되었다. 기독교도들은 과거 사회가 알고 있던 좀 더 우월한 사람과 좀 더 열등한 사람들 사이에 있는 비대칭 관계의 전통적 틀에 새로운 관계를 추가했다. 기독교도들은 현실 세계에서 노예제의 수용성을 강화하는 영적 이미지에 의지했고, 노예제를 자연적인 인간 제도로 간주하고자 하는 사람들의 논리를 강화해주었다.[44]

기독교의 평등주의적 원리가 이론상 제공한 의미심장한 개선의 가능성은 노예제를 비판적 견지에서 바라볼 수 있는 어떤 새로운 지적인 시각을 발전시키지 못함으로써 봉쇄되었다. 기독교도들은 노예제에 주목했지만 신앙의 안락에서 위안을 찾았다. 기독교도들에게 노예제의 변화는 불필요했는데, 고통을 수반하는 노예 상태의 복종이 구원으로 가는 길을 열어주는 것이기 때문이었다.

5. 맺음말

'노예제사회'란 주민 가운데 노예들이 일정한 부분을 이루고 그 노예 중 상당한 수가 경제적으로 생산적인 노동에 종사한 사회를 의미한다는 브래들리의 정의는 노예제사회에 대한 핀리의 정의와 비슷하다. 두 사람이 노예의 수와 노예들이 담당한 역할이라는 경제적 견지에서 노예제사회를 정의했기 때문이다. 그러나 브래들리는 노예제사회를 경제적 시각으로만 정의하지 않았다. 노예제는 사회관계의 두드러진 요소이며, 로마인들에게는 권력을 과시

---

44 Joseph Vogt, *Ancient Slavery and the Ideal of Man*, translated by Thomas E. J. Wiedemann(Harvard University Press, 1975), pp. 148~149.

하고 사치스러운 용도를 위해 노예를 소유하는 것이 매우 중요했다고 보았기 때문이다. 노예 소유주들이 폭력과 노예해방을 노예를 통제하는 수단으로 활용하고 피해방인이 시민 공동체에 통합된 것은 로마 노예제사회의 독특한 특징이었다.

로마제정 시기에 노예들의 삶과 노예제가 개선되었는가 하는 의문에 대한 대답은 부정적이다. 스토아철학과 기독교는 노예제의 폐지를 고려해보지 않았다. 스토아철학자와 기독교 지도자들은 모두 노예의 인간성을 인정했고 노예 소유주들에게 노예를 인간적으로 대우하도록 충고했지만, 그 충고는 노예 소유주들의 도덕적 행복을 위한 충고였다. 기독교는 스토아철학과 달리 노예들에게 직접 복음을 전했으며, 노예들에게 지상에서 주인에게 복종하는 생활을 하는 동안 헌신적인 기독교도로 삶으로써 내세의 자유를 염원할 것을 명했다.

제 3 장

노예제 농장 경영

1. 머리말

로마 공화국이 지중해 세계를 정복해 제국으로 성장한 기원전 2세기에 이탈리아의 농업 생산양식에는 커다란 변화가 일어났다. 일반적으로 제2차 포에니전쟁 이후인 기원전 2세기에서 기원후 2세기까지 해당하는 시기의 이탈리아 중남부 지역과 시칠리아는 노예제 생산이 발달한 노예제사회로 일컬어진다. 노예제사회를 가능케 한 요소로 여러 가지가 지적된다. 유력자들은 넓은 공유지를 점유possessio해 이용할 수 있었을 뿐 아니라, 해외로 팽창하는 과정에서 수많은 전쟁 포로가 유입되어 저렴한 가격으로 노예들을 구매해 이용할 수 있었고, 전리품과 전쟁 배상금을 통해 획득한 풍부한 부富를 농업에 투자할 수 있었다. 또한 로마를 위시한 이탈리아 중부와 해외 속주들에서 도시들이 성장함으로써 농장의 생산물을 판매할 수 있는 시장이 발달한 것도 노예제 농장 경영이 발달할 수 있게 한 요인이었다.

한편 소토지에서 곡물 위주의 자급자족적인 생산을 하던 중소 자영 농민층은 노예제 농장과 벌이는 경쟁에서 불리했고, 토지를 집중하고자 하는 유력자들의 압력을 받았으며, 오랜 군대 복무로 점차 몰락해 도시로 몰려들었다. 아피아노스는 "유력자들은 지나치게 부유해졌고, 전 농촌에 노예들이 크게 증가한 반면, 이탈리아인들은 빈곤과 조세, 군대 복무로 압박을 받아 그 수와 힘이 감소되었다"라고 지적했다. 플루타르코스도 "전 이탈리아에서 자유인이 소멸된 반면 외국인 노예 무리가 가득했으며, 부자들은 자유 시민들을 내쫓고 차지한 토지를 노예들의 도움으로 경작했다"라고 역설했다.

노예제 농장의 발달과 중소 자영 농민의 몰락은 로마 공화국이 직면한 근본적 위기로 인식되지만, 우리가 살펴본 단편적인 문헌 사료들은 노예제의 발달로 비롯된 농민의 몰락을 과장한다는 비판이 제기되었다. 이 장에서는 노예제 농장 경영의 실태를 재구성해보고, 노예제 농장 경영을 농민의 삶과 관련된 관계 속에서 고찰해보고자 한다. 주요 사료는 기원전 2세기 전반의 대 카토와 기원전 1세기 중반의 바로, 제정 초기의 콜루멜라가 각각 저술한 농업서들(『농업론』)[1]이다. 이들 농업서 저술가들은 자신의 경험에 입각해 노예제 농장들을 소유한 부재지주들에게 유용한 지침을 제공하기 위해 농업서를 저술했는데, 농장 경영에 대해서는 카토와 콜루멜라의 농업서가 유익한 정보를 제공해준다.

2. 농장의 규모와 입지

카토는 포도 농장vinea 100유게라iugera[2](약 25헥타르)와 올리브 농장oletum 240

---

1   Cato, *De Agricultura*; Varro, *De Re Rustica*; Columella, *De Re Rustica*.
2   유게라는 유게룸(iugerum)의 복수형으로 약 4분의 1헥타르 또는 약 800평 정도에 해당하

유게라(약 60헥타르)를 적절한 규모의 노예제 농장으로 제시하고 이들 농장에 각각 16명과 13명의 노예가 필요하다고 보았다.[3] 학자들은 규모에 따라 농장을 구분해 10~80유게라에 속하는 소농장, 80~500유게라에 속하는 중농장, 500유게라 이상의 대농장으로 분류한다. 3인 내지 4인으로 이루어진 농민 가족이 최저 생계를 유지하기 위해 필요한 토지가 7유게라 내지 10유게라였으며, 공화정 말기 식민시 정착자들에게 할당된 토지 규모도 대체로 그러했다. 80유게라의 토지는 역축役畜 한 쌍을 소유한 부농이 경작할 수 있는 면적이었다.[4] 카토가 언급한 노예제 농장들은 농민의 소농장보다 훨씬 큰 규모였지만 대농장보다는 작은 중농장의 범주에 속했다. 대토지(라티푼디움Latifundium)[5] 소유자들은 500유게라 이상의 훨씬 넓은 토지를 소유했지만, 대토지 소유자들의 토지는 이탈리아의 여러 지역에 산재되어 있었고, 개별 농장은 중농장에 속하는 것이 일반적이었다. 카토 시대에는 포도나 올리브 등을 집약적으로 재배해 상품으로 생산하기에 적합한 중농장들이 확산되는 시기였다. 유력자들에게 토지가 집중되는 현상은 광대한 공유지의 폭력적 전유를 통해 이루어진 것이라기보다 여러 지역에 산재한 중농장들을 점차 획득함으로써 이루어졌을 것으로 이해된다.[6]

고고학적 연구 성과와 서판tabula을 통해 이탈리아 중부 특정 지역들의 농

는 면적이다.

3 Cato, *De Agricultura*, 10~11.

4 Heinz Dohr, *Die italischen Gutshöfe nach den Schriften Catos und Varros*(Gouder & Hansen, 1965), pp. 11~12; Kenneth D. White, *Roman Farming*(Cornell University Press, 1970), pp. 345ff.

5 라티푼디움은 넓은(latus) 토지(fundus)라는 뜻이다. 복수형 라티푼디아는 하나의 토지나 농장을 나타내는 것이 아니라 여러 지역에 흩어진 토지들을 의미했다.

6 Vasiliĭ Ivanovich Kuzishchin, *La grande proprietà agraria nell'Italia romana. II secolo a. C. I secolo d. C.*, translated by Salvatore Arcella(Editori Riuniti, 1984), pp. 13~16.

장 규모를 살펴볼 수 있다. 기원전 1세기 삼니움Samnium 지역의 베네벤툼에서 출토된 서판의 분석에 따르면, 총 92개의 농장 가운데 8개는 40~56유게라, 27개는 20~40유게라, 나머지 57개는 20유게라 이하였다. 베네벤툼에서는 자급자족적 소농 경영이 행해졌을 20유게라 이하의 소농장이 63퍼센트였고, 대농장은 없었음을 알 수 있다. 폼페이Pompeii에서는 고고학적 연구 결과 농장villa이 총 39개가 발견되었다. 이들 농장 가운데 규모와 연대가 밝혀진 농장은 20개인데, 그중 9개는 소농장, 다른 9개는 카토가 제시한 농장과 설비가 매우 비슷한 중농장, 나머지 2개는 대농장으로 분류된다. 폼페이에는 대농장도 있었지만 중농장과 소농장이 일반적이었음을 볼 수 있다. 로마 서북쪽 140킬로미터 지점에 위치한 코사 영토ager Cosanus에서 이루어진 고고학 연구들에 따르면 기원전 2세기와 기원전 1세기에 농장이 총 54개 존재한 것으로 확인되었다. 그중에서 농민의 소농장이 45개로 약 83퍼센트를 차지했고, 중농장이 8개, 대농장은 1개에 지나지 않았다.

이상의 증거들은 노예제가 발달한 이탈리아 중부에서 노예제 농장들은 대농장이 아니라 카토가 제시한 것과 같은 중농장이 일반적이었고, 수적으로 훨씬 더 많은 농민의 소농장들과 공존했다는 것을 보여준다. 특히 여러 지역에서 활발하게 진행된 고고학적 연구들은 노예제 농장 경영이 발달해 중소 자영농이 크게 몰락했음을 강조한 몇몇 문헌 사료와 대조적인 증거를 보여준다. 그렇지만 유력자들의 농장 규모는 시간이 흐름에 따라 더욱 커지는 경향이 있었다. 카토의 농업서에는 대농장에 대한 언급이 없는 데 반해, 바로는 도시 가까이에 1000유게라의 농장을 소유한, 기사equites 신분의 가베리우스Gaberius에 대해 말했다. 제정 초기 콜루멜라의 농업서에는 대농장의 사례와 대농장에서 비롯된 폐해에 대한 언급이 많이 나온다. 주인이 하루 동안 둘러볼 수 없을 정도로 넓은 토지를 소유한 자들이 있는데, 그들의 토지는 가축들에 짓밟히고 야수들에 의해 황폐화되는가 하면 부채 때문에 예속된

자들과 노예들의 노동으로 경작된다는 것이다.[7] 1세기의 가이우스 플리니우스 세쿤두스Gaius Plinius Secundus(대大 플리니우스)는 "라티푼디아latifundia가 이탈리아를 망쳤다"라고 주장했다.[8]

한편 특정 지역의 농장은 그것이 유력자의 노예제 농장인가, 혹은 농민의 소농장인가에 따라 입지立地가 달랐다. 수송 수단, 특히 육로 수송 수단이 발달하지 못한 고대 세계에서 농장은 생산물을 판매하고 농장에 필요한 것을 시장에서 구매하기에 편리한 곳에 입지하는 것이 중요했다. 곡물 위주의 자급자족적 생산을 하는 농민의 소농장보다 시장을 지향해 생산하는 노예제 중농장이나 대농장의 경우가 특히 그러했을 것인데, 농업서 저술가들은 한결같이 이 점을 강조했다. 카토는 농장 가까이에 도시나 바다, 또는 배가 운항할 수 있는 강, 잘 정비되어 사람이 자주 왕래하는 도로가 있어야 한다고 말했고,[9] 바로는 생산물을 시장으로 수송하기에 적합한 수단이 있고 농장에 필요한 것을 쉽게 운반해올 수 있는 농장은 유익하다고 지적했다.[10] 농장 입지의 중요성을 콜루멜라는 다음과 같이 설명했다.

공공 생활에 대한 야심이 우리의 대부분을 자주 농촌에서 불러내고, 우리가 군대에 재소집될 때는 더욱 자주 농장에서 이탈하므로, 나는 업무에 바쁜 사람도 광장의 일이 끝난 후 매일 쉽게 방문할 수 있는, 도시 근교의 농장이 가장 많은 수입을 가져온다고 생각한다. 해외 속주의 농장은 물론이고, 멀리 떨어진 농장을 구매한 자들은 사는 동안에도 상속인들에게 하는 것처럼 노예들에게 재산을 상속하기 때문이다. 실로 노예들은 주인과 아주 멀리 떨어져 있기 때문에 타락

---

7   Varro, *De Re rustica*, 2.3.10; Columella, *De Re Rustica*, 1.3.12.

8   Gaius Plinius Secundus, *Naturalis Historia*, 18.35.

9   Cato, *De Agricultura*, 1.3.

10   Varro, *De Re Rustica*, 1.10.2.

하고 …… 농사보다 약탈에 더 몰두한다.[11]

만약 행운이 따른다면 우리는 기후가 건강에 좋은 곳에, 토양이 비옥하고 일부
는 평지이고 일부는 동쪽이나 남쪽으로 약간의 경사지가 있고 일부는 경지이고
나머지는 숲과 울퉁불퉁한 땅으로 이루어진 곳에, 그리고 바다나 항해할 수 있
는 강에서 멀지 않아 생산물을 시장에 수송할 수 있고 공급품이 조달될 수 있는
곳에 농장을 소유할 것이다.[12]

도로는 농장에 많은 이익을 제공하는데, 우선 중요한 것은 도로가 농장 주인의
여행에 불편을 주지 않으면 농장 주인은 기꺼이 농장에 와서 체류할 것이다. 또
한 도로는 필요한 물품을 들여오고 운반하는 것을 편리하게 해서 저장된 농작물
의 가치를 높여주고 구매하는 물품의 비용을 줄인다. 이 밖에도 도로는 주인을
뒤따르는 노예들이 걸어서 여행을 시작하기를 주저하게 하지 않을 것이다.[13]

콜루멜라는 주인이 될 수 있으면 자주 농장을 방문해 노예들의 통제에 관
심을 기울이라고 역설했는데, 주인의 방문을 위해서도 농장의 입지는 중요
했다. 이런 점에서 도시 근교의 농장은 유력한 투자의 대상이 되어 값이 비
쌌을 것이다. 또한 농장은 토양이 비옥하고 기후가 사람의 건강에 좋은 곳에
위치하도록 권고되었고, 주변에 습지가 있어 역병의 위험이 있는 곳은 회피
되어야 했다. 농장의 입지를 중시한 농업서 저술가들의 견해는 고고학적 연
구로 밝혀진 농장들의 분포 상황을 통해서도 입증된다. 에트루리아의 베이

---

11 Columella, *De Re Rustica*, 1.1.19~1.1.20.
12 같은 책, 1.2.3.
13 같은 책, 1.3.3~1.3.4.

이Veii 지역의 농장 분포를 보면, 시장을 지향해 생산한 노예제 농장villa들은 도로 가까이 위치했고, 농민의 소농장들은 도로에서 멀리 떨어져 있다.[14] 코사 지역의 농장 분포도에서도 대농장들은 모두 항구 도시 코사 주변에 입지하거나, 혹은 해안선을 따라 건설된 아우렐리아 가도via Aurelia에 인접해 있다. 유력자들의 농장은 경제적 관점에서 유리한 곳을 차지했고, 그런 지역에 이해관계를 가졌던 농민들은 좀 더 불리한 외곽 지역으로 밀려나게 되었을 것이다.

3. 농장 생산의 실태: 자급자족과 상품생산

카토가 제시한 포도 농장과 올리브 농장은 자급자족을 지향했다고 말해지는가 하면, 상품으로서 포도주와 올리브유의 생산에만 특화했다고 간주되기도 했다.[15] 이에 관한 논쟁은 제7장에서도 다루어질 것이지만, 카토가 고려한 두 농장은 상품으로서 포도주와 올리브유의 생산에만 특화한 것이 아니라 농장에 필요한 곡물과 사료 등을 자급자족하기 위한 생산 역시 중시했다. 카토는 『농업론』제10장과 제11장에서 두 농장에 필요한 모든 도구instrumenta[16]

---

14 Pieter Willem de Neeve, *Peasants in Peril: Location and Economy in Italy in the second Century B. C.* (J. C. Gieben, 1984), pp. 22ff.

15 Pieter Willem de Neeve, *Colonus: Private Farm Tenancy in Roman Italy During the Republic and the Early Principate*(Brill Academic Publishers, 1984), p. 103; Dominic W. Rathbone, "The Development of Agriculture in the 'Ager Cosanus' during the Roman Republic: Problems of Evidence and Interpretation," *The Journal of Roman Studies*, Vol. 71(1981), p. 12 참조.

16 인스트루멘타는 필요한 도구를 나타내는 법적 용어인 인스트루멘툼(instrumentum)의 복수형이다. 농장 도구에는 농장을 잘 경영하는 데 필요한 인스트루멘타 펀디(instrumenta

를 상세히 열거했다. 가령 포도 농장의 도구에는 빌리쿠스vilicus(관리인 노예)을 포함한 노예 16명, 황소 2마리와 노새 3마리로 이루어진 역축, 철제 낫과 삽과 쟁기와 짐수레 등을 포함한 농기구, 5년간 생산된 포도주를 저장할 수 있는 포도주 저장 항아리를 비롯한 저장 용기, 포도 압착기 3개를 비롯한 포도주 생산도구와 그 밖의 생활 용구를 갖추어야 했다.

농장 소유주는 농장 도구에 자본을 투자하는 것 외에 농작물을 심고 농장 건물villa을 건축해야 했다. 콜루멜라에 따르면 농장 건물은 도시적 스타일로 건축된 주인의 거처인 빌라 우르바나villa urbana, 노예들의 숙소와 가축우리로 이루어진 빌라 루스티카villa rustica, 작업장과 창고로 구성된 빌라 프룩투아리아villa fructuaria로 구분되었다. 빌라 우르바나는 겨울 침실과 거실, 여름 침실과 거실, 욕실을 갖추어서 주인이 방문했을 때 쾌적하게 지낼 수 있도록 배려했다.[17] 빌라 루스티카에 대해 콜루멜라는 다음과 같이 말했다.

빌라 루스티카에는 화재의 위험이 없는 넓고 천정이 높은 부엌이 있어 1년 내내 노예들에게 편리한 휴식처를 제공해야 한다. 노예들의 방들은 춘분경 정오에 태양을 향하게 하는 것이 가장 좋다. 결박된 노예들을 위해 될 수 있으면 건강에 유리하며, 노예들의 손이 미칠 수 없는 높이에 위치한 매우 좁은 창문들을 통해 햇빛을 받는 하나의 지하 감옥ergastulum이 있어야 하기 때문이다.

가축이 더위와 추위에 견딜 수 있는 우리(축사)들이 있어야 한다. 길든 가축

---

fundi)와 가정을 경영하기 위해 필요한 인스트루멘타 도무스(instrumenta domus)가 포함된다. 농작물이나 건물과 같은 농장의 일부는 인스트루멘타에 포함되지 않는다. 또한 노예나 가축과 달리 꼭 필요한 것이 아닌 사치품이나 장식물은 인스트루멘타에 포함되지 않는다(Robert J. Buck, *Agriculture and Agricultural Practice in Roman Law*(Franz Steiner Verlag, 1983), p. 16 참조).

17 Columella, *De Re Rustica*, 1.4.8.

들을 위해 우리 두 개, 즉 겨울철 우리와 여름철 우리가 마련되어야 한다.

빌리쿠스의 방은 출입문 옆에 위치해서, 빌리쿠스가 드나드는 모든 사람을 감시할 수 있게 해야 한다. 마찬가지 이유에서 프로쿠라토르procurator(대리인)의 방은 출입문 위에 위치해야 하는데, 그러면 프로쿠라토르는 가까이에서 빌리쿠스를 감시할 것이다. 이들의 거처 가까이에 창고가 있어야 하며, 그 창고에 모든 농장 도구가 보관되며 철제 농기구들도 보관된다.

황소를 이용해 쟁기질하는 노예와 목자 노예들을 위한 방들은 그들이 가축들을 돌보러 쉽게 달려갈 수 있도록 가축들 가까이에 있어야 한다. 그러나 이 모든 노예는, 빌리쿠스가 돌아보는 데 주의가 산만해지지 않고 또한 서로 근면과 나태를 감시할 수 있도록, 될 수 있으면 서로 가까이에 거처가 있어야 한다.[18]

노예들의 방이 농장 주인의 대리인, 빌리쿠스, 쟁기질하는 노예, 목자 노예, 일반 노예들의 방과 범죄를 범한 노예들의 지하 감옥으로 구분되어, 노예들의 기능과 위계질서에 의한 감시와 통제가 이루어지도록 배치되었음을 알 수 있다. 빌라 프룩투아리아는 올리브유를 생산하는 방, 압착실, 포도주를 생산하는 방, 포도주를 끓이는 방, 건초 보관용 다락, 사료 보관소, 창고, 곡물 창고들로 이루어졌다. 이 밖에도 농장 건물 가까이에 노예들의 음식을 요리하기 위한 솥과 제분기, 그리고 거름 보관소 두 개가 있어야 했다.[19]

농장 건물들의 구조와 명칭에서도 드러나듯이 콜루멜라가 이상적으로 제시한 농장은 포도주와 올리브유, 곡물 등을 포함한 다양한 상품을 생산하는 혼합 농경mixed farming이 이루어졌다. 콜루멜라의 다음 구절은 농장의 구조와 농경의 특성을 시사해준다.

---

18 같은 책, 1.6.3~1.6.8.
19 같은 책, 1.6.9~1.6.21.

목초지, 경지, 버드나무 숲, 갈대숲으로 구분된 들판이 농장 건물 가까이 있어야 한다. 구릉지의 일부는 곡물을 경작하기 위해 나무들이 제거되어야 한다. 이런 농작물은 경사지보다 적절히 건조하고 비옥한 평지에서 더 잘 자라므로 좀 더 고지의 곡물 경작지도 약간의 평지가 있어야 하고, 될 수 있으면 경사가 완만해서 평지와 비슷해야 한다. 그 밖의 구릉지들은 올리브 농장과 포도 농장, 그리고 포도 농장에 버팀목을 제공하는 관목 숲으로 덮여 있어야 한다. 구릉지들은 가축 떼를 위한 방목지를 제공할 뿐 아니라 건축할 필요가 있을 경우 목재와 석재를 제공할 수 있어야 한다. 그리고 구릉지들은 목초지와 채원, 버드나무 숲, 농장 건물을 위해 물을 흘려보내야 한다. 경사지와 총림에 방목하기에 부족하지 않은 소와 다른 가축들이 있어야 한다. 그러나 우리가 바라는 이런 지형은 발견하기 어렵고, 가끔 소수의 사람에게만 해당한다.[20]

지형에 따라 분포된 포도 농장, 올리브 농장, 곡물 경작지, 목초지, 버드나무 숲, 갈대숲, 방목지, 채원 등은 콜루멜라가 고려한 농장에서 과수 재배와 곡물 경작 및 가축 사육이 복합적으로 행해지는 혼합 농경을 했음을 잘 보여준다.

카토가 제시한 포도 농장과 올리브 농장도 각각 포도주와 올리브유의 생산에 집중한 농장들이었지만, 자급자족을 위한 생산 역시 중시되어 혼합 농경의 특성을 지니고 있었다. 카토는 낭비에 대해 경고하고 절약을 강조하면서 농장 소유주는 구매하는 습관이 아니라 판매하는 습관을 가져야 한다고 단언했다.[21] 100유게라 크기의 포도 농장에서 자급자족을 위한 생산의 측면을 카토의 제시에 따라 고찰해보면, 우선 노예 16명을 부양하기 위한 밀이

---

20 같은 책, 1.2.3~1.2.5.
21 Cato, *De Agricultura*, 2.7.

생산되어야 했으므로 약 15~18유게라에 밀이 재배되었을 것으로 추산된다. 잉여 곡물은 판매되었다. 포도 농장의 도구에는 역축 5마리가 있고, 돼지치기 노예 1명이 있는 것으로 보아 일정 규모의 돼지를 사육했음을 알 수 있다. 약 10유게라의 토지에 역축을 위한 사료작물이 재배되었을 것으로 계산된다. 또한 포도 농장에는 갈대밭 5유게라와 버드나무 밭 4유게라가 필요했다. 포도 덩굴은 말뚝과 갈대들을 묶어 만든 시렁에 의해 지탱되었다. 버드나무의 가는 가지는 포도 덩굴을 붙들어 매고, 바구니를 만드는 데 필요했다. 카토의 포도 농장 도구에는 버드나무 재배를 담당한 노예 1명이 있다. 이 밖에도 포도 농장에는 삼림, 너도밤나무 숲 등이 있다고 카토는 말했는데, 그것들의 면적은 추정할 수 없다. 포도 농장 100유게라에서는 자급자족을 위한 생산이 약 35~40유게라를 차지했다고 추산할 수 있다. 카토의 240유게라 규모의 올리브 농장에는 노예 13명과 역축 10마리, 양 100두, 양치기 노예opilio 1명이 있다. 양 떼는 올리브 나무 사이에 충분히 방목될 수 있었다. 올리브 농장에서는 밀 재배지가 13유게라, 역축을 위한 사료작물 재배지가 20유게라, 삼림이 약 12유게라를 차지해 올리브 외의 농작물이 총 45유게라 정도에서 재배되었을 것으로 추산된다.[22]

카토와 콜루멜라가 설명한 농장은 농장에 필요한 모든 농작물을 재배하고 가축 사육을 겸해야 한다는, 고대 세계에 광범하게 퍼진 원칙이 반영되었음을 보여준다. 고대의 여건에서 혼합 농경은 그 나름대로 경제적 판단에 입각한 것이었다. 생산물을 다양화하는 것은 노예들에게 다양한 일거리를 제공해 노예노동을 최대한 이용하고, 노예들을 통제하는 데 도움이 되었다. 육로 수송이 어렵고 수송비가 비싸다는 장애 요인도 혼합 농경을 시행하는 데 적지 않은 영향을 미쳤을 것이다. 자급자족을 위한 생산은 수익성이 더 좋은

---

22   Dohr, *Die italischen Gutshöfe nach den Schriften Catos und Varros*, pp. 57ff.

농작물을 단일경작하는 데 따르는 모험을 줄이는 방식이기도 했다.[23]

카토가 제시한 농장 도구들을 살펴보면 농장에서 자급자족할 수 없는 농기구와 저장 용기 등은 구매했음을 알 수 있다. 카토는 빌리쿠스가 농장 주인의 허락 없이는 어떤 것도 구매해서는 안 된다고 말했지만, 그것은 함부로 구매해 낭비하는 것을 방지하기 위함이었을 것이다. 농장에서 필요한 것을 구매해 조달하는 것도 빌리쿠스의 의무에 속했다.[24] 노예들의 의복, 대부분의 저장 용기, 철제 농기구, 청동 공예품 등은 시장에서 구매한 것이었다. 올리브 농장에 100마리의 양 떼가 있지만, 양모는 의복으로 제조하지 않고 판매했다. 카토의 농장들에는 전문적인 기술을 가진 장인 노예나 수공업 작업장이 없었다.

> 속옷과 망토, 담요, 누더기 옷, 나무 신발은 로마에서 구매해야 한다. 낫과 가래, 괭이, 도끼 등의 철제 농기구와 마구는 칼레스Cales와 민투르나이Minturnae에서 구매해야 한다. 삽은 베나프룸Venafrum에서, 짐수레는 수에사Suessa와 루카니아Lucania에서, 저장 항아리는 알바Alba와 로마에서 구매해야 한다. 못은 로마가, 물통·올리브유 저장 용기·주전자·포도주 저장 용기·청동제 용기들은 카푸아Capua와 놀라Nola가, 밧줄과 모든 종류의 끈은 카푸아가 유명하다.[25]

카토는 농장에서 자급자족할 수 없거나, 자급자족하는 것이 비경제적인 것들을 구매할 수 있는 이탈리아 중부의 도시들을 열거했다.

농업서 저술가들은 노예제 농장 소유주에게 될 수 있으면 농장 외부에서

---

23 De Neeve, *Colonus*, p. 78; Richard Duncan-Jones, *The Economy of Roman Empire* (Cambridge University Press, 1982), p. 38.

24 Cato, *De Agricultura*, 5. 4, 142.

25 같은 책, 135.

구매하는 것을 줄이고 필요한 것을 자급자족하도록 권고하는 한편, 포도주
나 올리브유처럼 수익성이 높은 상품을 생산해 수입을 올리는 데 관심이 있
었다. 불행하게도 농업서 저술가들은 농장들이 상품으로 어느 정도의 수익
을 올렸는지에 관한 정보를 제공해주지 않는다. 학자들은 포도주와 올리브
유의 생산성과 비용 등에 관한 농업서들의 단편적인 언급들에 근거해 카토
의 농장들이 올린 수입을 계산해보려고 시도했다.[26] 바로와 콜루멜라는 이탈
리아 특정 지역들의 사례를 예로 들면서 포도주의 생산성과 그 수입이 매우
높다고 말했다. 콜루멜라의 다음 글은 포도 농장의 생산성을 가늠해볼 수 있
게 하는 근거로 이용되고는 한다.

> 포도를 재배하는 최대 비용을 생각해보면, 7유게라의 포도 농장에는 단지 포도
> 를 재배하는 기술이 있는 노예vinitor 1명의 노동이 필요하다. …… 만약 포도 재
> 배 노예를 8000세스테르티이sestertii[27]에 구매하고, 7유게라의 토지를 7000세스
> 테르티이에 구매하며, 포도나무를 심고 포도 덩굴에 받침대를 만들어주기까지
> 유게룸당 2000세스테르티이를 소비한다면, 이 모든 비용은 2만 9000세스테르
> 티이가 된다. 이 비용에 어린 포도나무가 결실을 맺지 못하는 2년 동안 연간 6
> 퍼센트의 이자를 더해야 하므로 총비용은 3만 2480세스테르티이가 된다. 그런
> 데 총비용에 대한 6퍼센트의 이자는 1950세스테르티이이므로, 만약 포도주의
> 생산이 빈약해 유게룸당 포도주 1쿨레우스culleus[28]가 생산되어 가장 낮은 가격

---

26 Dohr, *Die italischen Gutshöfe nach den Schriften Catos und Varros*, pp. 51ff; Tenney
    Frank, *An Economic Survey of Ancient Rome*, Vol. I, reprinted(The Johns Hopkins
    Press, 1975), p. 163.
27 세스테르티이는 동화의 화폐 단위인 세스테르티우스(sestertius)의 복수형으로, 1세스테르
    티우스는 그 가치가 은화의 화폐 단위인 데나리우스(denarius)의 4분의 1에 해당한다.
28 쿨레우스는 액체를 측정하는 단위로 복수형은 쿨레이이며, 1쿨레우스는 약 525.3리터에
    해당한다.

인 쿨레우스당 300세스테르티이에 판매되었다 하더라도 2100세스테르티이가 되어 총비용에 대한 이자를 능가한다. …… 1유게룸의 포도 농장은 평균적으로 3쿨레이cullei의 포도주는 쉽게 생산한다.[29]

앞에 언급된 수치들을 적용하면 카토의 포도 농장 100유게라는 60 내지 65유게라에 포도가 재배되었을 것이므로 매년 180~195쿨레이의 포도주를 생산해 5만 4000~5만 8000세스테르티이의 수입을 올렸을 것으로 추산된다. 참고로 공화정 말기 군단에 복무할 수 있는 평민assidui의 최저 재산 자격이 1500세스테르티이였고, 병사들의 연간 보수가 900세스테르티이였다. 그러나 포도 압착기를 비롯한 농장 도구와 일반 노예들을 구매하는 비용, 건축 비용, 일용 노동자들의 보수 등에 투자된 비용을 알 수 없으므로 농장들의 수익을 파악하는 데에는 한계가 있다.

4. 노동의 통제와 조직

카토가 제시한, 100유게라 규모의 포도 농장에 있는 노예 16명과 240유게라 크기의 올리브 농장에 있는 노예 13명은 농장 규모에 비해 그 수가 너무 적었을 것으로 평가되기도 했지만, 경제적 관점에서 농장의 일상적인 일들을 수행할 수 있는 정도였다고 이해된다.[30] 농장의 노동 수요는 계절에 따라 매

---

29 Columella, *De Re Rustica*, 3.3.8~3.3.11.

30 Norbert Brockmeyer, *Arbeitsorganisation und Ökonomisches Denken in der Gutswirtschaft des römischen Reiches*(Selbstverlag, 1968); Francesco de Martino, *Storia Economica di Roma Antica*(La nuova Italia, 1979), p. 104; Herman Gummerus, *Der römische Gutsbetrieb als Wirtschaftlicher Organismus nach den Werken des Cato, Varro,*

우 불균등했기 때문에 농번기의 많은 노동 수요를 충족할 만큼 노예를 보유하는 것은 비경제적이었다. 따라서 포도와 올리브를 수확해 가공하는 시기나, 건축과 같은 특별한 작업으로 많은 노동이 필요할 때는 농장 외부의 일용노동자들을 고용하거나 청부업자redemptor들과 계약을 맺는 방식을 이용해야 했다.

기원전 2세기 이래 대토지 소유자들의 농장은 여러 지역에 산재되어 있었으며, 농장 주인은 농장에 거주하지 않는 것이 일반적이었다. 부재지주는 농장의 경영과 노예들에 대한 관리의 모든 책임과 권한을 대개 노예 신분이던 빌리쿠스에게 위임했다.[31] 카토는 빌리쿠스의 의무에 대해서 다음과 같이 말했다.

빌리쿠스는 농장을 잘 경영해야 한다. 빌리쿠스는 축제일들을 준수해야 한다. 빌리쿠스는 노예 사이의 분쟁을 해결해야 하며, 만약 어떤 노예가 범행을 하면 그 범행에 마땅한 처벌을 해야 한다. 빌리쿠스는 노예들에게 음식을 잘 제공해야 하고, 노예들이 추위와 기아에 시달리지 않게 해야 한다. 빌리쿠스는 쉽게 노예들의 범행을 저지할 수 있을 것이다. 빌리쿠스가 노예들의 범행을 억제하면 노예들은 그런 행동을 하지 못할 것이다. 만약 빌리쿠스가 노예들의 범행을 묵과하면 주인은 처벌하도록 지시해야 한다. 빌리쿠스는 하는 일 없이 돌아다녀서는 안 되며, 언제나 성실해야 한다. 빌리쿠스는 주인이 명령한 것을 이행해

---

und Columella, Klio, Beiheft 5(Dieterich, 1906), p. 24, 77; Max Weber, *Die römische Agrargeschichte in ihrer Bedeutung für das Staats-und Privachtrecht*(F. Enke, 1891), pp. 223ff.

31 빌리쿠스는 대개 노예였지만, 때로는 피해방인인 경우도 있었다. 노예 빌리쿠스가 오랫동안 주인에게 유익하고 충직한 봉사를 한 대가로 자유를 얻은 경우 빌리쿠스의 신분은 자유인이었다[Egon Maróti, "The Vilicus and the Villa-System in ancient Italy," *Oikumene*, 1(1976), pp. 112~113].

야 한다. …… 빌리쿠스는 모든 일을 할 줄 알아야 하고, 실제로 노예들에게 자주 시범을 보여야 한다. 빌리쿠스는 아침에 가장 먼저 일어나고 밤에는 가장 늦게 잠자리에 들어야 한다.[32]

빌리쿠스의 임무는 노예들을 엄격히 통제하며 농장을 잘 경영하는 것이었다. 부재지주의 역할을 대행하는 신뢰할 만하고 유능한 자질을 갖춘 빌리쿠스가 매우 중요했음을 콜루멜라의 다음 구절에서도 확인할 수 있다.

육체가 매력적인 노예와 도시의 방탕한 직업에 종사했던 노예 중에서 빌리쿠스를 임명하지 말라. 나태, 광장, 서커스, 극장, 도박, 음식점 등에 익숙한 저 게으르고 우둔한 부류의 노예는 그 어리석은 것들에 대한 동경을 결코 멈추지 않는다. 노예가 그런 습성을 가지고 농경에 종사할 때, 주인은 그 노예 자신에게서보다도 농장 전반에서 손해를 입는다. 어릴 때부터 농촌의 일들로 단련되고 경험에 의해 입증된 자가 빌리쿠스로 선발되어야 한다.

빌리쿠스는 청년의 나이는 지났어야 하지만, 노년에 이른 자이어서는 안 되는데, 빌리쿠스가 너무 젊으면 나이 많은 노예들이 풋내기에게 복종한다고 생각해 명령의 권위가 없고, 노년은 고된 작업을 견딜 수 없게 한다. 따라서 빌리쿠스는 중년의 나이에 강인한 신체를 소유한 자이어야 하고, 농장의 일들에 능숙해야 하며, 그렇지 않으면 농장의 일들을 재빨리 배우기 위해 최대한 노력을 기울여야 한다. …… 글을 읽고 쓰지 못하는 자도 기억력이 매우 우수하다면 농장을 충분히 잘 경영할 수 있다. 아울루스 코르넬리우스 켈수스Aulus Cornelius Celsus는 이런 빌리쿠스가 주인에게 회계장부가 제공하는 것보다 더 자주 화폐를 제공한다고 말했는데, 빌리쿠스는 글을 모르기 때문에 허위로 계산하기가

---

32 Cato, *De Agricultura*, 5.

더욱 곤란하고, 혹은 다른 사람을 통해 허위로 장부를 작성할 경우 자신의 기만을 다른 사람이 안다는 것을 두려워하기 때문이다.[33]

또한 콜루멜라는 빌리쿠스가 준수해야 할 일들을 상세히 기록했다.

농장 관리인(악토르actor)는 노예들과, 특히 농장 외부의 사람과 친하게 교제하지 말아야 한다. ······ 농장 관리인은 주인의 명령 없이 어떤 희생을 바쳐서는 안 된다. 농장 관리인은 허황된 미신으로 무지한 사람들을 현혹해 비용을 지불하고 수치스러운 행동을 하도록 강요하는 점쟁이와 마녀들을 농장에 맞아들여서는 안 되며, 자신의 직무와 관련해 구매하거나 판매하는 것을 제외하고, 도시나 시장도 모르고 지내야 한다.

카토가 말했듯이 빌리쿠스는 어정거려서는 안 되기 때문이다. 빌리쿠스는 이웃에 가서 농경에 대해 어떤 것을 배우는 경우를 제외하고는 농장의 경계 밖으로 나가서는 안 된다. 빌리쿠스는 농지에 오솔길이나 샛길이 새로이 생기지 않도록 주의해야 한다. 빌리쿠스는 주인의 친한 친구나 친척을 제외하고 어떤 손님도 맞이해서는 안 된다.

빌리쿠스는 농장 도구와 철제 농기구들을 잘 보존해서 노예의 수보다 두 배의 농기구를 수선하고 보존해 이웃에서 빌려오지 않게 해야 한다. 노예들이 도구가 없어 노동하지 못하는 것이 농기구의 비용을 능가하기 때문이다.[34]

악토르는 빌리쿠스와 같은 역할을 한 사람으로 이해된다. 카토와 콜루멜라는 빌리쿠스에게 농장 경영을 위임한, 도시에 사는 부재지주들이 될 수 있

---

33 Columella, *De Re Rustica*, 1.8.1~1.8.4.
34 같은 책, 1.8.5~1.8.9.

으면 자주 농장을 방문해 농장 경영 실태를 잘 파악하고, 빌리쿠스에게 지시를 내리도록 권고했다.

주인이 농장을 방문할 때 될 수 있으면 당일, 혹은 그렇지 못하면 적어도 다음 날 농장 전체를 둘러보아야 한다. 주인은 어떤 작업이 수행되었고, 어떤 일들이 남았는가 하는 농장의 경영 상태를 파악하고 나서 다음 날 빌리쿠스를 불러 어떤 일들이 완료되었고, 어떤 일들이 남았는지 물어보아야 한다. 수행된 일들은 제때 행해졌는지, 나머지 일들은 끝마칠 수 있는지, 포도주와 곡물 및 그 밖의 모든 농작물의 생산량이 얼마인지 조사해야 한다. 그리고 투입된 노동자의 수와 노동 일수를 계산해야 한다. …… 현금과 곡물, 사료의 양을 조사해야 한다. 포도주와 올리브유가 얼마나 생산되어 판매되었는지, 판매할 수 있는 양은 얼마인지 조사해야 한다.[35]

나는 농장 주인이 거주지 가까이에 위치한 농장을 구매해야 한다고 생각하는데, 그러면 주인이 농장을 더욱 자주 방문할 수 있고, 자주 방문할 것이라고 노예들에게 말할 수 있을 것이다. 주인의 방문에 대한 두려움 속에서 빌리쿠스와 노예들은 자신들의 의무를 지킬 것이다. 주인은 기회가 있을 때마다 농장에 머물러야 하는데, 그때 나태하게 혹은 그늘에서 시간을 보내서는 안 된다. 신중한 주인은 농장의 모든 부분을 매우 자주, 그리고 1년의 모든 계절마다 돌아볼 의무가 있으며, 그러면 주인은 토양의 상태, 즉 그것이 식물로 덮여 있는가, 혹은 잡초나 무르익은 농작물로 덮여 있는가를 잘 관찰할 수 있고, 무엇이 적절하게 행해질 수 있는지에 대해 무지하지 않을 것이다. 무엇이 행해져야 하는지를 주인이 지시하지 않고 빌리쿠스의 말을 들을 때 농장은 가장 부실하게 경영된다

---

35 Cato, *De Agricultura*, 2.1~2.6.

는 것이 카토의 옛 충고이기 때문이다.[36]

도시에 사는 주인이 농장에 왔을 때, 주인은 될 수 있으면 즉시, 그렇지 못하면 다음 날 농장의 모든 부분을 검사하고 방문해 자신의 부재가 노예들의 기강과 주의를 이완시키지 않았는지, 포도나무와 과수 및 생산물들에 차질이 있지 않았는지를 판단한다. 주인은 가축, 노예, 농기구, 가구를 다시 세어보아야 한다. 주인이 여러 해 동안 이렇게 한다면, 주인은 노년에도 노예들의 기강을 유지할 것이다. 그래서 주인은 나이가 아무리 많다 하더라도 노예들에게 경멸당하지 않을 것이다.[37]

콜루멜라가 지적했듯이 부재지주들이 노예제 농장 경영을 통해 지속적으로 안정된 수익을 끌어내기 위해서는 농장을 경영하려는 의지와 자본을 투자할 능력이 있어야 할 뿐 아니라 스스로 농장의 일들에 대한 지식을 갖추고 있어야 했다. 부재지주들이 노예 신분의 빌리쿠스를 이용하는 것은 그 나름대로 이점이 있었다. 빌리쿠스 자신에게는 충실한 봉사에 대한 보답으로 궁극적으로 해방될 수도 있으리라는 동기가 부여될 수 있었고, 주인은 빌리쿠스에게 절대적 권한을 행사할 수 있었기 때문이었다. 카토의 농업서에는 주인이 빌리쿠스에게 페쿨리움을 허용했다는 언급이 없지만, 바로는 빌리쿠스에게 페쿨리움을 허용하도록 권고했다. 빌리쿠스는 해방의 전망을 가졌다기보다는 오랫동안 농장 관리인으로 일한 후에 자신의 후계자를 감시하는 역할로 생계를 보장받았을 것으로 여겨지기도 한다.

여러 지역에 산재한, 심지어 해외 속주에 있는 농장들을 소유한 부재지주

---

36 Columella, *De Re Rustica*, 1.2.1~1.2.2.
37 같은 책, 1.8.20.

는 몇몇 농장의 빌리쿠스들을 감독하기 위해 프로쿠라토르라는 대리인을 고용하기도 한 것으로 보인다. 프로쿠라토르는 공화정 시기 카토와 바로의 농업서들에서는 등장하지 않는 데 반해, 콜루멜라는 농장 건물의 구조를 설명하면서 프로쿠라토르의 방은 가까이에서 빌리쿠스를 감독할 수 있도록 출입문 위에 마련되어야 한다고 말했고, 탈곡이 행해지는 바닥은 될 수 있으면 주인이나 프로쿠라토르가 내려다볼 수 있는 곳이어야 한다고 충고했다. 몇몇 농장을 돌아다니며 빌리쿠스와 노예들을 감독한 프로쿠라토르는 한 농장에만 상주하지 않았을 것이며, 따라서 개개 농장의 경영과 노예들에 대한 통제는 빌리쿠스의 임무였다.

카토의 농업서에 따르면 농장을 경영하고 노예들을 관리하는 빌리쿠스는 빌리카vilica라는 여자 노예와 동거하는 것이 허용되었다. 빌리카는 카토의 포도 농장과 올리브 농장에서 유일한 여자 노예였고, 빌리쿠스와 빌리카를 제외한 나머지 노예는 모두 독신의 성년 남자 노예였다. 빌리쿠스와 빌리카의 동거를 통해서도 노예 자식이 태어났겠지만, 카토 시대 농장 노예들은 양육을 통해서가 아니라 시장에서 구매되었음을 알 수 있다. 농장 주인은 빌리쿠스에게 빌리카의 임무를 주지시키도록 충고했다.

> 빌리카는 모든 의무를 이행해야 한다. 빌리카가 너(빌리쿠스)를 두려워하게 하라. 빌리카는 결코 낭비하는 습성이 있어서는 안 된다. …… 빌리카는 단정해야 하고, 농장 건물 안을 깨끗이 관리해야 한다. 빌리카는 너와 노예들에게 요리된 음식을 제공해야 한다. 빌리카는 많은 닭과 달걀을 보유하고 있어야 하고, 저장된 배, 무화과, 건포도, 저장된 포도, 마르멜로 열매를 많이 보관하고 있어야 한다. 빌리카는 요리를 잘할 수 있어야 하고, 밀을 제분할 수 있어야 한다.[38]

---

38 Cato, *De Agricultura*, 143.

빌리카는 농장 건물 내에서 주부로서 모든 역할을 충실히 수행해야 한다는 점이 강조되었다. 빌리카는 빌리쿠스의 통제 아래 있었지만, 빌리쿠스가 담당한 중요한 책임과 일을 분담하는 보조자 역할을 했다는 것을 콜루멜라의 다음 글은 말해준다.

> 빌리카는 빌리쿠스가 농장 건물에 있는 시간을 될 수 있으면 적게 해야 한다. 빌리쿠스는 아침 일찍 다른 노예들과 함께 들에 나가 일이 끝났을 때 돌아와야 하기 때문이다. …… 빌리카는 거의 전적으로 농장 건물 안에 있어야 한다는 점을 인식해야 한다. …… 빌리카는 농장 건물에 들여오는 모든 도구가 손상되지 않았는지 조사해 이상이 없음을 확인한 후 받아들여야 한다. 그리고 모든 도구를 적합한 장소에 보관해 손상되지 않게 해야 한다.[39]

콜루멜라는 빌리카가 건강하고 젊어야 하지만 나이가 너무 어려서는 안 되며, 외모는 너무 추해도, 너무 아름다워도 안 된다고 충고했다.

빌리쿠스는 농장의 노예들을 어떻게 통제했을까? 카토는 일반 노예들을 기능에 따라 포도 재배 노예, 쟁기질하는 노예, 양치기 노예 등으로 구분했지만, 빌리쿠스와 빌리카에 관한 것을 제외하고는 다른 노예들의 위계와 지위에 관해 구체적인 설명을 하지 않았다. 법적으로 농장의 모든 노예는 농장의 도구에 속했고, 따라서 주인의 절대적 권한에 종속되었다. 도구라는 점에서 노예는 쟁기나 역축과 동일하지만, 말을 한다는 점에서만 다르다고 구분되기도 했다. 바로에 따르면 농장 도구는 말하는 도구instrumenta vocale, 음성을 가진 도구instrumenta semivocale, 침묵하는 도구instrumenta mutuum로 구분되었고, 말하는 도구에는 노예, 음성을 가진 도구에는 황소, 침묵하는 도구에는 짐수레가

---

39 Columella, *De Re Rustica*, 12.1.4.

포함되었다.[40]

모든 노예가 법적으로 농장 도구의 일부로서 매매와 상속의 대상이었고 주인에 대해 무력한 존재였지만, 현실적으로 농장 노예들의 지위와 처우는 다양했으며, 시간이 지남에 따라, 즉 카토와 바로 및 콜루멜라의 시대에 달라졌다. 카토는 농장 노예들에 대해 무자비한 태도를 보였다. "늙은 황소와 출산력이 없는 양, 양모, 가죽, 낡은 수레, 낡은 농기구, 늙은 노예, 병든 노예, 그리고 무엇이든 남는 것은 판매하라"[41]라는 카토의 언급은 농장 도구에 속하는 노예는 늙거나 병들어서 더는 보유할 가치가 없어지면 헐값에라도 팔아버리고 새로운 노예를 구매해 대체하는 것이 유리하다는 이해타산에 입각한 것이다. 카토는 족쇄에 채워진 노예들을 언급하기도 했는데, 그런 노예는 처벌을 받았거나 혹은 도주를 방지하기 위함이었을 것으로 생각된다. 카토의 무자비한 노예관을 보여주는 언급들은 카토의 엄격한 성격에서 비롯된 것이었다고 설명되기도 했지만, 그보다는 카토의 시대에 전형적이었을 태도의 단면을 보여준 것으로 이해된다. 카토보다 1세기 정도 후에 농업서를 저술한 바로의 노예관은 대조적인 면을 드러낸다.

만약 동일한 결과를 달성할 수 있다면 감독 노예가 노예들을 말보다 채찍으로 통솔하게 해서는 안 된다.[42]

감독 노예는 보상에 의해 더욱 열심히 일하게 해야 하며, 감독 노예에게 약간의 페쿨리움을 허용하고, 여자 노예를 배필로 허용해 자식을 갖게 하라. 감독 노예

---

40 Varro, *De Re Rustica*, 1.17.1.

41 Cato, *De Agricultura*, 2.7.

42 Varro, *De Re Rustica*, 1.17.5.

는 이런 방식으로 농장에 더욱 애착을 가지게 되기 때문이다. 감독 노예들은 의복이나 음식에서 더욱 관대하게 대우되고, 또는 작업이 면제되거나, 자신의 가축을 방목할 수 있게 함으로써 작업에 더욱 흥미를 느끼게 된다. 그 결과 감독 노예들에게 어떤 특별히 힘든 일이 부과되거나 처벌이 가해진다 하더라도 주인에 대한 감독 노예들의 충성과 친근한 감정이 회복될 것이다.[43]

바로는 농장 주인의 이익이라는 관점에서이기는 하지만 노예들의 만족과 노예에 대한 인간적 대우, 페쿨리움 같은 회유책을 권고했다. 카토 시대와 바로 시대의 사이에는 노예 이용이 확산되면서 대규모 노예 반란들이 일어나기도 했다. 기원전 130년대 시칠리아에서는 대규모 노예 반란이 일어났고, 이탈리아에서는 스파르타쿠스의 반란이 발생해 노예 소유주들을 놀라게 했다. 노예 반란을 경험한 노예 소유주들은 농장 노예들을 통제하는 데 처벌의 공포를 이용할 뿐 아니라 노예들의 지위에 따라 페쿨리움이나 보상, 회유책 등도 활용하게 되었을 것이다. 공화정 말기와 제정 초기 농장 노예들에 대한 좀 더 인간적인 처우는 노예 공급의 감소나 인도주의를 반영했다기보다 노예 소유주들이 노예노동을 좀 더 합리적으로 활용하는 것을 의미했다.[44] 당근과 채찍의 방식으로 노예들을 통제하는 것에 관해 콜루멜라는 풍부한 정보를 제공해준다.

---

43 같은 책, 1.17.5~1.17.7.

44 De Martino, *Storia Economica di Roma Antica*, pp. 108~109; K. P. Johne, J. Köhn and V. Weber, *Die Kolonen in Italien und den westlichen Provinzen des römischen Reiches: eine Untersuchung der literarischen, juristischen und epigraphischen Quellen vom 2. Jahrhundert v. u. Z. bis zu den Severern*(Akademie-Verlag, 1983), p. 69; White, *Roman Farming*, p. 358.

빌리쿠스는 농사일에만 능숙할 뿐 아니라 될 수 있는 한 미온적이지도, 잔인하지도 않으면서 권위를 행사할 수 있는 자질을 지녀야 하며, 언제나 훌륭한 노예들의 비위를 맞추어줄 뿐 아니라 쓸모가 적은 노예들에게도 관대함을 보임으로써 노예들이 빌리쿠스의 잔인함을 혐오하기보다 빌리쿠스의 단호함을 두려워하게 해야 한다. 심지어 가장 가치가 적은 노예들을 돌보는 가장 좋은 방법은 그 노예의 노동을 엄격히 이행하게 하는 것이므로 빌리쿠스 자신이 언제나 그 노예들과 함께 있어야 한다. 그러면 각각의 일을 책임지는 십장 노예magister 들이 의무를 열심히 이행하며, 나머지 노예들도 힘든 노동이 끝나면 즐거움을 찾기보다 휴식과 잠을 추구한다.[45]

사람들이 10인조decuriae로 부른, 그리고 높이 평가된 10명을 넘지 않는 집단들로 노예들을 구분해야 하는데, 그런 제한된 수의 노예가 작업 도중 가장 쉽게 감시되고, 그런 규모의 노예들이 통솔을 책임진 노예들에게 곤란을 일으키지 않기 때문이다. 농장이 더욱 광대하면 노예들이 흩어져 일할 때 쉽게 감시되지 않으므로 10인조로 나눈 집단들에게 농장 각 부분의 일들을 할당해야 한다.[46]

빌리쿠스가 통제하는 농장 노예들을 10인조들로 구분하고, 10인조마다 십장 노예를 두어 작업을 할당하도록 권고한 것으로 보아, 콜루멜라가 고려한 농장은 카토가 제시한 16명 혹은 13명의 노예가 있는 중농장보다 더욱 큰 대농장이었을 것으로 생각된다. 콜루멜라는 도시에 사는 주인이 될 수 있으면 농장을 자주 방문해서 노예들의 통제에 세심한 관심을 기울일 것을 강조했다.

---

45 Columella, *De Re Rustica*, 1.8.10.
46 같은 책, 1.9.7~1.9.8.

만약 농장 노예들이 비행을 범하지 않는다면, 농장 주인은 도시 노예들보다 농장 노예와 더욱 자주 친근하게 대화해야 한다. 노예들의 끊임없는 고통이 주인의 친절에 의해 완화되는 것을 알기 때문에, 나는 때때로 노예들과 농담하고 노예들도 자유롭게 대화하도록 허용한다. 요즈음 나는 어떤 새로운 일에 대해 자주 노예들을 불러 상의하는데, 이를 통해 각각의 노예가 어떤 재능을 가졌고 얼마나 현명한지를 판단한다. 노예들은 주인이 자신들의 의견과 권고를 구했던 일을 더욱 기꺼이 하려고 하는 것을 나는 알고 있다.

지하 감옥의 노예들을 검사하고, 그 노예들이 신중하게 쇠사슬에 채여 있는지, 그들의 감옥이 충분히 안전하며 적절히 감시되는지, 빌리쿠스가 주인 몰래 어떤 노예를 쇠사슬로 구속하거나 혹은 구속을 풀어주었는지를 검사하는 것이 모든 신중한 주인들의 관습이다. 빌리쿠스는 두 가지 사항, 즉 주인이 처벌로 구속한 노예를 주인의 허락 없이 풀어주지 말 것, 빌리쿠스 자신이 구속한 노예를 주인이 그 사정을 알 때까지 풀어주지 말 것을 준수해야 하기 때문이다.

신중한 주인은 스스로 노예들의 빵 맛을 보고, 노예들이 마시는 음료를 마셔보고, 노예들의 의복과 장갑과 양말을 조사한다. 또한 주인은 노예에게 자신을 잔인하게 혹은 부정하게 다룬 자들에 대해 자주 불평할 기회를 주어야 한다. 사실 우리는 노예들의 소요를 사주한 노예, 혹은 자신의 십장 노예를 비난한 노예를 처벌할 뿐 아니라 때로는 불평의 대상이 된 노예도 처벌한다. 반면에 열심히 근면하게 일한 노예들에게 나는 보상을 준다.[47]

콜루멜라는 실세로 농장을 자주 방문할 수 있는 부재지주의 경우를 고려했다. 농장 주인은 노예들에 대한 처벌권과 처벌의 해제권을 엄격히 행사하도록 요구되었다. 지하 감옥을 마련해 도주를 시도하거나 규율을 위반한 노

---

47   같은 책, 1.8.15~1.8.18.

예들을 구속하는 것을 세심하게 배려하는 동시에 노예들의 불평에 귀를 기울여야 한다는 콜루멜라의 권고는 노예들에 대한 당근과 채찍의 방책을 잘 보여준다. 노예들의 심리적 만족이 고려되었다고 해서 일반 노예들의 현실적 지위가 나아졌다고 볼 수는 없다. 노예들의 나날은 고된, 끊임없는 노동의 연속이었다. 노예들이 할 일이 없어 빈둥거리면 비용만 지출하는 것이었을 뿐 아니라, 비참한 생활에 대한 노예들의 불만이 높아지고 자유를 향한 꿈을 품게 마련이므로, 농장 소유주는 노예들에게 언제나 마땅한 일거리를 제공하는 것이 중요했다. 카토는 농업서에서 농장 노예들이 연중 언제나 바쁘게 할 수 있는 일들의 목록을 제시했다.

> 날씨가 나빠 농사일을 할 수 없을 때는 거름을 모아야 하고, 가축우리와 농장 건물을 깨끗이 해야 하며, 포도주 저장 용기를 납으로 수선해야 한다. …… 비가 오는 동안에는 농장 건물 안에서 할 수 있는 일이 무엇인지를 찾아야 한다. 아무 일을 하지 않는다 하더라도 비용은 적지 않을 것임을 생각해야 한다.[48]

예컨대 겨울밤 조명 아래 노예들이 할 수 있는 작업으로 카토는 포도 덩굴 받침용 말뚝 다듬기, 땔나무 단 만들기, 가축우리의 거름 치우기를 권고했다.[49] 로마의 종교적 관습에 의하면 노예들의 가혹한 노동이 금지되거나, 혹은 노예들에게 손쉬운 일만 시킬 수 있는 축제일들이 있었다. 카토는 그런 축제일에 노예들에게 부과할 수 있는, 종교적으로 명백히 금지되지 않은 일들을 열거했다.[50] 이처럼 생산비를 될 수 있으면 절약하고, 농장 노예들에게

---

48 Cato, *De Agricultura*, 39.
49 같은 책, 37.3~37.4.
50 같은 책, 2.4, 138.

언제나 마땅한 일거리를 지속적으로 부여하는 것은 고대 세계의 일반적인 원칙이었다. 제정 초기 대 플리니우스의 다음 구절도 그러한 농장 경영 원칙을 보여준다.

> 농장 내에서 조달할 수 있는 것을 구매하는 사람은 농장 소유주가 되지 못한다. 날씨가 나쁜 때를 제외하고 노예들이 저녁에 할 수 있는 일을 낮에 하게 하는 농장 소유주는 가장 어리석다. 축제일에 해야 할 일을 평일에 하게 하는 사람은 더욱 어리석다. 좋은 날씨에 노예들로 하여금 들판이 아니라 농장 건물 안에서 일하게 하는 사람도 가장 어리석다.[51]

이처럼 노예들을 잘 통제하고 노예노동을 최대한 이용하려는 농장 소유주들의 시도는, 농장 소유주들의 농장에서 포도주와 올리브유를 생산할 뿐아니라 곡물과 사료작물 등을 재배하고 가축 사육을 겸하는 혼합 농경이 이루어졌기 때문에, 좀 더 효과적일 수 있었다.

그러나 노예제 농장들이 혼합 농경의 특성을 지녔었는데도 농장의 노동수요는 농번기와 나머지 기간 사이에 큰 차이가 있었다. 카토가 모델로 제시한, 16명의 노예가 있는 포도 농장과 13명의 노예가 있는 올리브 농장에서 노예들은 1년 내내 일상적인 일을 수행할 수 있을 정도였기 때문에 포도와 올리브를 수확해 가공하는 작업을 할 때는 일용 노동자들을 고용하거나, 일용 노동자를 이끌고 그런 작업을 이행하는 청부업자와 계약을 맺도록 카토는 권고했다. 카토의 노예제 농장은 농장 외부의 자유인 노동을 전제했던 것이다. 카토는 농장이 사람의 건강에 좋은 곳에, 그리고 노동자들이 풍부한 곳에 입지해야 한다고 말함으로써[52] 농장 주위에서 자유인 일용 노동자들을

---

51 Gaius Plinius Secundus, *Naturalis Historia*, 18.40.

고용할 가능성을 고려했다. 노예제 농장 소유주는 필요할 때 일용 노동자를 고용하기 위해 농장 주변의 사람들과 우호적인 관계를 유지하도록 카토는 권고했다.

> 좋은 이웃이 되는 것이 좋다. …… 만약 이웃 사람들이 당신을 친근하게 생각하면 당신의 생산물을 좀 더 쉽게 판매할 것이고, 작업을 더욱 용이하게 청부시킬 것이며, 쉽게 노동자들을 고용할 것이다.[53]

노예제 농장에 일용 노동을 제공한 자들은 대개 농장 주변에 살던 소농들이었을 것으로 생각되는데, 농장이 도시에 인접한 경우 도시의 실업자들이 일용 노동자로 고용되기도 했을 것으로 이해된다. 바로와 대 플리니우스도 농장의 일용 노동에 관해 언급했다.

> 모든 농업은 노예나 자유인, 혹은 그들 모두에 의해 이루어진다. 자유인에 의해서는 자식을 가진 많은 빈민이 그러하듯이 자유인들이 스스로 자기 토지를 경작하는 경우이거나, 혹은 포도 수확이나 건초 만들기와 같은 좀 더 중요한 일들에 고용 노동자로 고용되는 경우이다.[54]

> 농장을 잘 경작해야 한다. 그러나 농부들이 자신이 부양해야 하는 자들이나 가족과 함께 경작하는 곳이 아니라면, 가장 완벽하게 경작하는 것은 손해이다.[55]

52　Cato, *De Agricultura*, 1.3.
53　같은 책, 4.
54　Varro, *De Re Rustica*, 1.17.2.
55　Gaius Plinius Secundus, *Naturalis Historiae*, 18.38.

자유 소농에게는 인접한 노예제 농장에 일용 노동을 제공하고 추가 수입을 얻는 것이, 노예제 농장의 소유주에게는 그런 소농들이 존재하는 것이 유리했다. 농장 소유주는 어떤 일이 직접 시행되는지, 어떤 일이 청부되기를 원하는지를 빌리쿠스에게 지시해야 했다. 일용 노동자의 고용과 관련해 카토는 "동일한 노동자, 고용 노동자, 청부업자를 하루 이상 고용해서는 안 된다operarium, mercennarium, politorem diutius, eundem ne habeat die"[56]라고 말했다. 매일 새로운 일용 노동자들을 고용할 수는 없었을 것이므로 '디에die'는 '하루 동안'이라기보다 '일정 기간' 혹은 '약속된 기간'을 의미했을 것으로 이해되지만,[57] '동일한' 노동자라는 표현으로 보아 일용 노동자들을 교체하기가 용이했음을 알수 있다. 일용 노동자들의 일이 끝났을 때 보수를 주고 지체 없이 해고하는 것은 노예들의 동요를 방지하고 불필요한 지출을 방지하기 위해 필요했을 것이다.[58]

노예제 농장에 일용 노동자들이 얼마나 고용되었을까? 카토의 올리브 농장의 경우, 올리브 수확과 가공을 떠맡는 청부업자는 노동자 50명을 제공해야 한다는 카토의 언급[59]을 보면 상대적으로 많은 일용 노동자가 고용되었음을 알 수 있다. 올리브 농장의 노예가 13명이고, 평소 올리브 재배에 종사한 노예가 5명인 것을 고려하면 그러하다. 올리브를 수확하는 기간을 10일로

---

56 Cato, *De Agricultura*, 5.4. 오페라리우스(operarius)는 노동자라는 뜻으로 노예나 자유인 모두를 지칭할 수 있고, 메르켄나리우스(mercennarius)는 고용 노동자를 의미한다. 폴리토르(politor)는 일용 노동자 혹은 곡물 재배의 청부업자로도 등장한다.

57 Gummerus, *Der römische Gutsbetrieb als Wirtschaftlicher Organismus nach den Werken des Cato, Varro, und Columella*, p. 27.

58 William Emerton Heitland, *Agricola: A Study of Agriculture and Rustic Life in the Greco-Roman World from the Point of View of Labour*(Cambridge University Press, 1921), p. 173.

59 Cato, *De Agricultura*, 144.4.

보고, 올리브유를 생산하는 작업 기간도 10일 정도였다는 견해에 따르면, 올리브를 수확해 올리브유를 생산하는 과정에 일용 노동자 총 1000명이 하루씩 노동을 제공한 셈이 된다. 실제로는 훨씬 적은 일용 노동자가 여러 날씩 고용되었을 것이다. 카토는 포도 농장에 얼마나 많은 일용 노동자가 고용되었는지 언급하지 않았지만, 포도 수확기에 하루 40명의 일용 노동자가 고용되었다는 견해[60]를 고려하면, 포도 수확과 포도주 생산에도 농장 외부의 일용 노동이 중요한 역할을 했다는 것을 알 수 있다.

농장 소유주는 일용 노동자들이 필요한 작업을 하기 위해 한 청부업자와 계약하는 방법을 이용하기도 했다. 카토는 올리브 수확이나 올리브유 생산 작업, 혹은 올리브를 수확해 가공하기까지의 작업 일체를 청부업자에게 위임할 경우의 조건을 다음과 같이 말했다.

청부업자는 농장 주인이나 감시인, 혹은 올리브를 구매한 자의 지시에 따라 모든 올리브를 조심스럽게 수확해야 한다. 농장 주인이나 감시인의 명령 없이 올리브를 따거나 떨어뜨려서는 안 된다. 모든 수확 노동자는 농장 주인이나 감시인 앞에서 수확하는 동안 루키우스 만리우스Lucius Manlius 의 농장에서 올리브를 훔치지 않았고, 누군가가 훔치는 것을 묵인하지도 않았음을 서약해야 한다. 서약하기를 거부하는 노동자가 있다면, 그 노동자는 작업에 대한 보수를 받지 못한다. 청부업자는 잘 수확한다는 것에 대한 담보를 루키우스 만리우스가 만족할 정도로 제공해야 한다. 작업에 이용된 사다리들은 전과 동일하게 양호한 상태로 반환되어야 하며, 그렇지 못할 경우 손실만큼의 액수를 청부업자에게 제공할 금액에서 공제해야 한다. 청부업자의 잘못으로 농장 주인에게 발생한 어

---

60 Rathbone, "The Development of Agriculture in the 'Ager Cosanus' during the Roman Republic," p. 12.

떤 손해도 한 선한 사람의 중재에 의해 합당한 금액을 공제해야 한다. 청부업자
는 올리브를 따고 줍는 데 필요한 노동자들을 제공해야 한다. 만약 청부업자가
이것을 실패해 다시 노동자들을 고용해야 하거나, 작업을 다시 청부해야 한다
면 그 손해를 공제해야 한다.[61]

청부업자의 가장 중요한 임무는 필요한 노동자들을 제공하는 일이었을
것이다. 노동자들은 정직과 신용이 요구되고 보수를 받는 점에서 자유인이
었음을 알 수 있다. 청부업자는 자신의 자본으로 담보를 제공하고 일용 노동
자들을 고용한 자본가였을 것이다. 청부업자는 청부 맡은 일을 마친 후 자신
이 고용한 노동자들에게 보수를 지급했고, 자신은 농장 주인과 맺은 계약에
따라 현금이나 생산물의 일정 몫을 받았을 것으로 생각된다. 루키우스 만리
우스는 카토가 모델로 고려한 농장의 전 소유주이거나, 혹은 농장에 이웃한
사람으로서 카토는 만리우스에게서 청부계약 시의 조건을 알게 되었을 것으
로 보인다.[62] 청부업자가 고용한 노동자들은 빌리쿠스가 고용하는 경우와 마
찬가지로 농장에 인접한 농민들이었을 가능성이 많지만, 경우에 따라서는
포도와 올리브의 수확기에 수입을 얻기 위해 청부업자를 따라 이동한 도시
의 빈민들이었을 수도 있다.

5. 맺음말

공화정 후기와 제정 초기에 원로원 의원을 비롯한 유력한 지주들은 토지에

---

61   Cato, *De Agricultura*, 145.

62   Frank, *An Economic Survey of Ancient Rome*, Vol. I, p. 170.

서 나오는 수입을 가장 명예롭고 안정적인 것으로 평가했다. 공화정 후기 이래 최고의 정치가이자 학자인 카토와 바로, 콜루멜라는 스스로 부재지주들로서 노예제 농업의 중요성을 인식하고 지주들에게 실용적인 지침을 제공하기 위해 각각 농업서를 저술했으며, 농업서들은 당시 현실을 반영한 것으로 이해된다. 일반적으로 도시에 사는 지주들이 토지에다 노예와 자본을 투입해 성립된 노예제 농장은 포도주와 올리브유 같은 상품생산을 지향하는 한편, 곡물과 사료작물 재배와 같은 자급자족을 위한 생산도 중시했다. 하나의 농장에서 다양한 농작물을 생산하고 가축 사육도 겸하는 것이 노예들에게 다양한 일거리를 제공해 노예들을 통제하는 데에도 도움을 주었다. 지주들의 토지는 여러 지역에 산재되어 있었으며, 개별 노예제 농장은 빌리쿠스의 관리 아래 집약적으로 경영하기 적합한 중규모 농장이 일반적이었다. 시간이 흐름에 따라 노예제 농장의 규모가 더욱 커지는 경향이 나타났다. 노예제 농장은 생산물을 판매하고 농장에 필요한 것을 구매하기 용이한 곳에, 그리고 주인이 쉽게 방문할 수 있는 곳에 입지하는 것이 중요했다.

농업서 저술가들은 부재지주들이 빌리쿠스를 비롯한 노예들을 어떻게 효과적으로 관리할 수 있는가 하는 데 세심한 관심을 기울였다. 노예제 농장은 자신도 노예(혹은 피해방인)인 빌리쿠스의 통제 아래 경영되었으며, 될 수 있으면 농장 소유주가 자주 방문하는 것이 중요했다. 빌리쿠스를 비롯한 전문적인 노예들의 현실적인 지위와 처우에는 큰 차이가 있었으며, 시간이 지남에 따라 농장 노예들을 관리하는 방식에 변화가 나타났다. 카토가 경제적 이해타산에 입각해 농장 노예들에게 무자비한 태도를 보인 반면, 노예 반란들을 경험한 바로 시대에는 노예들에 대한 인간적인 대우와 페쿨리움 같은 회유책이 권고되었다. 콜루멜라도 당근과 채찍의 방법을 활용해 노예들을 통제하는 것에 많은 관심을 기울였다. 노예제 농장은 혼합 농경의 특성을 지녔는데도 농번기와 나머지 기간 사이의 노동 수요에 큰 차이가 있어서 상비 노동자인 노예들은 일상적인 일을 할 수 있을 정도로 보유하고 농번기에는 농장 외부의 자유인 일용 노동자들을 고용했다. 노예제 농장은 농장 외부의 자유인 노동을 전제해 노예노동을 조직했으며, 노예제 농장과 주변 농민들이 공존 관계에 있었던 점에 주목할 필요가 있다.

제4장

노예제 이목

1. 머리말

이동식 방목transhumance, 즉 이목은 'trans(~을 가로질러)'+'humus(토지)'에서
나온 말로 가축 떼가 정기적으로 방목지를 이동하는 가축 사육 방식의 일종
이다. 이탈리아반도의 기후와 지리적 조건에 순응해 목축이 시작된 선사시
대부터 이목이 행해져왔지만, 기원전 2세기와 기원전 1세기의 이목은 그 규
모와 성격, 목적에서 이전의 이목과 크게 달랐다.[1] 이목업자들은 한니발 전

---

[1] 영리를 목적으로 하는 대규모 이목이 언제부터 발달했는가에 대해서는 이견들이 있다. 알
    베르 그르니에는 대규모 이목이 카토의 농업서(기원전 150년) 이후와 그라쿠스 시대 사이
    에 형성되었고, 공화정 말기와 제정 초기에 최고로 발달했다고 보았다[Albert Grenier, "La
    Transhumance des troupeaux en Italie et son rôle dans l'histoire romaine," *Mèlanges
    d'Archèologie et d'Histoire*, Vol. 25(1905), p. 322]. 안토니오 사바티니는 수익성 있는 경
    제활동으로서 이목은 한니발 전쟁 이후 발달한 것으로 보았다[Antonio Sabattini, "Sulla
    transumanza in Varrone," *Athenaeum*, 55(1977), pp. 199~203]. 아널드 토인비는 이목이
    가축 떼의 이동의 자유를 전제하므로 서로 다른 방목지 사이의 평화를 유지할 힘과 의지

쟁 이후 로마가 획득한 광대한 공유지를 방목지로 이용할 수 있었고, 승리한 전쟁들의 결과 투자할 수 있는 자본이 풍부했으며, 전쟁 포로의 유입으로 값 싼 노예노동을 이용할 수 있었다.[2] 이 시기 이목업자들은 방목세를 지불하고 방목용 공유지를 자유롭게 이용하고, 칼레스를 무료로 통행했다. 이 장에서 는 노예 목자들의 노동과 생활에 관한 정보를 제공해주는 바로의 농업서[3]와 선행 연구 업적[4]을 검토하면서 공화정 후기 노예제 이목의 발전 실태를 조명 해보고자 한다.

2. 이목의 유형과 분포

이목업자들은 가을과 겨울에는 평지나 계곡에 위치한 저지대 방목지에, 봄 과 여름에는 산지에 위치한 고지대 방목지에 가축을 방목했다. 이목은 가축

를 가진 국가의 국경 내에 방목지와 칼레스가 있어야 한다는 점을 지적했다. 토인비는 로 마가 이탈리아를 정복(기원전 266년)하면서 이러한 정치적 조건이 충족되었지만, 한니발 전쟁 이후에 이목이 발달한 것으로 생각했다[Arnold J. Toynbee, *Hannibl's Legacy: The Hannibalic War's Effects on Roman Life*, Vol. II: Rome and Her Neighbours after Hannibal's Exit(Oxford University Press, 1965), p. 286].

2   Marinella Pasquinucci, "La Transumanza Nell' Italia Romana," in E. Gabba and M. Pasquinucci, *Strutture Agrarie E Allevamento Transumante Nell' Italia Romana (III~I Sec. a. C.)*(Giardini, 1979), p. 94.

3   Varro, *De Re Rustica*.

4   Grenier, "La Transhumance des troupeaux en Italie," pp. 293~328; Pasquinucci, "La Transumanza Nell' Italia Romana," pp. 79~182; Sabattini, "Sulla Transumanza in Varrone," pp. 199~203; Jens Erik Skydsgaard, "Transhumance in Ancient Italy," *Analecta Romana*, VII(1974), pp. 7~36. Cedric A. Yeo, "The Overgrazing of Ranch-Lands in Ancient Italy," *Transactions and Proceedings of the American Philological Association*, Vol. 79(1948), pp. 275~307.

사육의 중심지가 없이 방목지를 따라 그때그때 이동하는 유목pastoral nomadism 과 다르다.[5] 공화정 말기에는 고지대 방목지나 저지대 방목지 중 하나에 가 축을 위한 축사, 노예 목자들의 숙소, 축산물의 가공과 저장을 위한 시설을 갖춘 빌라villa가 세워져 이목의 중심을 이루었는데, 그것은 대개 저지대 방목 지에 위치한 것으로 보인다. 고지의 여름 방목지에는 일시적인 임시 거처와 그 밖에 필요한 설비를 갖추었다. 물론 이와 반대의 경우도 있었으며, 지리 학자들은 편의상 저지대 방목지에 중심을 둔 이목을 '상승적 이목transhumance ascendente'으로, 드문 경우이지만 고지대 방목지에 중심을 둔 이목을 '하강적 이목transhumance discendente'으로 부른다.[6] 이목은 무엇보다도 계절에 따라 대체 방목지를 이용하지 않을 수 없게 하는 기후와 지리적 조건에서 비롯된 것이 었다.[7] 여름철의 덥고 건조한 기후로 말미암아 저지대에서 가축을 사육할 수 있는 목초가 충분히 성장할 수 없게 되면 목자들은 온도가 더 낮고 강수량도 상대적으로 많아 가축에게 신선한 목초를 제공해주는 고지 방목지saltus로 가 축 떼를 몰고 이동했고, 가을비가 내려 저지대의 목초가 자랐을 때 다시 저지 방목지로 내려오고는 했다.[8] 지중해 지역의 이러한 이목은 수평적 혹은 지중

---

5   카토의 『농업론』 149장(章)에 따르면 저지대 겨울 방목지에는 대개 9월 1일부터 이듬해 3
     월 1일까지 방목했으며, 가축 떼는 대략 6개월마다 이동했다. 이목과 유목을 구분할 때,
     이목은 전체 공동체의 가축이 이동한다는 점에서 유목과 다르다고 지적되기도 했다. 이목
     과 유목은 종종 동일 지역에서 서로 대체되고, 혼합되기도 하기 때문에 항상 구분할 수 있
     는 것은 아니라는 견해도 있다(Pasquinucci, "La Transumanza Nell' Italia Romana," p. 80,
     n. 5 참조).

6   Skydsgaard, "Transhumance in Ancient Italy," p. 13. 한편으로 상승적 이목은 통상적 이
     목(transhumance normale)으로, 하강적 이목은 역방향 이목(transhumance inverse)으로
     불리기도 한다.

7   Pasquinucci, "La Transumanza Nell' Italia Romana," p. 79.

8   Peter Garnsey, "Mountain Economies in Southern Europe," in Charles Richard Whittaker
     (ed.), *Pastoral Economies in Classical Antiquity*(The Cambridge Philological Society,

해적orizzontale o mediterranea 형태라 말해지며, 수직적 혹은 알프스적verticale o alpina 이목과 구분된다.[9] 수평적 이목은 상대적으로 가까운 거리를 이동하는 단거리(지역적) 이목과 상당히 먼 거리에 떨어진 방목지 간을 이동하는 장거리 이목으로 구분할 수 있다.

대 카토는 이탈리아의 중부인 라티움Latium과 캄파니아Campania의 저지대를 겨울 방목지로 하고 인접한 고지대인 아브루치Abruzzi 산지나 중부 아펜니노Apennino 산지에서 여름 방목지를 이용하는 단거리 이목이 존재했음을 기록했다.[10] 중부 아펜니노 산지를 여름 방목지로 이용하고 라티움 평야를 겨울 방목지로 하는 단거리 이목[11]은 가축의 규모에는 변화가 있었지만, 고대부터 최근까지 계속되었다.[12] 기원전 1세기의 저술가들은 이탈리아반도 중부의 아펜니노 산지에 있는 삼니움 지역이나 사비니인들의 지역을 여름 방목지로 하고 반도 남부 아풀리아Apulia의 평지를 겨울 방목지로 이용하는 대규모의 장거리 이목과, 반도 남부에서 루카니아 산지를 여름 방목지로 이용하고 칼라브리아Calabria의 해안 평지를 겨울 방목지로 하는 이목에 대해 언급했다.[13] 가령 키케로는 사비니인들의 지역에 속하는 아미테르눔Amiternum을 여름 방

1988), p. 203; Skydsgaard, "Transhumance in Ancient Italy," p. 7.

9   수직적 혹은 알프스적 이목은 산악 지대의 계곡에서 주로 소, 양, 염소를 사육한다. 기후가 온화한 철에 눈이 녹으면 목자들은 가축을 고지로 몰고 올라가 방목하는데, 계곡의 방목지를 이용할 수 없어서가 아니라 목초 상태가 열악한 계절 동안 가축을 사육할 사료를 재배하기 위해서였다. 이런 형태의 이목은 피레네 산지와 알프스 지역, 카르파치(Carpazi)의 대부분 지역, 중앙아시아 일부 지역에서 전형적이었다(Pasquinucci, "La Transumanza Nell' Italial Romana," pp. 82~83).

10 Cato, *De Agricultura*, 149.

11 Gaius Plinius Caecilius Secundus, *Epistulae*, 2.17.3.

12 Pasquinucci, "La Transumanza Nell' Italia Romana," p. 143.

13 Peter Astbury Brunt, *Social Conflicts in the Roman Republic*(Chatto and Windus, 1971), p. 33.

목지로 하고 겨울 방목지를 향해 아풀리아로 이동하는 장거리 이목을 언급
했다.[14] 바로도 『농업론』에서 아풀리아와 삼니움 사이의 이목,[15] 아풀리아와
레아티눔Reatinum 사이 및 아풀리아와 사비니인들의 지역 사이의 이목[16]을 기
록했고, 그 밖에 사비니인들 지역에 속하는 로세아Rosea 평지와 주변 산지 간
노새의 단거리 이목에 대해서도 언급했다.[17]

이처럼 이목은 이탈리아 중남부의 전 지역에서, 즉 아펜니노 산지의 삼니
움이나 사비니인들의 지역을 여름 방목지로 하고 중부의 라티움, 남부의 아
풀리아와 칼라브리아 등의 광대한 평지를 지형에 따라 겨울 방목지로 해서
상호 보완적인 관계를 유지하면서 이루어졌다. 특히 대규모의 장거리 이목
은 반도 중부의 아펜니노 산지와 남부의 평지를 오가며 행해졌다. 라티푼디
움이라는 대토지는 반도 남부의 대규모 방목지를 포함한 이목을 지칭하는
경우가 많았다. 물론 어느 지역에서나 고정된 장소에서 이루어진 가축 사육
도 있었다.[18] 로마 주변을 비롯한 라티움, 캄파니아, 에트루리아 남부 지역은
지형에 따라 포도나 올리브를 주로 재배하는 노예제 농장 경영이 발달했으
므로,[19] 이들 지역에서는 고정된 장소에서 행해진 가축 사육의 정도가 남부
보다 더욱 컸을 것이다.[20]

---

14 Cicero, *Pro Cluentio*, 161.
15 Varro, *De Re Rustica*, 2.1.16.
16 같은 글, 2.2.9, 3.17.9.
17 같은 글, 2.1.17, 2.8.5.
18 Pasquinucci, "La Transumanza Nell' Italia Romana," p. 94.
19 카토가 묘사한 포도나 올리브를 주로 재배하는 농장에서도 경작이나 짐의 수송을 위한 역
    축들이 사육되었고, 1명의 돼지치기 노예가 있었다. 올리브 농장에는 100마리의 양 떼와
    1명의 양치기 노예가 있다(Cato, *De Agricultura*, 10.1, 11.1).
20 캄파니아의 가축은 대체로 고정된 장소에서 사육되었고, 경작 농업에 딸린 것으로 이해된
    다. 캄파니아의 공유지는 대개 경작지였으며, 산지와 습지대가 방목지로 이용되었을 것으
    로 생각된다(Pasquinucci, "La Transumanza Nell' Italia Romana," p. 146).

이목의 주요 가축은 양과 염소, 소였으며, 그중에서도 양이 으뜸이었다.[21] 이목의 주된 생산물은 모毛와 밀크, 치즈, 고기, 가죽이었는데, 양모 생산은 대규모 이목의 주된 목적이었다.[22] 반도 중부의 인구가 조밀한 지역과 로마를 위시한 도시들 근처에서 행해진 지역적 이목이나 고정된 장소에서 행해진 가축 사육을 통해 로마와 그 외 도시의 시장에 유제품과 고기를 판매하고, 모와 가죽도 지역에서 판매했을 것으로 생각된다. 대규모 이목업자들은 치즈, 저장된 고기, 소시지는 가축 이동과 관련된 지역의 소비 시장에서 판매하고, 모와 가죽을 통해 주된 수입을 올렸다. 모는 로마 세계에서 가장 중요한 직물 원료였다.[23] 아풀리아의 모직물 가공업은 그 규모가 크고 중요했으며, 루케라Lucera와 카노사Canossa에서도 발달했다.[24] 가죽은 대규모 이목의 또 다른 주요 상품이었는데, 군대의 수요가 그것의 상당 부분을 흡수했을 것으로 생각된다.[25]

---

21 같은 책, 161쪽.

22 Joan M. Frayn, *Sheep-Rearing And The Wool Trade in Italy during the Roman Period* (F. Cairns, 1984), p. 32.

23 모는 의복, 직물, 양탄자, 텐트를 만드는 데 사용되었으며, 염소의 모는 선박용 밧줄(Varro, *De Re Rustica*, 1.11.1), 거친 직물, 전쟁 장비의 보호에 사용되었다. 제정기에는 속주에서 들여온 값비싼 양모가 상류 계층에 보급되었다.

24 Emilio Gabba, "Sulle strutture agrarie dell' Italia romana fra 3. e I. sec. a.C." in E. Gabba and M. Pasquinucci, *Strutture Agrarie E Allevamento Transumante Nell' Italia Romana (III~I Sec. a.C.)*(Giardini, 1979), p. 50, n. 87; A. H. M. Jones, "The Cloth Industry under the Roman Empire," in A. H. M. Jones, *The Roman Economy: studies in ancient economic and administrative history*(Rowman and Littlefield, 1974), pp. 353~354.

25 시칠리아, 갈리아, 브리타니아(Britannia), 히스파니아, 알프스 지역에서 가죽을 수입하기도 했다. 가죽 제품을 만드는 공장은 로마와 소도시들에 있었고, 후에는 군대가 주둔하는 속주들에도 있었다(Pasquinucci, "La Transumanza Nell' Italia Romana," p. 167).

3. 방목지와 칼레스

로마공화정 말기에 이목이 발달할 수 있게 한 요건은 이목업자들이 방목용 공유지와 칼레스를 자유롭게 이용할 수 있는 것이었다. 로마 국가는 정복 과정에서, 특히 한니발 전쟁 이후 증가한 방목용 공유지를 가축 사육에 이용할 수 있게 하는 한편, 개인이 방목지에 방목할 수 있는 가축의 규모에 한계를 설정해 과도한 경쟁을 억제하려고 시도했다. 국가의 공유지 정책은 농업용 공유지와 방목용 공유지에 대한 것을 포괄했으며, 이 글에서는 후자에 대해 주로 관심을 가진다.

기원전 296년과 293년에 법을 위반한 가축 사육자들에게 벌금이 부과되었다는 티투스 리비우스 파타비누스Titus Livius Patavinus의 기록[26]을 보면, 기원전 3세기 초에도 개인이 방목용 공유지에 방목할 수 있는 가축 두수를 제한한 법이 시행되었으며, 중남부 이탈리아의 방목용 공유지에서 이목을 행했을 가능성을 보여준다. 한니발 전쟁 이후 기원전 2세기 초의 어느 시점에 제정된 '농지 규모에 관한 법lex de modo agrorum'[27]은 이목과 관련해 주목할 만하다. 이 법은 첫째, 시민이 공유지를 500유게라 이상 점유하는 것을 금지했으며, 둘째, 방목용 공유지에 대축 100두, 소축 500두 이상 방목하는 것을 금지했고, 셋째, 이목 노예의 감시를 위해 일정 수의 자유인을 고용하게 했다. 이목 노예의 감시와 관련해, 기원전 1세기에 율리우스 카이사르도 목자들의 3분의 1을 자유인으로 고용하게 하는 법을 제정했다는 기록이 있다.[28] 그러나

---

26 Livius, *Ab Urbe Condita*, 10.23.13, 10.47.7.

27 Gianfranco Tibiletti, "Il possesso dell'ager publicus e le norme de modo agrorum sino ai Gracchi," *Athenaeum*, 27(1949), pp. 12~15. 에른스트 바디안은 이 법이 제정된 연대를 기원전 172년에서 167년 사이로 추정했다[Ernst Badian, *Publicans and Sinners: private enterprise in the service of the Roman Republic*(Cornell University Press, 1972), p. 44].

일정 수의 자유인을 고용하게 하는 법을 이목업자들이 잘 준수했는지는 의문이다. 잔프랑코 티빌레티 Gianfranco Tibiletti는 자유인을 고용하게 한 법이 별다른 영향을 미치지 못했을 것으로 보았다.[29] 피터 브런트 Peter Brunt도 카이사르가 그 법으로 이목이 일반적으로 행해지던 지역의 빈민을 고용할 필요성을 고려했거나 노예들의 위험을 감소시키고자 의도했을 것이지만, 실제로 자유인들이 고용되지는 않았을 것으로 생각했다.[30] 노예들의 반란이나 도주 위험을 방지하기 위해 노예 목자들과 함께 자유인들을 고용하는 것은 바로의 『농업론』에서도 드러나지 않는다. 이목업자들이 노예 목자들의 3분의 1에 해당하는 자유인을 추가로 고용했다면, 그러한 비용을 내고도 수익성이 충분할 수 있었는지도 의문이다.

'농지 규모에 관한 법'의 골자는 시민이 공유지를 500유게라까지 점유할 수 있고, 방목용 공유지에 가축을 법정 한도 내에서 방목할 수 있다는 것이다. 방목할 수 있는 가축을 대축 100두, 소축 500두로 제한한 규정은 '100두 혹은 500두'로 해석되기도 하고, '100두와 500두'로 해석해 총 600두로 받아들여지기도 했다. 이 법에 관해 깊이 연구한 티빌레티는 후자의 견해를 지지하면서, 600두의 가축을 방목하는 데 필요한 방목지 규모를 추산했다. 오늘날 라티움 지역의 방목지 500유게라에서 대축 27~28두와 소축 132두가 사육되는 것을 고려하면, 로마 시대에 가축 600두는 개인이 점유할 수 있던 500유게라에서는 도저히 방목될 수 없었다. '농지 규모에 관한 법'은 시민에게 경작할 수 있는 500유게라의 공유지 점유를 허용한 것 외에, 가축 600두를

---

28   Suetonius, *De Vita Caesarum*, 42.1; Peter Astbury Brunt, *Italian Manpower 225 B.C.-A.D. 14*(Oxford University Press, 1971), p. 374.

29   Tibiletti, "Il possesso dell'ager publicus e le norme de modo agrorum sino ai Gracchi," pp. 32~33.

30   Brunt, *Italian Manpower 225 B.C.-A.D. 14*, p. 374.

방목할, 적어도 1800유게라의 방목지를 허용함으로써 총 2300유게라의 공유지 점유를 허용한 셈이라는 것이 티빌레티의 계산이었다.[31]

'농지 규모에 관한 법'은 노예노동을 투입할 자본력이 있는 시민들이 공유지를 이용해 농업 생산과 가축 사육을 하는 것을 인정하는 한편, 그들의 과도한 경쟁을 제한하기 위해 공유지의 점유와 방목되는 가축 두수에 한계를 설정했던 것이다. 기원전 196년에도 국가가 불법적인 방목업자들에게 벌금을 가했다는 기록이 있다.[32] 기원전 2세기 전반前半에는 한니발 전쟁 이후 새로이 편입된 광대한 공유지를 국가가 효율적으로 통제하기 어려웠을 것이라 지적되기도 한다. 여러 지역에 산재한 공유지를 통제하고 측정해 구획하는 일은 쉽지 않았을 것이다.[33] 그렇지만 이 시기에 국가는 남부 이탈리아와 중부 아펜니노 산지의 방목지와 칼레스의 이용을 법적으로 보장하고 통제하기 시작했다.[34]

기원전 111년의 '농지법 Lex agraria'도 이목과 관련해 방목용 공유지와 칼레스의 자유로운 이용을 보장했고, 방목세의 징수를 명문화했다. 이목업자들이 이목에 자본을 투자하기 위한 법적 장치가 마련된 것이다. 다른 한편, 이 법은 소규모 가축 사육자나 소농이 공동으로 이용할 수 있는 '공동 방목지'에

---

31 Tibiletti, "Il possesso dell'ager publicus e le norme de modo agrorum sino ai Gracchi," pp. 9~12.

32 Livius, *Ab Urbe Condita*, 33.42.10, 35.10.11.

33 당시 로마는 캄파니아의 공유지를 통제하기 어려운 처지였고, 기원전 186년에는 식민시 시폰툼(Sipontum)과 북센툼(Buxentum)이 방기되었다[Gianfranco Tibiletti, "Ricerche di Storia Agraria Romana," *Athenaum*, 28(1950), p. 197]. 에밀리오 가바는 로마가 몰수한 토지는 많은 경우 정확하게 측량되지 못했고, 동맹국 공동체의 수중에 남아 있거나 혹은 서로 다른 법적 명목 아래 남아 있었을 가능성을 지적했다(Gabba, "Sulle strutture agrarie dell' Italia romana fra 3. e I. sec. a.C.", p. 40).

34 Frayn, *Sheep-Rearing And The Wool Trade in Italy During the Roman Period*, p. 55.

관해서도 규정했다.

> 공동 방목지에 대축 10두 이하와 태어난 지 1년이 지나지 않은 새끼를 방목하
> 는 사람은 …… 혹은 …… 두 이하의 소축과 태어난 지 1년이 되지 않은 새끼를
> 방목하는 사람은 그런 가축들로 말미암아 …… 인민이나 푸블리카니 publicani =
> scripturarii 또는 pecuarrii (조세 징수 청부업자)들에게 토지세와 방목세를 내지 않으
> 며, 그것에 상당하는 보답이나 보상도 하지 않는다.[35]

대축 10두 이하와 소축 일정 두수 이하를 방목세를 내지 않고 방목할 수
있는 공동 방목지를 인정한 것은 소규모 가축 사육자, 특히 소농을 보호하기
위한 조치였을 것이다.[36] 소농은 소토지 경작과 약간의 가축 사육을 겸했다.
공동 방목지에 방목할 수 있던 소축의 최대 두수는 법을 새긴 비문이 누락되
어 알 수 없지만, '농지 규모에 관한 법'에서 대축과 소축의 비율이 1 대 5였
음을 고려하면 50두 정도로 생각해볼 수 있다.[37] 국가가 식민시를 건설하면
서 정착자들에게 토지를 할당하거나, 혹은 시민들에게 개별적으로 토지를
할당해줄 때, 해당 토지 가운데 많은 부분은 할당되지 않고 남겨져 지역 농민

---

35 Quei in agrum compascuom pecudes maiores non plus X pascet, quae(que ex eis
   minus annum gnatae erunt postea quam gnatae erunt ··· queique ibei pecudes minores
   non plus ···) pascet, quaeque ex eis minus annum gnatae erunt post ea qua[m gnatae
   erunt: is pro iis pecundibus ··· populo aut pulicano vectigal scripturamque nei debeto
   neive de ea re sati]s dato neive solvito (14~15 L)
36 법정 한도 이상으로 가축을 방목할 경우 벌금이 부과되었는지 혹은 그에 대한 방목세를
   추가로 납부했는지 분명하지 않지만, 이 규정은 공동 방목지도 공유지였다는 것을 보여준
   다[Alberto Burdese, *Studi sull'ager publicus*(G. Giappichelli, 1952), p. 92].
37 Kirsten Johannsen, "Die Lex Agraria des Jahres III v. Chr. Text und Kommentar"(Ph.D.
   dissertation, Ludwig-Maximilians Universität München, 1971), p. 244.

이 공동으로 이용하게 하는 것이 일반적이었다.[38] 이처럼 공동 방목지는 공동으로 이용하기 위해 남겨진 공유지의 대표적인 사례였으며, 방목세를 내야 하는 방목용 공유지와 달리, 공동 방목지에서는 가까이 사는 사람들만 방목권을 가졌다.[39] 섹스투스 폼페이우스 페스투스Sextus Pompeius Festus가 "토지 분배에서 이웃들이 공동으로 방목하도록 남겨진 토지가 공동 방목지로 불린다Compascuus ager appellatur qui a divisoribus agrorum relictus est ad pascendum communiter vicinis"라고 내린 정의[40]도 그러한 사실을 알려준다. 공동 방목지는 공유지를 분배하는 과정에서 생긴 관행을 제도화한 것일 수도 있고, 로마 이전의 공동체에서 행해지던 제도를 수용한 결과일지도 모른다.[41] 농민의 소토지 경영을 보충해주는 것이 공유지의 본래적 역할이었다. 기원전 111년의 '농지법'에 있는 공

---

38 식민시를 건설할 때, 식민시 영토 가운데 일부가 정착자들에게 할당되고, 나머지는 공동 방목지처럼 공동으로 이용하기 위해서 남겨졌다. 기원전 189년에 건설된 식민시인 보노니아(Bononia)는 전체 토지 중 3분의 1만이 할당되었으며(1200제곱킬로미터 중 약 400제곱킬로미터), 기원전 183년에 건설된 식민시인 무티나(Mutina)는 전체 영토에서 8분의 1 정도(2000제곱킬로미터 중 252제곱킬로미터)만 할당되었다(Tibiletti, "Ricerche di Storia agraria Romana," pp. 227~231). 이처럼 남겨진 토지 가운데 일부는 이웃에 정착한 농민들이 이용하기 위한 공동 방목지였고, 일부는 원주민의 수중에 남아 있었을지도 모르며, 일부는 경작에는 적합하지 않지만 방목에는 유익한 고지대 방목지였을 수도 있고, 일부는 선점(occupatio)의 대상이었을 가능성도 있다(David L. Stockton, *The Gracchi*(Clarendon Press, 1979), p. 213 참조].

39 베버는 공동 방목지와 방목세를 내고 이용하는 방목용 공유지의 두 가지 차이를 지적했다. 첫째, 공동 방목지에는 공동체의 토지 소유자만 방목권을 가졌음에 반해, 방목용 공유지에는 누구나 방목할 수 있었다. 공동 방목권은 소유 토지에 부속된 권리이며 그 토지와 함께 양도된다. 둘째, 공동 방목권을 가진 사람은 그 권리를 보호하기 위한 소송권이 있었던 반면, 방목용 공유지에 방목하는 사람은 그러한 소송권이 없다는 것이다(Max Weber, *Die römische Agrargeschichte in ihrer Bedeutung für das Staats-und Privachtrecht*(F. Enke, 1891), pp. 120~122].

40 Burdese, *Studi sull'ager publicus*, p. 37~40 재인용.

41 같은 책, 40~41쪽.

동 방목지에 관한 규정은 공유지의 본래적 특성을 유지하려는 의도였을 것이다.[42]

가축 떼가 계절에 따라 고지대와 저지대 방목지 사이의 먼 거리를 이동하는 대규모 이목은 공동 방목지가 아닌 방목용 공유지를 주로 이용했을 것이다. 기원전 111년의 '농지법'은 방목용 공유지에 관해 다음과 같이 규정했다.

> 이 법이 제정된 후 로마 인민에게 속하는 공유지에서는 …… 누구든 원하는 사람은 가축을 방목할 수 있으며 …… 그 토지는 공동 방목지가 되어서는 안 되고, 그 누구도 다른 사람이 방목하지 못하도록 점유하거나 담을 둘러서는 안 된다(24~25행).

방목용 공유지는 누구나 방목세를 내고 가축을 방목할 수 있는 공유지였다. 로마 국가는 대규모 이목업자들이 주로 이용했을 방목용 공유지를, 일정한 사람들에게만 방목권이 허용된 공동 방목지와 구분해, 특정한 사람이 배타적으로 점유하거나 다른 사람의 방목을 방해하는 것을 불법화함으로써,[43] 방목지의 자유로운 이용을 보장했다. 기원전 111년의 '농지법'에서 개인이 방목용 공유지에 방목할 수 있는 가축 두수를 얼마로 제한했는지는 알 수 없다. '농지 규모에 관한 법'이 대축 100두, 소축 500두 이상 방목하는 것을 금지한 것을 고려하면 동일한 제한이 적용되었다고 볼 수도 있지만, 이목 경영이 발전한 추세를 감안하면 방목할 수 있는 가축 두수가 더욱 늘어났을 가능성도 있다. 한편 기원전 111년의 '농지법'은 방목지의 이용에서 로마 시민에

---

42 Gabba, "Sulle strutture agrarie dell' Italia romana fra 3. e I. sec. a.C." pp. 22~38.
43 기원전 111년의 '농지법'은 그런 불법행위에 대한 벌금을 규정했다. 마리넬라 파스퀴누치는 이런 규정이 준수되었을 가능성이 희박하다고 보았다(Pasquinucci, "La Transumanza Nell' Italia Romana," p. 104).

게 인정된 권리가 라틴인과 외국인들peregrini에게도 허용된다고 규정했다(29행). 이목과 관련된 방목용 공유지와 칼레스는 불가피하게 동맹국들의 영토 및 동맹국들의 이해와 관련되었으므로, 로마 국가는 동맹국 시민들에게도 이목의 권리를 개방하고 포괄적으로 규제했을 가능성을 보여준다.[44] 동맹국 전쟁(기원전 91년~기원전 88년) 이후 로마 시민과 동맹국 시민의 구분은 사라졌다.

이목업자들은 방목용 공유지를 이용하는 대가로 방목세를 납부했다. 국가는 방목세를 징수하는 일을 감찰관censor의 주재 아래 경매를 통해 푸블리카니들의 회사societates에 맡겼다.[45] 이와 관련해서 '켄소르법 Lex censoria'은 징수할 방목세 액수를 정했고, 푸블리카니가 담보 취득에 의해 보호될 수 있게 했다. 또한 이목업자와 푸블리카니의 관계, 방목지와 방목지에 방목되는 가축의 규모 등을 정했다.[46] 방목세는 방목된 가축 두수를 기초로 산정되었다. 넓은 방목지를 명확하게 측정해 개별 이목업자에게 구획하는 어려운 작업보다는 가축 수를 세는 일이 더 용이했을 것이다.[47] 이목업자들이 푸블리카니에게 방목세를 신고하고 납부하는 일정한 장소가 있었을 것이고, 푸블리카니는 가축들이 반드시 통과하는 특정 지점들에서 가축 수를 셈으로써 방목세가 올바로 납부된 것인지 조사했을 가능성이 높다.[48] 바로가 "여름철 방목

---

44 '투표권이 없는 시민권(civitas sine suffragio)'을 받은 도시의 귀족들이 공유지 이용에 참여했다는 것을 키케로의 언급을 통해서 알 수 있다(Cicero, *Pro Cluentio*, 161).

45 Pasquinucci, "La Transumanza Nell' Italia Romana," pp. 137~138; Camille Trapenard, *L'ager Scripturarius: Contribution a L'histoire de la propriété collective*(Société du Recueil J.-B. Sirey et du Journal de Paris, 1908), p. 42ff.

46 같은 책, 45, 52~56쪽.

47 Tibiletti, "Il Possesso dell' Ager Publicus e le Norme de Modo agrorum sino ai Gracchi," p. 7.

48 Trapenard, *L'ager Scripturarius: Contribution a L'histoire de la propriété collective*, p.

을 위해 양 떼를 아풀리아에서 삼니움으로 먼 거리를 몰고, 등록되지 않은 가축으로 말미암아 '켄소르법'을 위반하지 않도록 푸블리카니에게 신고한다"[49] 라고 한 말은 가축 두수를 신고하고 방목세를 납부하는 것이 정기적으로 이루어진 것임을 보여준다. 이목업자는 방목하는 동안 가축 두수가 불어나거나 감소했을 경우 그 사실을 신고했으며, 부정확하게 신고했거나 한도를 초과해 방목한 경우 법을 위반한 정도에 따라 가축을 몰수하는 조치가 시행되었을 것이다.[50]

방목세 징수 청부 제도를 통한 방목세 징수가 얼마나 효율적으로 시행되었을까? 넓게 산재한 방목지, 교통수단의 미발달로 방목세 징수에는 어려움이 따랐을 것이다.[51] 정치적·사적으로 유력한 지주인 이목업자들을 상대한다는 점에서 방목세를 징수하는 사업은 푸블리카니에게 매력적일 수 없었고, 방목세는 방목용 공유지가 국가의 공유지임을 확인하는 수단에 지나지 않았을 것이라는 견해도 있다.[52]

여름 방목지와 겨울 방목지를 정기적으로 이동하는 이목이 발달하기 위해서는 방목지 사이를 연결해주는 칼레스를 확보해야 했다. 이목이 성행한 이탈리아 중부의 아펜니노 산지와 아풀리아 지역, 루카니아 지역에는 칼레스들이 교차해 '칼레스의 망'이 형성되어 있었다.[53] 기원전 111년의 '농지법'은 방목지로 이동하는 가축들이 칼레스를 자유롭게 이용하도록 보장했고,

---

52, n. 1, p. 78ff 참조.

49 Varro, *De Re Rustica*, 2.1.16.

50 Trapenard, *L'ager Scripturarius: Contribution a L'histoire de la propriété collective*, pp. 83, 85, 96.

51 Stockton, *The Gracchi*, p. 215.

52 Badian, *Publicans and Sinners*, pp. 43, 61; Tenney Frank, *An Economic Survey of Ancient Rome*, Vol. I, reprinted(The Johns Hopkins Press, 1975), p. 150.

53 Pasquinucci, "La Transumanza Nell' Italia Romana," p. 170.

때로는 공공 도로Viae publicae도 이용할 수 있게 했다.

통과하기 위해 칼레스나 공공 도로로 가축을 몰거나 방목하는 사람은 그 가축 때문에, 즉 통과하기 위해 칼레스나 공공 도로에 방목된 가축 때문에 인민이나 방목세 징수 업자에게 아무것도 납부해서는 안 된다(13~14행).

"통과하기 위해itineris causa"라는 말이 강조된 것으로 보아 칼레스 이용의 자유는 통행의 자유였지, 오랫동안 가축을 방목하는 것은 허용되지 않았다는 것을 알 수 있다.[54] 칼레스는 비교적 넓은 공간을 포괄해 이동하는 가축들에게 먹이를 제공했지만, 어디까지나 방목지로 이끄는 이동로였지 방목의 대상지는 아니었기 때문이다. 칼레스와 공공 도로가 일치하는 부분에서는 공공 도로도 가축의 이동로로서 기능했다. 그러나 군용도로로서 중요한 기능을 하는 간선도로는 칼레스와 일치하는 부분이 적었을 것이다. 간선도로는 될 수 있으면 산지대를 우회해 건설되었고 주로 로마에서 반도의 해안 지대로 이어진 반면, 칼레스는 지형이 험해도 이동하는 가축의 먹이를 위해 산마루 길이나 계곡도 회피하지 않았다.[55]

공화정 말기 칼레스가 많이 지나는 방목 지역은 국가에서 파견한 정무관의 관할구역provincia callium에 속했다.[56] 국가가 칼레스와 방목지 및 그 인접 지역의 치안을 유지하고 통제할 필요성을 인식하고 대처한 것이었다. 기원전 60년에는 칼레스 구역에 대한 책임이 카이사르와 마르쿠스 칼푸르니우스 비불루스Marcus Calpurnius Bibulus에게 맡겨졌다.[57] 칼레스와 방목 지대에서 도적 떼

---

54 Frayn, *Sheep-Rearing And The Wool Trade in Italy during the Roman Period*, p. 51.

55 같은 책, 52쪽.

56 Pasquinucci, "La Transumanza Nell' Italia Romana," p. 140.

57 Suetonius, *De Vita Caesarum*, 19.2.

의 횡행, 목자들의 반란과 소요는 상존하는 위험이었고, 목자와 농부들 사이의 분쟁도 빈번했다.[58] 이목업자들이 노예 목자들을 감시하기 위해 노예들의 3분의 1에 해당하는 자유인을 고용하게 하는 법이 실제로 준수되지 않았을 것을 감안하면, 국가가 주요 방목 지역의 치안을 유지하고 노예들에 대한 통제를 도모한 것은 이목의 발달을 위해 중요했다.[59] 타키투스는 24년에 '오랜 관습에 따라 칼레스 관할의 임무를 맡은 재무관Quaestor'이 인접 지역으로 확산되던 노예 반란에 대처했다고 말했다.[60] 타키투스의 언급은 로마에서 정무관을 파견하는 것이 관례적이었다는 것, 칼레스의 통제를 위한 국가의 관심과 노력을 보여준다.[61] 이목에 이해관계를 가진 유력자들은 집단적 노력을 기울일 필요가 있었으며, 그것은 방목세를 효율적으로 징수하려는 국가의 재정적 의도와도 부합했다.

---

58   Cicero, *Pro Cluentio*, 161; Skydsgaard, "Transhumance in Ancient Italy," p. 17; Trapenard, *L'ager Scripturarius: Contribution a L'histoire de la propriété collective*, p. 222, n. 1.

59   칼레스가 많은 방목 지역이 중앙에서 파견된 정무관들의 활동 범위에 포함되기 시작한 연대는 기원전 3세기로 소급되며, 로마가 아풀리아에서 획득한 공유지를 조직한 시기나 피로스(Pyrrhos) 전쟁의 종결 시기로 잡을 수 있다는 견해가 있다. 옌스 에리크 스퀴스고르는 칼레스에 대한 통제가 국가 재정을 통제하는 일의 일부였으므로, 제1차 포에니전쟁 직전에 재무관이 4명에서 8명으로 늘어난 것과 관련이 있다는 가설을 제기했다(Skydsgaard, "Transhumance in Ancient Italy," p. 17).

60   Tacitus, *Annales*, 4.27.1~4.27.2. 타키투스의 언급은 칼레스에 대한 정무관의 관할 및 그런 정무관에 대한 최후의 증거이다. 칼레스에 대한 중앙 정무관의 통제는 클라우디우스 황제가 폐지했고, 재무관을 통제하는 기능은 황제 대리인들(procuratores)에게 넘어간 것으로 보인다(Pasquinucci, "La Transumanza Nell' Italia Romana," p. 142).

61   키케로는 카틸리나 음모 사건을 언급하며 루키우스 세르기우스 카틸리나(Lucius Sergius Catilina)가 목자들을 선동하기 위해 아풀리아로 밀사를 파견한 사실을 말했다(Cicero, *Pro Sestio*, 5.12).

4. 이목 노예의 노동과 지위

일반적으로 가축 사육은 과수 재배를 중심으로 하는 농업보다 더 적은, 그러
나 더욱 전문적이고 숙련된 노동이 필요했다.[62] 숙련된 노예들과 가축을 구
매하는 데 상당한 자본이 투입되었지만, 이목은 1년 내내 상비 노동만으로도
충분했으므로 유지하는 데 드는 비용은 일정한 한계 이상으로 늘지 않았다.
가축 떼는 계속 이동하며 방목해야 했고, 가축우리의 청소 작업 등은 겨울에
도 노예들에게 할 일을 제공했다. 가축 떼와 목자들이 고지대 방목지로 이동
할 때도, 일부 노예는 여전히 이목의 중심지인 저지대의 목장에 남아 있었
다.[63] 저지대 방목지 중 일부에서는 자급자족을 위한 곡물과 사료작물도 재
배되었으며, 저지대 방목지와 고지대 방목지 간에 역축을 이용해 정기적으
로 곡물과 설비, 상품이 수송되었다.[64]

바로는 주로 고지대·방목지에서 일한 목자들에 대한 정보를 전해주는데,
목자들은 한 감독 목자magister pecoris의 통제 아래 있었다.

목자들은 모두 한 감독 목자 밑에 있어야 한다. 감독 목자는 나머지 목자들보다
나이가 더 많고 경험이 있는 사람이어야 하는데, 나머지 목자들이 나이와 지식
에서 자신들을 능가하는 사람에게 복종할 마음이 생기기 때문이다. 그러나 감
독 목자의 나이가 너무 많아 노동을 감내할 수 없을 정도여서는 안 된다. 나이

---

62 가축을 사육하는 데 필요한 전문 지식과 가축을 다루는 기술은 실제적 경험, 그리고 가축
   들과 맺은 오랜 관계를 통해 습득되었다[Heinz Dohr, *Die italischen Gutshöfe nach den
   Schriften Catos und Varros*(Gouder & Hansen, 1965), p. 89].

63 Varro, *De Re Rustica*, 2.10.1.

64 Dohr, *Die italischen Gutshöfe nach den Schriften Catos und Varros*, p. 95; Skydsgaard,
   "Transhumance in Ancient Italy," p. 7.

가 많은 목자와 소년들은 칼레스의 역경, 산지의 가파름, 험준함을 견딜 수 없기 때문이다.[65]

감독 목자는 주인을 대신해 가축 사육 전반에 대한 책임을 졌고, 나머지 노예들을 통제하는 임무를 맡았다. 감독 목자는 노예이지만, 사실상 경영자였다. 감독 목자의 지위는 포도나 올리브를 주로 재배한 노예제 농장의 빌리쿠스의 지위와 비슷하며, 감독 목자가 갖추어야 할 바람직한 조건에 대한 바로의 지시는 빌리쿠스의 자격에 대한 카토와 콜루멜라의 권고를 연상하게 한다.[66]

감독 목자는 가축과 목자들을 위해, 사람의 생계와 가축의 질병 치유를 위해 필요한 모든 설비를 갖추어야 한다. 이런 목적을 위해 주인은 등에 짐을 나를 수 있는 암말이나 다른 역축들을 보유한다.[67]

감독 목자는 사람과 가축의 건강에 관련된 것과 의사의 도움 없이 치유할 수 있는 질병에 대한 기록을 가지고 있어야 한다. 글을 모르는 사람은 그런 지위에 적합하지 않은데, 주인의 뜻을 따를 수 없기 때문이다.[68]

고지대 방목용 공유지에서 지내는 목자들에게 식량을 공급해 부양하고

---

65 Varro, *De Re Rustica*, 2.10.2~2.10.3.

66 Cato, *De Agricultura*, 5; Columella, *De Re Rustica*, 1.8.3.

67 Varro, *De Re Rustica*, 2.10.5.

68 같은 책, 2.10.10. 감독 목자는 가축의 흔한 질병과 그 질병들의 원인과 증상, 그 질병에 대한 적당한 요법을 기록한 처방을 가지고 있어서, 모든 종류의 질병마다 수의사의 도움이 필요해서는 안 된다고 말했다(같은 책, 2.1.21~2.1.23).

가축들을 건강하게 사육하는 것이 감독 목자의 중요한 업무였다. 감독 목자는 글을 쓰고 읽을 수 있어야 했으며, 그래서 주인의 지침을 이행하고 정확한 보고를 할 수 있었을 것이다.[69] 이목의 경영자인 감독 목자에게는 여자 노예와 동거하는 것은 물론 감독 목자 자신이 처분할 수 있는 약간의 가축을 보유하는 것이 허용되었을 가능성도 있다. 하지만 주인의 절대적 권한에 달려 있는 감독 목자는, 빌리쿠스의 경우처럼, 주인의 재산을 잘 관리하고 노예들을 통제하며 임무를 제대로 수행하는 한에서만 특권적인 지위가 보장되었다.[70] 노예제 이목의 발달은 자신의 지위를 유지하고자 하는 감독 목자의 엄격한 통제와 관리가 전제되어야 했다. 바로는 고지대 방목지에서 감독 목자의 통제 아래 있던 일반 목자들의 적합한 신체적 조건에 관해 다음과 같이 말했다.

칼레스를 따라 이동하는 목자들은 저지대 방목지에서 날마다 목장 건물로 돌아가는 목자들보다 더욱 건강해야 한다. 산지 방목지에서는 흔히 무장한 젊은 목자를 볼 수 있는 데 반해, 저지대 방목지에서는 소년뿐 아니라 소녀들도 가축을 돌본다. 목자들은 온종일 방목지에 머물러야 하며 가축 떼가 함께 풀을 뜯게 해야 하고, 가축 떼와 함께 밤을 보낸다. …… 특히 먹이를 위해서 절벽과 산림지대를 좋아하는 소 떼와 염소 떼를 뒤쫓는 목자들은 모든 역경을 감수해야 한다. 이런 일을 위해서 선발된 목자들은 강건하고, 날쌔고, 재치 있어야 하며, 유연한 사지를 지녀야 한다. 이런 목자들은 가축 떼를 뒤쫓을 수 있을 뿐 아니라 가축 떼를 야수와 도적에게서 보호할 수 있고, 짐을 나르는 역축의 등에 짐을 실

---

69 농업 농장의 빌리쿠스에게도 문서 이용 능력이 요구되었다(같은 책, 1.17.4).
70 William Emerton Heitland, *Agricola: A Study of Agriculture and Rustic Life in the Greco-Roman World from the Point of View of Labour*(Cambridge University Press, 1921), p. 153.

을 수 있으며, 돌진해 창을 던질 수 있다. 모든 사람이 가축 사육에 적합한 것은 아니다.[71]

고지대 방목지에서 가축을 돌보는 목자들은 자연적 역경을 견딜 수 있는 좀 더 강한 체력이 요구되었다. 목자들은 야수와 도적에게서 자신과 가축 떼를 지키기 위해 무장했고, 가축 떼의 규모에 따라 적당한 수의 훈련된 개를 동반했다.[72] 바로는 감독 목자가 노예들을 통제하기 위해, 목자들은 낮에는 자신의 가축 떼 곁에서 각자 식사하지만, 저녁에는 감독 목자 아래 모든 목자가 함께 식사해야 한다고 말했다.[73] 그렇다 하더라도 목자들은 넓은 방목지를 자신의 가축 떼와 함께 이동하므로 행동의 자유가 있었고, 목자들을 직접적으로 통제하는 것은 사실상 불가능했다. 빌리쿠스의 엄격한 통제 아래 있던 노예제 농장의 노예들에 비하면 이목 노예는 일의 특성상 실제로는 자유로웠다.[74] 바로의 농업서를 보면 이목 노예에 대한 처우는 농장 노예에 대한 처우보다 더 나았다.

목자들의 양육에 관해 말하자면, 언제나 저지대 방목지에 머무르는 목자들의 경우는 용이한데, 그들이 목장 건물에 동료 노예conserva들을 데리고 있기 때문이다. 목자들의 베누스Venus 신은 그 이상을 바라지 않는다. 그러나 고지대 방목지와 산림지대에서 가축 떼를 돌보며, 목장 건물에서가 아니라 임시적인 오

---

71 Varro, *De Re Rustica*, 2.10.2~2.10.3.

72 같은 책, 2.9.1~2.9.16.

73 같은 책, 2.10.5.

74 Norbert Brockmeyer, *Arbeitsorganisation und Ökonomisches Denken in der Gutswirtschaft des römischen Reiches*(Selbstverlag, 1968), p. 120; Toynbee, *Hannibl's Legacy*, p. 294.

두막에서 비를 피하는 목자들의 경우 가축 떼를 뒤따르고, 목자들을 위한 음식을 마련하며, 좀 더 근면하게 하기 위해, 여자들mulieres을 함께 보내는 것이 유리하다고 많은 사람이 생각했다. 그러나 그런 여자들은 강건해야 하고 추해서는 안 된다. 일리리쿰Illyricum의 도처에서 볼 수 있듯이, 그런 여자들은 일에서도 남자들에게 뒤지지 않았는데, 그들이 가축을 돌볼 수 있고, 땔나무를 가져다 요리를 하거나, 거처의 설비를 보살필 수 있기 때문이다.[75]

목자들의 경우 저지대 방목지와 고지대 방목지 모두에서 여자 노예와 동거하는 것을 권고한 점이 주목된다.[76] '동료 노예'라는 말은 여성명사라는 점에서 여자 노예를 지칭하는 것이며, '여자들'이라는 단어도 목자들이 노예였다는 점을 고려하면 여자 노예들을 의미할 것이다. 카토나 콜루멜라가 제시한 포도 농장이나 올리브 농장의 경우 일반 노예들은 독신의 성년 남자 노예였다. 목자들의 베누스 신은 동거를 허용하는 것 이상을 바라지 않는다는 표현이 시사하듯이, 노예의 동거는 대표적인 특권이었다. 여자 노예는 음식을 마련하고 설비를 보살피는 등의 일을 담당하는 것 외에, 목자들이 주인의 재산을 가지고 도주할 가능성을 줄이고 방목 생활에 더욱 애착을 가지게 했을 것이다. 방목 노예 가운데 남녀 노예의 수가 동일했는지 혹은 남자 노예들이 많고 여자 노예가 일정 비율을 유지했는지는 알 수 없다.

공화정 말기의 주된 노예 공급원은 대외 정복을 통한 전쟁 포로의 노예화

---

75 Varro, *De Re Rustica*, 2.10.5~2.10.7

76 바로가 지시한 이목 노예의 동거에 대해, 노르베르트 브로크마이어는 동거가 실제로 일반적이었을 것으로 보았고, 조앤 프래인은 동거가 실제로 일반적이지 않았을 것으로 생각했다(Brockmeyer, *Arbeitsorganisation und Ökonomisches Denken in der Gutswirtschaft des römischen Reiches*, pp. 119~120; Frayn, *Sheep-Rearing And The Wool Trade in Italy during the Roman Period*, p. 73).

였으며, 농촌 노예 중에는 남자 노예가 훨씬 더 많았을 것으로 이해된다.[77] 노예들의 양육은 제정기에 정복 전쟁이 중단되고 노예 가격이 비싸졌을 때 노예 공급의 한 방편으로 이용되었을 것으로,[78] 바로의 시대에는 노예 가격이 여전히 저렴했고 노동 사정에 변화가 없었던 것으로 간주하는 것이 일반적이었다.[79] 그러나 바로의 지침에 따르면, 노예 목자들의 동거를 통한 노예 양육이 노예 공급의 방식으로 이용된 것을 알 수 있다. 바로가 목자들의 양육과 관련해 고지대 방목지의 노예 목자들에게도 여자 노예들을 함께 보내는 것을 "많은 사람이 유익하다고 생각했다 utile arbitrati multi"라고 말한 것을 보면, 이목업자들은 목자들에게 동거를 허용해주어 목자들이 방목 생활에 더욱 애착을 가지게 하는 동시에 동거를 통한 노예 자식의 양육을 유익한 것으로 알고 있었다. 노예제 농장의 노예 공급이 주로 구매에 의지한 반면, 이목에서는 노예 양육이 또 다른 노예 공급 방식으로 널리 이용된 것으로 볼 수 있다.

5. 맺음말

공화정 말기의 이목은 단순히 기후적·지리적 조건에 순응한 것이 아니었다. 국가는 이목업자들에게 방목용 공유지와 칼레스의 자유로운 이용을 보장했고, 칼레스와 방목 중심지를 관할하는 정무관을 파견했다. 푸블리카니의 회사를 통한 방목세 징수도 국가의 재정적 목적에 부응하는 한편 이목 노예들

---

77   Keith Hopkins, *Conquerors and Slaves*(Cambridge University Press, 1978), p. 102.

78   Brunt, *Italian Manpower 225 B.C.-A.D. 14*, pp. 707~708.

79   William Linn Westermann, *The Slave Systems of Greek and Roman Antiquity*(American Philosophical Society, 1955), p. 72.

을 통제하는 역할도 했을 것이다. 이목의 특성상 이목업자들이 노예들의 노동을 엄격히 통제할 수 없었으므로, 이목업자들의 집단적 노력 및 국가의 후원과 통제가 필요했다. 한편 국가는 공동 방목지에 대한 방목권을 보장해 소농과 소규모 가축 사육자들도 보호하고자 했다. 이목업자들은 목자 노예들을 감시하기 위해 일정 비율의 자유인을 고용하기보다 노예들에게 더 나은 처우를 해준 것으로 보인다. 포도나 올리브를 주로 재배한 노예제 농장 노예들의 경우와 달리, 노예 목자들에게는 여자 노예와 동거하는 것이 일반적으로 허용되었다. 그것은 목자들을 통제하기 위한 방편이자 동거를 통해 태어난 자식을 양육해 노예 목자로 활용하기 위한 수단이었다.

제 5 장

노예제의 쇠퇴와 소작제의 발달

1. 머리말

대략 기원전 2세기에서 기원후 2세기까지 로마제국의 핵심지 이탈리아와 시칠리아는 '노예제사회'로 일컬어지며, 제정 초기 이탈리아에 거주한 약 750만의 주민 가운데에는 노예가 200만 내지 300만에 달했을 것으로 추산된다.[1] 노예제사회의 두드러진 특징으로 노예제 농장villa 경영의 발달을 들 수 있는데, 노예제 농장에도 점차 소작제가 도입되고 시간이 지남에 따라 소작제의 비중이 증가하는 경향이 나타났다는 점에서 노예제가 쇠퇴하고 소작제가 발달했다고 말할 수 있다. 그러나 이탈리아와 시칠리아를 제외한 제국의 다른 지역에서는 노예제 농업 생산양식이 확산되었더라도 노예노동이 주축을 이

---

[1]   Peter Astbury Brunt, *Italian Manpower 225 B. C.-A. D. 14*(Oxford University Press, 1971), p. 124; M. Massey and P. Moreland, *Slavery in Ancient Rome*(Macmillan Education, 1978), p. 22.

루지 않았으며, 로마제국은 서로 다른 생산양식과 노동 체계를 가진 지역들이 정치적·경제적으로 결합된 구조였다.

노예제 농장 경영은 왜 쇠퇴했는가? 소작제가 노예제를 대체했는가? 프린키파투스기의 자유로운 소작인(콜로누스)[2]들이 제국 후기에는 왜 예속화의 길을 걸어 토지에 결박되었는가? 이 글은 로마제정 시기 소작제의 전개와 그 변화상에 대한 윤곽을 파악해봄으로써 이러한 의문들에 대한 해답을 얻고자 한다. 제정 전기 노예제의 쇠퇴와 소작제의 도입 및 소작인의 지위에 대한 논의가 지리적으로 이탈리아에 국한된 반면, 제정 후기 예속 소작제의 성립에 관한 고찰은 주요 정보원인 유스티니아누스 법전 Codex Iustinianus 과 테오도시우스 법전 Codex Theodosianus 에 포함된 법 사료들의 성격상 제국 전체의 다양한 지역과 관련되어 있으며, 5세기 이후 소작인들의 지위에 관한 논의는 서로마 지역과 동로마 지역을 구분해 살펴보았다.

2. 노예제 농장 경영의 쇠퇴와 소작제의 도입

노예제가 쇠퇴한 시기는 학자들에 따라 다양하게 지적되었다. 윌리엄 린 웨스터먼은 노예제의 쇠퇴를 통계적 증거로 입증할 수는 없지만, 1세기에서 3세기 사이에 노예노동의 이용이 줄어들고 노예의 수가 감소한 것은 모든 학자가 인정한 사실로 말했다.[3] 이른바 '정복 이론'을 따르는 학자들은 정복 전

---

2 콜로누스는 원래 '경작하는 사람'을 뜻한다. 이 글에서 콜로누스는 지대를 내고 다른 사람의 소규모 토지를 임차해 경작하는 소작인의 의미로 주로 사용되었지만, 좀 더 큰 규모의 토지를 임차해 경작하는 콜로누스들도 있었으며, 콜로누스는 여러 범주가 있었다.

3 William Linn Westermann, *The Slave Systems of Greek and Roman Antiquity* (American Philosophical Society, 1955), p. 128.

쟁이 종결되어 노예 공급이 줄어들고 노예 가격이 상승함으로써 노예제 농장 경영이 쇠퇴한 것으로 보았으며, 아우구스투스의 팽창 정책 종결을 노예 공급을 고갈하게 한 주된 원인으로 인식했다. 정복 이론의 주창자인 막스 베버Max Weber의 설명에 따르면, 로마제국에서는 토지가 부의 중요한 원천이었으며 많은 노예의 노동을 이용하는 대농장 경영이 가장 수익성이 높았다. 그러나 가혹한 조건에서 노동이 강요된 노예들은 가족을 구성할 수 없었고 아무런 재산도 소유할 수 없었기 때문에 노예노동은 재생산될 수 없었다. "석탄 용광로가 석탄을 소비하듯 노예들을 소비하는" 노예제 농장 경영은 부단히 외부의 값싼 노예에 의해 노동이 대체될 수 있어야 했는데, 정복 전쟁이 종결되어 노예시장이 고갈되었을 때 그것이 불가능해져 노예제는 위기에 빠졌다. 제국 후기에는 소작제가 발달해 노예들은 소규모 토지를 임차할 수 있게 됨으로써 상황이 점차 개선되었다는 것이다.[4] 그러나 정복 이론의 기본적인 전제는 오늘날 크게 신뢰받지 못한다. 정복 전쟁이 없던 제국 후기에도 게르만 변경 지역을 상대로 노예무역이 계속 이루어졌으며, 노예들은 전쟁 포로를 통해서만 공급된 것이 아니라 노예 가족을 통한 노예 양육도 중요했고, 노예를 소작인화하는 현상은 제국 후기에만 있었던 것이 아니라 일찍이 기원전 1세기에도 나타났다는 사실이 드러났기 때문이다.

마르크스주의 역사가들은 노예제 농장 경영이 자체의 비탄력성 때문에 쇠퇴한 것으로 설명했다. 예컨대 엘레나 슈타에르만에 따르면 기원전 2세기에서 기원후 2세기까지 발달한 노예제 농장은 대토지에서가 아니라 노예들의 노동을 좀 더 효율적으로 조직하고 감시할 수 있는 소규모와 중규모의 토

---

4   Max Weber, "Die soziale Gründe des Untergangs der Antiken Kultur," in Marianne Weber(ed.), *Gesammelte Aufsätze zur Sozial-und Wirtschaftsgeschichte*(J. C. B. Mohr, 1924), pp. 289~311.

지에서 발달했다. 농장의 소유주들은 도시에 사는 지주들이었다. 농장의 소유주들은 농장의 생산물을 시장에 판매함으로써 수입을 올릴 수 있었지만, 국가의 재정적 요구가 증가되었을 때 그 요구에 대처할 수 없었다. 노예제 농장들은 규모는 확대될 수 있었지만, 확대된 규모에 상응하는 생산성의 증가는 없었다. 전문적인 노동을 하는 노예들에게는 높은 비용을 지출해야 했던 반면, 그 노예들의 노동은 한 해 가운데 오랜 기간 필요하지 않아 노동 수요의 불균형이 있었다. 많은 노예가 있는 대규모 농장들은 더욱 불리해졌다. 소규모와 중규모의 노예제 농장들은 위기에 빠져 대농장들에 흡수되었으며, 대농장들에서는 노예들보다 소작인들을 선호하게 되었다.[5] 슈타에르만은 소작제에 기초한 대토지 경영을 좀 더 진보된 생산양식으로 묘사했다. 몰락하는 중소 농장들을 흡수해 형성된 대토지는 더욱 진보적인 생산관계의 기초가 되었으며 거기에 소작제가 확산되었는데, 소작인은 자신의 노동의 결과에 대해 노예보다 더 많은 관심을 보였기 때문에 생산력이 발달할 수 있었다는 것이다.[6] 그러나 슈타에르만의 주장은 증거에 입각한 것이 아니라 이론적 모델에 따른 결과일 뿐이라는 한계를 가진다. 소작인이 노예보다 생산에 더욱 관심을 가졌다는 주장도 도덕적 판단에 근거했을 뿐이다.

소작제의 출현에 관한 정보를 제공해주는 문헌 증거와 법 사료들을 고찰해보면, 소작제가 단순히 노예제 농장 경영이 쇠퇴한 결과로 나타난 것이라고 말할 수는 없다. 소작인에게 농장의 일부를 임대하는 관행은 노예제 농장이 쇠퇴하기 훨씬 전부터 있었다. 기원전 1세기 전반에는 지주와 소작인 간에 지대 납부를 둘러싸고 발생하는 분쟁을 법적으로 해결하기 위해 국가가

---

5   Elena Michajlovna Schtaerman, *Die Krise der Sklavenhalterordnung im Westen des römischen Reiches*, translated by Wolfgang Seyfarth(Akademie-Verlag, 1964), pp. 89~106.

6   같은 책, 90~91쪽.

지주와 소작인의 권리 의무 관계를 규정한 것으로 보이는 살비누스 금령禁令; interdictum Salvianum이 반포되었다. 지주는 소작인의 재산을 담보로 설정하고 소작인이 지대를 내지 않을 때는 살비누스 금령에 따라 소작인의 담보물을 소유할 수 있었다.[7] 소작인의 처지에서는 지대를 내는 한 담보물의 소유권이 지주에게 넘어가지 않도록 보장됨을 의미했다. 국가가 이런 금령을 반포한 것은 소작제가 행해지던 현실을 반영한 것이었다.

키케로는 기원전 70년과 기원전 69년에 발표한 법정 연설문들에서 특정한 부재지주가 소유한 토지가 콜로누스에게 임대된 경우들을 언급했다.[8] 기원전 40년대의 한 편지에서는 자신이 "농장들의 소액 지대mercedula를 확정하는 일을 하지 않을 수 없었다"[9]라고 말했다. '소액 지대'라는 표현으로 보아 키케로의 농장들이 콜로누스들에게 소규모로 분할 대여되었음을 알 수 있다. 키케로의 증언은 기원전 60년대 이후 이탈리아에서 지주들이 농장 전체를 콜로누스 1명에게 대여하거나 혹은 여러 콜로누스에게 분할해 대여한 사례들을 보여준다.

1세기 중반에 『농업론De Re Rustica』을 저술한 콜루멜라는 이탈리아의 노예제 농장에 소작제가 도입된 것과 관련된 중요한 정보를 제공해준다. 콜루멜라는 부재지주가 빌리쿠스를 통해 노예제 농장을 경영하는 것에 주된 관심이 있었지만, 농장의 일부를 콜로누스들에게 임대하는 경우에 대해서도 언급했다. 즉, 부재지주가 방문하기 어려운 멀리 떨어진 농장들의 경우, 모든 토지를 노예들을 이용해 경작하는 것보다 자유로운 콜로누스colonus liber들에게 임대하는 것이 바람직하며, 특히 곡물 경작지의 경우가 그러했다는 것이

---

7   Gaius, *Institutes*, 4.147.

8   Cicero, *In Verrem*, 2.3.22.55; *Pro Caecina*, 32.94.

9   Cicero, *Epistulae ad Atticum*, 13.11.1.

다. 콜로누스는 포도 농장과 올리브 농장에서와 마찬가지로 곡물 경작지에 적은 손해를 끼치는 반면, 노예들은 잘 감시되지 않으면 농작물을 훼손하고 주인을 기만하기 때문이었다.[10] 부재지주가 농장을 자주 방문하는 것이 농장의 수익을 위해 중요하다고 역설한 콜루멜라는 노예들의 통제 문제와 관련해 노예제 농장에 부분적으로 소작제의 도입을 권고했다. 콜루멜라는 농장의 일부를 임차한 소작인들의 지위와 소작인과 노예제 농장의 관계에 대한 정보도 제공해준다.

> 소작지가 열심히 경작되는 곳에서는 심각한 자연재해나 강탈만 없으면 보통 이익이 나오며 결코 손해가 되지 않는다. 그리고 소작인은 감히 소작료를 감축해 달라고 요구하지 않는다. …… 지주는 소작인의 의무에 대한 권리를 너무 완고하게 주장해서는 안 된다. 예컨대 화폐지대나 혹은 소작인들에게 비용보다 고통을 초래하는 땔나무lignum와 그 밖의 자잘하게 덧붙여진 의무들accessiones을 요구하는 데에서 그러하다.[11]

소작인들이 지주에게 화폐지대를 내는 것 외에 '땔나무'를 제공하거나 그 밖에도 자잘하게 덧붙여진 '의무'를 이행하도록 요구되었다는 것이 주목된다. 이 구절은 소작인들이 지주에게 지대를 지불할 뿐 아니라 부역 의무를 지닌, 종속적인 지위에 있었음을 의미하는 증거로 해석되기도 했지만, 일반적으로 지주가 계약에 따라 농장 주변의 자유 소작인들에게 추가적인 봉사를 요구한 것으로 이해된다.[12] 노예제 농장 경영은 농번기에 혹은 중요한 작

---

10 Columella, *De Re Rustica*, 1.7.6~1.7.7.

11 같은 책, 1.7.1~1.7.2.

12 차전환, 「로마 공화정말 제정초기의 colonus와 소작제의 기원」, ≪歷史敎育≫, 63(1997), 140~142쪽.

업을 할 때 농장 주변의 자유인들을 일용 노동자로 고용하는 것이 중요했다. 지주에게 농장 외곽의 소작인들은 지대를 제공할 뿐 아니라 노예제 농장 경영에 필요한 일용 노동이나 그 밖의 봉사를 확보해주었을 것이다. 콜루멜라의 시대에 이미 지주들의 농장이 노예들을 통해 경영되는 직영지home farm와 소작인들에게 분할 임대된 주변의 소작지들로 이원화된 이중경제의 구조를 갖기 시작했을 것이라는 견해도 있지만,[13] 증거의 뒷받침이 없다.

이탈리아의 부재지주들이 그들의 부富를 점점 더 소작지들로 분할된 농장들에서 끌어내고 있었다는 것을 가이우스 플리니우스 카이킬리우스 세쿤두스Gaius Plinius Caecilius Secundus(소小 플리니우스)가 100년에서 109년 사이에 쓴 서한들Epistulae에서 발견할 수 있다. 상류층 정치가이자 문필가인 소 플리니우스는 부재지주로서 이탈리아의 여러 지역에 산재한 농장들을 소유했었는데, 소 플리니우스가 소유한 농장들의 총면적은 1만 7000유게라(4250헥타르)에 달했을 것으로 추산된다.[14] 소 플리니우스가 소유한 농장들은 빌리쿠스의 감독 아래 노예들이 경작하는 부분과 소작인들에게 분할된 부분을 포함했을 것으로 파악된다. 소 플리니우스의 몇몇 서한을 통해서 농장들이 시장 판매를 지향해 포도주를 생산했고, 생산에 필요한 압착기와 설비들을 갖추었음을 알 수 있는데, 이는 노예제 경영이 행해졌음을 말해준다.[15]

---

13 Andrea Carandini, "Columella's Vineyards and the Rationality of the Roman Economy," *Opus*, II(1983), pp. 177~204; William Emerton Heitland, *Agricola: A Study of Agriculture and Rustic Life in the Greco-Roman World from the Point of View of Labour*(Cambridge University Press, 1921), p. 254.

14 Richard Duncan-Jones, *The Economy of Roman Empire*(Cambridge University Press, 1982), pp. 17~32. 케네스 화이트는 소 플리니우스가 소유한 토지의 총면적을 3만 5000유게라로 추산했다[Kenneth D. White, *Roman Farming*(Cornell University Press, 1970), p. 406].

15 Gaius Plinius Caecilius Secundus, *Epistulae*, 8.2, 8.15, 9.16, 9.20, 9.28; Pieter Willem

소 플리니우스가 자신이 소유한 농장 옆에 있는 다른 농장의 구매를 망설이면서 친구에게 보낸 편지는 소작제에 관한 정보를 제공해준다. 곡물 재배지, 포도 농장, 숲으로 이루어진 그 농장은 비옥해 소출이 풍부하지만, 부채에 시달리는 콜로누스들이 경작했다. 콜로누스들은 지대를 체납했으며, 이에 대응해 지주는 콜로누스들이 제공한 담보물pignora을 빈번히 몰수한 결과 상황은 더욱 악화되었다. 소 플리니우스는 그 농장을 구매한다면 빈곤한 콜로누스들이 임차지를 경작할 수 있도록 그들에게 노예들vinctos을 제공해야 할 것임을 예상했다.[16] 이 농장의 콜로누스들은 콜루멜라의 소작인들과 달리, 노예 약간을 가지고 비교적 넓은 토지를 경작한 차지인들로 생각된다. 콜로누스들이 흉작으로 지대를 체납하면 지주는 법적으로 소작인의 저당물을 몰수할 수 있었으며, 이런 경우 콜로누스들은 계약 기간이 끝나도 지주의 임차지를 떠날 수 없었을 것이다. 콜로누스들은 제국 후기에 법적으로 지주의 토지에 결박되기 전에도 사실상 결박될 수 있었던 것이다.

소 플리니우스의 서한들에서 지주들이 콜로누스들의 지대 체납 문제나 임차지를 경작할 만한 능력을 가진 적절한 콜로누스들의 부족 문제에 직면하고는 했음을 엿볼 수 있다. 소 플리니우스는 자신의 콜로누스들이 소작료의 감축을 요구하는 불평에 시달려야 했으며, 임차지를 경작하는 데 필요한 노예와 설비 등을 갖춘 능력 있는, 적절한 콜로누스들을 찾기가 어렵다고 말했다.[17] 소 플리니우스의 서한들에서도 지주들이 농장을 콜로누스들에게 임대하게 된 분명한 이유를 발견할 수 없다. 가령 노예 가격이 비싸다거나, 자유 콜로누스의 노동이 노예노동보다 더 유리하다는 식의 언급은 없다. 그러

de Neeve, "A Roman Landowner and his Estates: Pliny the Younger," *Athenaeum*, 79(1990), pp. 375~376.

16 Gaius Plinius Caecilius Secundus, *Epistulae*, 3.19.5~3.19.7.

17 같은 책, 7.30.3.

나 소 플리니우스와 당시 상류층 저술가들의 언급에서 농장을 통해 최대의 수입을 추구하기보다 될 수 있는 한 적은 모험으로 안정적인 수입을 얻으려는 보수적인 태도를 엿볼 수 있다. 소 플리니우스는 지적인 일에 몰두할 시간을 재정적인 업무를 해결하느라고 낭비하는 서신 왕래자들을 동정했으며, 자신의 경우도 농장들을 둘러보고 콜로누스들의 문제에 대처하는 일이 수사학과 문필에 몰두하는 관심을 빗나가게 한다고 한탄했다.[18] 또한 소 플리니우스는 친구인 바이비우스 히스파누스Baebius Hispanus에게 쓴 편지에서 문필가 지주의 이상은 대규모 농장을 적극적으로 경영하는 것이 아니라 적절한 규모의 농장에서 안정적인 수입을 얻어 문필 활동을 하는 것이라고 피력했다.[19] 부재지주들이 노예제 대농장을 관리하는 것은 콜로누스들에게 임대하는 것보다 많은 주의와 모험을 요구했을 것이다. 대 플리니우스는 당시에 "라티푼디아가 이탈리아를, 그리고 이제 실로 속주들을 망쳤다latifundia perdidere Italiam, iam vero et provincias"라고 한탄하면서 토지를 소유하는 데 절도를 지키도록 촉구했다. 또한 노예제 농장 경영은 부단한 감시를 요구한다고 말하고, 절망적인 노예 무리가 저지를 수 있는 해악을 지적했다.[20] 콜루멜라의 경우에도 보았듯이 부재지주들이 대토지 소유의 심화로 말미암은 노예들의 통제 문제를 인식했고, 농장의 수입을 극대화하기보다는 모험의 정도가 낮은, 안정적인 지대를 수취하려는 보수적인 성향은 소작제의 확산을 이해하는 데 도움을 준다.

지대 수입을 올리는 지주들의 처지에서는 콜로누스들이 임대차계약이 끝났을 때 임차지의 자본을 온전한 상태로 반환하는 한 정해진 화폐지대를 수

---

18 같은 책, 1.3.2, 7.30.3, 9.15.1.
19 같은 책, 1.24.1~1.24.4.
20 Gaius Plinius Secundus, *Naturalis Historia*, 18.7.35~18.7.38.

취하는 데만 주로 관심을 기울인다. 그러나 소 플리니우스의 사례가 보여주듯이 임차지를 경작할 만한 자본(노예를 포함)을 소유한 콜로누스들이 부족하고, 콜로누스들이 지대 감축remissio mercedis을 요구하는 상황에서는 지대 수익을 올리는 데에도 지주들은 좀 더 많은 노력을 기울여야 했다. 움브리아Umbria에 위치한 농장들을 임대하는 문제에 대처하는 소 플리니우스의 사례가 그런 사정을 보여준다.

> 특히 농장들을 정기적으로 임대해야 할 필요가 나를 붙들어놓고 있기 때문인데, 나는 임대 문제에서 새로운 계획을 실행해야 한다네. 지난 5년간 내가 많은 지대를 감축해주었는데도 지대 체납이 증가했기 때문이라네. …… 소작인들은 부채를 탕감할 수 없다는 절망에 빠져 있다네. 그들은 심지어 토지에서 생산된 것들을 착복하고 소비하며, 이제 그것들을 아끼는 것이 자신들에게 도움이 되지 않는다고 생각한다네…….
> 이것을 해결하는 한 가지 방법은 정액 화폐지대가 아니라 분익소작으로 토지를 임대하고, 노예 중 어떤 자들은 작업에 대한 감시자들로서, 어떤 노예들은 농작물에 대한 감시자로서 배치하는 것이라네. …… 이런 임대 방식은 성실성, 예리한 눈, 많은 사람을 요구한다네.[21]

소 플리니우스는 당시 일반적인 관행이었을 것으로 여겨지는 정액 지대를 수취하는 방식 대신 분익소작제를 택하고서 노예 중에서 소작인들의 작업을 감시하는 자들exactores과 생산된 농작물을 감시하는 자들custodes을 파견하는 사례를 보여준다. 소 플리니우스는 예전보다 임대지에 더 많은 자본을 투자해야 했고, 관리 비용이 증가했으며, 경작에 따르는 모험을 소작인들과

---

21 Gaius Plinius Caecilius Secundus, *Epistulae*, 9.37.

분담하게 되었다. 소작인의 입장에서는 소출의 일정 비율을 지대로 납부하면서 경제적으로 보호됨을 의미했으나, 지주에 대한 의존은 더욱 커졌을 것이다.[22] 콜루멜라가 묘사한 노예제 농장이 소작제를 부분적으로 도입했다면, 소 플리니우스가 묘사한 농장들은 소작제의 비율이 높아졌음을 시사한다. 그러나 소 플리니우스의 증거에서 노예제 농장 경영이 소작제로 변화되었다거나 혹은 분익소작제가 정액 지대에 기초한 소작제로 대체되었다고 결론을 내릴 수는 없다. 로마제정 전기 이탈리아 농업 경영 방식의 변화는 좀 더 점진적이고 복잡한 과정이었을 것이다.

3. 제정 전기 콜로누스의 지위

유스티니아누스 1세 Iustinianus I 황제(재위: 527년~565년)가 편찬한 유스티니아누스 법전의 주요 부분을 구성하는 『학설휘찬 Digesta』은 1세기에서 3세기 법학자들의 견해를 발췌해 요약한 것인데, 그중 토지 임대차 locatio/conductio 에 관한 내용은 제정 전기 이탈리아에서 지주와 소작인의 법적인 권리와 의무가 어떠했으며 소작인의 지위가 어떤 변화를 겪었는지 파악할 수 있게 해준다. 2세기의 법학자 가이우스 Gaius 의 진술에 따르면 지주와 지주의 토지를 임차한 콜로누스는 법적으로 동일한 지위였으며, 양자 간의 계약은 동의에 입각했다. 지주와 콜로누스는 계약상의 의무를 이행해야 했으며, 의무를 이행하지 않는 상대방을 법정에 고발할 수 있었다.[23] 콜로누스가 임차지의 경작을

---

22 De Neeve, "A Roman Landowner and his Estates," p. 390; Dennis P. Kehoe "Allocation of Risk and Investment on the Estates of Pliny the Younger," *Chiron*, 18, p. 40.

23 Gaius, *Institutes*, 3.135, 3.137.

포기하거나, 제때에 경작하지 않는다면 지주는 소송을 제기할 수 있었다. 또한 콜로누스가 임차한 토지에서 어떤 것을 훔치거나, 나무를 베었을 경우 지주는 소송을 제기할 수 있었다.[24] 콜로누스가 농업 노예들을 소유하고서 지주의 농장을 임차해 경영하는 경우 노예들이 지주의 재산에 손해를 입히면 그 손해에 대한 책임은 콜로누스에게 있었다.[25] 이런 콜로누스는 노예와 필요한 설비를 갖추고서 지주의 농장 전체나 대규모 토지를 임차한 사람이었을 것이다.

다른 한편 지주가 임대차계약 기간(보통 5년)에 콜로누스에게 임차지의 용익을 허용하지 않거나, 임차지의 전부나 일부의 점유를 허용하지 않을 경우, 또는 농장 건물을 양호한 상태로 양도하지 않을 경우, 콜로누스는 지주를 상대로 소송을 제기할 수 있었다.[26] 콜로누스의 권리는 계약 기간 내에 지주가 자신의 임대지를 매각하거나 상속인에게 상속하는 것에 대해서도 보호되었다. 법학자 살비우스 율리아누스Lucius Octavius Cornelius Publius Salvius Julianus Aemilianus는 지주가 임대지를 상속인에게 상속할 경우에도 임차인은 여전히 그 토지의 용익권을 가지며, 상속인이 그것을 거부하면 소송을 제기할 수 있다고 보았다.[27] 임차인이 노력해 임차지를 개량했거나 임차지에 새로운 건물을 세웠다면 지주는 그 가치를 인정해야 했다. 2세기 후반의 법학자인 퀸투스 케르비디우스 스카이볼라Quintus Cervidius Scaevola는 임대차계약에는 명시되지 않았지만 임차인이 자본을 투자해 임차지에 포도 농장을 만든 경우를 언급했다. 이런 경우 지주는 임차인이 만든 포도 농장 덕택에 더 높은 지대를 수취할 수 있으므로 임차인은 투입한 비용을 보상받거나 더는 지대를 납부하지 않을 수 있

---

24 *Digesta*, 19.2.24.3, 44.7.34.2.
25 같은 책, 19.2.27.11.
26 같은 책, 19.2.24.4, 19.2.15.1.
27 같은 책, 7.1.34.1.

었다.[28] 이처럼 법 사료들에 언급된 사례들은 대개 지주와 대차지인들의 관계를 다루는 것으로 이해되는데,[29] 대차지인들은 지주에 대해 자신의 법적 권리를 내세울 수 있었을 것이다. 그러나 소규모 토지를 임차한 소작인들이 지주에 대해 자신의 법적 권리를 내세우는 것은 쉽지 않았을 것이다.

콜로누스와 관련해 주목되는 것이 지대 감축에 관한 법적 규정이다. 콜로누스는 특정한 경우 지주에게 지대의 감축을 요구할 법적인 권리가 있었다. 이 규정은 경제적으로 취약한 소작인들을 돕고 이탈리아 농업의 위기에 대처하기 위해 세베루스 왕조(193년~235년) 황제들이 도입했을 것으로 이해된다.[30] 그렇지만 이미 기원전 1세기의 법학자인 세르비우스 술피키우스 루푸스Servius Sulpicius Rufus도 지주가 지대를 감축해야 하는 경우들을 언급했다. 루푸스의 언급에 따르면 지주는 폭풍, 서리, 지진, 가뭄, 홍수, 새 떼의 침입, 적군의 침입 등 콜로누스가 통제할 수 없는 상황에서 콜로누스의 생산이 실패했다면 지대의 일부나 전부를 포기해야 했다. 그러나 포도주가 시어지거나 농작물이 잡초나 해충에 의해 피해를 보는 것처럼 콜로누스의 부주의로 손해가 발생한 경우에는 지대가 감축되지 않았다.[31]

지대 감축과 관련된 법학자들의 견해를 살펴보면 시간이 지나면서 지주들에게 점차 유리하게 변화된 경향을 볼 수 있다. 2세기의 법학자 가이우스는 불가항력의 더 큰 힘vis maior이 작용해 콜로누스가 견딜 수 없을 정도로 농작물에 손해를 입었을 때는 그 손해가 콜로누스에게 속해서는 안 되지만, 많

---

28 같은 책, 19.2.61.praefatio; Pasquale Rosafio, "Studies in the Roman Colonate"(Ph.D. Thesis, University of Cambridge, 1991), p. 81.

29 같은 글, 94쪽.

30 Theo Mayer-Maly, *Locatio Conductio: Eine Untersuchung zum klassichen römischen Recht*(Herold, 1956), pp. 140ff.

31 *Digesta*, 19.2.15.2.

지 않은 손해 modicum damnum 가 발생했을 경우 콜로누스가 감수해야 한다고 말했다.[32] 셉티미우스 세베루스 Septimius Severus 황제(재위: 193년~211년) 치세의 법학자 아이밀리우스 파피니아누스 Aemilius Papinianus 는 특정한 해에 흉작으로 지주가 콜로누스에게 지대를 감축해주었는데 뒤이은 해들에 풍작이 이어지면, 지주는 더 높은 지대를 요구할 수 있다고 보았다.[33] 그 후에 세베루스 알렉산데르 Severus Alexander 황제(재위: 222년~235년)가 내린 칙령은 콜로누스가 특정한 해에 입은 손실이 이전 해들의 풍작으로 보충된다면 지주는 지대를 감축해줄 의무가 없다고 규정했다.[34] 이처럼 콜로누스들이 지대를 감축할 가능성이 점차 제한된 것은 콜로누스들의 사회적·경제적 지위가 점점 취약해지게 한 하나의 원인이 되었을 것이다.

콜로누스가 흉작 등으로 지대를 체납하면 자신의 담보물을 지주에게 몰수당하고 사실상 이동의 자유를 박탈당할 수 있었다. 콜로누스는 지대 납부를 보장하기 위해 임차지에 있는 자신의 재산을 담보로 제공해야 했다. 2세기 전반 법학자들의 견해에 따르면 콜로누스가 생산한 농작물도 법적으로 담보물에 포함되는 것이 관례였다.[35] 이것은 빈곤한 콜로누스가 제공한 담보가 무의미해졌기 때문일 것이다. '콜로누스들의 체납 지대 reliqua colonorum', 즉 콜로누스들의 부채라는 표현이 아우구스투스 시대 법학자의 단편에서부터 나타나며, 2세기에서 3세기에는 그런 표현이 좀 더 자주 등장했다. 2세기에 콜로누스의 지대 체납이 지극히 일반적인 현상이었다고 보는 견해도 있다.[36]

---

32 같은 책, 19.2.25.6.

33 같은 책, 19.2.15.4.

34 *Codex Iustinianus*, 4.65.8.

35 *Digesta*, 20.2.7.praefatio, 47.2, 62.8.

36 Bruce W. Frier, "Law, Technology, and Social Change: The Equipping of Italian Farm Tenancies," *Zeitschrift der Savigny-Stiftung für Rechtsgeschichte: Romanistische Abteilung*, Vol. 96, Issue 1(Aug 1979), p. 221.

지대를 체납한 콜로누스가 임차지를 떠날 수 없어 이동의 자유가 없었다면, 제국 후기에 로마제국 서부의 모든 콜로누스를 법적으로 토지에 결박한 조치는 근본적으로 새로운 현상이 아니었을 것이다. 제정 전기 이탈리아 소작인들은 자유로웠지만 그들의 지위는 하락하는 추세를 보였다.

4. 제정 후기 콜로누스의 예속화

프린키파투스기 혹은 제정 전기의 법학자들이 묘사한 이탈리아의 콜로누스는 법적으로 자유인으로서 자신의 의사에 따라 지주와 임대차계약을 체결하고 계약 기간이 끝나면 소작지를 떠나는 것이 자유로웠다. 그렇지만 고대 후기Late Antiquity에 속하는 4세기에서 6세기 사이에 로마제국 전역의 여러 지역에서 콜로누스는 예속인 신분으로 전락해 중세 농노의 선구가 되었다.[37] 자유롭던 콜로누스가 언제 어떤 이유로 예속인이 되었는가? 제정 후기의 예속 소작제에 관한 정보도 거의 전적으로 법 사료에서 얻을 수 있는데, 그 사료들은 제국 전역의 다양한 지역을 포괄한다. 법 사료들은 소작제의 도입이 이탈리아에서 발달한 노예제 농장 경영의 쇠퇴와 관련해 논의되었던 반면, 소작인들의 예속은 제국 전반의 현상이었음을 말해준다.

　　예속 소작제가 성립한 원인을 설명하는 학자들의 다양한 견해가 제기되었는데, 그중 세 가지 견해가 대표적이다. 첫째, 프린키파투스기의 자유 소작제와 연속의 입장에서 예속 소작제를 설명하는 학자들이 있다. 퓌스텔 드 쿨랑주Fustel de Coulanges는 프린키파투스기 저술가들의 사료에서 예속 소작제

37　피터 브라운(Peter Brown)을 비롯한 일부 학자는 고전고대에서 중세로 이행하는 시기, 즉 대략 2세기에서 8세기까지의 시기를 고대 후기로 구분했다.

의 뿌리를 찾았다.[38] 2세기 후반의 법학자 스카이볼라는 소작 기간이 끝났을 때 부채를 갚기 위해 담보물을 내고서 지주의 토지를 떠난 콜로누스들의 사례를 언급했다.[39] 이 증언에서 드 쿨랑주는 가난해서 담보물로 부채를 탕감할 수 없는 콜로누스는 지주의 토지에서 이동할 수 없었을 것이라고 추론했다. 드 쿨랑주는 또한 공화정 말기의 바로와 1세기 중반의 콜루멜라의 언급들에서도 부채 때문에 사실상 예속된 농민들의 증거를 찾았다. 콜루멜라는 대토지를 '부채 노예들'이나 노예들이 경작하는 경우를 언급했다.[40] 바로는 '채무노예들obaerarii'이 소아시아, 이집트, 일리리쿰과 같은 속주들에 많다고 말했다.[41] 그러나 바로는 이탈리아에서는 노예제 농장 경영이 발달했다고 말했으므로 바로가 언급한 부채 노예가 이탈리아의 지주에게 예속된 소작인의 증거가 될 수는 없다. 드 쿨랑주는 이 밖에도 황제령의 소작인들, 농부로서 정착한 게르만인들, 소작인 같은 노예들servi quasi coloni은 부채에 빠진 콜로누스들과 비슷한 처지였을 것으로 보았다. 예속 소작제는 프린키파투스기의 이런 다양한 형태의 예속인에서 기원했으며, 4세기의 황제들은 오래전부터 존재해온 제도를 입법을 통해 재가했을 뿐이라는 것이다.

　모지스 핀리도 연속설의 입장에서 소작인들이 예속된 측면에 주목했다. 핀리에 따르면 제정 초기부터 사회적 약자들의 지위가 전반적으로 하락했으며, 2세기 초에 이르면 대략 상류층honestiores과 하류층humiliores이 공식적으로 구분되었다. 하류층에 속하는 사람들은 이제까지 '노예적 형벌'로 간주되던 화형과 같은 잔인한 처벌을 받게 됨으로써 법적 불평등이 도입되었다. 부채

38　Fustel de Coulanges, *Le Colonat romain*(Hachette, 1885), pp. 9~24; Rosafio, *Studies in the Roman Colonate*, pp. 135ff 참조.

39　*Digesta*, 33.7.20.3.

40　Columella, *De Re Rustica*, 1.3.12.

41　Varro, *De Re Rustica*, 1.17.

로 말미암은 예속의 관행은 더욱 심각해졌으며, 그것은 부자들이 사회적 약자들을 예속시킨 증거였다. 핀리는 소 플리니우스가 묘사한, 소작 기간이 끝나고도 지대를 납부하지 못해 소작지에 머물러야 하는 콜로누스들은 부자유스러운 상태였을 것으로 보았다. 그리고 콜로누스들을 억류하지 못하게 한 제국의 입법들에 주목했다. 하드리아누스Hadrianus 황제(재위: 117년~138년)는 콜로누스를 그 자신의 의사에 반해 토지에 억류하는 '비인간적 관행'을 처벌한다고 규정했다.[42] 244년에도 지주의 토지에 머무르기를 원하지 않는 콜로누스들과 그 콜로누스들의 상속인들은 소작 기간이 만료된 후 억류되어서는 안 된다는 입법이 있었으며, 그런 취지의 입법이 자주 있었다.[43] 핀리는 이런 증거들로 보아 하류층에 속하는 사람들이 완전한 '자유계약'보다 더 나쁜 조건에서 노동하도록 강요되는 것에 저항할 수 있는 능력을 상실했다고 확신했다.[44] 프린키파투스기의 자유 소작인들이 사실상 예속되었을 가능성을 고려하는 것은 옳지만, 자유로운 소작인들의 법적 지위와 근본적으로 다른 예속 소작인을 만들어낸 것은 제정 후기 황제들의 입법이었다.

둘째, 예속 소작제를 프린키파투스기의 소작제와 구분해 바라보는 입장으로 '행정적 압박 이론'이 있다. 가령 샤를 쥘 르뷔유Charles Jules Revillout는 황제령의 소작인과 사적인 지주 아래에 있는 소작인의 지위가 달랐음을 강조했다. 르뷔유에 따르면 황제령 소작인들이 도시가 요구하는 부담에서 면제되었던 반면, 사적인 지주의 소작인은 무거운 지대를 납부할 뿐 아니라 도시에 조세 납부와 같은 다양한 의무를 지녔다. 황제령에 속하지 않는 소작인들은 빈곤해지고 부채에 시달리다가 지주를 떠나 도시에서 거처를 찾거나 도적단

---

42 *Digesta*, 49.14.3.6.

43 *Codex Iustinianus*, 4.65.11.

44 Moses I. Finley, *Ancient Slavery and Modern Ideology*(Viking Press, 1980), pp. 142~144.

을 형성하게 되었다. 소작인들이 도주한 결과 농업은 파멸적이 되었으며, 이런 상황은 야만인들의 침입과 3세기 후반의 오랜 군사적 무정부 상태로 악화되었다. 제국의 조세 징수는 각 자치도시의 정무관들에게 맡겨져 있었다. 황제들은 증가하는 재정적 필요에 직면해 자치도시 참사회원들curiales에게 징수되지 않은 조세에 대한 책임을 지웠으며, 콘스탄티누스 1세Constantinus I는 자치도시 참사회원들과 도시 구조 자체의 파멸을 막기 위해 소작인의 토지 결박을 도입했다.[45] 요컨대 르뷔유는 콘스탄티누스 1세가 조세를 징수하기 위해 소작인을 토지에 결박함으로써 예속 소작제가 성립되었다고 보았다. 소작인들이 도주해 버려진 토지agri deserti나 소작지의 조세에 대한 소작인들의 책임은 이제 도시에 있는 것이 아니라 지주들의 책임이 되었다. 지주들이 소작인들의 조세로 말미암아 파멸하지 않으려면 소작인들이 소작지에서 떠나지 못하게 하는 것이 불가피했기 때문에 소작인들은 토지에 결박되었다는 것이다.[46]

아널드 휴 마틴 존스A. H. M. Jones도 디오클레티아누스Diocletianus 황제(재위: 284년~305년)가 재정 체계를 재조직한 것에서 예속 소작제가 비롯되었다고 보았다. 콜로누스가 인두세capitatio에 의해 토지에 결박된 것은 디오클레티아누스 황제의 조세체계 재조직과 관련이 있다는 것이다.[47] 이처럼 제정 후기 특정한 황제들의 조치들에서 소작인이 예속된 기원을 찾는

---

45 Charles Jules Revillout, "Etude sur l'histoire du colonat chez les Romains," *Extrait de la Revue Historique de Droit français et étranger*, numero de sept.-oct(1856), pp. 417~460; Rosafio, *Studies in the Roman Colonate*, p. 134 참조.

46 Roth Clausing, *The Roman Colonate: The Theories of its Origin*(Columbia University Press, 1925), pp. 92~94 참조.

47 A. H. M. Jones, "The Roman Colonate," in A. H. M. Jones, *The Roman Economy: studies in ancient economic and administrative history*(Rowman and Littlefield, 1974), pp. 293~307.

견해는 제국이 직면한 재정적 필요에 의해 강요된 압박으로 소작인들이 토지에 결박된 것으로 보았다.

셋째, 예속 소작제가 보호 제도patrocinium와 관련된 것으로 설명하는 학자들도 있었다. 베버에 따르면 공화정 말기와 제정 초기 속주들의 영토는 다양한 자치도시로 조직되었으며, 도시의 정무관들이 제국을 대표해 조세의 징수와 병사들의 소집과 같은 행정을 담당했다. 그런데 사회적·경제적 구조의 변화에 뒤이어 행정 체계에도 변화가 일어나서 대지주들은 자신들의 토지에 대한 조세를 징수해 제국 정부에 직접 납부했으며, 도시의 개입을 피하게 되었다. 이런 현상이 확산됨으로써 소작인의 토지 결박으로 이르는 길이 열렸다. 제국 주민은 켄수스census(인구조사) 때 자신의 원적지origo로 돌아가야 했는데, 소작인의 원적지는 지주의 소작지였다. 소작인들에게 지주는 주인이자 지방 당국의 대표자가 되었다. 소작인들의 도주를 방지하기 위한 원적의 원리가 소작인들을 토지에 결박했다. 그리하여 한편으로는 예속 소작인들의 새로운 계급이 자유인과 노예 사이의 옛 구분을 종결지었으며, 다른 한편으로는 어떤 지방적 권위로부터도 독립적이면서 황제에게만 고분고분한 새로운 지주계급이 형성됨으로써 제국 말기에는 이미 봉건사회의 징후들이 나타났다.[48]

대토지의 수가 늘어나 독립적인 지주들이 증가한 것이 예속 소작제를 형성하는 데 근본적이었다는 주장은 파벨 비노그라도프Paul Vinogradoff도 제기했다.[49] 비노그라도프는 제국 말기 대지주들이 보호자patronus로서 독립적인 역할을 수행한 것은 국가가 대토지들을 행정적·재정적으로 통제할 수 없는 상

---

48   Max Weber, *The Agrarian Sociology of Ancient Civilization*, translated by Richard Ira Frank(Humanities Press, 1976), pp. 401ff.

49   Rosafio, *Studies in the Roman Colonate*, p. 146 참조.

황에서 비롯된 것으로 보았다. 국가는 변경을 방어하고 다양한 반란들을 진압하는 데 여념이 없었으며, 콘스탄티누스 1세의 치세에 이르면 국가는 대지주들에게 더욱 자치를 허용하지 않을 수 없었고 지주들에게 조세 징수의 의무도 주었다. 이처럼 자치적인 권력 중심지들이 형성된 것이 통일적인 제국 구조의 분할을 낳았다는 것이다.

예속 소작제를 바라보는 이와 같은 견해들은 예속 소작제를 성립시킨 서로 다른 원인을 지적했을 뿐 아니라, 예속 소작제가 성립한 시기를 디오클레티아누스의 시대나 콘스탄티누스 1세의 시대로 보았다. 그러나 최근 파스콸레 로사피오Pasquale Rosafio는 예속 소작제가 성립한 시기를 4세기 후반으로 제시했다. 따라서 이용할 수 있는 사료들을 검토해 소작인들이 언제 왜 예속되었는지 명확히 파악하는 것이 중요하다. 이미 2세기 말에서 3세기 초에 활약한 법학자인 그나이우스 도미티우스 안니우스 울피아누스Gnaeus Domitius Annius Ulpianus는 지주들이 콜로누스를 지주 자신의 켄수스 조세 명부forma censualis에 등록하도록 권고받았음을 보여준다. 지주는 켄수스 조세 명부에 자신의 토지 이름, 토지가 등록된 도시, 토지가 위치한 촌락, 경작된 토지의 면적, 포도나무와 올리브 나무의 수, 목초지와 방목지의 면적 등을 상세히 등록해야 했다. 또한 지주는 소유한 노예의 수·출신지·연령, 노예들이 하는 일과 가진 기술 등을 등록해야 했고, 콜로누스를 등록했다.[50] 울피아누스는 지주가 켄수스 조세 명부에 콜로누스를 등록하지 않으면 콜로누스의 조세를 납부할 의무가 있다고 말했다. 울피아누스의 진술로 볼 때 지주는 자신의 콜로누스들을 켄수스 조세 명부에 등록하는 것이 의무적이지는 않았지만, 그렇게 하는 것이 유리했을 것으로 이해된다.[51] 지주의 켄수스 조세 명부에 등록된 콜

---

50   *Digesta*, 50.14.4.praefatio.8.
51   Rosafio, *Studies in the Roman Colonate*, p. 157.

로누스coloni censibus adscripti들은 국가에 조세를, 지주에게 지대를 납부했을 것이다.

4세기 후반에 통치한 발렌티니아누스 1세Valentinianus I 황제(재위: 364년~375년)와 발렌스Valens 황제(재위: 364년~378년), 그라티아누스Gratianus 황제(재위: 375년~383년)가 제정한 법에 나타난 켄수스 조세 명부는 지주가 토지 재산과 관련해 등록해야 하는 내용이 울피아누스가 묘사한 것보다 더욱 상세했다. 그리고 지주는 콜로누스를 등록하는 것이 당연시되었다.[52] 이런 변화는 디오클레티아누스가 조세제도를 재조직한 이후 일어난 결과일 것으로 간주된다. 디오클레티아누스가 토지를 경작하는 노동력을 토지세에 편입했다고 보는 견지에서 그러하다.[53] 지주는 자신의 조세는 물론이고 자신의 켄수스 조세 명부에 등록된 콜로누스들이 조세를 납부하게 하는 책임을 졌을 것이며, 이 것은 콜로누스를 사실상 토지에 결박하는 효과를 지녔을 것으로 생각된다. 디오클레티아누스 이후 제국의 서부에서는 토지의 임대차계약이 사실상 사라졌으며(제국의 동부에서는 후에 다시 나타났다), 이 시점부터 예속 소작제의 형성이 시작되었다고 이해된다.

콜로누스의 예속은 황제령에서 먼저 일어난 것으로 보인다. 4세기 초에서 발렌티니아누스 1세 황제와 발렌스 황제의 치세에 이르기까지 황제들은 황제령을 경작하는 콜로누스coloni patrimoniales들에 많은 관심을 기울였다. 르뷔유의 견해와 반대로, 로사피오는 이 시기에 원적이 도시와 무관한 황제령의 콜로누스들이 최초로 법적으로 예속되었고, '예속 콜로누스법ius colonatus'이 개념화되었다고 보았다.[54] 364년에 이르면 법적으로 소작지를 떠날 수 없는

---

52 *Codex Theodosianus*, 9.42.7.

53 Rosafio, *Studies in the Roman Colonate*, p. 159; Charles Richard Whittaker, "Circe's Pigs: From Slavery to Serfdom in the Later Roman World," in Moses I. Finely(ed.), *Classical Slavery*(F. Cass, 1987), pp. 100~101.

황제령 콜로누스들의 신분이 세습되었다. 발렌티니아누스 1세 황제와 발렌스 황제는 황제령의 콜로누스들, 그리고 그들의 아들과 손자들이 다른 어떤 일에 종사하는 것, 심지어 군대에 입대하는 것도 금지했다.[55] 365년의 법은 자치도시 참사회원과 황제령 콜로누스의 딸colona 사이에 이루어진 혼인에서 태어난 자식들은 어머니의 신분을 따라야 한다고 규정했으며, 2년 후에는 그 원칙이 모든 자유인ingenuus과 황제령 콜로누스의 딸 사이에 이루어진 혼인에도 적용되었다.[56] 자유인 사이의 '적법한 혼인iustae nuptiae'에서 태어난 자식은 아버지의 신분을 따르는 것이 원칙임을 고려할 때, 황제령 콜로누스의 경우 여자 노예의 자식처럼 어머니의 신분을 따르게 한 것은 황제령 콜로누스들의 법적 지위가 변화되었음을 보여준다.

황제령 외의 사적인 지주의 토지를 경작하는 콜로누스의 지위와 관련해 콘스탄티누스 1세의 치세에 제정된 법들은 중요한 정보를 제공해준다. 325년의 법은 지주가 콜로누스에게 원래 정한 지대보다 높은 지대를 요구하는 것을 금지했다. 지주가 그런 요구를 할 경우 콜로누스는 지주에 대해 소송을 제기할 권리가 있었다.[57] 황제의 관심은 콜로누스들을 토지에 결박하는 데 있었던 것이 아니라 콜로누스들의 수입을 보호해 국가에 조세를 납부할 수 있는 능력을 유지하는 것이었음을 보여준다.[58] 또한 콜로누스들이 법적인 능력을 가진 자유인으로 간주되었음을 알 수 있다.

황제들이 콜로누스의 도주를 방지하는 법들을 거듭 제정한 4세기에는 농

---

54 Rosafio, *Studies in the Roman Colonate*, p. 162.
55 *Codex Iustinianus*, 11.68.3.
56 같은 책, 10.32.29, 11.68.4.
57 같은 책, 11.50.1.
58 Walter André Goffart, *Caput and Colonate: toward a History of Late Roman Taxation* (University of Toronto Press, 1974), pp. 68~69.

업 노동력이 일반적으로 부족했다. 끊임없는 전쟁과 농토의 황폐화, 기근, 3세기의 역병 등으로 많은 지역에서 인구가 감소했으며, 훨씬 더 증가된 군대를 위한 징집이 농촌 인구를 더욱 고갈시켰을 것이다. 따라서 존스는 콜로누스들이 부족한 상황에서 자신들의 지위에 불만족한 콜로누스들은 자신들을 기꺼이 받아들이려는 다른 지주들을 발견할 수 있었을 것으로 보았다. 지주들에게는 콜로누스를 토지에 결박하고 도주하면 반환을 요구할 수 있는 법이 필요했을 것이며, 황제들이 그런 취지의 법들을 제정한 데에는 지주들의 이해관계가 반영되었다.[59] 황제들은 조세 징수에 대한 지주들의 책임 때문에 지주들을 보호할 필요가 있었다.

332년에 반포된 콘스탄티누스 1세의 법은 주목된다. 이 법은 도주한 콜로누스는 원적의 원리에 따라 그가 등록된 토지의 지주에게 되돌려주어야 한다고 규정했다.

> 누구든 다른 사람의 권리에 속하는 콜로누스를 보유한 것이 드러나면, 그 콜로누스를 원적지로 돌려보내야 할 뿐 아니라 그동안 콜로누스가 납부했어야 하는 인두세에 대해서도 책임을 인정해야 한다. 도주를 시도한 콜로누스들은, 쇠사슬에 채여 노예 상태에서 노예에게 합당한 처벌을 받고서, 자유인에게 적합한 의무를 이행하도록 강제되어야 한다.[60]

도주한 콜로누스를 보유한 지주는 그 콜로누스를 원적지의 지주에게 돌려보내야 할 뿐 아니라 콜로누스의 부재 기간에 원적지의 지주가 납부한 조세를 변상해야 한다는 것이다. 학자들은 흔히 이 법을 콜로누스를 지주의 토

---

59   Jones, "The Roman Colonate," pp. 299~300.
60   *Codex Theodosianus*, 5.17.1.

지에 결박한 최초의 법으로서, 혹은 이미 토지에 결박된 콜로누스를 전제한 법으로 생각했지만, 콜로누스들이 실제로 토지에 결박되었다는 증거가 없다. '다른 사람의 권리에 속하는 콜로누스colonus iuris alieni'는 '쇠사슬에 채여 노예 상태로in servilem condicionem ferro' 원적지의 지주에게 강제로 보내져야 한다는 것은 콜로누스들이 등록된 토지에 머물러 경작함으로써 조세의 징수를 확보하기 위함이었다.[61] 콜로누스가 조세와 지대를 납부했을 때에도 이동의 자유가 없었던 것은 아니다.

사적인 지주들의 콜로누스들이 도주하는 것도 심각한 문제였으며, 황제들은 콜로누스의 도주를 방지하기 위한 법들을 거듭 제정했다. 콘스탄티우스 2세Constantius II 황제(재위: 337년~361년)는 제국의 서부에서 부유한 원로원 의원들이 다른 지주들의 콜로누스를 비호하는 것을 방지하려고 시도했다.[62] 발렌티니아누스 1세와 발렌스는 도주한 콜로누스는 원래의 지주에게 돌려보내져야 하며, 지주가 다른 지주의 콜로누스를 비호한 것이 발견되면 문제의 콜로누스가 납부해야 했던 조세를 납부해야 한다는, 콘스탄티누스 1세가 제정한 원칙을 반복했다. 이것은 콘스탄티누스 1세가 제정한 법이 별로 효과를 거두지 못했음을 시사해준다. 그리고 어떤 지주가 도주해온 노예를 비호했을 경우 법에 정해진 처벌을 받아야 했으며, 도주해온 사람이 자신을 평민 혹은 자유인이라고 선언하고 그 사실이 입증될 경우 그는 출신지로 돌아가야 했다.[63] 여기서 콜로누스가 노예와 자유인 사이 중간 범주로 구분된 것이 주목된다.

콜로누스가 빈번히 도주하고 콜로누스를 유치하려고 지주들이 경쟁하는

---

61 Goffart, *Caput and Colonate*, pp. 70~71; Rosafio, *Studies in the Roman Colonate*, p. 163; Whittaker, "Circe's Pigs," p. 101.
62 *Codex Theodosianus*, 11.1.7.
63 같은 책, 10.12.2.

상황에서 황제들은 콜로누스의 이동을 더욱 억압하는 법을 제정했다. 지주들이 국가의 과세 압력을 회피하고 자신의 콜로누스들을 보호하려는 경향이 있었다고 파악하는 학자도 있지만,[64] 콜로누스에 대한 억압 강화는 지주들에 대한 예속으로 나타났으며, 이는 지주들이 콜로누스의 조세 납부에 대한 책임을 졌기 때문이었다. 365년에 발렌티니아누스 1세와 발렌스는 재산을 소유한 콜로누스가 지주의 동의 없이는 재산을 매각할 수 없다고 규정했다.[65] 이 규정은 콜로누스들이 더 좋은 조건을 제공하는 지주를 찾아 재산을 매각하고 떠날 가능성을 봉쇄한 것으로서 콜로누스의 권리를 심각하게 제약했을 것이다.[66]

366년에 발렌티니아누스 1세와 발렌스가 제정한 법에 따르면, 속주 총독들은 도주한 콜로누스를 그 콜로누스가 켄수스 조세 명부에 등록된 곳 또는 태어나서 교육받은 곳으로 돌려보내야 했다.[67] '태어나서 교육받은 곳'으로 돌려보내지는 콜로누스는 이제까지는 켄수스 조세 명부에 등록되지 않아서 조세를 납부할 의무가 없었음을 의미하는데, 이제 그런 콜로누스들도 토지에 결박되었다고 생각된다. 그 후에 발렌티니아누스 2세Valentinianus II 황제(재위: 375년~392년)와 테오도시우스 1세Theodosius I 황제(재위: 379년~395년), 아르카디우스Arcadius 황제(재위: 395년~408년)는 366년의 법을 가리켜 '조상이 제정한 법lex a maioribus constituta'으로 부르면서 그 법의 또 다른 내용을 전해준다. 이에 따르면 366년의 법은 다른 사람의 토지를 경작하기 시작한 농민은 누구든 콜로누스가 되며, 콜로누스는 토지를 떠나는 것이 금지된다고 규정했다.[68]

---

64 Whittaker, "Circe's Pigs," p. 102.
65 *Codex Theodosianus*, 5.19.1.
66 Rosafio, *Studies in the Roman Colonate*, p. 172.
67 *Codex Iustinianus*, 11.48.6.
68 같은 책, 11.51.

로사피오는 366년의 법 이후 모든 콜로누스가 토지에 결박되었다고 보았다. 그러나 다른 사람의 토지를 경작하기 시작해 콜로누스가 된 사람이 켄수스 조세 명부에 등록되어 예속인obnoxius이 되기 전까지는 법적으로 여전히 자유인이었을 것이다.

5. 동로마와 서로마의 콜로누스

콜로누스들은 여러 범주가 있었으며 콜로누스들의 지위는 4세기 말에서 5세기 중반을 거치는 동안 서로마 지역에서는 계속 열악해진 반면, 동로마 지역의 예속 소작제는 서부의 제도와 달리 전개되었다. 4세기 후반에 이르면 황제령 콜로누스의 지위와 사적인 지주 아래 있는 콜로누스의 지위가 법적으로 더는 구분되지 않았다. 366년에 '조상이 제정한 법'은 그 두 범주의 콜로누스가 일원화되게 하는 과정에서 중요했다. 동시에 켄수스 조세 명부에 등록된 콜로누스와 그렇지 않은 콜로누스 간에 새로운 구분이 생겼다.

테오도시우스·아르카디우스·호노리우스Honorius 황제(재위: 395년~423년)의 법은 4세기 말경에 켄수스 조세 명부에 등록되지 않은 콜로누스의 지위에 관한 중요한 정보를 제공해준다. 그 법은 동로마 지역 트라키아Thracia 관구에서 인두세를 폐지했을 때, 콜로누스가 비록 조세 의무에서 자유롭다고 하더라도 콜로누스의 원적 때문에 토지에서 이동하지 못하게 했다. 콜로누스의 재산은 페쿨리움으로 정의되었으며, 지주는 보호자의 보살핌과 주인dominus의 권리로 콜로누스를 이용할 권리를 가졌다. 도주한 콜로누스를 비호한 지주는 벌금을 내고 콜로누스를 페쿨리움 및 자식들과 함께 돌려보내야 했다.[69]

---

69 같은 책, 11.52.1.

그러나 켄수스 조세 명부에 등록되지 않은 콜로누스는 비록 '땅의 노예'로 불렸지만, 법적으로 자유인의 특권은 인정되었는데, 콜로누스의 예속이 비롯되는 조세 명부에서 이름이 말소되었기 때문일 것이다.[70] 일리리쿰의 콜로누스들도 '땅에 종속된' 사람들로 표현되었지만, 그런데도 자유로운 콜로누스로 정의된 것을 볼 수 있다.[71]

한편 아르카디우스와 호노리우스는 아시아의 코메스comes에게 상기시킨 법에서 켄수스 조세 명부에 등록된 콜로누스의 법적 지위를 규정했다. 학자들은 켄수스 조세 명부에 등록된 콜로누스란 지주의 이름 아래 켄수스 조세 명부에 등록된 콜로누스를 지칭한 것으로 보았다.[72] 켄수스 조세 명부에 등록된 콜로누스는 국가의 징세관들에게 직접 조세를 납부했지만, 매년 지주에게 지대를 냈고 그들이 처한 조건 때문에 일종의 농노로 간주되었다. 콜로누스는 지주의 허락이 없이는 페쿨리움을 매각하거나 양도할 수 없었으며, 과도한 지대를 내도록 요구받은 경우 외에는, 지주를 상대로 민사소송을 제기할 수 없었다. 또한 콜로누스 자신과 콜로누스의 친척이 지주에 의해 상해를 입지 않았다면, 지주를 상해 혐의로 고발할 수 없었다. 따라서 콜로누스의 지위는 노예의 지위와 매우 비슷해졌지만, 황제들이 제정한 법에서 콜로누스의 법인격은 계속 인정되었다.

400년에 아르카디우스와 호노리우스 황제가 제정한 법은 지주의 토지로부터 도주해 동일한 속주에 있는 도시에서 시 참사회curia나 조합collegium의 구성원이 된 콜로누스에게는 30년, 다른 속주의 도시로 도주한 경우는 40년의 장기 시효longi temporis praescriptio 기간을 정했다. 시효기간이 지나면 아무도

---

70 Rosafio, *Studies in the Roman Colonate*, p. 190.

71 *Codex Iustinianus*, 11.53.2.

72 같은 책, 11.50.2; Rosafio, *Studies in the Roman Colonate*, pp. 190~191.

도주한 콜로누스를 예전의 지위로 되돌릴 수 없었다.[73] 도주한 콜로누스가 30년 이내에 도주한 콜로누스로서 다시 주장되고 그의 조건에 대해 의문이 없으면, 콜로누스는 자신이 태어난 곳(원적지)으로 자신의 가족과 함께 되돌려져야 했다. 만약 원적지로 되돌려져야 하는 콜로누스가 죽었다면, 콜로누스의 자식들과 페쿨리움 및 콜로누스의 수익은 즉시 그가 속했던 토지로 반환되어야 했다.[74] 콜로나colona(콜로누스의 여성형)의 경우 도주 시효는 20년이었다. 도주한 콜로나가 발견된 농장에 속하는 콜로누스와 자식들을 낳았을 경우, 그 자식들의 3분의 1은 어머니를 따르고 3분의 2는 아버지와 함께 남아야 했다.[75]

동로마 지역에서는 켄수스 조세 명부에 등록된 콜로누스와 대조되는 자유로운 콜로누스의 조건도 점차 규정된 것을 주목할 만하다. 켄수스 조세 명부에 등록된 콜로누스를 지칭하는 아드스크립티키우스adscripticius라는 말이 레오 2세Leo II 황제(재위: 457년~474년)의 법에서 최초로 나타나는데, 아드스크립티키우스는 교회에서 성직을 차지하는 것이 허용되지 않았던 것[76]으로 보아 자유로운 콜로누스보다도 열등한 존재였다. 나중에 제논Zeno 황제(재위: 474년~475년, 476년~491년)의 법은 아드스크립티키우스가 지주의 허락을 받으면 성직에 취임할 수 있게 했던 반면, 노예는 주인이 해방한 후에야 성직을 보유할 수 있게 했다.[77] 아드스크립티키우스는 자유인보다는 지위가 낮았지만, 노예의 지위와 완전히 동화되지는 않았음을 알 수 있다.

아나스타시우스 1세Anastasius I 황제(재위: 491년~518년)의 법은 농촌 주민을

---

73 *Codex Theodosianus*, 12.19.2.
74 같은 책, 5.18.2.
75 같은 책, 5.18.3.
76 *Codex Iustinianus*, 1.12.6.8~1.12.6.9.
77 같은 책, 1.3.36.praefatio.1.

아드스크립티키우스와 자유로운 콜로누스의 두 범주로 구분했다. 아드스크립티키우스의 재산은 페쿨리움으로 불리고 지주의 감시 아래 있었던 반면, 자유로운 콜로누스는 개인 재산을 원하는 대로 처분할 수 있었다. 그러나 시효기간 30년 때문에, 자유로운 콜로누스는 임차해 경작하기로 동의한 토지를 떠날 수 없었다.[78] 이 법으로 아나스타시우스 1세가 제국 동부의 자유로운 콜로누스를 최초로 토지에 결박했다고 생각하는 학자들도 있지만, 로사피오는 아나스타시우스 1세가 시효기간 30년에 의해 자유로운 콜로누스로 있는 농민들은 결코 아드스크립티키우스가 될 수 없다는 사실을 명시하고자 한 것으로 보았다.[79] 이 법의 의도는 유스티니아누스 1세의 견해에 의해서 분명해지는데, 유스티니아누스 1세는 '아나스타시우스법'의 문제 조항과 관련해 농민들이 30년간 콜로누스로 있은 후 계속 콜로누스가 된 사실을 강조한 것이 아니라, 농민들이 콜로누스가 된 후 비록 토지에서 이동할 수 없었지만, 여전히 자유인이라는 점을 강조했다. 유스티니아누스 1세는 그러한 원칙이 콜로누스의 자식들에게도 적용되어야 한다고 말했다.[80] '아나스타시우스법'은 동로마제국에서 콜로누스의 해방을 향한 첫 조치였던 것이다. 그 후 유스티니아누스 1세는 다른 지주들의 토지를 더 임차하지 않고서 자급자족할 만한 토지를 확보한 콜로누스를 자유로운 농민이 되게 했으며, 7세기 전반 헤라클리오스Heraclios 황제(재위: 610년~641년)의 치세에 이르면 자유로운 콜로누스의 대다수가 자유로운 농민이 되었다.

반면에 제국 말기 서로마 지역의 콜로누스가 걸은 길은 동로마 지역 콜로누스가 걸은 길과 대조적이었다. 서로마 지역의 다양한 콜로누스들은 동로

---

78 같은 책, 11.48.19.

79 Rosafio, *Studies in the Roman Colonate*, p. 197.

80 *Codex Iustinianus*, 11.48.23.

마 지역에서 지위가 가장 열악한 콜로누스인 아드스크립티키우스에 해당하는 오리기나리우스originarius라는 콜로누스의 범주로 단일화되는 경향이 있었다. 서로마의 마지막 황제들이 제정한 법들에서 오리기나리우스의 조건은 자유인의 조건과 분명히 구분되었다. 오리기나리우스가 노예와 완전하게 동화되지는 않았지만, 오리기나리우스의 지위는 로마-게르만 왕국의 법들에서 계속 하락해서 중세 농노의 특성을 가지기 시작했다.[81] 게다가 압박을 받는 자유농민들이 스스로 보호제나 예속 소작제에 의지하는 현상도 나타났다. 살비아누스Salvianus에 따르면 5세기 중반경 갈리아Gallia에서는 무거운 세금을 납부해야 하는 소농들이 강력한 지주들의 보호를 요청하지 않을 수 없었다. 그러한 소농들은 보호에 대한 높은 대가를 냈는데, 소농들은 보호자의 속민이 되었고 소농들의 소규모 토지는 일종의 담보물로 잡혔다. 담보로 제공된 토지는 일시적으로 소농의 소유였지만, 소농들의 자식들은 담보로 제공된 토지를 상속받을 수 없었다.[82] 또한 살비아누스는 일부 소농은 조세 징수관들의 압박으로 자신의 토지를 버린 후 부유한 지주들의 콜로누스가 되기를 요청했다고 말한다. 따라서 그들은 자유를 상실하고 가택을 잃고서 비참한 조건의 콜로누스inquilinatus가 되었다.[83] 서로마 지역에서 콜로누스는 노예의 지위로 강등되지는 않았지만 전반적으로 지위가 하락했으며, 부유한 지주들의 권력이 증가하는 가운데 예속화의 길을 걸었다.

---

81 Rosafio, *Studies in the Roman Colonate*, pp. 205~211.

82 Salvianus, *De gubernatione Dei*, 5.38~5.41.

83 같은 책, 5.43~5.44.

6. 맺음말

노예제 농장 경영이 쇠퇴하면서 소작제가 점차 발달하고, 자유롭던 콜로누스들이 예속적인 존재로 전락한 과정은 로마제국의 쇠퇴 및 몰락과 맥을 같이했다. 소작제의 발달이 노예제 생산을 대체한 것은 아니었다. 노예제 생산과 소작제는 공존했으며, 시간이 지남에 따라 후자의 비중이 증가하는 추세였다. 정복 이론이나 노예제 농장 경영의 비탄력성 이론은 왜 노예제 농장 경영이 쇠퇴하고 소작제가 발달했는지를 충분히 설명해주지 못한다. 지주들이 노예들을 통제하는 데 따르는 어려움을 의식하고 될 수 있는 한 적은 모험으로 안정적인 수입을 얻으려고 한 보수적인 태도도 콜로누스제가 확산되게 한 요소였다.

제정 전기의 콜로누스는 자신의 의사에 따라 지주와 계약을 맺고 계약 기간이 끝나면 임차지를 떠날 수 있는 자유인이었던 반면, 제정 후기에 콜로누스는 지주의 토지를 떠나는 것이 금지된 예속인으로 전락했다. 제국 전역에서 콜로누스의 토지 결박은 4세기 초 황제령의 콜로누스들에게 먼저 도입되었으며, 366년의 법에 의해 일반 지주들의 콜로누스도 원적인 지주의 임차지에 결박되었다. 예속 소작제는 황제의 권력이 대지주들을 통제하지 못하는 상황에서 발생한 것이 아니라, 콜로누스를 지주의 토지에 결박해 조세수입을 확보하려는, 황제들의 노력이 낳은 산물이었다.

로마제국이 동서로 분리된 후, 동로마 지역에서는 아드스크립티키우스라는 예속인 콜로누스와 자유로운 콜로누스의 두 범주가 두드러졌다. 자유로운 콜로누스는 계약 기간이 끝나면 임차지를 떠날 수 있는 콜로누스를 의미한 것이 아니라, 법적으로 자유인으로 간주되었다는 견지에서 자유인이었으며, 자유로운 콜로누스는 자신의 재산을 소유하고 마음대로 처분할 권리를 가졌다. 유스티니아누스 1세의 치세에 자급자족할 만한 토지를 확보한 자유로운 콜로누스는 자유로운 농민이 되었다. 아드스크립티키우스의 조건은 노예의 조건과 비슷할 정도로 미천한 콜로누스였지만, 비잔티움 제국의 역사 내내 사라지지 않은 노예들과 동화되지는 않았다. 서로마 지역에서는 다양한 범주의 콜로누스들의 법적 지위가 하락하는 가운데 오리기나리우스라는 한 범주의 콜로누스로 통합되는 경향이 나타났다. 이 콜로누스도 노예와 완전히 동화되지는 않았지만, 지주의 통제권 아래에서 중세 농노의 특성을 가지기 시작했다.

제 6 장

노예제사회의 성립과 쇠퇴: 핀리의 이론

1. 머리말

고대 노예제 문제를 둘러싸고 마르크스주의 역사가와 서구 역사가들 사이에 치열한 논쟁이 전개될 때, 현실 이데올로기가 노예제 연구에 미치는 부정적인 영향을 비판하면서 양 진영 역사가들의 연구 경향과 다른, 주목할 만한 업적을 낸 역사가로 모지스 핀리를 들 수 있다. 핀리는 고대 노예제는 정치적·도덕적 문제가 아니라 역사적 문제임을 강조했으며, 마르크스주의적 '계급' 개념 대신 '신분' 개념을 선호했다. 사람을 생산수단과 맺는 관계에 따라 분류하면, 노예와 자유인 노동자가, 그리고 원로원 의원과 소작업장 소유주가 같은 계급에 속하는 등 고대사회를 이해하는 데 도움이 되지 못한다는 것이다. 서구 역사가들의 노예제 연구에 대해, 핀리는 그들이 중요한 증거들을 수집한 것을 평가했지만 도덕적 접근을, 역사철학과 이론이 결여된 사실 수집의 역사를 비판했다. 핀리가 보기에 고대사회의 자유인과 노예의 수를 계량화할 수 없는 상황에서, 노예제사회를 정당화하려는 학자들은 천문학적인 노예 수를 주장하는 반면, 노예제사회를 부정하는 학자들이 반대로 주장하는 것은 무익한 '숫자 게임'에 지나지 않았다. 핀리는 다양한 범주의 예속인과 동산 노예들의 차이를 분명히 밝혔고, 부채 노예에 대한 훌륭한 연구 업적을 내놓았다.[1] 그렇지만 노예제 연구와 관련한 핀리의 주된 공헌은 '노예제사회'가 어떤 조건에서 성립되었고, 왜 쇠퇴했는가 하는 문제를 이론적으로 설명한 것이었다고 생각된다. 이 글은 핀리의 저술들을 통해 노예제사회의 출현과 쇠퇴에 관한 핀리의 견해를 살펴보고자 한다.

2. 노예제사회의 출현

핀리는 인간 사회가 성립되면서부터 동산 노예제가 존재했지만, '노예제사회'가 출현하기 전에는 노예 외에 다양한 범주의 강제 노동이 노예보다 빈번하게 이용되었고, 경제적으로 더욱 중요한 역할을 담당했다고 본다.

> 상황을 구체적으로 파악할 수 없지만, 그리스와 로마의 상고기에는 노예제가 중요하지 않았고 피호인과 부채 노예 등이 예속 노동의 지배적인 형태였다고 확신할 수 있다.[2]

그렇다면 언제, 어느 지역에서 노예가 다른 예속인들을 대체한 노예제사

---

1   Arnaldo Momigliano, "Moses Finley and Slavery," in Moses I. Finley(ed.), *Classical Slavery*(F. Cass, 1987), p. 4. 핀리의 지적인 배경을 중심으로 한 논의는 김경현, 「고대사학자 핀리: 지적 배경을 중심으로」, 梁秉祐 엮음, 『歷史家와 歷史認識』(民音社, 1989), 189~225쪽 참조.

2   Moses I. Finley, *The Ancient Economy*(University of California Press, 1973), p. 69.

회가 출현했는가?『고대 경제The Ancient Economy』에서 핀리는 위대한 '고전기'에, 즉 그리스의 아테네와 여타 도시들은 기원전 6세기 이후, 로마와 이탈리아는 기원전 3세기에서 기원후 3세기까지가 노예제사회였다고 간략하게 언급했다.[3] 노예제 연구의 탁월한 업적으로 평가받는『고대 노예제와 근대 이데올로기Ancient Slavery and Modern Ideology』에서 핀리는 이 문제를 구체적으로 설명했다. 핀리는 로마제국의 경우 핵심지인 이탈리아와 시칠리아에서만 노예제사회가 출현했고, 제국의 다른 지역에서는 다양한 노동 체계와 생산양식이 공존했다고 보았다.

늦어도 기원전 4세기 초까지는 시칠리아에서 시라쿠사이Syracusae의 퀴릴리오이Kyllyrioi가 분명히 사라지고 노예노동이 비자발적 노동의 유일한 형태가 되었으며, 로마가 정복한 후에도 계속 그러했다. 이탈리아에서도 대체로 시칠리아와 동일했다. 비록 반도에서 가장 늦게 정복된 지역들에서는 부채 노예가 중요했다는 것, 그리고 이탈리아 전역에서 부채에 시달리는 소작인들은 사실상 강제로 소작지에 결박되어 있었다는 견해를 나는 받아들이지만 말이다. 아마도 북부 속주들을 제외한 로마제국의 나머지 지역에서는, 비록 히스파니아와 갈리아의 경우 더 많은 연구가 필요하지만, 도시에서는 노예제가 지배적이고 농촌에서는 노예보다는 종속적인 (농민의) 노동이 일반적인 패턴이 제국 말기까지 계속되었던 것으로 보인다. 많은 수의 자유로운 독립적 소농과 수공업자가 모든 정치적 변천에도 계속 살아남았다는 것, 내 말이 속주의 농촌에는 노예들이 전혀 존재하지 않음을 암시하지는 않는다는 점을 다시 한 번 말하고 싶다. 하나의 패턴이 완전한 통일성을 요구한 것은 아니었다.

요컨대, 노예들이 존재한 사회와 구별되는 '노예제사회'가 로마제국의 모든

---

3   같은 책, 69쪽.

부분에서 발견된 것은 아니었다. …… 이매뉴얼 월러스틴Immanuel Wallerstein의 개념으로 말하면 로마제국은 '세계 제국'이었지 '세계 체제'가 아니었다. 로마제국에서는 서로 다른 노동 체계와 생산양식들이 공존했으며, 그것들이 경제적으로라기보다 정치적으로 결합된 구조를 이루고 있었다. 그러므로 그리스·로마 노예제의 발달에 대한 설명은, 적어도 초보적으로는, 그리스·이탈리아·시칠리아라는 핵심 지역들에 국한되어야 하며, 나는 그렇게 설명할 것이다.[4]

노예제사회로 변화하는 과정은 복잡했고, 지역에 따라 차이가 있었다. 핀리에 따르면 노예제사회에서도 일시적인 일용 노동자, 독립적인 소농, 수공업자와 같은 자유인 노동은 결코 사라지지 않았으며, 자유인 노동과 노예노동은 종종 공생 관계에 있기도 했다. 예컨대 자유농민이 계절에 따라 노예제 대토지들에 충분한 일용 노동을 제공하는 것은 노예제 농장과 농민층 모두의 경제적 생존을 위해 필요한 조건이었다.[5] 그렇다면 핀리가 말하는 '노예제사회'란 무엇인가?

내가 잠시 후 해명할 한 가지 경우를 제외하고는, 자유인이 도시의 소규모 상품 생산과 소규모 상업에서뿐 아니라 대개 자급자족적이던 농촌의 소농 생산에서도 지배적이었다. 노예들은 농촌과 도시의 대규모 생산에서 지배적이었으며, 그러한 생산에서 노동을 사실상 독차지했다. 따라서 경제적·사회적·정치적 엘리트들의 재산에서 나오는 직접적 수입(즉 로마공화정 시기의 군사령관과 속주 관리들 혹은 푸블리카니들이 착복한 엄청난 금액과 같은 정치적 원천에서 나온 수입이나, 부자들이 화폐 대부를 통해 얻은 부차적인 수입 외의 수입)의

---

4   Moses I. Finley, *Ancient Slavery and Modern Ideology*(Viking Press, 1980), p. 79.
5   같은 책, 77쪽.

대부분을 노예들이 제공했다는 결론이 나온다.[6]

　핀리의 노예제사회란 '엘리트들의 재산에서 나오는 수입의 대부분을 노예들이 제공하는 사회'였다. 도시와 농촌에서 가족 단위 노동으로 할 수 있는 소규모 생산은 자유인들이 담당했지만, 가족노동으로 할 수 없는 대규모 생산의 경우 노예들을 상비 노동자로 이용했다는 것이다. 이러한 노예제사회는 어떤 조건에서 성립되었는가? 핀리는 노예제의 발달과 쇠퇴를 설명하기 위해 흔히 이용되는 '정복 이론'의 타당성을 거부했다. 정복 이론을 신뢰하는 학자들에 따르면, 노예제는 정복 전쟁의 결과 수많은 전쟁 포로가 유입됨으로써 뿌리를 내리기 시작했으며, 전쟁이 종결되어 노예 소유주들이 값싼 노예를 더는 이용할 수 없게 되었을 때 쇠퇴했다.[7]

　핀리는 로마 노예제의 역사에서 정복 전쟁이 담당한 중요성을 부정하지는 않았지만, 정복 전쟁의 본질적 역할은 대토지를 위한 기초를 형성한 것에 있다고 보았다. 정복과 전쟁은 노예제사회를 확립하고 유지하는 데 중요한 요소였지만, 필수조건이나 충분조건은 아니었다는 것이다. 핀리가 보기에 한 사회가 충분한 노예 공급을 받기 위해 필요한 조건은 정복이 아니라, 사회 외부에 체계적으로 끌어낼 수 있는 잠재적인 노예노동의 '저수지reservior'가 존재하는 것이었다.[8] 미국인들이나 포르투갈과 영국의 노예 상인들은 노예노동의 저수지에 접근하기 위해 아프리카에서 전쟁을 했으며, 고대 그리스인들은 노예의 주요 원천인 동부와 북동부의 '야만인들'을 놓고 체계적으로 전쟁을 벌인 것으로 인식되었다. 노예제사회가 출현한 것은 정복 전쟁의 부

6　같은 책, 82쪽.

7　Zvi Yavetz, *Slaves and Slavery in Ancient Rome*(Transaction Publishers, 1988), p. 147 참조.

8　Finley, *Ancient Slavery and Modern Ideology*, p. 85.

산물이 아니며, 노예 소유주들은 노예에 대한 수요를 충족하기 위해 정복 전쟁을 벌인 것이었다.

달리 말하면, 내 주장은 논리적으로 노예에 대한 수요가 공급보다 먼저 존재했다는 것이다. 로마인들은 노예에 대한 수요가 이미 있었기 때문에(그 반대가 아니라) 이탈리아 전쟁들 포에니전쟁들 동안 남자, 여자, 어린이 수만 명을 포로화했다. 노예에 대한 충분한 수요가 있으려면 적어도 세 가지 조건이 필요하다. 첫째, 압도적으로 농업적인 사회에서 토지의 사적 소유가 일부의 수중에 충분히 집중됨으로써 그들에게 항구적인 노동력으로 가족 외의 노동이 필요해야 한다. 둘째, 상품생산과 시장의 충분한 발달이다(이 논의에서 시장이 일반적 의미의 수출 시장, 즉 원격지 시장인가 혹은 인접한 도시 시장인가는 문제가 되지 않는다). 헤일로타이나 다른 형태의 예속 노동은 비非상품생산 사회에서도 이용될 수 있지만, 노예는 그러할 수 없는데, 노예는 많은 수가 정기적으로 수입되고 그 대가가 지급되어야 하기 때문이다. 셋째, 노예노동의 이용자이 이방인들에게로 향하지 않을 수 없게 한 부정적 조건negative condition, 즉 사회 내부에서 노동을 공급할 수 없어야 한다. 이 세 가지 조건은, 기원전 6세기에 아테네와 다른 그리스 공동체들에서, 그리고 늦어도 기원전 3세기까지는 로마에서 그러했듯이, 동시에 존재해야만 한다.[9]

고대 세계에서 벌어진 전쟁의 정치적·사회적·경제적인 여러 동기 중에서 핀리처럼 노예 획득 동기가 가장 중요했다고 단정할 수 있을까 하는 의문이 든다. 핀리는 이 문제에 대해 설명을 시도하지 않았다. 또한 핀리가 노예제사회가 성립되기 위해 필요한 것으로 제시한 세 가지 조건들이 기원전 3세

---

9   같은 책, 86쪽.

기 이후의 로마 시대에 동시에 존재했다는 것을 입증할 수 있는가? 문제의
세 가지 조건 가운데 처음 두 가지 조건은 로마 노예제를 설명하는 학자들이
일반적으로 받아들인 것이다. 핀리의 새로운 주장은 세 번째 조건, 즉 유력
자(지주)들이 내부에서 노동을 공급받을 수 없어서 외부에서 이방인 노예노
동을 찾게 되었다는 것이었다. 이 문제와 관련해, 핀리는 로마 노예제 발전
의 대체적인 윤곽과 연대는 의심의 여지가 없지만, 문헌 증거가 불충분하다
고 말하면서, 고고학 증거와 문헌 증거가 충분한 아테네의 경우에 대해 설명
을 시도했다.

　핀리에 따르면 기원전 600년 이전에 아티케의 인구는 암흑기의 최저 상
태보다 현저히 증가했으며, 지배 귀족Eupatridai 가문들이 대부분의 토지를 소
유했다. 그리고 어느 정도 도시화가 되었으며, 농촌과 도시에서 상품생산도
발달했으므로 노예제의 성장을 위해 필요한 여러 조건이 존재했다. 이런 상
태에서 솔론이 중요한 부정적 조건을 제공했다. 기원전 594년 솔론의 개혁
이후 아티케에는 부채 노예와 그 밖의 비자발적 예속 노동이 사실상 존재하
지 않게 되었다. 이제 귀족들과 일부 부유한 비귀족 가문은 솔론의 개혁으로
상실한 노동력을 대체해야 했는데, 내부에서 노동력을 발견할 수 없어서 이
방인들, 즉 노예들에게로 눈을 돌렸다는 것이다.[10]

　이때 노예제 자체는 '원초적 사실'로서 그리스인들에게 친숙한 것이었지
만, 다른 사람을 위한 노동 형태로서 노예제는 근본적으로 새로운 개념이었
다고 핀리는 말한다. 핀리는 다른 사람의 노동을 이용해야 하는 아테네의 귀
족들과 비귀족 부자들이 왜 외부에서 노동을 찾지 않으면 안 되었는가 하는
근본적인 문제를 부연 설명했다. 노예를 이용하기로 한 결정은 노동을 고용
할 필요가 있는 사람들이 내린 것이 아니라, 그들이 고용하고자 한 아테네인

10　같은 책, 86~87쪽.

들에 의해 강요되었다. 즉, 귀족과 부자들이 아테네인들을 대규모로 이용할 수 없었기 때문이었다. 핀리는 솔론의 개혁으로 예전 형태의 비자발적 노동을 상실한 엘리트들이 이방인 노예들에게로 눈을 돌렸던 시기에 아테네인들에게 지배적이던 정치적·사회심리적 상태를 다음과 같이 설명했다.

국가의 군대에 스스로 복무할 것이 요구되던 시민인 소농 혹은 장인에게 고용 노동자가 되도록 강요할 수 없다는 것을, 자유인은 자발적으로 타인을 위해 정규적으로 노동하려고 하지 않는다는 것을 누구나 알고 있었다. 그리고 모든 사람이 우리가 노예제라 부르는 제도를 알고 있었다. 그러므로 내 생각에 노예노동으로 이행하는 것에 대한 일반적 묵인이 있었다. 노예제의 초기 단계에서든 혹은 최성기에서든, 노예들에 대한 자유인의 질시나 노예들과 벌이는 경쟁은 전혀 존재하지 않았다. 이와 반대로, 노예를 소유할 수 없는 사람의 꿈은 언젠가 노예를 소유하는 것이었다. 자유인은 타인의 억압 아래 살지도 않고, 타인의 이익을 위해 고용되지도 않는 사람이었다. 자유인은 조상의 사당과 무덤이 있는, 대대로 물려받은 작은 토지에서 살기를 선호했다. 기술 수준이 낮은 전前산업화 세계에서 그런 유형의 자유인이 존재한 것이 노예제사회의 성립으로 이끌었다. 아무런 다른 현실적 대안이 없었다.[11]

핀리에 따르면 아테네의 귀족과 부자들이 노예제 생산을 선택할 때 생산 체제로서 노예제가 지닌 수익성은 고려하지 않았다. 그리스·로마의 노예제사회가 성립될 때 노예제 생산의 효율, 생산성, 수익성에 대한 고려가 있었다 하더라도 그것은 거의 역할을 하지 못했으며, 노예를 이용하는 자들이 생산 체계들을 비교해본 것은 전혀 없었다. 이방인 노예를 이용하는 것 외에는 대

---

11 같은 책, 90쪽.

안이 없는 부정적 조건이 중요한 영향을 미쳤다. 핀리의 주장 가운데, 아테네의 자유농민층이 신체의 자유와 토지 소유권을 획득한 상태에서 타인에게 고용 노동을 제공하기를 싫어하는 심리 상태를 가졌다는 것은 얼마나 현실성이 있었을까? 예컨대 핀리도 인정했듯이,[12] 로마공화정 말기에 노예제 농장 경영이 발달했을 때, 자유농민은 노예제 농장에 일시적으로 노동을 제공하며 공생 관계에 있기도 했다. 아테네의 소농도 생계를 위해서는 타인에게 일시적으로 고용되어 추가 수입을 얻고자 하지 않았을까?

3. 노예제사회의 쇠퇴

노예제사회가 언제 어떤 이유로 쇠퇴했는지는 복잡한 문제로 명확하게 알 수 없다. 그러나 통계적 수치로 입증할 수는 없지만, 로마 시대의 노예제를 연구한 학자 대다수는 1세기에서 3세기 사이의 로마제정 시기에 노예제가 쇠퇴했다는 데 동의한다.[13] 가령 안드레아 카란디니Andrea Carandini는 고고학 연구 결과를 바탕으로 시장생산을 하던 노예제 농장villa들이 안토니누스 피우스Antoninus Pius 황제(재위: 138년~161년)의 치세 말경이나 셉티미우스 세베루스의 치세 초기에 이르면 일반적으로 방기된 것으로 보았다.[14] 다른 한편으로 마르크 블로크Marc Bloch를 필두로 한 중세사가들은 중세 초기에도 어느 곳

---

12 Finley, *The Ancient Economy*, p. 107.

13 William Linn Westermann, *The Slave Systems of Greek and Roman Antiquity*(American Philosophical Society, 1955), p. 128 참조.

14 Andrea Carandini, *L'anatomia della Scimmia: La Formazione Economica della Società prima del Capitale: con un commento alle Forme che precedono la produzione capitalistica dai Grundrisse di Marx*(Giulio Einaudi, 1979), pp. 128~132.

에나 노예들이 존재했다고 주장했다. 블로크의 주장을 살펴보자.

기원후 처음 세기들의 로마 세계에서 노예는 들이나 가게, 작업장, 관공서 등 어디에나 있었다. 부자들은 수백 명 혹은 수천 명의 노예를 소유했으며, 적어도 노예를 1명도 소유하지 않은 사람은 매우 가난한 사람이었음이 틀림없다. 물론 노예노동이 모든 활동을 담당했다는 의미는 아니다. 많은 장인은 자유인이었으며, 수많은 토지는 소농 또는 결코 주인의 재산이 되지 않은 소작인들이 경작했다. …… 그런데도 노예노동이 없었더라면 그리스·로마의 물질생활도, 가장 고상한 문명도 없었을 것이다. 게르만인들도 하인으로서, 혹은 경작을 위해 노예를 소유했다. 반면에 근대 유럽 본토에서는, 일부 드문 예외를 제외하면, 노예제를 알지 못했다. 인류가 경험한 가장 심대한 혁신 가운데 하나인 노예제의 부재는 중세 성기 동안 매우 느리게 진행된 변화의 결과였다.

게르만족의 침입 시기와 게르만 왕국들의 초기에 유럽의 모든 부분에는 여전히 많은 노예가 있었다. 로마제국 초기보다 더 많은 노예가 있었던 것으로 보인다.

노예의 가장 중요한 원천은 언제나 전쟁이었다. 로마의 팽창 전쟁 시기에 군단들의 성공적인 원정이 이탈리아의 노예 우리들을 채웠다. 마찬가지로 4세기 초에는 적들에 대한 로마의 끊임없는 전투와, 로마 병사들과 전문적인 노상강도들로 이루어진 도적 떼들과 로마의 적들 사이에 빈번히 벌어진 전투의 결과로 여러 집단의 수중에 전리품으로 노예가 집적되었다. 400년경 아프리카의 시네시우스Synesius는 "아무리 가난한 집이라도 1명의 스키티아인 노예(즉 고트족 노예)를 가지지 않은 곳은 없다"라고 썼다. 시네시우스는 경험을 통해 알던 제국의 동부 지역을 염두에 두고 있었다. 시네시우스가 말한 '고트족'을 '야만인' 같은 좀 더 일반적인 용어로 대체한다면, 시네시우스의 관찰은 로마 세계의 모든 부분에서 타당성을 지녔던 것이 분명하다.[15]

로마제국 말기에는 노예 수가 감소했고 노예노동을 이용하는 것이 선호되지 않았다는 통설의 입장에서 블로크의 견해를 어떻게 받아들여야 할까? 쇠퇴하던 노예제가 로마제국 말기와 중세 초기에 다시 '부흥'했는가? 그러나 로마제국 말기의 전쟁들이 제공한 포로들로 노예제가 다시 활기를 띤, 노예제 생산의 제2국면이 있었을 것이라는 설명[16]은 설득력이 없다. 핀리는 블로크의 설명에는 진지하게 고려하지 않은 용어상의 심각한 난점이 있다고 지적하면서 블로크의 견해에 의문을 제기했다. 게르만족의 법전들에 나오는 노예들servi은 모두 동산 노예였는가? 서고트족의 법들은 소작인들coloni을 무시하지만, 서고트 왕국에는 소작인들이 분명히 있었고 또 중요한 비중을 차지했다. 그렇다면 소작인들coloni이 노예들의 목록에 포함되었다고 간주해야 하는가? 또한 핀리가 보기에 로마제국 말기에 법률을 기초한 법학자들은 고전기의 세련된 법학자들처럼 소작인colonus에 대해 규정할 수 없었던 것이 분명했다.[17] 요컨대 로마제국 말기의 법 사료나 게르만족의 법전들에서 노예나 소작인, 혹은 자유인이나 예속인의 구분은 분명하지 않았으며 그러한 용어들이 혼용되었기 때문에, 그런 사실을 무시한 분석은 설득력이 없었다.[18] 핀리는 노예제의 쇠퇴를 설명한 '정복 이론'을 비롯한 전통적인 견해들을 비판적으로 검토한 후, 자신의 견해를 제시했다. 『고대 경제』에서 핀리는 다음과

15 Marc Bloch, "How ancient slavery came to an end," in Marc Bloch, *Slavery and Serfdom in the Middle Ages: selected essays*, translated by William R. Beer(University of California Press, 1975), pp. 1~2.

16 Charles Richard Whittaker, "Circe's Pigs: From Slavery to Serfdom in the Later Roman World," in Moses I. Finely(ed.), *Classical Slavery*(F. Cass, 1987), p. 89 참조.

17 Finley, *Ancient Slavery and Modern Ideology*, pp. 124~125.

18 Moses I. Finley, "Problems of slave society: some reflections on the debate," *Opus*, II(1982), p. 206. 핀리는 로마제국 말기와 중세 초기의 예속 노동을 지칭한 여러 용어에 대한 철저한 의미론적 분석이 시급하다고 말했다.

같이 말했다.

> 결국 고대 노예제는 쇠퇴했으며, 그것을 설명할 필요가 있다. 무엇이 문제되는
> 지 확실히 해보자. 고대 노예제는 1865년의 미국에서처럼 폐지되거나 사라지
> 지 않았으며, 자유인 임금노동으로 대체되지도 않았다. 우리는 다시 통계적 수
> 치가 없어서 어려움에 직면한다. 고대 말기에도 노예는 여전히 도처에 있었다.
> 4세기 후반에 트라키아에서 고트족에 대항해 국경을 지키던 로마군 지휘관들
> 은 적을 상대로 노예를 거래하는 일에 몰두하느라 제국의 방위를 등한히 할 정
> 도였다. …… 그런데도 4세기에서 5세기에 이르면 동산 노예제는 고전적인 핵
> 심 지역에서조차 중심적 지위를 상실한 것으로 보이는데, 즉 도시의 생산 활동
> 에서는 자유인 노동자(독립적 경영자)들에게, 농촌에서는 '콜로니 coloni'로 알려
> 진, 토지에 결박된 소작인들에게 자리를 물려준 것으로 보인다.[19]

　4세기에서 5세기에 이르면 이탈리아나 시칠리아 같은 노예제의 핵심 지
역도 더는 노예제사회가 아니었다는 것이다. 그러나 핀리가 보기에도 노예
제가 언제 어떻게 쇠퇴하고 노예노동이 대체되었는지에 대해서는 아무도 알
수 없다. 노예제는 아마도 카롤루스 Carolus 대제(샤를마뉴 Charlemagne) 시대 이
전에는 완전하게 대체되지 않았을 것인데, 어떤 동시대인도 그러한 변화에
민감하지 않았다. 누구도 그런 과정을 기록하지 않았고 설명하려고 시도하
지 않았으므로, 우리가 그 변화 과정을 파악할 수 있는 자료가 없다.[20] 따라
서 핀리는 노예제사회를 성립시킨 세 가지 조건으로 돌아가, 그 조건들에 어
떤 변화가 있었는지를 분석한다. 노예제가 쇠퇴했다면, 노예제사회가 발달

19　Finley, *The Ancient Economy*, pp. 84~85.
20　Finley, *Ancient Slavery and Modern Ideology*, p. 131.

하는 데 필요한 세 가지 조건들, 즉 영구 노동력이 필요할 만큼 충분히 집중된 토지의 사적 소유, 상품생산과 시장의 충분한 발달, 사회 내부에서 노동을 공급할 수 없는 부정적 조건 가운데 하나 혹은 그 이상의 조건에 변화가 일어났을 것이기 때문이다.

1) 토지의 집중

핀리에 따르면 로마제정 시기 내내 토지의 사적 소유권이 계속 유지되었고, 황제를 정점으로 한 부유층 지주들에게 점점 더 많은 토지가 집중되는 경향이 계속된 것이 명백했다. 1세기에 황제들이 반역죄를 내세워 귀족들의 토지를 자주 몰수하고 또 고위층에게 유증한 경우처럼, 정치적 토대에서 토지가 집중되기도 했다. 그러나 제국 전역에서는 경제적으로 소토지 소유자들을 희생해 중규모 토지와 대규모 토지가 증가하는 추세가 나타났다.[21] 노예제사회가 발달하기 위해 필요한 첫째 조건은 제정기에도 계속 충족된 것이다. 핀리는 제정기의 토지 집중과 관련해 두 가지 질문을 던진다. 첫째, 유력자들의 수중에 집중된 토지는 하나의 거대한 영토적 통합을 이루었는가, 혹은 여러 지역에 산재되어 있었는가? 둘째, 유력자들의 대토지는 단일 경작 단위를 이루었는가, 혹은 많은 작은 경작 단위들로 분할되었는가?

첫 번째 질문에 대해, 핀리는 유력자들에게 집중된 토지는 여러 지역에 산재한 형태가 일반적이었다고 설명한다. 지주들은 규모의 경제에 대해서는 거의 관심이 없었으며, 토지의 집중이 자동적으로 경작 단위의 증대를 수반하지 않았다는 것이다. 대지주들의 토지가 산재되었던 사례는 공화정 후기 이래 사료에서 쉽게 찾아볼 수 있다. 공화정 말기에 아울루스 카이키나 세베

---

21 같은 책, 132쪽.

루스Aulus Caecina Severus는 별도로 경영되는 농장 여러 개를 소유했으며, 섹스투스 로스키우스Sextus Roscius는 테베레 강 유역에 산재한 농장 13개를 소유했다.[22] 로마제정 초기의 정치가이자 문필가인 소 플리니우스는 코모Como 지역에 농장 여러 개를, 움브리아와 오스티아Ostia에 각각 하나의 농장을 소유했다.[23] 제정 말기에 멜라니아Melania는 삼니움, 아풀리아, 시칠리아, 마우레타니아Mauretania에 있는 토지들을 소유했을 뿐 아니라, 이탈리아에도 여러 지역에 흩어진, 적어도 농장 12개를 가지고 있었다.[24]

다른 한편으로 일반적인 패턴은 아니지만, 특정 지주의 토지가 한곳에 집중되어 대토지를 형성한 경우도 있었다. 제정 초기의 콜루멜라는 주인이 하루에 둘러볼 수 없을 정도로 넓은 토지를 소유한 사람들이 있다고 말하면서 그러한 대토지의 폐해를 지적했다.[25] 1세기 말의 섹스투스 율리우스 프론티누스Sextus Julius Frontinus는 북아프리카에 있는 몇몇 지주의 대토지가 도시의 영토보다 더 크다고 말했으며,[26] 3세기 초 시칠리아 남부에 형성된 칼비시우스의 대토지massa Calvisiana는 겔라Gela 강 동쪽으로 15킬로미터 이상 펼쳐져 있었다.[27] 두 번째 질문에 대해, 핀리는 대토지가 일반적으로 좀 더 작은 단위들로 분할되어 경작된 증거가 북아프리카, 시칠리아, 이탈리아, 갈리아 등에서 확실하다고 보았다. 예컨대 제정 초기에 퀸투스 호라티우스 플라쿠스Quintus Horatius Flaccus의 사비눔 지역 농장은, 일부는 빌리쿠스 1명의 관리 아래 노예 8

---

22 Cicero, *Pro Caecina*, 11.21.94; *Pro Roscio Amerino*, 7.20.

23 Richard Duncan-Jones, *The Economy of Roman Empire*(Cambridge University Press, 1982), pp. 17~32 참조.

24 A. H. M. Jones, *The Later Roman Empire, 284-602: a social economic and administrative survey*(University of Oklahoma Press, 1964), p. 250, n. 32 참조.

25 Columella, *De Re Rustica*, 1.3.12.

26 Karl Lachmann and Adolf Rudorff(eds.), *Gromatici veteres*(Georg Reimer, 1848), p. 112.

27 Finley, *Ancient Slavery and Modern Ideology*, p. 134.

명이 경작했고, 다른 부분은 소작인 5명에게 분할 임대되었다.[28] 학자들은 대개 500유게라 이상의 대농장과 중농장(80~500유게라)을 구분한다. 그리고 노예제사회가 발달했던 시기에 지주들이 소유한 개개의 토지는 빌리쿠스 1명이 경영하기에 적합한 중농장이 일반적이었다는 것이 통설이다.[29] 핀리는 농업서 저술가들과 토지측량가들의 저술들을 고려해 200유게라(약 50헥타르)의 토지가 빌리쿠스 1명이 관리하기에 적합한 규모로 보았다. 그리고 제국 어디서나 그 정도 규모의 토지가 심지어 제정 말기에도 존재했다고 생각했다.[30] 제정기에도 지주들의 대토지화 경향은 계속되고, 더 심화되었는데 왜 노예제사회가 쇠퇴했는지를 파악하고자 핀리는 두 번째 조건을 검토한다.

2) 상품생산과 시장의 여건

핀리는 기원전 3세기 이래 상품생산과 시장이 충분히 발달한 것이 노예제사회를 출현할 수 있게 한 세 가지 조건 중 하나로 보았다. 노예제가 쇠퇴한 시기에 이 조건에는 어떤 변화가 있었는가? 핀리에 따르면, 로마제국 전역에서 시장의 경직성이 현저했으며, 아우구스투스 시대 이후 시장이 확대될 가능성은 없었다.

로마제국 전반을 고려해보면, 시장의 경직성을 상세히 논의할 필요가 없다고

---

28 Horatius, *Epistles*, 1.14.1~1.14.3; *Satires*, 2.7.118.

29 Heinz Dohr, *Die italischen Gutshöfe nach den Schriften Catos und Varros*(Gouder & Hansen, 1965), pp. 11~12; Vasiliĭ Ivanovich Kuzishchin, *La grande proprietà agraria nell'Italia romana. II secolo a. C. I secolo d.C.*, translated by Salvatore Arcella(Editori Riuniti, 1984), pp. 109~116.

30 Finley, *Ancient Slavery and Modern Ideology*, p. 132.

생각한다. 주민의 대다수가 비참한 소농, 소작인(자유인이든 혹은 토지에 결박되었든), 노예이던 사회는 구매력에 탄력성이 거의 없었다. 고대의 시장은 정복과 새로운 영토의 병합을 통해서만 어느 정도 확대되었는데, 아우구스투스의 시대부터 시장 확대의 기회가 사라졌다.[31]

시장의 구매 탄력성이 없는 데다 정복 전쟁의 종결과 더불어 시장을 확대할 기회가 사라졌다면, 시장을 지향해 생산하는 도시와 농촌의 노예제 생산에 불리한 영향을 미쳤을 것이다. 핀리는 상품생산 역시 제국 전역에서 크게 쇠퇴했다고 보았는데, 그 근거는 두 가지였다. 첫째, 국가에 조세를 현금으로 납부하는 대신 현물을 납부하는 관행이 계속 증가했다. 현물 과세와 민가에 병사들의 숙박을 강제로 할당하는 조치가 시행되었으며, 국가가 정한 가격으로 필요한 물건을 강제 구매하고 수송 부역을 강제하는 관행이 3세기 말이래 속주들에서 시행되었고, 그런 조치들은 시간이 지남에 따라 더욱 강화되었다. 핀리에 따르면 3세기에서 4세기에 이르렀을 때 로마 군대는 대개 현물 징세로 부양되고, 수송되며, 무장되었다. 병사와 관료들의 보수는 종종 현물로 지급되었다. 무기와 군복을 만드는 것은 국가의 독점 생산으로 넘어갔다. 특히 토지의 생산물을 위한 도시의 시장은 가장 큰 소비자가 점점 빠져나감으로써 위축되었다.[32] 핀리가 자신의 주장을 입증하는 충분한 증거를 제시하지는 않았지만, 그러한 변화 추세는 대체로 인정된다. 화폐경제가 쇠퇴하면서 현물경제가 우세해지고, 시장의 가장 큰 고객인 병사들이 현물경제에 의존하며, 국가가 독점 생산으로 군수품을 조달한 것은 노예제 생산이 후퇴한 뚜렷한 증거였다.

---

31 같은 책, 139쪽.
32 같은 책, 140쪽.

둘째, 상품생산이 후퇴한 또 다른 근거는 도시의 부유한 주민이 농촌으로 이주하고, 도시인구가 전반적으로 감소한 것이었다. 이런 현상은 특히 게르만족의 침입을 당한 제국의 서부 지역들에서 제국의 마지막 세기들에 현저했다. 핀리는 도시에서 대토지로 도피한 지주들이 본거지를 요새화했을 뿐 아니라 대토지를 자급자족적 공동체로 변화시킨 경향에 주목했다. 지주들은 거주지를 옮김으로써 도시의 시장을 축소시켰으며, 그들의 대토지에서는 상품생산도 계속했지만 식량과 의복, 목공 제품과 금속 제품도 생산함으로써 될 수 있는 한 자급자족을 지향했다.[33]

일부 학자는 공화정 후기와 제정 초기의 노예제 농장에서도 포도나 올리브의 재배에는 노예들을 이용하는 것이 유리한 반면에 수익성이 낮으며 계절에 따라 노동 수요가 매우 불균등한 곡물 재배는 소작인에게 임대하는 것이 유리했다거나,[34] 혹은 포도와 올리브 재배에는 노예노동이 유리했지만 곡물 재배에는 적합하지 않았다고 말했다.[35] 콜루멜라의 지침을 보아도, 지주들이 노예제 농장의 일부를 소작인에게 임대할 때, 곡물 재배지가 우선적인 대상이었을 것으로 생각된다. 로마제국 말기 지주들의 대토지에서는 소작인들에게 분할 대여된 부분이 많아서 포도주나 올리브유 같은 상품이 아니라 소작인들이 생산한 곡물이 주된 생산물이었을 것이다. 핀리는 노예제사회가 발전하기 위해 필요한 두 번째 조건, 즉 상품생산과 시장의 충분한 발달이라는 조건은 제국 말기에 크게 달라졌다고 보았다. 상품생산이 현저히 후퇴하

---

33 같은 책, 141쪽.

34 Norbert Brockmeyer, *Arbeitsorganisation und Ökonomisches Denken in der Gutswirtschaft des römischen Reiches*(Selbstverlag, 1968), pp. 175~176; Pieter Willem de Neeve, *Colonus: Private Farm Tenancy in Roman Italy During the Republic and the Early Principate*(Brill Academic Publishers, 1984), pp. 92~94.

35 Columella, *De Re Rustica*, 1.7.6; Cedric A. Yeo, "The Economics of Roman and American Slavery," *Finanzarchiv*, 13(1952), pp. 468~471.

고 시장이 크게 축소되었다면, 노예제 생산의 쇠퇴를 말해주는 증거가 될 수 있을 것이다.

3) 내부 노동 공급의 이용 가능성

노예제사회가 발전하기 위해 필요한 세 번째 조건은 정치적·군사적·사회심리적 이유로 유력자들이 사회 내부의 자유인 노동을 이용할 수 없는 부정적 조건이었다. 핀리는 제정기가 지나면서 이 조건에도 근본적인 변화가 일어났다고 본다. 노예노동이 다른 노동으로 대체되어 노예제가 쇠퇴한 현상은, 노예 소유주들이 노동정책을 의식적으로 바꾼 단기간의 변화가 아니라, 노동 이용의 관행에서 점진적으로 발생한 과정이었다. 노예 소유주들이 노예 대신 제국 내부의 다른 노동을 이용하게 한 것은 제정기 동안 정치적·군사적 구조에서 발생한 근본적인 변화 때문이었다.[36]

핀리는 로마제국의 전 시기에 사회적 '약자들'에 대한 압력이 계속 증가해서 약자들이 예속 상태에 떨어진 현상을 주목한다. 제정기 동안 채무자가 부채로 말미암아 예속되는 관행이 더욱 심화되었으며, 그것은 사회적 약자들을 부유한 채권자들에게 예속시킨 증거였다. 부채 노예제가 공식적으로는 오래전(기원전 326년)에 폐지되었지만, 부채를 변제하지 못하는 채무자는 재판관의 판결addictio에 복종해야 했으며, 그 판결은 사실상 강제 노동을 의미했다. 제정 초기에 소작인들은 보통 5년인 소작 계약 기간이 끝나면 소작지를 떠나는 것이 법적으로 자유로웠지만,[37] 소 플리니우스의 소작인들은 부채에 시달려 지대를 납부하지 못함으로써 소작 기간이 만료된 후에도 소작지를

---

36 Finley, *Ancient Slavery and Modern Ideology*, pp. 141~142.
37 *Digesta*, 19.2.25.

떠날 수 없었다.[38] 하드리아누스 황제는 소작인들의 의사에 반해 공유지에 소작인들을 억류하는 '비인간적 관행'을 처벌하도록 규정했다.[39] 1세기 후인 244년에 황제는 "소작을 계속하기를 원하지 않는 소작인들과 그들의 상속인들은 소작 기간이 만료된 후 억류되어서는 안 된다"라고 규정하고, 이러한 법이 자주 제정되었다고 덧붙였다.[40]

이러한 증거들을 볼 때, 핀리는 제국의 하류층이 완전한 '자유계약'보다 더 열악한 조건으로 다른 사람을 위해 노동하도록 강요되는 것에 저항할 능력을 점점 상실했다고 확신한다.

예전에 농민은 공동체의 완전한 구성원이었다. 로마의 농민은 아테네의 농민과 같은 지위를 얻지는 못했지만, 그들의 시민권과 특히 긴요한 군사적 공헌은 중시되었다. 아우구스투스 시대부터 모든 것이 다소 빨리 변했다. 시민권은 예전의 의미를 상실했다. 시민권이 내포하던 정치적 권리가 곧 완전히 사라졌으며, 약 3세기 동안에 징병제도가 지원병제로 대체되었다. 그것은 군복무 연령 남자들의 부담을 덜어주었지만, 동시에 그들의 중요한 무기, 즉 대부분의 사람이 국가에 대해 가질 수 있던 유일한 무기를 빼앗아버렸다. 이러한 변화는 2세기 초에 '상류층'과 '하류층'이 공식적으로 구분된 것에서 상징적으로 드러났다. 이제 법 앞의 불평등이 형법에 공식적으로 도입되었는데, 하류층은 처벌될 때 이제까지 '노예의' 형벌로 간주된 잔인한 형벌을 받아야 했다.[41]

공화정이 몰락하고 제정이 확립됨으로써 관료적이고 권위주의적인 군주

---

38   Gaius Plinius Caecilius Secundus, *Epistulae*, 3.19.
39   *Digesta*, 49.14.3.6.
40   *Codex Iustinianus*, 4.65.11.
41   Finley, *Ancient Slavery and Modern Ideology*, p. 141.

정이 폴리스적 정치 형태를 대체했다. 이제 소수의 특권층이 등장하고, 시민의 대다수는 정무관 선출에서 역할을 할 수 없었다. 지원병제를 원칙으로 한 직업 군대에는 후진적인 속주 출신 병사들의 비중이 늘어났으며, 시민들은 예전의 시민 군대에서 가졌던 군사적 역할을 상실했다. 핀리는 하류층으로 전락한 사람들에 대한 노예적 처벌의 예로서 주인의 안전을 위협한 노예에게 적용되던 화형이 평민과 하류층에도 적용된 사실[42]을 지적했다.

정치적·군사적 특권을 상실한 시민이 사실상 부자유한 상태로 전락하게 된 계기와 그 과정을 분명하게 알 수는 없다. 3세기 군인황제 시대의 혼란, 외적의 침입, 군대와 관료를 위한 재정 부담의 증대 등이 직접생산자인 농민과 소작인을 심각하게 압박했을 것으로 생각된다. 핀리는 중세重稅, 약탈과 파괴, 하류층 전락 등의 요소가 복합적으로 작용해, 하류층이 반란과 같은 불법행위를 하거나 강력한 이웃에게 보호를 요청해 자유를 상실한 것으로 보았다.

부담의 사회적 분배는, 언제나 그러했듯이, 불공평했다. 토지세는 실제 토지에서 일하는 농민과 소작인에게 가장 무겁게 부과되었다. 노예들이 경작하는 토지의 소유자들에게도 토지세가 부과되었으며, 그것은 양도될 수 없었다. 그러나 가장 부유한 지주들은 탈세에 가장 능숙했다. …… 가난한 사람들은 조세를 제때에 납부해야 했다. 조세와 전쟁의 이중 부담이 많은 농민을 불법행위로, 혹은 유일한 보호자인 지역의 강력한 개인에게로 이끌었다. 이것이 보호 제도라고 알려진 것이었다. 농민은 보호와 구제에 대한 대가로 자신과 자신의 소유지에 대한 지주(혹은 지주의 대리인)의 권리를 받아들였다. 그래서 농민에게 남아 있던 독립성이 상실되었다.[43]

---

42   *Digesta*, 48.19.28.11.

핀리에 따르면, 노예 소유주들은 제국 내부의 독립성을 상실한 하류층의 노동을 이용할 수 있었기 때문에 노예를 충원하기 위해 노력할 필요가 없었다. 노예 소유주들이 외부에서 공급받던 노예노동을 제국 내 부자유한 하류층의 노동으로 대체함으로써 노예제가 쇠퇴했다. 노예노동이 하류층의 노동으로 점차 대체된 결과, 고대 말기는 여전히 많은 노예가 있었지만 더는 노예제사회가 아니었다.

고대 말기의 세계는 많은 수의 노예가 계속 존재했는데도 더는 노예제사회가 아니었다. 노예들은 농촌의 대규모 생산에서 더는 지배적이지 않았다. 도시의 대규모 생산은 국영 공장들에 한정되었다. 노예는 엘리트들의 재산 수입의 대부분을 더는 제공하지 못했다. 가내 분야에서만 노예들이 여전히 지배적이었으며, 가내노예 피라미드의 정점은 궁정의 환관들이었다. 분명히 구조적인 변화가 일어났다. 노예들은 서서히 도시에서는 법적으로 여전히 자유인이지만 더는 고전 세계의 자유 시민이 아닌 사람들로 대체되었고, 농촌에서는 법적·정치적으로 예전 의미의 자유를 가지지 못한 사람들로 대체되었다. 그렇지만 농촌 경제의 조직은 변화되지 않은 것으로 보인다. 나는 고대 말기를 어떤 명확한 일련의 단계들로 짜 맞출 수 없다. 비록 북아프리카의 황제령이나 혹은 다른 몇몇 지역에서 장원제(혹은 영주제)의 기초가 발견되기는 했지만, 봉건제와 봉건적 상부구조는 마르크 블로크가 옳게 주장했듯이 샤를마뉴 시대 이전에는 출현하지 않았다. 노예제사회가 봉건사회에 즉시 자리를 내주지는 않았다.[44]

로마제국 말기에는 도시와 농촌의 대규모 생산에서 노예들이 주축을 담당

---

43 Finley, *Ancient Slavery and Modern Ideology*, p. 146.
44 같은 책, 149쪽.

하지 못함으로써 노예제사회가 쇠퇴했지만, 유력자들의 가내에서는 여전히 노예들이 주된 역할을 했다는 것이다. 핀리는 제국 말기에 노예제사회가 쇠퇴했지만, 농촌 경제의 조직은 변화되지 않은 것으로 본다. 지주들의 대토지 생산을 담당했던 노예들이 제국 내의 하류층으로 대체되는 변화가 일어났지만, 토지 경영 방식이나 생산에서는 큰 변화를 상정할 수 없다는 것이다.

4. 맺음말

노예제사회가 어떻게 출현했고, 왜 쇠퇴했는지는 노예제 연구에서 가장 중요한 관심사에 속한다. 핀리는 이 문제에 대해, 정복 이론이나 마르크스주의 이론에 따른 설명이 지닌 문제점을 지적하고, 자신의 독특한 관점으로 설명했다. 핀리는 자유인과 노예의 수를 둘러싼 논쟁을 거부하고, 노예가 담당한 기능에 따라 농촌과 도시의 대규모 생산에서 노예가 주축을 담당한 사회를 '노예제사회'로 정의했다. 노예제사회에서도 도시의 소규모 생산과 소농 경영에서는 자유인 노동이 주축을 이루었다는 것, 자유인 노동과 노예노동이 공생 관계에 있을 수 있던 측면도 핀리는 인정했다.

핀리가 노예제사회의 출현에 필요한 것으로 제시한 세 가지 조건은 다른 학자들도 언급한 것이다. 그러나 핀리는 노예제사회가 출현하고 발전하려면 세 조건이 동시에 충족되어야 한다고 보았으며, 특히 노예에 대한 수요가 노예 공급보다 선행했다는 것, 다른 사람의 노동이 필요한 유력자들이 사회 내에서 노동을 구할 수 없어 외부의 노예노동을 찾지 않을 수 없었다는 것을 강조했다. 핀리의 이러한 주장에 대해, 정복 이론을 옹호한 학자들이 반론을 적극적으로 제기한 것을 볼 수가 없다. 그렇다고 핀리의 견해가 타당성이 입증되었다고 말할 수는 없다. 핀리는 유력자들이 사회 내부의 노동을 이용할 수 없는 부정적 조건으로 고용 노동을 싫어하는 자유인의 사회심리적 태도를 강조했는데, 특히 로마의 경우 그런 심리 상태가 얼마나 현실성이 있었는지 의심스럽다.

노예제사회의 쇠퇴와 관련해 핀리는 로마제국 말기까지 지주들의 수중에 토지가 집중되는 현상은 계속되었지만, 상품생산과 시장이 크게 위축되었고, 노예 소유주들이 제국 내에서 하류층의 노동을 이용할 수 있게 되었다고 본다. 따라서 노예들이 제국 내부의 노동자들로 서서히 대체되었다는 것이다. 핀리는 자신의 주장을 뒷받침하기 위해 새로운 사실이나 증거를 내세우지는 않았다. 학자들의 기존 연구 업적에 의거해 자신의 주장을 했을 뿐이다. 그렇지만 핀리는 세 가지 조건에 입각해 노예제사회에 관한 정의를 내렸으며, 세 조건의 변화를 고찰하는 방식으로 노예제사회의 출현과 쇠퇴를 체계적으로 설명하는 데 공헌했다고 평가할 수 있다.

제7장

고대 경제의 근대성과 원시성

1. 머리말

지난 100여 년 동안 서양 고대 경제의 일반적 특성, 특히 로마 경제의 특성에 대한 학문적 논의와 역사 서술에서 학자들은 서로 상반된 주장을 하는 두 집단으로 대립하는 경향을 보였다. 기술, 합리적 이윤 추구, 생산성, 경제적 태도 등의 견지에서 고대 경제는 근대 경제와는 근본적으로 다른 원시적 특성을 지녔다고 주장하는 '원시론자들'이 있었는가 하면, 고대 경제도 그 나름대로 합리적이었고 근대 경제에서 발견할 수 있는 것들과 비슷한 측면들을 지녔다고 보는 '근대론자들'이 존재했다. 이들 학자에게는 특히 고대 경제가 발달한 시기의 생산 형태를 어떻게 바라볼 것인지가 중요한 관심사였다. 따라서 대 카토, 바로, 콜루멜라와 같은 농업서 저술가들이 묘사한 로마공화정 말기와 제정 초기의 노예제 농장의 특성은 이윤을 추구해 합리적으로 경영되었다고 해석되기도 했고, 합리적인 경영이나 이윤 추구와는 거리가 먼 자급자족을 목표로 한 농장이었다고 주장되기도 했다.

논쟁을 전개하면서 근대론의 몇몇 학자는 노예제 농장 경영이나 이목의 사실적인 면을 언급하기도 했지만, 그들의 논점은 어디까지나 노예제 생산 전반의 성격을 파악하는 것이었다. 원시론자들은 노예제 생산에 대한 근대론 자들의 모델에 반대하면서, 합리적 이윤 추구, 기술, 계산이나 계획 등의 특정한 관점에서 노예제 생산의 한계와 원시성을 지적했다. 이번 장에서는 원시론자와 근대론자들 가운데 두드러진 몇몇 학자의 주장을 검토하면서 논쟁의 핵심을 제시할 것이며, 이를 통해 고대 경제의 성격을 드러내고자 한다.

2. 근대론자들의 견해: 토인비, 요, 로스톱체프

고대 지주와 근대 지주들의 심성이나 영리 행위에는 아무런 근본적인 차이가 없다는 것이 근대론자들의 시각이었다. 이런 시각은 노예제가 덜 발달한 가부장제적 노예제 단계에는 적용되지 않았지만, 제2차 포에니전쟁 이후 발달한 이탈리아의 노예제 대토지들의 경영을 설명하는 데 적용되었다. 근대론자들이 보기에, 이 시기 농장의 노예들은 멀리 떨어진 시장, 심지어 국제적인 시장을 지향해 상업 작물들의 전문화된 생산에 이용되었다. 포도주, 올리브유, 과일 등을 생산하는 노예제 농장의 소유주들은 이윤을 추구하기 위해 혈안이 되었었고, 노예들은 그런 주인을 부유하게 하기 위해 고된 노동을 했다고 여겨졌다. 근대론자들로 말할 수 있는 아널드 토인비Arnold J. Toynbee, 세드릭 요Cedric A. Yeo, 미하일 로스톱체프와 같은 학자들은 이처럼 급속히 발달한 노예제 생산을 설명하면서 '자본주의', '자본가', '자본주의적'이라는 표현을 곧잘 썼으며, 로마의 노예경제를 자본주의와 동일시하는 경향을 보였다.

토인비는 한니발 전쟁 이후 대규모의 플랜테이션plantation과 이목이 급속히 발달했다고 말하면서 그런 발달을 할 수 있게 한 조건을 개관했다. 그것은 전쟁의 혼란과 소농층 몰락의 결과로 종종 간단히 몰수된 값싼 토지의 이용 가능성, 중남부 이탈리아에서 급속히 성장하던 도시들에 새로운 시장들의 발달, 그리고 피정복민의 집단적 노예화를 통해 획득하는 노예노동력의 이용 가능성이었다.[1] 이탈리아에는 이집트나 근동에서 발달한 바와 같은 예속 노동의 체계가 존재하지 않았던 것도 새로운 노예경제가 발달하기에 유리한 조건으로 지적되었다. 이 밖에도 토인비는 경제적 부를 추구해 대규모의 노예제 농장들을 획득하려는 로마 지배층의 욕구를 중시했다. 이런 조건에서 발달한 플랜테이션과 이목은 '전통적인 소규모 혼합 농경의 자급자족 경제'보다 경제적으로 더욱 우수한 것이었으며, 기술의 혁신에서라기보다 노동의 사회적 조직의 발전에서 비롯된 생산수단의 개량이었다. 노예들의 노동을 이용하는 '자본가들'의 동기는 오로지 이윤을 추구하는 것이었다. 그리고 새로운 경제체제가 수익성이 있기 위해서는 플랜테이션의 노동자와 방목지의 목자들은 수입된 노예들이어야 했고, 생산의 목적은 '수출하기에 적합한 상품들'이었다.[2] 이처럼 노예제 생산의 담당자인 자본가들의 경제적 동기와 이윤 추구를 강조하는 토인비의 시각은 로마의 팽창이 주로 노예들을 획득하기 위한 동기에서 비롯되었다는 견해를 낳게 했다.

요는 로마의 대토지와 18세기에서 19세기 브라질, 서인도제도, 미국 남부의 플랜테이션을 직접 비교했다. 고대 자본주의와 근대 자본주의의 차이를 지적하자면 지중해 세계는 아메리카 노예제 시대의 세계적 시장만큼 큰 시장이 되지 못한 것뿐이었다. 요의 표현을 직접 인용해보자.

---

1 Arnold J. Toynbee, *Hannibl's Legacy: The Hannibalic War's Effects on Roman Life*, Vol. II: Rome and Her Neighbours after Hannibal's Exit(Oxford University Press, 1965), pp. 166~167.
2 같은 책, 161, 166, 299쪽.

고대 로마의 가장 특징적인 농업 체계는 플랜테이션 체계였는데, 그것은 지방 시장과 해외시장에 판매하기 위한 주요 농산물들을 생산하기 위해 통일적인 관리 아래 상당한 정도의 비자유노동, 즉 노예노동을 이용하는 자본주의적 형태의 농업 조직으로 정의될 수도 있을 것이다. 이런 정의는 ① 노동과 관리의 기능이 분명히 구분되었다는 것, ② 농업 체계의 목적과 특성이 상업적이었다는 것, ③ 종종 많은 양의 화폐자본을 토지, 노예, 설비에 투자하는 것을 포함하는 자본주의적 체계였다는 것, ④ 전문화(시장을 지향한 단일 농작물의 생산)를 지향하는 경향이 존재했다는 것을 시사한다. 고대 이탈리아에서 이런 형태의 농업이 발달하는 데 유리하게 작용한 조건은 18세기에서 19세기 사이에 서인도제도, 브라질, 미국의 남부 주들에서 플랜테이션이 지배적이게 한 조건과 많은 점에서 비슷했다.[3]

요도 주로 자급자족을 위해 곡물을 경작하던 소농들의 농업 체계가 무너지고 플랜테이션이 발달하게 된 과정을 설명했다. 한니발 전쟁의 파괴적 영향도 소농과 소농 체계의 몰락에 영향을 미쳤지만, 좀 더 중요한 요인은 그후 계속된 로마의 제국주의적 팽창 전쟁들의 결과 노예제 플랜테이션이 발달한 것이었다. 그것이 이탈리아의 '원시적' 농업 체계를 파멸시켰다. 로마의 팽창 정책은 지중해 상업의 팽창과 강력한 투자 계층의 성장이라는 결과를 낳았으며, 로마로 유례없는 자본을 유입시켰고, 속주들을 대규모로 수탈할 수 있게 했다. 이탈리아에 노예들을 유입시켜 노동 위기를 해결한 것도 팽창 전쟁들이었다.[4] 이와 같은 요의 주장은 로마의 노예제 대토지 경영이 발달한

---

3   Cedric A. Yeo, "The Development of the Roman Plantation and Marketing of Farm Products," *Finanz-Archiv*, 13(1952), p. 321.
4   같은 책, 322~327쪽.

이유를 설명하기 위해 근대 자본주의적인 용어와 개념들을 무비판적으로 사용했다는 비난을 받았다.

역시 근대론자로 분류될 수 있는 로스톱체프도 포에니전쟁들의 결과로 새로운 부자 계급이 성장함으로써 자본주의적 농업 경영이 발달했다고 설명했다. 부자들은 이윤을 추구하고 모험적이며 투자 기회를 노리는 '자본가들'이었으며, 농업을 자신들의 사업 활동을 확대하기 위해 가장 적합한 투자 대상으로 여겼다. 그래서 예전의 자급자족적 농업 체계 외에, 자본과 노예노동에 기초하고 로마나 다른 도시들에 거주하는 부재지주가 지도하는 새로운 농업 체계가 출현했다. 자본가들은 토지를 투자의 대상으로 여겼으므로, 가장 수익성 있는 경작 방법을 모색했다. 남부 이탈리아의 그리스인들에게서 농업기술을 배우고, 최초로 카르타고인들이 히스파니아와 갈리아에서 발달시킨 시장들을 활용하면서, 자본가들이 포도와 과일의 과학적 재배를 증대하고 광대한 토지에 올리브 나무를 심으며 과학적으로 가축을 사육하기 위해 중남부 이탈리아의 좋은 방목지를 이용한 것은 당연했다. 새로운 농업의 생산물은 당연히 해외시장에 수출되었다. 모든 생산물은 남부 이탈리아의 그리스인들이 지중해 서부로 수출했고, 그 후 이탈리아산 포도주와 올리브유 및 직물이 그리스의 생산물들과 질적으로 경쟁할 수 있게 되었을 때는 지중해 동부에도 수출되었다. 심지어 새로운 농업 경영에 대한 지침서로서 농업서를 저술한 카토가 카르타고의 파괴를 주장한 것은 서부 시장을 지향한 포도주와 올리브유의 생산에서 경쟁자를 제거하기 위한 자본가들의 이해를 반영했기 때문으로 설명되었다. 카르타고의 파괴는 상업적·경제적 세력이라는 정체성 면에서 카르타고인들의 도시를 최종적으로 제거한 것으로 인식되었다.[5] 이처럼 로스톱체프도 근대 자본주의경제적 개념들을 적용해 로마

---

5   Michael Ivanovitch Rostovtzeff, *The Social and Economic History of the Roman Empire*,

의 노예경제를 합리적으로 이윤을 추구한 것으로 설명했다. 그리고 이런 시각을 원시론자들은 거부했다.

3. 원시론자들의 비판: 뷔허, 미크비츠, 핀리

로마 시대의 노예제 농장은 본질적으로 자연경제의 한계 내에 머문 토지이용 형태를 포함했고, 농장에서는 자급자족이 강조되었으며, 농경에 대한 지주의 접근은 전통적인 관행을 결코 넘어서지 못했다는 것이 원시론자들의 입장이었다.[6] 이번 절에서는 원시론자에 속하는 카를 뷔허 Karl Bücher , 군나르 미크비츠 Gunnar Mickwitz , 모지스 핀리의 견해를 고찰해보겠다. 일찍이 원시론적 입장을 주장한 학자로서 독일의 경제사가 뷔허를 꼽을 수 있다. 시기적으로 뷔허의 견해는 근대론자들의 연구 결과가 나오기 전에 제기되었으므로 근대론자들을 비판한 원시론자 그룹에 뷔허를 포함하는 것은 적절하지 않을 것이다. 오히려 근대론자들이 뷔허를 비판했다는 표현이 옳을 것이다. 이번 절에서는 구성의 편의상 뷔허를 다른 원시론자들과 함께 다루고자 한다.

뷔허는 근대 자본주의로 발달하는 과정에서 '오이코스 경제 oikos economy'의 단계를 설정했는데, 오이코스란 확대가족 단위 extended household unit를 의미했다. 뷔허는 그리스인과 카르타고인, 로마인들의 경제생활은 확대가족 단위에 입각한 생산의 특성을 지녔었다고 보면서 로마의 노예제 대토지 경영에도 오이코스 경제의 개념을 적용했다. 오이코스에 기초한 생산을 뷔허는 다

Vol. 1(Clarendon Press, 1926) pp. 19~22; *Rome*, translated by James Duff Duff(Oxford University Press, 1960), pp. 89~90.

6   John R. Love, *Antiquity and Capitalism: Max Weber and the Sociological Foundations of Roman Civilization*(Routledge, 1991), p. 61.

음과 같이 설명했다. 그것은 원래의 가족 단위나 부족 공동체에 '외적' 요소들(노예나 농노)을 결합함으로써 본래의 독립적인 가족경제와 분업을 유지하는 동시에, 오이코스에 필요한 물품을 생산하는 것에서 그 양과 다양성을 증대하는 진보를 이룰 수 있었다. 이 경우 가족에 속하는 노예나 농노의 수가 많을수록, 노동은 더 완전하게 결합되거나 분할될 수 있었다. 농업에서는 더욱 넓은 토지가 경작될 수 있었다. 확대가족 구성원 전체를 위한 곡물 제분, 제빵, 직조, 도구 제작 등의 전문적인 일이 특정한 노예들에게 맡겨질 수 있었고, 노예들은 그런 일들을 위해 특별히 훈련될 수 있었다.[7]

뷔허는 오이코스에 입각한 생산을 완전히 원시적이라고 치부하지는 않았다. 그것은 생산성의 관점에서 볼 때는 실제적인 진보를 나타냈다는 것이다. 그러나 뷔허가 보기에 오이코스 경제는 경제적 교환의 특성을 지니지 않았다. 다만 개개의 오이코스에서 생산되어 전부 소비되지 않고 남은 잉여, 그리고 충분히 이용될 수 없는 생산도구와 전문 노동은 다른 오이코스와 교환되었을 것으로 생각되었다. 따라서 뷔허가 오이코스 경제에는 교환이 완전히 존재하지 않았다고 주장한 것은 아니었지만, 뷔허는 오이코스 경제를 자본주의경제와는 매우 동떨어진 것으로 파악했다. 오이코스의 노동은 언제나 자체 구성원의 수요에 의해서만 충동을 받았으며, 자체의 수요를 충족하기 위해서만 생산했다는 것이다.[8] 노예제 생산이 자급자족을 목적으로 하는 폐쇄적인 오이코스들의 생산이었다는 뷔허의 이론은 노예제 생산의 실제에 대해 본격적으로 연구되지 않은 단계에서 나온 것이었다.

고대의 농업에서는 합리성이란 존재할 수 없었다고 주장하면서 원시론자

---

7   Karl Bücher, *Industrial Evolution*(Henry Holt and Company, 1901), p. 96; Love, *Antiquity and Capitalism*, p. 61.

8   Bücher, *Industrial Evolution*, pp. 107~110; Love, *Antiquity and Capitalism*, p. 62.

들의 견해를 반박한 대표적인 근대론자는 미크비츠였다. 미크비츠는 농업 생산의 형태를 두 가지로 나누었는데, 하나는 자본주의 이전 경제에서 특징적인, 순전히 경험적 지식에 따르는 생산이었고, 다른 하나는 합리적·과학적 원리에 입각한 생산으로서 자본주의 시대에 특징적인 것이었다. 미크비츠에 의하면 근대의 농부는 무엇을 어떻게 생산할 것인지를 결정하기 전에 서로 다른 농작물들의 생산요소와 생산비를 고려하고, 예상되는 소득을 시장가격으로 계산해보고서 가장 수익성 있는 농작물에 투자한다. 반면에 자본주의 이전의 모든 생산은 정확한 계산에 입각하기보다 평균 수익이라는 모호한 관념에 기초한 경험적 계획에 따를 뿐이었다. 이런 차이의 원인을 미크비츠는 근대(구체적으로 1775년경) 이전에는 합리적·과학적 계획을 할 능력이 없었기 때문이라고 보았다.[9]

따라서 로마인들이 마치 원형-자본가들proto-capitalists인 것처럼, 합리적 형태의 농업을 생각하고 수행할 수 있었다고 주장한 학자들을 미크비츠는 비판했다. 미크비츠에 의하면 고대의 농업에서는 합리성이란 존재하지 않았다. 로마사에서 가장 진보된 시기인 공화정 말 제정 초기의 로마인들조차 합리성이 없었으며, 이는 기술의 정체라는 결과를 낳았다. 미크비츠는 농장의 수익을 증대하기 위한 농업서 저술가 카토의 충고가 실용적 가치를 지녔지만, 근대적 관점에서 보면 중요한 점들을 간과했다고 지적했다. 카토는 특정 지역이 침체되어 있으면 그것이 흉작의 결과일 수 있고, 부지런한 사람은 그런 지역의 농장을 싼값에 구매해 돈을 벌 수 있다는 생각을 하지 못했다는 것이다.[10] 미크비츠가 보기에 그 이유는 로마인들이 근대적 계산 방법, 특히

---

9   Andrea Carandini, "Columella's Vineyards and the Rationality of the Roman Economy," *Opus*, II(1983), p. 179.

10   Cato, *De Agricultura*, 1~3; Gunnar Mickwitz, "Economic rationalism in Graeco-Roman agriculture," *English Historical Review*, 52(1937), p. 584.

'기회비용'을 알지 못했기 때문이었다. 또한 카토는 적어도 근대적 기준으로 볼 때, 투자된 자본(설비, 노예, 토지)과 그로 말미암은 수익 사이의 관계를 충분히 이해하지 못했다고 미크비츠는 지적했다.[11] 농장 설비의 적절한 양에 대해 권고할 때에도 카토는 비용(기대 수익)에 비추어 고려하지 않고 자원을 적절히 할당하려는 생각에서 낭비적인 최대 설비와 빈약한 최소 설비 사이의 어중간한 수준을 선택했다는 것이다. 이 밖에도 카토는 농장의 소득(수익성)을 올리브 압착기와 포도주 항아리의 수와 같은 간접 지표들로 측정하라고 충고했는가 하면, 농장을 구매하려는 사람에게는 농장의 생산과 판매 수치의 크기를 고려하라고 권하기보다 단순히 농장의 이웃들이 풍부한가, 전 주인들은 성공적이었는가 등을 살펴보라고 말했다는 것이다. 미크비츠가 보기에 카토의 농업서에 나타난 합리성의 한계는 과학적 농경과 복식부기 작성법이 발달하기 전에는 농업을 가장 수익성 있는 방법으로 추구할 수 있도록 계산하고 계획할 기술적 수단이 없었기 때문이었다.[12]

미크비츠는 자신의 주장을 뒷받침하는 증거로서 기원전 3세기에서 기원후 3세기까지의 기간에 속하는 농장들의 회계accounts에 대한 정보를 포함하는 이집트의 파피루스들도 조사했다. 농장들의 회계는 화폐, 밀, 포도주의 양을 일별, 월별, 연도별로 기록한 것이었다. 미크비츠가 보기에 그것은 농장의 재고에 대한 기록일 뿐이었다. 예컨대 포도나무를 재배하는 노예들에게 사용된 곡물은 기록에 포함되지 않아서 포도 농장에서 곡물을 생산하기 위해 어느 정도의 토지가 유보되었는지, 포도 농장의 수익은 얼마나 되었는

---

11 앨런 에드거 애스틴은 카토가 생산성을 증대하기 위한 수단으로 자본을 추가로 투자하려는 생각을 하지 않았다고 보았다. 카토는 현금 수입과 현금 지출의 차이를 크게 하기 위해 오히려 구매를 최소한으로 줄이려는 목적이 있었던 것으로 보인다는 것이다[Alan Edgar Astin, *Cato the Censor*(Oxford University Press, 1978), p. 259].

12 Love, *Antiquity and Capitalism*, pp. 78~79.

지는 추산할 수 없었다. 또한 경상지출이 토지의 개량이나 건축 등을 위해 투자된 자본과 구분되지 않아서 자본에 대한 실질소득이 파악될 수 없었다. 결국 유동자본, 곡물, 사료, 올리브유, 포도주에 대한 카토의 계산과 마찬가지로 이집트 농장들의 회계는 부정확했고, 피상적 경험주의에 기초했을 뿐이었다. 미크비츠가 보기에는 바로와 콜루멜라의 계산도 마찬가지였다. 로마인들은 '그들의 선택을 위한 합리적 토대'에 도달하려고 노력했지만, 올바른 계산으로 수익을 예측하고 생산을 계획할 능력이 없었다는 것이다.[13]

미크비츠는 고대 경제를 근대 경제의 기준에서 비교해 고찰함으로써 후자와 대비되는 고대 경제의 실제를 드러내기도 했지만, 합리적 계산이 언제나 미래의 올바른 선택으로 이끌기라도 하는 것처럼, '근대성'이라는 시금석을 지나치게 긍정적으로 이상화했다. 반면에 고대는 지나치게 부정적으로 이념화되었다. 이처럼 역사를 두 가지 이념형으로 구분하는 것은 비역사적 태도라고 말하지 않을 수 없다.

고대사회경제사 전반을 폭넓게 연구한 핀리는 대표적인 원시론자로 일컬어진다. 핀리는 자신보다 앞선 막스 베버나 미크비츠의 주장에 찬성하지 않는 것으로 보이는 근대론자들이 원시론을 반박하는 것을 보지 못했으며, 원시론은 단순히 무시되어왔다고 지적했다.[14] 핀리는 뷔허처럼 고대의 농장 경영이 자급자족을 목적으로 했다고 생각하지는 않았다. 이런 점에서 핀리는 극단적인 근대론뿐 아니라 지나친 원시론도 거부했다.[15] 고대의 지주들이 이윤을 추구하는 데 분명히 관심이 있었다는 것을 핀리는 인정했다. 농장에 보유할 가치가 없는 "늙은 가축과 늙은 노예는 매각하라"라는 카토의 충고를

---

13 Carandini, "Columella's Vineyards and the Rationality of the Roman Economy," pp. 179~180.

14 Moses I. Finley, *Ancient Slavery and Modern Ideology*(Viking Press, 1980), p. 137.

15 Love, *Antiquity and Capitalism*, p. 93.

핀리는 비용을 줄이고 수익을 증대하려는 관심으로 받아들였다. "농장 소유주는 구매자가 되기보다 판매자가 되어야 한다"라는 카토의 충고도 핀리는 도덕적 판단이라기보다는 경제적 판단이라고 생각했다.[16]

그러나 핀리가 고대의 지주들에게 어느 정도의 영리 취득성acquisitiveness이 있었다는 것을 인정했지만, 고대의 지주들이 영리를 추구하는 방식, 즉 농장 경영은 합리적으로 이윤을 추구하는 자본주의적인 것과는 거리가 먼 매우 원시적인 것이었음을 강조했다. 폭넓게 말하자면 그리스·로마 사회에서는 효율성, 생산성, 수익성이 거의 고려되지 않았으며, 기술이 발달하지 못했다는 것이 핀리의 기본적 시각이었다. 그리스인과 로마인들이 세계의 기술 지식을 축적하는 데 덧붙인 바가 없다는 말을 핀리는 상투어로 받아들였다. 신석기시대와 청동기시대의 사람들은 농업, 야금술, 도기 제조, 직조술의 기본적 기술을 발명하거나 발견해 발달시켰음에 반해, 그것을 바탕으로 고도의 문명을 이룩한 그리스인과 로마인들은 다음 시대에 새로운 발명을 전해주지 못했다는 것이다.[17] 고대인들이 합리적으로 영리를 추구하지 못한 이유를 핀리는 어디에서 찾았는가?

우선 핀리는 고대인들에게는 투자한 자본에 대한 수익성을 합리적으로 계산할 능력이 없었다고 주장했다. 카토가 『농업론』에서 농작물들의 상대적 중요성을 차례로 열거한 것을 핀리는 경제적으로 터무니없는 사고의 증거라고 말했다.[18] 카토는 지주들에게 노동시간이나 설비를 낭비하지 말고, 농장의 설비는 정확히 필요한 만큼만 갖추어야 하며, 노예들을 놀리지 않고 언제

---

16 Cato, *De Agricultura*, 2.7; Moses I. Finley, *The Ancient Economy*(University of California Press, 1973), p. 109.

17 Moses I. Finley, "Technical Innovation and Economic Progress in the Ancient World," *Economic History Review*, Vol. 18(1965), p. 29.

18 Cato, *De Agricultura*, 1.7; Finley, *The Ancient Economy*, p. 111.

나 일을 시킬 수 있는 방법들을 고안하도록 충고했다. 또한 농장에서 생산된 것을 매각하고, 될 수 있으면 외부에서 구매하지 말고 농장에서 필요한 것들을 자급하도록 충고했다.[19] 핀리에 의하면 카토의 이런 충고는 인색함일 뿐 경제적 합리주의가 아니었다. 카토에게는 어떤 것이 다른 것보다 상대적으로 더 수익성이 있는지를 계산할 능력이 없었다. 카토의 계산은 합리적이지 않았고, 생산지와 소비지 간의 거리를 고려하지 못했다. 카토보다 후의 농업서 저술가들인 바로와 콜루멜라의 계산은 카토의 오류를 수정했지만, 그들에게도 합리적인 영리 추구는 없었다고 핀리는 보았다.[20]

가령 1세기 중반경의 농업서 저술가 콜루멜라가 7유게라의 포도 농장을 단위로 해서 포도 재배의 수익성에 대해 제시한 계산은 학자들 간에 논란의 대상이었다(85쪽 인용문 참조).

일부 학자는 이 계산이 당시 이탈리아의 포도 농장 수익에 대한 가장 신뢰할 만한 분석이라고 말하면서 주목했지만, 핀리는 콜루멜라가 제시한 가격들을 일반화할 수 없다고 단언했다. 핀리는 콜루멜라의 계산에는 농장 건물과 설비를 마련하는 비용, 곡물 등을 생산하는 토지의 구매 비용, 노예들의 유지 비용, 감가상각이 고려되지 않았음을 지적했다. 따라서 콜루멜라가 암시한 매년 34퍼센트의 수익은 터무니없으며, 콜루멜라의 계산은 수박 겉핥기의 탁상공론에 지나지 않았다는 것이다.[21] 핀리가 말하는 경제적 합리성이란 과학적 원리에 입각한 계산에 따라 투자한 화폐에서 최대의 수익을 추구하는 것이었다. 그런 기준으로 볼 때 고대인들에게는 개념적·회계적 수단이 없어서 정확하게 계산할 능력이 없었다. 고대의 지주들은 엉성한 경험적 지

---

19 Cato, *De Agricultura*, 2, 10~11, 37~39.

20 Finley, "Technical Innovation and Economic Progress in the Ancient World," p. 40.

21 Carandini, "Columella's Vineyards and the Rationality of the Roman Economy," p. 178.

식과 상식에 따라 행동했을 따름이며, 고대의 지주들에게 토지에 대한 투자는 결코 체계적인 계산이나 경제적 합리성의 문제가 아니었다. 카토나 콜루멜라와 같은 고대인의 경제적 사고와 계산이 근대적 기준에 비추어볼 때 원시적이었다는 핀리의 지적은 옳다. 그러나 마틴 프레데릭센Martin W. Frederiksen 이 지적했듯이,[22] 핀리는 오늘날의 가장 발달한 자본주의적 기준에 비추어 고대인들의 합리성을 문제 삼았다는 비난을 받지 않을 수 없다.

핀리가 원시성의 원인으로 또한 중시한 것은 고대인들의 심성mentality이었다. 핀리에 따르면, 고대의 저술가들은 토지를 소득의 극대화를 위한 최선의 투자로서 묘사하지 않았다. 큰 규모의 토지를 소유하는 것은 확실히 수익성이 있다고 평가되었지만, 그 평가는 수익성의 근거에서만큼이나 '자연nature'과 '도덕성'의 근거에서 비롯된 것이었다. 아리스토텔레스가 저술한 것으로 추정되는 『가정 경영술Oeconomicus』에서 농업이 정의롭고 자연(토지)과 밀접하다고 생각된다는 근거에서 찬양되었듯이, 고대사회에서는 도덕적 관심사와 경제적 관심사가 완전히 분리되었다고 핀리는 말했다.[23] 요컨대 고대인들의 심성은, 베버의 프로테스탄트 직업윤리protestant ethic와는 대조적으로 비생산적이었다는 것이다. 존 러브John R. Love는 핀리가 도덕, 경제, 영리 획득욕, 자연 사이의 관계에 의해 고대인들의 심성을 설명한 것이 혼란스럽고 잘 논증되지 않았다고 비난했다.[24] 특히 고대 농업의 비합리적·후진적 특성을 드러내기 위해 핀리가 그리스사에 속하는 실례들을 제시하고서, 그 실례들을 기초로 고대 전체, 특히 로마에 대한 결론을 내린 것은 설득력이 부족하다고 지적할 수 있다.

---

22 Martin W. Frederiksen, "Theory, evidence and the ancient economy," *The Journal of Roman Studies*, Vol. 65(1975), p. 169.

23 Finley, *The Ancient Economy*, pp. 121~122.

24 Love, *Antiquity and Capitalism*, p. 96.

핀리에 따르면 호메로스Homeros의 세계에서 유스티니아누스 1세 시대에 이르는 고대의 전 기간에 거대한 부는 토지 재산이었다. 새로운 부는 영리 활동에서 나온 것이 아니라 전쟁과 정치(조세 징수 청부와 같은 부산물을 포함해)에서 나왔다. 거대한 부를 소유한 자들은 도시에 거주하는 부재지주들이 었으며, 토지를 소작인들에게 임대했든 혹은 노예들과 빌리쿠스들에게 맡겼든, 부재지주들은 지대 취득자rentier의 심성을 지녀서 물리적 상황도 부재지주들의 태도도 혁신에 도움이 되지 않았다. 지주들은 본질적으로 부를 창출하려고 노력한 것이 아니라, 정치와 사치스러운 생활에 부를 소비하기 위해 노력했다.[25] 로마제정 말기에 비경제적 심성을 지닌 지주들의 노예제 농장 경영이 쇠퇴한 원인도 핀리는 경제적 합리성이 없어 궁극적으로 기술이 발달하지 못한 것에서 찾았다.

고대의 지주가 일단 적당한 경작 단위와 할 수 있는 최선의 혼합 농경을 이룩하고, 노예들에게 1년 내내 최대의 노동을 끌어내는 방법들을 발견하며, 전문화와 인색함에 의해 할 수 있는 모든 저축을 했다 하더라도 어떻게 토지의 생산성을 증대할 수 있었다는 말인가? 내게 알려진 유일한 대답은 기술의 진보이다. 그리고 농업에서는 신기술을 활용할 수 있을 때만 기술혁신을 이용하기 위해 경영 단위를 크게 넓힐 수 있고 또 필요하다. 그렇지 않으면 토지의 겸병은, 기분이 흡족하다는 것 외에는, 부적절하다.[26]

로마의 지주들은 노동의 착취, 인색함, 토지를 겸병하는 방법 외에는 이윤을 극대화하기 위해 필요한 기술과 실제적 가능성 모두를 가지지 못했으

---

25   Finley, *The Ancient Economy*, p. 39.

26   Finley, *Ancient Slavery and Modern Ideology*, p. 137.

므로 농장 경영은 생산성을 증대하기 위해 필요한 기술의 진보를 이룰 수 없었다는 것이다.

4. 근대론자들의 반론: 카란디니, 더네이버

원시론자들은 이념화된 자본주의경제를 잣대로 해서 고대 경제의 무지와 후진성을 지적하는 경향을 보였다. 따라서 원시론자들이 고대사를 바라보는 객관적인 방법을 적용하지 않았다는 비판을 받은 것은 당연했다. 이번 절에서는 원시론자들의 주장에 반론을 제기하면서 근대론을 옹호한 안드레아 카란디니와 피터르 빌럼 더네이버 Pieter Willem de Neeve 의 견해를 고찰할 것이다. 우선 카란디니는 콜루멜라가 묘사한 것과 같은, 기원전 2세기에서 기원후 2세기의 시기에 발달한 노예제 농장들이 '이중경제'의 특성을 지녔음을 지적했다. 농장은 주요 시장들 major markets 을 지향해 포도주나 올리브유 등의 특화된 생산에 관련된 화폐적 부문 monetary sector 과 농장 내의 자급자족을 위해 곡물, 사료, 거름 등을 복합 경작 polyculture 하는 자연적 부문 natural sector 으로 구분되었다는 것이다. 후자인 자연적 부문의 생산은 전자의 시장 판매를 지향하는 생산에 이바지했다. 카란디니는 대부분의 역사가들, 특히 원시론자들이 농장의 이중적인 특수한 실제를 이해하지 못하고 일원적 mono-sectorially 으로 파악했음을 지적했다. 노예제 농장의 경제적 합리성이나 계산은 이중의 구조를 고려해 이해해야 했다. 카란디니가 보기에 자연적 부문의 생산물은 시장에서 판매되지 않았기 때문에 가치가 평가되지 않아서 농장의 회계에 포함되지 않았으며, 포함할 수 없었다.[27]

---

27 Carandini, "Columella's Vineyards and the Rationality of the Roman Economy," pp. 194~

카란디니는 노예제 농장의 자급자족적 측면이 원시론자들의 주장과는 달리 후진적인 물질적·정신적 상태를 나타내는 증거가 아니라고 말했다. 카란디니에 따르면, 농장의 모든 생산과정과 생산물을 단일의 통일된 시장과 통합할 수 없었던 고대 경제에서는 오히려 이중경제가 기본적으로 필요했다. 이중경제에 입각한 농장 경영에서는 화폐 부문의 생산물만이 수송 여건과 그 밖의 자연적 장애로 말미암은 제약을 극복하고 해외 교역을 위한 주요 시장들에 도달할 수 있었다. 카란디니는 로마의 농장 경영이 발달한 시기는 농장에서 생산된 생산물의 상업화를 통한 이윤이 지주-사업가proprietor-entrepreneur들을 부유하게 한 시기로 특징지었다.[28] 따라서 카란디니는 자연적 부문의 자급자족을 위한 생산(가내 경제)이 영리를 획득하기 위한 화폐 부문에서 '공급자provider'의 기능을 담당함으로써 화폐 부문 못지않게 합리적이었고, 존재 이유를 가졌다고 보았다.[29] 노예제 농장이 자급자족을 달성하는 동시에 시장을 지향해 이윤을 추구했을 때, 농장 내의 수요를 충족하는 생산은 이윤을 추구하는 생산보다 더 원시적이었다고 단정할 수 없다는 것이다. 카란디니가 보기에 합리주의rationalism란 절대적이 아니라 정도의 문제로서 역사상 어느 시기에든 존재할 수 있었다. 카란디니가 말하는 합리주의는 핀리나 미크비츠의 합리주의와 약간 다르다. 카란디니에게 합리주의란 '투자와 수익을 비교할 가능성'을 의미했는바, 비용의 최소화와 수익의 최대화를 전제하는 것이었다.[30] 이런 정의에 따르면 합리적 경제활동은 어느 시기에나 존재했다. 근대 자본주의 시대에는 그것에 수반된 과학적 진보 및 사회적 탄력성의 증가로 합리적 경제활동의 가능성이 매우 높아졌을 뿐이었다.

195.
28 같은 책, 195쪽.
29 같은 책, 196쪽.
30 같은 책, 182쪽.

고대인들이 정확하게 계산하고 계획할 능력이 없어서 합리적이지 못했다는 원시론자들의 주장에 대해서도 카란디니는 반박했다. 카란디니는 우선 순수한 시장경제가 아니던 고대 경제에 자본주의적 회계 방법을 그대로 적용하는 것은 옳지 않다고 지적했다.[31] 고대에는 생산의 형태에 따라 생산물이 지향하는 시장도 달랐음을 카란디니는 다음과 같이 설명했다. 소농의 가족 생산에 기초한 덜 발달된 농업의 생산물은 고립된 지방 시장을 지배했음에 반해, 관리된 노예노동에 기초한 좀 더 발달된 농업의 생산물은 해외시장을 지배했다. 전자의 생산물은 투자된 자본과 비용이 매우 적어서 값싸게 팔릴 수 있었지만, 후자의 생산물은 더 많은 투자와 많은 비용의 결과였기 때문에 값비쌌다. 생산의 정치적 위계에 상응하는 시장의 공간적 위계가 이루어졌다. 노예제 농장의 자급자족을 위한 생산물처럼 시장에서 매각되지 않는 생산물이 있었는가 하면, 동일한 방식으로 생산된 상품이 상호 간에 관련이 있지만 기능적으로 독립된 시장을 지향했다. 가령 속주 간에도 곡물 생산에 전문화하는 지역(남부 이탈리아, 시칠리아, 아프리카)의 곡물에 의존하면서 포도주 생산에 전문화하는 지역(중부 이탈리아)이 있었으며, 같은 노예제 농장의 경우에도 시칠리아의 농장은 곡물을 생산했고 캄파니아의 농장은 포도주를 생산했다. 이처럼 고대 자본주의는 결코 자립적으로 성장한 것이 아니라, 자본주의 자체의 화력을 위해서 언제나 외부에서 공급되는 새로운 연료가 필요했다.[32] 카란디니는 로마(혹은 근대 자본주의 이전) 경제의 이런 이중성 때문에 이중의 회계(계산) 체계가 불가피했다고 보았다. 첫째, 회계는 이윤이 계산될 수 없고, 계산하는 것이 무의미한 자급자족 생산에 대한 것이었다. 둘째, 회계는 시장을 지향한 생산에 대한 것으로, 자급자족(가내) 부문 요소

---

31 같은 책, 181~182쪽.
32 같은 책, 200쪽.

들의 영향을 받지 않는 한에서, 화폐로 계산될 수 있었다.[33] 노예제 농장의 이런 이중성을 고려하면서 카란디니는 앞에 제시된바, 포도 농장의 수익에 대한 콜루멜라의 계산을 당시 가장 발달한 농장들의 실제에 입각한 계산으로서 대체로 정확하다고 받아들였다. 고대 경제의 이런 이중성, 독특성, 복잡성을 무시한 채 근대적 기준으로 고대 경제의 원시성을 주장하는 것은 옳지 않음을 카란디니는 강조했다.

카란디니의 견해를 상당 정도 수용하고 또한 보완하면서 근대론을 옹호한 또 다른 학자로서 더네이버를 들 수 있다. 법 사료까지 활용하면서 로마 사회경제사를 폭넓게 연구한 더네이버는 로마인들이 경제적으로 비합리적이고 비근대적이었으며 심지어 원시적이었다는 핀리-미크비츠 학파의 결론을 거부했다. 우선 더네이버는 회계(계산)라는 관점에서 볼 때, 근대에도 투입과 산출 사이, 혹은 비용과 소득 사이의 최적 관계를 수립하는 것은 일반적으로 시행착오의 문제였으며, 성공적인 농부들은 '합리적 행동의 범위' 내에서 행동할 수 있을 뿐이었다고 보았다. 로마인들만이 경제적 문제들을 이론화할 수 없었던 것은 아니라는 것이다. 더네이버는 가령 토지의 가치에 대한 체계적인 경제이론은 18세기에서 19세기, 특히 데이비드 리카도 David Ricardo 와 요한 하인리히 폰 튀넨 Johann Heinrich von Thünen 에 이르러서야 출현했음을 지적했다.[34] 따라서 핀리나 미크비츠가 심지어 오늘날의 농업에도 적용되기 곤란한 모델을 선택하고 그 모델에 비추어 고대 경제는 원시적이었다고 내린 결론을 더네이버는 시대착오로 받아들였다.

더네이버는 로마의 농업서 저술가들이 묘사한 노예제 농장이 근대의 플

---

33 같은 책, 201쪽.

34 Pieter Willem de Neeve, "The Price of Agricultural Land in Roman Italy and the Problem of Economic Rationalism," *Opus*, 4(1985), p. 93.

랜테이션 모델과 일치한다고 보았다.

열대 지역이나 아열대 지역에 고유한 플랜테이션은 주로 (수출) 시장을 지향해 생산하는 전문화된 기업이다. 여기서 전문화는 단일경작monoculture의 형태를 취할 수 있지만 반드시 그런 것은 아니다. 복합 경작일지라도 한두 가지 주요 생산물에 집중하며, 나머지 생산물들은 주요 생산물들에 종속된다. 보조적인 생산물들subsidiary products은 노동자들의 생계를 위한 것이다. …… 보통 플랜테 이션은 생산물을 가공하지 않은 채 판매하는 것이 아니라 반-가공되었거나 완전 가공된 상품으로 판매한다. 즉, 사탕수수가 아니라 원래의 설탕raw sugar을, 포도나 올리브가 아니라 포도주와 올리브유를 판매한다. 그 이유는 수확 후 많은 생산물이 급속히 부패되기 때문이다. 가공은 보존 효과를 지닌다. 더욱이 가공된 상품은 부피가 작아져 원거리를 수송하는 데 더욱 용이하고 수송비가 저렴해서 결과적으로 단위 무게 당 가치가 더욱 높아진다. 그래서 원료를 가공하기 위한 시설을 갖춘 플랜테이션은 종종 산업적 성격을 가진다. 따라서 그런 설비가 없는 소규모의 비전문적 농장보다 플랜테이션은 더 높은 생산량과 종종 더 좋은 품질을 달성한다. 어쨌든 전문화가 경작의 개선과 생산물의 품질 개선을 끌어낸다.
카토의 농장들, 그리고 그 밖의 농업서 저술가들의 농장들은 분명히 플랜테 이션 모델과 일치한다. 그 농장들은 포도주와 올리브유 생산에 전문화되었으며 그 상품들은 주로 시장을 지향했다. 이 상품들 외에도, 곡물과 다른 농작물들도 물론 재배되었다.[35]

---

35 Pieter Willem de Neeve, *Colonus: Private Farm Tenancy in Roman Italy During the Republic and the Early Principate*(Brill Academic Publishers, 1984), pp. 75~77.

더네이버도 로마 시대의 노예제 농장들이 시장을 지향해 상품을 생산하는 데 전문화했을 뿐 아니라 자급자족적인 생산성도 동시에 지녔음을 지적했다. 농장의 그러한 특성은 플랜테이션의 전문화에 따르는 모험의 한계로 인식되었다. 카란디니가 지적한 농장의 특성, 즉 이중경제와 더네이버가 지적한 농장의 특성은 다르지 않다. 그러나 더네이버는 카란디니의 모델을 수용하면서 카란디니의 모델과 다른 자신의 입장을 덧붙였다. 카란디니에 따르면, 로마 농장들이 지닌 특성인 이중경제의 장점이자 합리성은 자연적 부문의 자급자족적 생산으로 말미암아 화폐 부문의 생산이 최대 수익을 얻는 데 현금 지출을 피할 수 있게 한 것이었다. 더네이버는 자급자족을 위한 생산이 제공한 또 다른 장점을 덧붙였다. 노예제 농장에서 시장을 지향하는 생산은 거름이 없이는 할 수 없었는데, 그 거름을 자급자족적 생산 부문의 가축과 곡물 경작이 제공했다는 것이다.[36]

또한 로마의 '자본주의적' 농장들의 경제가 본질적으로 이중적이었음을 인정하더라도, 더네이버는 카란디니의 모델이 다소 조정될 필요가 있다고 보았다. 봉건적인 폴란드나 로마 시대의 아풀리아, 혹은 북아프리카처럼 도시화가 거의 되지 않은 지역에는 카란디니의 모델이 잘 들어맞지만, 농업서 저술가들이 주로 대상으로 한, 고도로 도시화된 중부 이탈리아의 경우는 사정이 달라진다는 것이다. 더네이버가 보기에 도시화로 시장들이 조밀하게 분포한 지역에 입지한 자본주의적 농장의 자급자족적 생산은 시장의 영향을 받을 수 있었다. 카토와 바로의 충고에서 드러나듯이 카토와 바로가 묘사한 농장들은 자급자족을 중시하고 농장 외부에서 구매하는 것을 최소화하려고 노력했지만, 농장에서 필요한 것들을 농장 외부에서 정기적으로 구매한 것

---

36 De Neeve, "The Price of Agricultural Land in Roman Italy and the Problem of Economic Rationalism," p. 95.

이 사실이었다.[37] 어떤 경우에는 포도나무 받침목과 같은 것을 농장에서 재배해 조달하는 것보다 구매하는 것이 더 유리했을 것이다. 더네이버는 농장에서 필요한 것들을 구매할 것인지 혹은 농장에서 생산할 것인지의 결정은 시장까지 거리가 얼마나 되는가에 달렸다고 보았다.[38]

노예제 농장의 자연적 부문에서 나온 생산물들은 시장에 전혀 매각되지 않았다는 카란디니의 설명에 대해서도 더네이버는 견해를 달리했다. 카란디니는 자연적 부문의 생산물을 지방 시장에 매각할 경우 소농들의 생산물보다 불리해 경쟁력이 없다고 생각했다. 가족의 노동을 이용하는 소농들의 생산비는 훨씬 더 저렴했기 때문이라는 것이었다.[39] 더네이버는 자연적 부문의 일차적 기능은 화폐적 부문을 돕는 것이었지만, 대농장의 경우 자연적 부문의 생산에서도 일반적으로 소농의 소토지보다 더 많은 잉여 생산을 했을 것으로 보았다. 게다가 대농장은 저장 시설을 갖추어서 시장가격이 상승할 때를 기다릴 수 있었으므로 자연적 부문의 잉여 생산물이 지방 시장에서 경쟁력이 있었다는 것이다.[40] 농장의 소유주에게 농장의 잉여는 곡물을 포함해 무엇이든 판매하라는 카토의 충고[41]는 더네이버의 견해를 지지해준다. 노예제 농장의 자급자족적 생산도 어느 정도 시장과 관련이 있었으며, 그 정도는 시장까지 거리가 얼마나 되는가, 즉 도시화에 달렸었다고 볼 수 있다.

더네이버가 보기에, 로마인들은 분명히 핀리가 생각한 의미의 경제적 합리주의자들은 아니었으며, 로마 시대에 매우 합리적으로 이윤을 추구하는

---

37 Cato, *De Agricultura*, 135; Varro, *De Re Rustica*, 1.16.2~1.16.6.

38 De Neeve, "The Price of Agricultural Land in Roman Italy and the Problem of Economic Rationalism," p. 95.

39 Carandini, "Columella's Vineyards and the Rationality of the Roman Economy," p. 183.

40 De Neeve, "The Price of Agricultural Land in Roman Italy and the Problem of Economic Rationalism," p. 96.

41 Cato, *De Agricultura*, 2.7.

자본주의적 농장 경영은 존재하지 않았다. 그러나 로마의 상류층 지주들과 로마 정부는 적어도 과학 이전의 실용적 방법으로 경지의 가치를 지배하는 법칙의 중요성, 특히 소득reditus과 지대의 중요성을 올바로 이해했다. 노예제 농장들이 발달한 시기에 로마의 상류층에게 소득이 중시된 것은, 농업이 소농 경제의 단계를 지나 (알렉산드르 차야노프Alexander Chayanov적 의미의) '자본주의적' 성격을 지닌 것이었다. 자본주의적 농장의 자연적 부문은 소농 경제의 잔재를 드러냈지만, 소농 경제에서와는 근본적으로 다른 방식으로 농장이 이윤을 추구했기 때문이었다.[42]

더네이버는 로마인의 경제행위에서 '사회적 고려'의 역할을 강조하는 것이 유행이 되었다고 말한다. 더네이버 자신은 사회적 고려의 중요성을 과소평가하고 싶지는 않지만, 로마인들이 토지의 가치를 따지면서 수익성을 고려한 것은 분명히 경제적 동기가 더 중시되었음을 시사하는 것으로 받아들였다. 오늘날에도 비경제적 동기가 영향력을 발휘하며, 수입의 극대화를 합리적으로 추구하는 근대의 '경제인'이란 이념형에 지나지 않는다는 것이다. 더네이버는 경제적 합리주의에 대한 개념을 재고해야 한다는 입장이다. 더네이버가 보기에 근대의 경제적 합리주의만이 유일하게 가능한 것은 아니며, 경제적 합리주의가 최선의 합리주의도 아니었다. 전통적인 소농들도 자신들이 처한 고유의 상황에서는 일반적으로 매우 합리적으로 행동할 수 있었다. 마찬가지로 로마인들의 합리주의나 비합리주의는 로마인들이 처한 상황의 맥락에서, 특히 그 시대의 기술적·정신적 조건의 제약 내에서 분석해야 한다는 것이다.[43] 그렇게 볼 때 로마 자본가들의 경제행위는 주목할 만큼

---

42 De Neeve, "The Price of Agricultural Land in Roman Italy and the Problem of Economic Rationalism," p. 97.
43 같은 책, 98쪽.

합리적이고 진보적이었다는 것이 더네이버의 입장이었다.

5. 맺음말

고대 경제의 특성, 고대인의 경제적 태도, 행위, 심성 등이 어떠했는지를 연구하는 역사가들에게 자신들이 사는 시대는 자연스러운 잣대가 될 수 있다. 역사가에게는 자신이 연구하는 과거와 현재를 비교해보고 그 차이를 규명하는 태도가 요구된다. 고대 경제를 둘러싼 근대론자와 원시론자들의 논쟁은 역사가들의 이런 기본적인 태도에서 비롯되었다고 볼 수 있다. 고대 경제가 교환경제의 특성을 지니지 않았다는 뷔허의 초기 모델은 노예제 농장들을 다룬 농업서들이나 고고학적 증거들에 대한 분석을 통해 설득력을 지니지 못함을 드러냈다. 토인비, 요, 로스톱체프와 같은 초기의 근대론자들은 근대 자본주의경제의 모델과 개념들을 적용해 고대 경제의 발달을 설명했다. 이들은 경제적으로 발달한 로마공화정 말기와 제정 초기에 고대 경제는 근대 자본주의처럼, 자본가들이 성장해 합리적으로 영리를 추구하는 시장경제로 변모했음을 강조했다. 원시론자들은 근대론자들이 근대 자본주의 모델을 무비판적으로 고대에 적용했다고 비난하면서 근대론자들이 간과한 고대 경제의 전통성과 원시성을 강조했다. 원시론자들의 분석 기준 역시 좀 더 이념화된 근대 자본주의의 모델이었다. 카란디나 더네이버와 같은 근대론자들은 이분법적인 극단론을 피하면서 과거에 대한 좀 더 객관적인 이해를 시도했다. 고대 경제를 바라보는 근대론자와 원시론자들의 판단 기준이 모두 근대 자본주의였다는 점에서 근대론과 원시론은 동전의 양면과 같았다. 근대성이라는 시금석은 유용하지만, 그것을 지나치게 이상화하는 것은 비역사적인 태도가 아닐 수 없다.

노예 가족

1. 머리말

로마 시대에 가족은 시민들의 기본적인 사회단위였다. 사회의 엘리트 계층
은 가족의 전통을 매우 중시해서 자손이 없으면 양자를 입양하는 것이 가족
의 전통을 소멸시키는 것보다 훨씬 더 낫다고 생각했다.[1] 주인에게 철저하게
예속된 상품인 노예의 일반적인 삶을 생각하면, '가족'이란 노예와 관련될 수
없는 말로 생각될 수도 있다. 그러나 공화정 말기와 제정 초기의 문헌 사료
와 법 사료 및 비문들은 노예들이 가족을 이루고 살았다는 것을 보여준다.
노예는 법적으로 결혼을 할 수 없기 때문에 합법적인 가족을 구성할 수 없었
지만, 현실의 노예 소유주들은 남녀 노예의 동거와 동거를 통한 노예 가족의
존재를 명시적, 혹은 묵시적으로 허용했다. 자유 시민간의 합법적인 결혼은

---

[1]   Keith R. Bradley, *Slaves and Masters in the Roman Empire: A Study in Social Control*
       (Oxford University Press, 1987), p. 47.

코누비움conubium으로, 노예들의 비합법적 결혼은 콘투베르니움contubernium으로 불렀다.[2] 노예 가족의 구성원들은 서로를 아내와 남편, 어머니와 아버지, 아들과 딸, 형제와 자매로 불렀다.[3] 이 글은 노예제가 발달한 공화정 말기와 제정 초기 어떤 부류의 노예들이 가족을 이루고 살았는가, 노예 가족의 삶은 안정적이었는가 하는 문제를 살펴보고자 한다.

2. 노예 가족의 특성

로마의 노예와 피해방인과 관련된 비문들을 분석한 한 연구에 따르면, 그 비문 가운데 26.5~39퍼센트가 노예들의 의사-결혼인 '동거'에 대해 기록했다. 노예들의 결혼에서 자식이 태어났음을 기록한 비문들은 전체의 15.1퍼센트에 이른다. 귀족 가문들의 공동 무덤에서 나온 비문들의 경우 24~25퍼센트가 노예들의 가족 관계를 언급했으며, 그 가족 중 15퍼센트에서 자식이 태어났다. 황실 노예들과 관련된 비문들에서는 노예들의 결혼 비율이 훨씬 더 높았다.[4]

노예 가족의 증거는 대개 도시 노예들의 사례에서 나타나며, 농촌 노예들이 가족을 이루어 생활한 증거는 찾기 어렵다. 농업 노예 중에는 남자 노예가 대다수였을 것으로 생각된다.[5] 기원전 2세기 전반의 대 카토가 모범적인

---

2 '콘투베르니움'은 병사나 동물들의 동거를 의미하기도 했지만, 특히 노예와 노예, 혹은 노예와 자유인의 동거를 의미했다.

3 Hermannus Dessau(ed.), *Inscriptiones Latinae Selectae*, Vol. 2, part 2(Weidmannos, 1906), *ILS* 7379, 7384, 7401, 7431.

4 Tenney Frank, "Race mixture in the Roman Empire," *American Historical Review*, 21(1916), pp. 696~698.

5 Keith Hopkins, *Conquerors and Slaves*(Cambridge University Press, 1978), p. 102.

농장으로 제시한 포도 농장과 올리브 농장에는 각각 노예 16명과 13명이 있는데, 각각의 농장에서 여자 노예는 빌리쿠스의 동거인인 빌리카 1명뿐이다.[6] 농장 노예들에게 가족생활의 기회가 매우 제한된 것은 농장 노예들의 삶의 여건이 열악했음을 보여준다. 카토가 제시한 것 같은 유형의 노예제 농장들에도 일반적으로 여자 노예들이 함께 살아서 노예의 재생산이 이루어졌을 것으로 보는 주장도 있지만,[7] 노예가 풍부하게 공급되던 시기에 노예제 농장들의 노예 공급 방식은 농장에서 태어난 노예 자식들을 양육하는 것이 아니라 시장에서 새로운 노예를 구매해 보충하는 것이었다. 농장 소유주들은 될 수 있으면 적은 노예로 농장을 꾸려나가려고 했다.[8]

농장 노예들의 경우와 달리, 도시에 사는 유력한 노예 소유주의 가정은 부모와 자식들뿐 아니라 많은 노예와 피해방인도 포함했다. 흔히 '가족'으로 번역되는 파밀리아는 일반적으로 노예 소유주의 동일한 가정에 있는 '노예들', 혹은 '노예와 피해방인들'을 의미했다. 노예 가족을 연구한 학자들은 파밀리아를 '주인의 혈연가족을 포함한 노예와 피해방인들'로 보기도 했고, '주인의 혈연가족을 제외한 노예와 피해방인들'로 사용하기도 했다.[9] 공식적으로 해방된 피해방인은 법적으로는 자유인이었지만, 전 주인을 보호자로 삼아 전 주인에게 노역opera으로 표현된 의무를 일정 기간 계속 제공하거나 혹

---

6   Cato, *De Agricultura*, 10~11.

7   Keith R. Bradley, "On the Roman Slave Supply and Slavebreeding," in Moses I. Finely (ed.), *Classical Slavery*(F. Cass, 1987), pp. 52ff.

8   車轉桓, 「紀元前 二世紀前半 로마의 農場經營: 카토의 農業書를 中心으로」, ≪歷史學報≫, 제116집, 85쪽 이하.

9   좁은 의미의 '파밀리아'는 주인의 한 가정에 있는 '노예들'을 의미하지만, 법 사료와 비문들에서는 '노예와 피해방인들'을 의미하기도 했다[Richard P. Saller, "Slavery and the Roman Family," in Moses I. Finely(ed.), *Classical Slavery*(F. Cass, 1987), p. 67]. 파밀리아에 관해서는 *Digesta*, 21.1.25.2, 50.16.195.1을 참조.

은 전 주인과 동업자로서 노예 때 하던 일을 계속하는 경우가 일반적이었다.

비문에서 자유인과 노예 혹은 피해방인의 신분을 밝힐 때, 로마인의 명명법을 이해하는 것이 중요하다. 시민의 이름은 개인명praenomen+씨족명nomen+가문명cognomen의 세 이름으로 이루어졌다. 미혼의 여성은 개인명과 가문명을 지니지 않고 아버지의 씨족명을 여성화해 불렀다. 주인은 노예에게 이름을 붙여 주었는데, 노예의 완전한 이름은 에그나티우스 푸블리우스의 노예 파르나케스Pharnaces Egnatii Publii servus처럼 주인이 붙여준 개인명+주인의 씨족명+주인의 개인명+'servus'였다. 피해방인은 보통 노예 때의 개인명을 그대로 지녔으며, 전 주인의 씨족원이 되어 전 주인의 씨족명을 얻고, 전 주인이 붙여 준 개인명을 가졌다.[10] 그러나 노예 소유주들은 노예나 피해방인에게 이름을 붙이는 규칙을 간단히 무시할 수도 있었다.

도시 로마에서 발견된 1세기에서 2세기의 방대한 비문 자료를 통해 노예와 피해방인의 결혼 패턴을 연구한 폴 위버P. R. C Weaver의 분석에 따르면, 노예와 피해방인들은 자신의 파밀리아를 벗어나 다른 가정의 파밀리아 구성원과 결혼하는 경우도 있었지만, 동일한 파밀리아 내에서 결혼하는 것이 더 일반적이었다. 부부 가운데 어느 한 당사자가 노예나 피해방인이거나 부부가 모두 노예인 총 700쌍 가운데 335쌍은 동일한 씨족명을, 217쌍은 서로 다른 씨족명을 가지고 있었다. 부부 가운데 어느 한 편이 노예인 부부는 147쌍이었다. 이들 부부 가운데 36쌍은 동일한 파밀리아 출신이며, 10쌍은 서로 다른 파밀리아에 속했고, 그 밖의 부부들의 경우는 명확하지 않았다. 부부가 모두 노예로 이루어진 부부 가운데 그들의 파밀리아가 알려진 부부는 28쌍인데, 그중에서 8쌍(30퍼센트)은 부부가 서로 다른 파밀리아에 속했다. 남자

---

10 Harold Whetstone Johnston, *The Private Life of the Romans*(Foresman and Co., 1903), pp. 46ff.

피해방인과 여자 피해방인liberta이 결혼한 사례는 185쌍이며, 그중 67쌍(36퍼센트)이 서로 다른 파밀리아의 배우자들로 이루어져 있었다.[11] 노예들은 지속적인 가족생활의 전망을 위해서도 될 수 있으면 동일한 파밀리아 내에 있는 배우자와 동거할 수 있기를 바랐을 것이고, 그런 경우 주인도 가족 관계를 허용했을 가능성이 더 높다.

유력한 노예 소유주의 파밀리아는 거대한 규모에 달했으며, 노예와 피해방인들은 다양한 가내 봉사에 종사하거나 가게나 작업장에서 일했다. 제정 초기의 부유한 귀족인 볼루시우스 사투르니누스Volusius Saturninus 가문의 공동 무덤columbarium에서 출토된 비문 107개에는 204명이 기록되었는데, 그중 남자가 129명이고 여자가 75명이다.[12] 또 다른 귀족인 스타틸리우스Statilius 가문의 무덤Monumentum statiliorum에서 발견된 비문에는 남자가 421명, 여자가 213명 기록되었다.[13] 리비아 드루실라Livia Drusilla 황후의 무덤Monumentum Liviae에서 발견된 비문들에 따르면, 노예를 포함한 종속인들은 남자가 440명이고 여자가 212명이었다. 귀족들의 대규모 파밀리아를 구성한 사람의 대다수는 노예와 피해방인이었을 것이며, 파밀리아를 구성한 남자와 여자의 비율은 대략 2대 1이었음을 알 수 있다. 도시 파밀리아에서는 여자의 비율이 농장 노예의 경우보다 훨씬 높아서 노예들이 가족을 구성할 가능성이 그만큼 높았을 것

---

11 P. R. C. Weaver, *Familia Caesaris: A Social Study of the Emperor's Freedmen and Slaves* (Cambridge University Press, 1972), pp. 179~195.

12 Susan Treggiari, "Family Life among Staff of the Volusii," *Transactions of the American Philological Association*, 105(1975), p. 393.

13 에스퀼리아이(Esquiliae) 언덕에 있는 스타틸리우스 가문의 공동 무덤은 아우구스투스 시대에서 네로 황제의 치세까지 이용되었다. 새 도로 'Via Principe Eugenio'를 따라 위치한 다른 무덤들과 마찬가지로 스타틸리우스 가문의 공동 무덤은 근대 거주지가 들어서기 전에 발굴되었다[Giuseppe Lugli, *I monumenti antichi di Roma e suburbio iii: A traverso le regioni*(G. Bardi, 1938), pp. 427~429 참조].

제8장 | 노예 가족 215

〈표 8-1〉 '동거나 결혼'의 배우자

	사투르니누스 가문의 파밀리아	스타틸리우스 가문의 파밀리아	합계
남편과 아내 모두 노예	8	6	14
노예 남편(?), 자유인 혹은 피해방인 아내	3	8	11
자유인 혹은 피해방인 남편, 노예 아내(?)	4	3	7
남편과 아내 모두 자유인 혹은 피해방인	14	8	22
불확실한 사례	4	6	10
합계	33	31	64

이다.[14]

〈표 8-1〉은 사투르니누스 가문과 스타틸리우스 가문 파밀리아의 구성원들이 누구와 결혼했는지를 보여주는 사례들이다.[15]

남편과 아내가 모두 자유인인 사람끼리 결혼한 사례가 가장 많지만, 서로 다른 신분의 남녀가 결혼하거나 남녀 노예가 동거하는 경우도 많았음을 알 수 있다. 사투르니누스 가문의 파밀리아에서는 노예 남편이 아내를 노예(노예의 노예인 '비카리아vicaria')로 소유해 가족을 이룬 사례도 보인다. 한 비문은 "34년의 생애를 살다 죽은 수금원收金員 판카르푸스Pancarpus를 위해 판카르푸스의 여자 노예 아욱타Aucta가 이 비석을 세운다"라고 되어 있다. 이 노예 가족과 관련된, 일정 기간이 지난 후의 비문에는 "판카르푸스의 딸 사비나Sabina는 13년간 살았고, 볼루시아 아욱타Volusia Aucta는 31년간 살았다"[16]라고 쓰여 있다. 아욱타의 남편 판카르푸스는 씨족명을 가지지 못한 것으로 보아 해방을 달성하지 못했지만, 판카르푸스의 아내 아욱타는 주인의 씨족명 볼루시

---

14 Treggiari, "Family Life among Staff of the Volusii," p. 395.

15 같은 글, 395쪽.

16 같은 글, 396쪽.

〈표 8-2〉 노예 가족의 자식

부모	자식								
	노예		피해방인		자유인		자유인으로 태어남		합계	
부모 모두 노예	2	(4)	-	-	-	-	-	-	2	(4)
노예 어머니, 아버지 불명(不明)	3	(4)	-	(1)	-	-	-	-	3	(5)
노예 아버지, 어머니 불명	-	(5)	-	(1)	-	-	-	-	-	(6)
자유인(피해방) 아버지, 노예 어머니	1	-	-	-	-	(1)	-	-	1	(1)
자유인(피해방) 어머니, 노예 아버지	2	(1)	-	-	2	-	-	-	4	(1)
자유인(피해방) 아버지, 어머니 불명	2	(2)	-	-	3	(4)	-	(1)	5	(7)
자유인(피해방) 어머니, 아버지 불명	-	(5)	-	-	3	(4)	-	-	3	(9)
부모 모두 자유인(피해방)	-	-	-	-	1	-	4	-	5	-
합계	10	(21)	0	(2)	9	(9)	4	(1)	23	(33)

아를 얻었으므로 죽기 전에 해방되었을 것이다. 이처럼 노예 부부 중에서 남편이 먼저 해방되고서 동거인 노예contubernalis-vicaria인 아내를 해방하는 경우도 있었고, 반대로 여자 노예가 먼저 해방되고서 동거하는 노예 남편을 해방해 피해방인 신분으로 결혼한 사례들도 볼 수 있다.[17]

남녀 노예들의 동거에서 자식이 태어난 사례들도 볼 수 있다. 노예 가족은 얼마나 확대될 수 있었을까? 〈표 8-2〉는 사투르니누스 가문의 묘비에 나타난 부모의 신분과 관련해 살펴본 자식들의 신분이다. 괄호 안은 스타틸리우스 가문의 사례이다.[18]

노예 어머니가 낳은 자식은 언제나 노예가 된다. 노예로 태어난 자식들의 비율이 높은데, 이것은 여자 피해방인이 낳은 자식 대부분이 여자 피해방인이 해방되기 전에 태어났음을 암시한다. 노예 가족에서 자식이 얼마나 태어

---

17   같은 글, 396~397쪽; Weaver, *Familia Caesaris*, pp. 185~186.

18   Treggiari, "Family Life among Staff of the Volusii," p. 399.

났는지를 밝힐 수 있는 증거를 찾기는 어렵다. 사투르니누스 가문의 묘비에서는 한 가족에 자식이 2명 이상 있는 사례가 없으며, 이것은 노예들의 가족 관계가 지속적이지 못했다는 것을 시사해준다. 전체 아이 23명 중에서 남자가 17명이고 여자가 6명이었다. 스타틸리우스 가문의 비문에서 보이는 아이 33명은 남자가 24명이고 여자가 9명이며, 노예 아이 20명 중에서는 남자가 17명인데 반해 여자는 3명에 지나지 않았다. 두 가문의 노예 가족 가운데 여자 노예 아이가 2명 있는 가족은 없었다. 남녀 아이들의 성비, 특히 노예 아이들의 성비가 매우 불균등한 이유는 무엇일까? 수전 트레기아리Susan Treggiari 는 그 이유를 여자 노예 아이들이 농촌의 농장으로 보내졌거나, 부모가 덜 중시해 비문에서 기념될 가능성이 더 낮았거나, 혹은 많은 여자 노예 아이가 어릴 때 매각되었기 때문일 것으로 추측했다.[19] 노예 가족은 안정적으로 삶을 유지할 수 있었는지 살펴볼 필요가 있다.

3. 노예 가족의 전망

노예 가족의 삶은 노예에 대한 절대적 통제권을 가진 노예 소유주에게 달려 있었다. 주인은 노예의 결혼을 금지할 수 있었고, 노예 가족을 분리하거나 노예 부부에게서 태어난 자식을 매각할 수 있었다. 비문들에 입각해 노예 가족을 연구한 베릴 로슨Beryl Rawson은 노예 가족의 아이들이 어린 나이에 다른 가정으로 매각된 사례들로 보아 노예들은 가족에 대한 권리가 없었을 것으로 보았다. "티투스 칼리스투스와 다수미아 하르마티온의 딸 다프네Daphne 는 1살 때 파비우스Fabius 가문으로 양도되어 파비아 다프네Fabia Daphne가 되었다"

---

19 같은 글, 400~401쪽.

라는 비문은 노예 가족의 어린 딸이 다른 가정으로 매각된 후 해방되었고 자유를 준 전 주인의 씨족명을 얻었음을 보여준다. "아우렐리우스 미론과 암미아 파멜레의 딸이 부모의 집이 아닌 다른 집에서 11살에 죽었다"라는 비문도 노예 가족의 딸이 어린 나이에 다른 가정으로 매각된 실례를 제공한다.[20]

이처럼 노예들의 가족생활에는 안정성이 없었지만, 그 대신 동일한 파밀리아에 속한 동료 노예들과 동료 피해방인colliberta들이 서로 집단의식과 공동체 의식, 우애와 가족적인 감정을 유지했을 것으로 보는 견해도 있다. 예컨대 마를린 부드로 플로리Marleen Boudreau Flory는 함께 노예 상태를 경험하는 노예와 피해방인들이 서로를 가족처럼 생각했을 것이라고 주장했다. 파밀리아의 노예와 피해방인들이 동료가 죽으면 그 동료를 매장해주고 비를 세워 애도한 것에서 플로리는 그 증거를 찾았다.[21] 플로리가 보기에 파밀리아는 노예 유족들에게 동정적인 가족적 집단이었을 뿐 아니라, 배우자가 없는 노예, 부모가 없는 노예 아이, 자식이 없는 노예 부모들에게 대리 가족의 역할을 했다. 노예들의 결혼이 남녀 노예의 별도 관계를 형성하게 해주었지만, 그것은 어디까지나 파밀리아 집단 안에서 이차적이고 추가적인 관계일 뿐이었다. 노예들의 가족생활이 지닌 잠재적인 불안정은 노예들이 더욱 넓은 집단인 파밀리아에서 가족적 유대를 찾게 했다.[22]

그렇다면 파밀리아를 구성한 노예와 피해방인들의 공동체적 의식과 가족적 유대를 강조하는 플로리의 견해는 과연 얼마나 타당성이 있을까? 노예들이 동료 노예의 장례 의식에 참여하고 애도한 것은 법이 강제한 것도, 자유로

20 Beryl Rawson, "Family Life among the Lower Classes at Rome in the First Two Centuries of the Empire," *Classical Philology*, 61(1966), pp. 78ff.

21 Marleen Boudreau Flory, "Family in Familia: Kinship and Community in Slavery," *American Journal of Ancient History*, 3(1978), pp. 83ff.

22 같은 글, 87쪽.

운 시민들이 가족에 대해 지니던 의무감 같은 것도 아니었다. 사자를 매장하고 추모하는 것은 인간의 원초적이고 기본적인 욕구였다.[23] 노예나 피해방인이 죽었을 때, 그를 매장하고 장례 의식을 치르는 것은 노예 소유주의 책임이었다. 노예 소유주는 죽은 노예의 장례식에 동료 노예들을 참여시키고, 그들이 비를 세워 추모할 수 있게 함으로써 죽음에 대한 노예들의 원초적 감정을 위무하고 노예들의 사기를 배려하고자 했을 것이다.

플로리에 따르면, 도시 노예들의 삶에서는 일이 전부가 아니었다. 파밀리아의 노예들은 축제에 참여했고, 주인의 집 밖에서 여가 시간을 보냈을 뿐 아니라 가정 안에서 휴식하고 서로 교제하는 것이 일반적이었다.[24] 그러나 노예가 시민들의 종교적 축제에 참여한 것이나, 노예들을 위한 휴일이 존재한 것을 노예들의 삶의 여건을 가늠하는 잣대로 보는 것은 곤란하다. 노예는 더럽히고 오염시키는 영향력을 가진 것으로 생각되어 종교적 축제 의식에서 배제되는 것이 일반적 원칙이었다. 그렇지만 로마인들은 노예도 참여할 수 있는 종교적 축제와 노예들을 위한 휴일을 마련했다. 노예에게 휴일을 주는 것은 적어도 기원전 2세기 전반 카토 시대부터 제정 말기까지 입증된다. 3월 1일 마트로날리아Matronalia 축제일은 노예들에게 휴일이었다. 노예들은 6월 24일 포르스 포르투나Fors Fortuna 축제에도 참여할 수 있었다. 8월 13일은 노예들만을 위한 휴일이었다. 노예들은 해가 바뀌는 시기의 두 가지 중요한 축제인 사투르날리아(12월 17일~12월 23일)와 콤피탈리아Compitalia (1월 3일~1월 5일)에도 참여할 수 있었다.[25] 로마의 지배를 받는 이집트에서 직조술을 배우

23 Rawson, "Family Life among the Lower Classes at Rome in the First Two Centuries of the Empire," p. 80.

24 Flory, "Family in Familia," p. 81.

25 Keith R. Bradley, "Holidays for Slaves," *Symbolae Osloenses: Norwegian Journal of Greek and Latin Studies*, Vol. 54, Issue 1(1979), pp. 111ff.

던 한 여자 노예의 도제 계약 기록에는 축제로 말미암은 매년 18일의 휴일에 대한 규정이 포함되었다.[26]

노예 소유주들은 축제일에 노예들을 좀 더 관대하게 대우해주었다. 마트로날리아 축제 때는 여주인이, 사투르날리아 축제 때는 남자 주인이 노예들에게 특별한 음식을 제공했다.[27] 카토는 콤피탈리아 축제와 사투르날리아 축제 때 농장 노예들에게 평소보다 더 많은 음식을 주도록 권고했다.[28] 사투르날리아 축제 때는 노예들이 놀이를 하고 주인에게 평소보다 훨씬 솔직하게 의사를 표현할 수 있었으며, 콤피탈리아 축제 때는 노예들의 예속 표지가 제거되었다고 한다.[29] 그렇지만 노예 소유주들이 노예들의 휴일을 얼마나 잘 준수했는지 알 수 없으며, 노예 소유주의 성품에 따라 차이가 있었을 것이다. 축제일에는 법적 소송이나 공적 업무가 이루어지지 않았지만, 자유인 대부분, 특히 하층민은 평소와 마찬가지로 일했을 것으로 생각된다. 사제들만이 종교의식을 치르는 축제와 대중이 참여하는 중요한 축제를 구분해야 하겠지만, 일반적으로 노예들은 중요한 축제일에도 일하지 않을 수 없었던 것으로 보인다. 카토는 지방적인 축제일들에 노예들에게 시킬 수 있는 일들의 목록을 제시했으며, 콜루멜라도 축제일에 노예들의 노동을 약간 경감해 시킬 수 있는 잡일들의 상세한 목록을 작성했다.[30] 노예 소유주들은 노예들의 충성을 확보하고 통제를 용이하게 하는 방편으로 노예들의 휴일을 활용했을 것이다.

---

26   *The Oxyrhynchus Papyri*, 1647.

27   Seneca, *Epistulae*, 47.14.

28   Cato, *De Agricultura*, 57.

29   Horatius, *Satires*, 2.7; Dionysios of Halikarnassos, *Rhomaike archaiologia*, 4.14.4; Martialis, *Epigrams*, 4.14.7ff; Bradley, *Slave and Masters in the Roman Empire*, pp. 42~43.

30   Cato, *De Agricultura*, 2.4; Columella, *De Re Rustica*, 2.21.

노예 가족이 직면한 현실로 돌아가 보면, 노예 가족에게 가장 큰 위협은 주인이 노예 가족의 구성원들을 분리해 매각하거나 상속인들에게 유증하는 것이었다. 노예 소유주는 자신에게 이득이 될 경우에는 특정 노예들에게 가족생활을 허용했지만, 매각할 필요가 있으면 노예들의 가족 관계를 무시했다. 1세기 말과 2세기 초에 활약한 풍자 시인인 데키무스 유니우스 유베날리스Decimus Iunius Iuvenalis는 티부르Tibur에 위치한 자신의 농장에서 살던 노예 가족의 한 소년이 부모와 분리 매각되어 로마에서 가내노예가 된 경우를 언급했다.[31] 3세기 말 이집트의 한 파피루스 문서는, 한 남자가 두 가족을 이루어 살다 죽었을 때의 재산상속에 대해 기록했다. 그는 자식을 첫째 부인에게서 2명, 둘째 부인에게서 5명을 낳았는데, 유언장에서 그 자식들에게 노예 4명을 균등하게 분배할 것을 명시했다. 노예들이 실제로 어떻게 분배되었는지 알 수 없지만, 첫째 부인의 두 자식들에게 노예 2명이 분배되고, 또 다른 노예 2명은 다른 자식 5명(그중 3명은 미성년자였다) 중 연장자인 두 형에게 귀속되었을 것으로 보인다. 노예 4명 중 3명의 이름이 거명되었고, 25세의 여자 노예와 여자 노예의 10살 난 딸이 언급되었다.[32] 그 노예 모녀는 새로운 소유주들에게 유증되는 과정에서 분리되었을 가능성이 높다.

1세기 중반에 작성된 한 파피루스 문서는 노예 18명을 소유한 노예 소유주가 죽었을 때 상속인인 자식 6명이 노예들을 나누어 소유한 것을 언급했다.[33] 상속인들의 아버지가 소유했던 노예 5명, 즉 아가토우스Agathous, 헤라클레스Herakles, 에우프로시논Euphrosynon, 에파프라스Epaphras, 레온타스Lenotas 중에서 아가토우스는 헤라클레스와 에우프로시논의 어머니였다. 상속인들

31 Iuvenalis, *Satires*, 11.146ff.
32 *The Oxyrhynchus Papyri*, 1638.
33 *Papyri in the University of Michigan Collection*, 326.

의 어머니가 소유했던 노예 13명 중에서 헤라클레이아라는 여자 노예는 노예 6명의 어머니였다. 3세대로 이루어진 노예 가족을 포함해, 노예 18명에서 적어도 세 가족이 형성되어 있었음을 확인할 수 있다. 이 노예들이 상속인들에게 분할되는 과정에서 노예 가족들이 분리된 여러 사례를 볼 수 있다.[34]

로마법이 적용되던 이집트의 사례들은 로마 노예 가족에 대해서도 시사점을 준다. 로마의 한 비문에서 푸리아 스페스Furia Spes라는 여자 피해방인은 역시 피해방인인 죽은 남편 루키우스 셈프로니우스 피르무스Lucius Sempronius Firmus에게 바친 비에서, 자신과 남편은 어릴 때 서로 사랑해 결혼했지만, 짧은 결혼 생활 후 "사악한 손에 의해 우리는 분리되었다a manu mala diseparati sumus"라고 기록했다.[35] 사악한 손이란 '사악한 주인', 혹은 '죽음'을 의미했을 것이다. 이렇듯 노예 소유주가 노예 가족을 매각할 때나 노예 소유주가 죽어서 노예들이 상속인들에게 유증될 때, 노예 가족은 위기에 직면했으며, 그것은 노예들로서는 어찌할 수 없는 압력이자 공포의 대상이었을 것이다.

4. 맺음말

법적으로 주인에게 철저하게 종속된 상품으로서 노예에게 현실적으로 가족 생활이 허용된 것은 법과 현실의 괴리를 보여준다. 노예 소유주들이 노예들에게 가족생활을 허용한 것은 인도주의적 동기에서 비롯되었다기보다 노예들을 효율적으로 통제하기 위해 채택한 수단 중의 하나였을 것이다. 노예들을 공포 분위기와 억압적 수단으로만 통제하는 것보다 일부 노예에게 가족

---

34   Bradley, *Slave and Masters in the Roman Empire*, pp. 64ff.

35   Dessau(ed.), *Inscriptiones Latinae Selectae*, Vol. 2, part 2, *ILS* 8006.

생활을 허용하고 궁극적으로 해방될 수 있게 하는 것이 노예들의 충성을 확보하는 데 도움이 되었을 것이기 때문이다. 노예 소유주들이 잉여 생산을 추구하던 농촌의 노예제 농장에서는 빌리쿠스의 가족을 제외하고는 노예 가족이 매우 드물었다. 유력한 귀족들이 도시에서 소유한 가내노예 중에는 가족을 이룬 비율이 상대적으로 더 높았다. 가족생활이 허용된 노예들은 그렇지 못한 노예들보다 더 나은 지위에 있었으며, 이런 점에서 도시 노예들이 농촌 노예들보다 유리한 입장에 있었다고 볼 수 있다. 그러나 노예 가족에서 태어난 자식들을 주인이 매각하고, 가족이 분리되어 유증되는 등 노예 가족의 전망이 노예들로서는 통제할 수 없는 요소들에 달렸던 사실에 주목할 필요가 있다. 노예 소유주에게는 노예 가족이라는 수단을 통해 노예들의 충성을 확보하고 통제를 용이하게 하는 것이 중요했다.

제 9 장

노예해방과 노예해방 제한법

1. 머리말

노예해방은 로마 노예제의 초창기부터 알려진 현상으로 노예제 자체만큼이
나 오랜 역사를 가졌다.[1] 노예제가 발달한 로마공화정 말기와 제정 초기에
이르면 노예해방은 로마 노예제의 두드러진 현상이었다. 이 시기에도 농업
노예들familia rustica 이나 광산 노예들은 해방될 가능성이 거의 없었던 반면, 주
인과 접촉하기가 용이하고 덜 가혹한 일에 종사하는 도시 노예들familia urbana ,
즉 가내노예, 주인의 작업장에서 일하거나 주인의 상업을 대행하던 노예는
해방을 달성하기에 훨씬 유리한 처지에 있었다.[2]

---

1   Elena Michajlovna Staerman, *Die Blütezeit der Sklavenwirtschaft in der Römischen
     Republik*, translated by Maria Bräuer-Pospelova (Franz Steiner Verlag, 1969), p. 147.
2   노예들과 노예해방 및 피해방인들과 관련된 현존 비문들의 98퍼센트가 도시들과 그 인접
     지역에서 출토된 것은 도시 노예들이 주로 해방되었음을 시사해주는 증거이다(Géza Alfö
     ldy, "Die Freilassung von Sklaven und die Struktur der Sklaverei in der Römischen

로마인들은 피정복민에게 로마 시민권을 서서히 개방하는 정책을 시행했을 뿐 아니라, 노예도 공식적으로 해방되면 시민단에 받아들였다. 로마의 '개방적' 노예제는 그리스의 '폐쇄적' 노예제와 달리 이방인을 시민단에 통합하는 역할도 수행한 것이다. 이런 관점에서 제정 초기의 노예 상태는 노예 대부분이 궁극적으로 시민의 지위로 나아가는 도정의 '이행 상태 Übergangszustand'로 주장되기도 했다.[3] 노예해방 문제에 관심을 보인 학자들은 공식적·비공식적으로 노예들을 해방할 수 있던 노예 소유주들이 과도하게 많은 노예를 빈번하게 해방했다고 생각했다. 이런 통설의 중요한 상황적 증거의 하나는 로마 국가가 최초로 노예해방을 규제하는 법들을 도입한 것이었다. 노예해방은 원칙적으로 개별 노예 소유주의 의사에 달린 문제였지만, 아우구스투스가 새로운 체제를 수립하던 시기에 최초로 노예해방을 규제하는 법들, 즉 기원전 2년의 '푸피우스 칸니니우스법 lex Fufia Caninia'과 기원후 4년의 '아일리우스 센티우스법 lex Aelia Sentia'이 도입되었다.

이 법들과 관련해 수에토니우스와 디오니시오스, 카시우스 디오 등 제정 초기의 저술가들은 지나치게 많은 외국인 노예가 무분별하게 해방되어 시민이 됨으로써 시민단의 혈통이 오염되던 상황을 비난하면서 이런 문제에 대처하기 위해 문제의 법들이 제정될 필요가 있었음을 지적했다.[4] 현대 학자들의 통설도 '피해방인들의 수와 인종적 오염'이라는 이중의 위험에 대처하려

Kaiserzeit," *Rivista Storica dell' Anticità*, 2(1972), pp. 115~116; Susan Treggiari, *Roman Freedmen during the Late Republic*(Clarendon Press, 1969), pp. 9~12; 金炅賢, 「서양 고대세계의 奴隷制」, 역사학회 엮음, 『노비·농노·노예: 隸屬民의 比較史』(一潮閣, 1998), 64쪽).

3   Alföldy, "Die Freilassung von Sklaven und die Struktur der Sklaverei in der Römischen Kaiserzeit," p. 122.

4   Suetonius, *De Vita Caesarum*, Divus Augustus; Dionysios of Halikarnassos, *Rhomaike archaiologia*; Cassius Dio, *Historia Romana*.

는 의도로 노예해방을 제한하는 법들이 제정되었다는 것이었다.[5]

한편 키스 브래들리와 토머스 위데먼Thomas E. J. Wiedemann과 같은 몇몇 학자는 통설에 비판적인 입장을 보였다.[6] 브래들리는 노예해방에 관한 법들을 제정한 주된 의도는 주인과 노예 사이의 조화로운 관계를 유지함으로써 노예제를 탄력적으로 유지하려는 것이었다고 보았다. 이런 견해는 노예해방을 제한하는 법들을 노예제와 관련해 분석했다는 점에서 의미를 지닌다. 위데먼은 노예해방을 보여주는 사료들이 불충분하고 당시의 현실을 대표하지 못한다는 점에서 노예해방이 과도하게 정기적으로 행해졌다는 믿음은 이상에 지나지 않았다고 주장했다. 따라서 문제의 법들이 도입된 배경과 그 의도를 명확히 밝히고, 그 법들이 노예제의 기능과 관련해 어떤 의미를 지니는지를 조명해보는 작업이 중요하다고 생각된다. 이 글은 기존 논의들을 검토하면서 우선 로마 국가가 노예해방을 제한하는 법들을 도입한 배경을 고찰해보겠다. 그리고 노예해방에 관한 법들이 의도한 바와 그 영향은 무엇인지 살펴보고자 한다.

---

5   William Warwick Buckland, *The Roman Law of Slavery: the condition of the slave in private law from Augustus to Justinian*(Cambridge University Press, 1908); Arnold Mackay Duff, *Freedmen in the Early Roman Empire*(W. Heffer & Sons, 1958); Hugh Macilwain Last, "The Social Policy of Augustus," *The Cambridge Ancient History*, X(Cambridge University Press, 1934), pp. 425~464; William Linn Westermann, *The Slave Systems of Greek and Roman Antiquity*(American Philosophical Society, 1955).

6   K. M. T. Atkinson, "The Purpose of the Manumission Laws of Augustus," *The Irish Jurist*, 1(1966), pp. 356~374; Keith R. Bradley, *Slaves and Masters in the Roman Empire: A Study in Social Control*(Oxford University Press, 1987), pp. 81~112; Thomas E. J. Wiedemann, "The Regularity of Manumission at Rome," *Classical Quarterly*, 35 (1985).

2. 노예해방 제한법들의 도입 배경

제정 초기에 아우구스투스가 도입한, 노예해방을 제한하는 법들의 의미를 고찰하려면 왜 그런 법들이 필요했는가, 당시 노예해방의 실제가 어떠했기에 국가가 주인과 노예 사이의 사적인 행위에 개입하게 되었는가 하는 관점에서 공화정 말기와 제정 초기 노예해방의 문제점들을 고찰해볼 필요가 있다. 이 시기에는 무분별한 노예해방과 그로 말미암은 시민권의 개방이 문제점으로 지적되었다. 제정 초기에 『로마 상고사Rhomaike archaiologia』를 저술한 디오니시오스는 로마인들의 노예해방 관행을 다음과 같이 비난했다.

> 예전에 대부분 노예는 가치 있는 행동을 한 결과 자유로운 선물로서 자신들의 자유를 획득했으며, 이것이 주인에게서 해방되는 최선의 방법이었다. 소수의 노예는 합법적인 정직한 노동으로 번 돈으로 몸값을 냈다. 그러나 오늘날에는 사정이 매우 혼란스러운 상태에 이르렀으며 공화국의 고결한 전통은 매우 타락하고 훼손되어서 강도 행위, 가택침입, 매춘, 그 밖의 모든 천한 방법으로 재산을 모은 일부 노예가 그렇게 획득한 돈으로 자신들의 자유를 매입하고서 곧바로 로마 시민이 된다. 독살, 암살, 신들과 국가에 대한 범행에서 주인들의 협조자이자 공범이었던 노예들은 범행에 대한 보상으로서 주인에게서 이 호의(자유)를 얻는다. 일부 노예는 국가에서 매달 지급하는 곡물을 배급받았을 때, 혹은 권력을 가진 유력자들이 가난한 시민들에게 분배해주는 관대함의 시혜를 받았을 때, 그것을 자유를 수여해준 주인에게 가져오게 하기 위해 해방된다. 어떤 노예들은 주인의 경박함과 맹목적인 인기 추구로 말미암아 자유를 얻는다.[7]

---

7 Dionysios of Halikarnassos, *Rhomaike archaiologia*, 4.24.4~4.24.5.

디오니시오스가 보기에 예전에는 주인에게 충실하게 봉사한 노예들이 해방되었으며, 주인의 허락 아래 돈을 축적한 능력 있는 노예가 현금으로 자유를 매입하는 등 노예해방이 적절하게 이루어졌다. 그러나 제정 초기에는 시민이 되기에는 부적절한 저질스러운 노예들이 자유를 매입했고, 관대하다는 평판을 의식하는 주인들이 노예해방을 남용했으며, 심지어 국가에서 로마시민에게 지급하는 곡물을 수령하기 위해 노예들이 해방되었다. 그뿐만 아니라 많은 로마인은 천박한 노예들이 해방되어 세계를 지배하는 국가의 시민이 되는 관행에 분개했다.[8]

현대 학자들도 로마와 이탈리아에 노예와 피해방인의 수가 크게 증가했으며, 유력자들은 시민이 되기에 부적합한 노예들을 대규모로 해방하고는 했다고 말했다. 가령 율리우스 카이사르가 방목지에서 가축을 사육하는 사람들은 목자 중에서 3분의 1은 자유인을 고용해야 한다는 법령을 제정한 것[9]은 노예노동의 증가로 비롯된 농촌 자유인들의 실업이 사회적 문제로 대두되었음을 시사해주는 증거로 받아들여졌다.[10] 카를 율리우스 벨로흐Karl Julius Beloch는 풍부한 노예노동이 이탈리아 하층 시민들의 출생률을 위협했다고 보았으며,[11] 테니 프랭크Tenney Frank는 기원전 80년에서 50년까지의 기간에 노예해방세vicesima libertatis를 납부하는 공식 노예해방manumissio iusta을 통해 대략 50만 명의 노예가 시민이 되었을 것으로 추산했다.[12] 노예해방과 관련된 문제들을 포괄적으로 연구한 아널드 매카이 더프Arnold Mackay Duff는 다음과 같이

---

8 같은 책, 4.23.

9 Suetonius, *De Vita Caesarum*, Divus Iulius. 42.1.

10 Last, "The Social Policy of Augustus," p. 428.

11 Karl Julius Beloch, *Die Bevölkerung der Griechisch-Römischen Welt*('L'Erma' di Bretschneider, 1968), pp. 504ff.

12 Tenney Frank, "The Sacred Treasure and the Rate of Manumission," *American Journal of Philology*, 53(4), 1932, p. 360.

설명했다.

노예해방의 통로가 열려 있고, 로마 사회의 많은 요소가 언제나 노예를 해방하게 하는 상황에서 기원전 1세기의 로마 거리는 최근 예속에서 해방된 시민들로 붐비기 시작했다. …… 이런 인간 상품의 유입이 감소되지 않고 계속될 것으로 보였기 때문에, 노예 소유주들은 빈번한 노예해방으로 언젠가 노예 부족에 직면할지 모른다는 두려움을 전혀 가지지 않았다. 따라서 노예해방에 대한 완전한 자유가 주어졌으며, 노예해방에 대한 유일한 제약은 해방되는 노예 가치의 5퍼센트에 해당하는 조세뿐이었다. …… 그러나 이 노예해방세는 노예해방의 풍조를 억제하는 데 완전히 실패했다. …… 곧 그 조세를 회피하는 방법이 발견되었다. 노예들은 종종 비공식적으로 해방되었다. 비공식 노예해방manumissio minus iusta은 때때로 공식 노예해방의 번거로운 의식을 피하기 위해 이루어지기도 했지만, 노예해방세 납부를 피하려는 경우가 더욱 빈번했다. 따라서 공화정 말기에는 사실상 해방되었지만 법적으로는 여전히 노예 상태에 있는 많은 오리엔트인이 제약 없이 로마 사회에 통합되었으며, 그들은 로마 주민의 외국풍 양상에 이바지했다. 그러나 공식 노예해방의 수는 언제나 많았다. …… 로마인들이 노예해방세를 납부했든 혹은 회피했든 간에 노예들을 놀라운 비율로 계속 해방했으며, 그리하여 로마 사회를 외국인 무리로 가득 채웠으며, 그들의 존재가 로마를 세계적 도시로 변모시켰다.[13]

공식 노예해방과 비공식 노예해방[14]이 놀라운 정도로 행해진 결과 도시

---

13 Duff, *Freedmen in the Early Roman Empire*, pp. 28~30.
14 비공식 노예해방은 주인이 정무관 앞에서 행하는 의식 없이 사적으로 노예에게 사실상 자유를 선언함으로써 이루어졌으며, 노예해방세도 지불하지 않았다. 비공식 피해방인은 법적으로는 여전히 노예 상태에 있어서 시민권을 가지지 못했으나, 제정 초기 '유니우스법'

로마가 외국인 출신 노예, 특히 동방 출신 노예들에서 해방된 피해방인들로 가득 찼다는 진술은, 국가가 노예해방을 법적으로 제한하게 된 배경을 이해할 수 있게 한다. 제정 초기 많은 피해방인이 오리엔트 출신 노예들에서 해방된 사람들이었다는 더프의 진술과 비슷한 언급을 다른 저술가들에게서도 발견할 수 있다. 제정 초기의 시인이자 산문작가인 마르쿠스 안나이우스 루카누스Marcus Annaeus Lucanus는 로마가 "세계의 쓰레기들로 가득 찼다"라고 말했다. 풍자 시인 유베날리스는 로마가 그리스적인 도시 Greek city가 된 것을 견딜 수 없다고 말하고, 시리아인들이 오래전부터 테베레 강에 오물을 버리는 현실을 한탄했다.[15] 이런 언급들은 로마에 그리스와 시리아 등 동방 출신 노예들이 대거 유입되고 또 해방되었으며, 그들은 로마 시민들이 질시하는 대상이 되었음을 시사한다.

그러나 피해방인들의 출신지에 관한 주장은 재고될 필요가 있다. 공화정 말기 정복 과정에서 로마에 유입되었을 것으로 생각되는 노예들의 주요 출신지들에 대한 증거를 살펴보면, 제국의 서부와 다뉴브 강 유역 출신자들이 압도적인 것으로 추산될 뿐, 그리스인이나 넓은 의미의 오리엔트인이 특별히 많이 유입되었다는 결론을 내릴 수 없다.[16] 사료에서 출신지가 알려진 피

에 의해 라틴 시민권을 받았다.

15 Iuvenalis, *Satires*, 3.58ff.

16 카이사르의 갈리아 정복에서 아우구스투스의 통치 시기까지 행해진 대규모 군사적 원정들의 결과로 엄청난 수의 포로가 생겨났으며, 그중 많은 사람이 노예로서 로마와 이탈리아에 유입되었을 것으로 생각된다. 카이사르는 갈리아 원정을 통해 포로 40만 명 이상을 사로잡았다고 전해지며, 기원전 25년에는 알프스 살라시인들(Salassi) 약 4만 4000명이 노예로 매각되었다. 기원전 22년에 히스파니아의 칸타브리인들(Cantabri)과 아스투레스인들(Astures)이 노예화되었고, 기원전 12년에는 판노니아(Pannonia)의 반란이 진압된 후에 군대에 복무할 수 있는 연령의 남자들이 노예로 매각되었다. 기원전 11년에는 트라키아의 베시인들(Bessi)이 노예화되었다. 이들에 대해서는 Strabo, *Geographica*, 4.6.7; Velleius Paterculus, *Historiae*, 2.47.1; Plutarchos, *Vitae parallelae*, Caesar.15.5; Cassius Dio,

해방인들은 대개 학문이나 문학, 정치 등에서 두드러진 인물들이었다. 이런 피해방인들은 미숙련의 천한 일에 종사하는 피해방인들보다 비문을 남길 가능성이 더욱 높았다. 이런 사실과 관련해 수전 트레기아리는 피해방인 중에는 제국의 서부 출신이 동부 출신보다 수적으로 당연히 우세했던 것으로 예상되지만, 출신지가 알려진 피해방인 가운데 오리엔트인들이 우세한 이유는 교양인을 선호하는 편견이 작용했기 때문으로 보았다. 로마가 그리스 세계를 정복하고 나서 그리스 문화가 유입되었고, 그리스·로마적 관념이 확산됨으로써 문화적으로 후진적인 서부 속주들 출신의 피해방인들도 '그리스화'된 이름을 지녀 그리스, 아시아, 시리아, 이집트 출신의 그리스 인종으로 불리는 경향이 있었다는 것이다.[17] 피해방인들에게 전 주인이 붙여준 가문명이 종종 피해방인들의 출신 종족에 의해 결정된 것으로 생각하고 가문명을 분석한 결과는 허구일 수 있다. 예컨대 프랭크는 비문들에 나타난 피해방인들의 가문명들을 '그리스 가문명'과 '라틴 가문명'으로 구분해 분석한 결과 제정기 도시 로마에서 평범한 주민 약 90퍼센트의 몸에 외국인 피가 흘렀으며, 그 외국인들은 대체로 노예에서 해방된 피해방인들로서 그리스 동방 출신이었다고 보았다.[18] 프랭크는 서부 속주들 출신의 피해방인들에게 그리스 가문명이 붙여졌을 가능성을 고려하지 않았던 것이다.

또한 그리스 문화에 친숙한 로마인들이 친숙하지 않은 야만인들의 이름을 사용하기를 꺼렸을 수도 있다. 피해방인들이 지닌 이름은 단지 그들의 도덕적·지적 특성을 나타내거나, 이름을 붙여준 노예 소유주나 노예 상인의

Historia Romana, 31.3, 34.7, 53.25.4, 54.5.2; Bradley, *Slaves and Masters in the Roman Empire*, p. 86 참조.

17 Treggiari, *Roman Freedmen during the Late Republic*, p. 5.

18 Tenny Frank, "Race mixture in the Roman Empire," *American Historical Review*, 21 (1917), pp. 689ff.

개인적 취향을 반영했을 가능성이 있다. 일부 로마인은 로마에서 다양한 여러 민족이 수적으로 다수를 차지하는 현실을 비난하는 경향이 있었다. 기원전 131년에 푸블리우스 코르넬리우스 스키피오 아이밀리아누스Publius Cornelius Scipio Aemilianus는 자신이 데려온 전쟁 포로들이 로마 군중을 이룬다고 지적했는데, 새로운 시민이 된 피해방인들은 대개 히스파니아인과 카르타고인임을 암시했다.[19] 반면에 키케로는 공청회들contiones에 참여한 많은 그리스인과 아시아인 및 유대인 피해방인에 대해 언급했다. 로마 시민권을 얻은 피해방인들은 여러 민족의 혼합으로ex nationum conventu 말할 수 있을 뿐, 어느 민족이 지배적이었다고 단언할 수 없다.[20]

무분별한 노예해방의 경우로서, 내전기에 정치권력을 추구하는 유력자들이 자신의 군대에 다른 사람의 노예들을 끌어들이기 위해 무차별적·기회주의적으로 노예해방을 이용한 사례들도 살펴볼 필요가 있다. 새로운 질서를 확립하던 아우구스투스는 주인과 노예 간의 교란된 관계를 안정시키기 위해 노예해방의 원칙을 확립하는 법을 제정할 필요를 느꼈을 것이다. 아피아노스는 『내전기Bellum civile』에서 유력자들이 노예해방을 기회주의적으로 이용한 실례들을 전해준다. 가이우스 셈프로니우스 그라쿠스Gaius Sempronius Gracchus와 그의 동료 마르쿠스 풀비우스 플라쿠스Marcus Fulvius Flaccus가 원로원의 소환 명령을 받고 위기에 봉착했을 때, 그들은 소환에 불응하고 무장한 채 시내를 통해 아벤티누스 언덕Collis Aventinus으로 달려가면서 다른 사람들의 노예들에게 합세하도록 권하고 자유를 제안했다.[21] 그러나 그들의 제안은 성공하지 못했다. 기원전 90년 로마를 상대로 반란을 일으킨 동맹국들의 지도자들은

---

19 Vallerius Maximus, *Facta et dicta memorabilia*, 6.2.3.

20 Treggiari, *Roman Freedmen during the Late Republic*, p. 8.

21 Appianos, *Bellum civile*, 1.26.

거의 2만 명에 이르는 노예를 모집해 무장시켰다.[22] 기원전 88년 마리우스파와 술라파가 콜리나 성문porta Collina 앞에서 전투를 벌일 때, 술라파가 증원되자 위기에 직면한 마리우스파는 다른 시민들에게 도움을 요청했고, 자신들과 위험을 함께하는 노예들에게 자유를 주겠다고 선포했다.[23] 그러나 마리우스파의 시도도 노예들의 호응을 얻지 못했다. 노예들이 자유를 주겠다는 제안에 응하지 않은 것은 해방되고자 하는 동기가 약해서가 아니라 자유를 약속하는 자들의 상황이 절망적이어서 그들 편에 가담하는 모험을 하지 않았기 때문일 것이다. 가이우스 마리우스Gaius Marius와 결탁했던 루키우스 코르넬리우스 킨나Lucius Cornelius Cinna도 기원전 87년 두 차례에 걸쳐 로마 시내 노예들에게 자유를 제안했다. 킨나의 전령들이 도시를 돌면서 가세할 것을 선동한 두 번째 제안은 즉시 많은 노예의 호응을 얻었다.[24] 아피아노스는 그 노예들의 운명에 관해 언급했다.

킨나의 선언에 부응해 킨나와 합세해서 즉시 해방되고서 군대에 등록된 노예들은 가옥에 침입해 약탈하고 거리에서 만나는 사람들을 살해했으며, 특히 자신들의 주인들을 공격했다. 킨나는 그런 행위를 중지하도록 여러 차례 명령했지만, 효력이 없자 노예들이 휴식하는 동안 갈리아인 병사들에게 포위 공격하게 해서 모두 살해했다. 노예들은 자신들의 주인들을 거듭 배반한 것에 합당한 처벌을 받았다.[25]

자유를 얻고자 킨나에게 도주한 노예의 수가 얼마였는지 알 수 없다. 노

---

22   Diodorus Siculus, *Bibliotheke Historike*, 37.2.10.
23   Appianos, *Bellum civile*, 1.58.
24   같은 책, 1.65, 1.69.
25   같은 책, 1.74.

예들이 생명의 위험을 무릅쓰고 내전 중인 군대에 합세해 시민들을 약탈하고, 특히 옛 주인들을 공격했다는 진술은 농업 노예보다 상대적으로 처우가 좋았다고 여겨지는 도시 노예들도 주인에게 강한 적대감을 품었다는 것을 보여준다. 내전에서 승리한 루키우스 코르넬리우스 술라Lucius Cornelius Sulla가 자신이 처벌한 시민들이 소유했던 노예들에게 자유를 준 사례도 주목된다.

술라는 법의 보호를 박탈당한 사람들이 소유했던, 1만 명이 넘는 노예를 평민으로 만들었으며, 그중 가장 젊고 힘센 노예들에게 자유와 로마 시민권을 주고 그들을 자신의 씨족명을 따라 '코르넬리이'라고 불렀다. 이런 방식으로 술라는 평민 중에서 언제나 자신의 명령에 복종할 준비가 된 1만 명을 확보했다.[26]

술라의 사례는 로마와 그 주변 지역에서 상류층이 소유한 노예가 매우 많았음을 시사한다.[27] 술라가 노예들에게 자유를 주어 구성한 호위대는 종신 독재관 술라에게 필요한 효율적인 무력을 제공했을 것이다. 아무런 혈연적·가족적·당파적 이해관계가 없는 노예 출신 호위대는 자신들에게 자유와 특권을 준 보호자에게만 충성을 바칠 것이었기 때문이다. 킨나와 술라의 조치는 내전이 도시 노예들에게 자유를 얻을 기회를 제공했고, 일부 노예는 그 기회를 활용했음을 보여준다. 제2차 삼두정치의 삼두는 처벌할 정적들의 명단을 발표하고서 그 정적들을 살해해 머리를 가져오는 자유인에게는 일정한 현금 보상을, 노예에게는 현금과 자유를 줄 것을 약속했다.[28] 또한 가이우스 율리우스 카이사르 옥타비아누스Gaius Julius Caesar Octavianus는 시칠리아 해안에

---

26 같은 책, 1.100.

27 Westermann, *The Slave Systems of Greek and Roman Antiquity*, p. 67.

28 Appianos, *Bellum civile*, 4.7, 4.11.

서 섹스투스 폼페이우스Sextus Pompeius를 상대로 전투를 수행할 때 노예 2만 명을 해방해 노잡이로 이용했다.[29] 노예의 수가 과장되었을 수 있지만, 시칠리아에 많은 노예가 존재했음을 시사해주는 증거이다.

이처럼 내전은 시민 간에 정치적·사회적·경제적 혼란과 투쟁이었을 뿐 아니라 노예 소유주 계층과 노예 계층 사이에 긴장과 불안정한 관계를 낳기도 했다. 아우구스투스가 확립한 평화는 주인과 노예의 관계에 새로운 안정의 전망을 열어주었으며, 노예해방에 대한 기준을 마련한 아우구스투스의 법들은 그런 노력을 나타냈을 것이다.[30] 내전을 종식시킨 아우구스투스가 주인을 버리고 내전에 뛰어든 노예 3만 명을 원래의 주인들에게 돌려주었다고 『업적록Res Gestae Divi Augusti』에 기록한 사실[31]은 그런 해석을 지지해준다. 아우구스투스는 방만한 노예해방의 폐해를 시정하고 자신이 몸소 경험한 노예해방의 기회주의적 이용을 방지하기 위해 최초로 노예해방을 규제하는 법들을 도입하게 되었을 것이다.

3. 유언에 의한 노예해방 제한: 푸피우스 칸니니우스법

아우구스투스의 치세에 노예해방의 폐해를 시정하기 위해 최초로 제정한 '푸피우스 칸니니우스법'은 노예 소유주가 유언장을 통해 해방할 수 있는 노예의 수를 노예 소유주가 소유한 노예의 규모에 따라 제한했다. 법학자 가이우스는 이 법의 내용을 다음과 같이 기록했다.

---

29 Suetonius, *De Vita Caesarum*, Divus Augustus. 16. 1.
30 Bradley, *Slaves and Masters in the Roman Empire*, pp. 85~86.
31 Augustus, *Res Gestae Divi Augusti*, 25. 1.

2명 이상 10명 이하 노예를 소유한 사람은 절반까지 해방할 수 있다. 10명 이상 30명 이하 노예를 소유한 사람은 3분의 1까지 해방하는 것이 허용된다. 30명 이상 100명 이하 노예를 소유한 사람은 4분의 1까지 해방할 수 있다. 100명 이상 500명 이하 노예를 소유한 사람은 5분의 1 이상 해방하는 것이 허용되지 않는다. 어떤 사람이 아무리 많은 노예를 소유했더라도 더는 노예를 해방할 수 없는데, 이 법은 아무도 노예를 100명 이상 해방할 수 없도록 규정했기 때문이다. 그러나 노예를 1~2명 소유한 사람에게는 이 법이 적용되지 않으므로 그는 노예해방의 자유로운 권한을 가진다.[32]

유언으로 해방할 수 있는 최대 노예 수는 '합법적인 수legitimus numerus'로 불렸다.[33] 노예 소유주가 법적으로 해방할 수 있는 한도보다 적은 노예를 유언으로 해방하는 경우 아무런 법적 제약을 받지 않았지만, 법에 허용된 수보다 많은 노예를 유언으로 해방하는 경우, 혹은 해방될 노예들의 이름 순서를 분간할 수 없도록 유언장에 기록한 경우 관련된 모든 노예의 해방은 무효가 되었다.[34]

유언장에 의해 해방된 사람들은 '오르쿠스의 피해방인들liberti orcini'로 불렸다. 그들은 지하 세계의 신 오르쿠스Orcus에게 속한다는 의미였다. 유언에 의한 노예해방이 효력을 가지려면 해당 노예는 노예 소유주가 죽었을 때는 물론 유언장이 작성되던 시점에도 유언자의 재산이었어야 했다.[35] 유언장에는 특정 노예를 해방하라는 유언자의 명령이 표현되어야 했다. 가령 "스티쿠스는 자유롭게 하라Liber esto Stichus", 혹은 "스티쿠스가 자유롭게 될 것을 나는 명

---

32   Gaius, *Institutes*, 1.43.
33   Paulus, *Sententiae*, 4.1.16.
34   Gaius, *Institutes*, 1.46.
35   같은 책, 2.267.

한다iubeo Stichum esse liberum"라고 기록한 경우 스티쿠스라는 노예는 유언장이 효력을 발휘하는 순간부터 자유의 몸이 되었다. 그러나 "스티쿠스가 자유롭게 되기를 나는 바란다volo Stichum esse liberum"라고 기록한 경우는 법적인 효력이 없었다.[36] 노예를 해방하라는 유언자의 '명령iussum' 자체가 법적으로 결정적인 행위를 구성한 것이다. 특정 노예를 '해방하라'는 유언자의 명령은 노예에게 내린 것이 아니었다. 노예가 자신의 자유를 획득하기 위해 어떤 조치를 하는 것은 명령되거나 허용되지 않았다. 유언자의 명령은 재산을 처분하는 것처럼 노예를 처분하는 행위였다. 유언자가 "나는 법적으로 스티쿠스를 티티우스에게 준다Titio Stichum do lego"라고 유언장에 기록했으면, 스티쿠스라는 노예는 유언장이 효력을 발휘하는 순간 티티우스의 소유가 되었다.[37]

'푸피우스 칸니니우스법'은 왜 유언에 의한 노예해방만을 제한했을까? 이 법은 노예 소유주가 살아 있는 동안 노예를 해방하는 것은 문제 삼지 않았다. 노예 소유주가 임페리움을 지닌 정무관(집정관Consul이나 법무관Praetor, 속주 총독) 앞에 가서 노예를 해방하거나, 켄수스 때 자신의 노예를 시민으로 등록함으로써 해방하는 경우, 혹은 비공식으로 해방하는 경우 문제의 법은 적용되지 않았다. 노예해방 중에서도 유언장을 통한 해방이 가장 심각한 문제로 인식되었다고 예상할 수 있다. 디오니시오스의 다음 진술은 그러한 생각을 뒷받침한다.

일부 노예 소유주는 죽었을 때 좋은 사람으로 불리기 위해, 그리고 많은 사람이 자유의 모자를 쓰고 자신의 운구 행렬을 뒤따르게 하기 위해, 자신들의 사후 모

---

36 Duff, *Freedmen in the Early Roman Empire*, p. 25.

37 David Daube, "Two early Patterns of Manumission," *Journal of Roman Studies*, 36(1946),
    p. 64.

든 노예가 해방되도록 허용한 것을 나는 안다. 실로 이런 장례 행렬에 참여한 피해방인의 일부는, 우리가 그 사실을 아는 사람들에게서 들었듯이, 죽어 마땅한 범행을 저질러 투옥되었다가 출소한 악한들이었다. 대부분의 사람은 이러한 나쁜 관행이 도시 로마에서 제거되어야 한다고 생각하기 때문에 그런 관습을 몹시 슬퍼하고 비난하며, 전 세계를 지배하기를 열망하는 우월한 도시가 그런 사람들을 시민으로 만드는 것을 부당하다고 생각한다.[38]

디오니시오스는 노예 소유주들이 사후의 명성을 의식하면서 장례 행렬에 참여할 사람들을 확보하기 위해 유언장으로 노예들을 대규모로 해방하는 폐해를 억제하는 것이 '푸피우스 칸니니우스법'의 중요한 제정 동기였음을 알 수 있게 한다. 유언장으로 노예를 해방하는 것은 매력적인 자선 행위였다. 그것은 선물을 주는 사람이 비용이 들지 않는 한 선물을 주는 것을 연기하다가 죽을 때 자선을 베풂으로써 장례식에서 자유의 선물에 감사해 하며 전 주인의 죽음을 애도하는 피해방인들을 확보해주었다. 로마의 유력자들에게는 사후의 명성을 얻으려는 동기가 매우 강력해서 자신이 소유한 대규모 노예를 예외 없이 해방하도록 명하는 유언장을 남긴 사례도 볼 수 있다.[39] 아우구스투스는 사적인 소비, 사치 및 뇌물 수수를 규제하는 사치 금지법을 통해 로마 상류층의 과시적인 행동을 통제하려고 노력했고, 결혼에 관한 법을 제정해 새로운 도덕을 확립하고자 시도했다.[40] '푸피우스 칸니니우스법'은 유언을 통한 노예해방에 합리적인 한계를 부과해 지배계급의 사치스럽고 좋지 않은 관행을 바로잡으려고 아우구스투스가 한 일련의 노력 중 하나로 이해

---

38 Dionysios of Halikarnassos, *Rhomaike archaiologia*, 4.24.6.

39 Last, "The Social Policy of Augustus," p. 432.

40 Suetonius, *De Vita Caesarum*, Divus Augustus. 34.1; Gellius, *Nocticum Atticarum*, 2.24.14; Cassius Dio, *Historia Romana*, 54.16.3~54.16.5.

할 수 있다.[41] 로마인들이 유언장으로 대규모의 노예를 무차별적으로 해방하는 실례가 빈번했다고 보기는 어렵다. 유언장을 통한 노예해방의 모든 손실은 유언자의 상속인들에게 떨어졌기 때문이다. 상속인들은 노예들을 상실할 뿐 아니라 노예해방세를 납부해야 했다. 죽은 후 관대하다는 명성과 일시적인 화려한 장례식을 위해 자신의 상속자들에게 심각한 경제적 손실을 초래하는 대규모 노예해방을 명령하는 유언자는 현실적으로 드물었을 것이다.

이런 관점에서 보면 '푸피우스 칸니니우스법'이 노예해방을 억제한 효과는 그리 크지 않았을 것으로 예상되는데, 학자들은 이 문제에 대해 일치된 견해를 보이지 않았다. 일반적으로 노예해방의 공식적인 방법 중에서 유언장을 통한 해방이 가장 빈번하게 이용되었을 것으로 생각되었다.[42] '푸피우스 칸니니우스법'은 바로 유언자들의 허영심과 자선심에 의해 지나치게 많은 노예가 해방되어 시민단에 편입되는 해악을 억제하려는 의도로 제정되었을 것으로 지적되었다.[43] 가령 레지널드 헤인즈 배로Reginald Haynes Barrow는 유언장을 통한 손쉬운 노예해방으로 피해방인들을 양산한 결과 제정 초기에는 피해방인들이 수와 부에서 자유 시민들을 위협함으로써 그 문제를 해결하기 위해 특별한 법('푸피우스 칸니니우스법')이 도입되었다고 말했다.[44] 휴 매킬웨인 라스트Hugh Macilwain Last는 '푸피우스 칸니니우스법'으로 외국인 혈통의 노예들이 로마 시민 공동체에 유입되는 가장 넓은 통로 중 하나의 흐름을 관리할 수 있게 되었다고 보았다.[45]

41 Bradley, *Slaves and Masters in the Roman Empire*, p. 91.

42 Buckland, *The Roman Law of Slavery*, p. 460; M. Massey and P. Moreland, *Slavery in Ancient Rome*(Macmillan Education, 1978), p. 69; Treggiari, *Roman Freedmen during the Late Republic*, p. 27.

43 Buckland, *The Roman Law of Slavery*, p. 547; Duff, *Freedmen in the Early Roman Empire*, p. 25.

44 Reginald Haynes Barrow, *Slavery in the Roman Empire*(Methuen, 1928), pp. 178~179.

그러나 이러한 견해는 유언을 통한 노예해방이 다른 방법들보다 더욱 일반적이었다는 증거가 없다는 점에서,[46] 그리고 유언자들은 장례식에서 감사해 하고 애도할 피해방인들보다 상속인을 더 배려했을 것이라는 점[47]에서 반박된다. 캐슬린 앳킨슨K. M. T. Atkinson은 "푸피우스 칸니니우스법이 해방되는 노예의 수를 줄이는 효과를 지녔다 하더라도 외국인 출신 시민 수의 증가에 대한 놀람과는 아무런 관련이 없다. 다른 방법들을 통한 노예해방에는 아무런 제약이 없었다"[48]라고 지적했다. 브래들리도 "노예 소유주들은 살아 있는 동안 다른 노예해방의 방법들을 이용할 수 있었으며, 푸피우스 칸니니우스법이 피해방인의 수를 줄이는 데 주된 관심이 있었다고 볼 수 없다"[49]라고 말했다.

'푸피우스 칸니니우스법'이 유력자들의 대규모 노예해방을 억제하는 것이 주된 의도였다면 무엇 때문에 중소 규모의 노예 소유주들의 노예해방에 대해서도 세세한 규정을 했을까? 중소 규모의 노예들을 소유한 사람들도 유언에 의한 노예해방을 빈번하게 이용했을 가능성을 고려해보아야 하지 않을까? 노예 소유주의 입장에서 유언을 통해 노예들을 해방하는 것은 자신이 죽을 때까지 노예의 충성을 확보하는 효율적인 방법이었을 것이다. 일반적으로 유언장은 노예 소유주가 최종 순간에 하는 명령이 아니라, 노예 소유주가 죽기 여러 해 전에 작성되었다.[50] 노예 소유주는 미리 작성한 유언장의 내용

---

45 Last, "The Social Policy of Augustus," p. 433.

46 Bradley, *Slaves and Masters in the Roman Empire*, p. 91.

47 Atkinson, "The Purpose of the Manumission Laws of Augustus," p. 368; Treggiari, *Roman Freedmen during the Late Republic*, p. 27.

48 Atkinson, "The Purpose of the Manumission Laws of Augustus," p. 370.

49 Bradley, *Slaves and Masters in the Roman Empire*, p. 91.

50 로마 함대의 한 병사였던 가이우스 롱기누스 카스토르(Gaius Longinus Castor)의 유언장은 189년에 작성되었으나 194년에 효력을 발휘했으며, 옥시린쿠스(Oxyrhynchus)에 살던

을 특정한 노예들에게 미리 알려줌으로써, 혹은 장차 유언장에 해방 대상자로 포함할 것임을 암시함으로써 자유를 갈망하는 노예들의 헌신적인 복종을 확보할 수 있었을 것이다. 티투스 페트로니우스 니게르Titus Petronius Niger에 따르면, 트리말키오는 자신이 유언장에서 토지를 주고 해방하기로 한 노예들에게 미리 그 사실을 알려주었는데, "그들에게 사실을 알려준 나의 목적은 단순히 나의 노예들이 마치 내가 죽었을 때처럼 나를 사랑하게 하기 위함이었다"라고 말했다.[51] 주인의 유언장을 통해 해방되기를 기대하는 노예들은 주인이 죽을 때까지 불특정 기간을 참고 기다려야 했다. 그런데 노예 소유주는 미리 작성한 유언장의 내용을 나중에 무시하거나 수정할 수도 있어서 노예들의 해방은 여전히 주인의 변덕에 좌우되었다.[52] 해방에 대한 약속이 주인의 변덕으로 무산되었을 때 노예는 폭력에 의지하는 경우도 있었다. 61년, 로마 시장인 루키우스 페다니우스 세쿤두스Lucius Pedanius Secundus가 자신의 한 노예에게 살해되었다. 그 사건의 정확한 원인은 알려지지 않았지만, 타키투스는 가능한 원인으로서 주인과 노예 간에 해방에 대한 협약이 있었으나, 최종 순간에 주인이 약속을 어겼기 때문일 것으로 설명했다.[53]

유언장을 통한 노예해방이 얼마나 빈번하게 이루어졌는지, 그것을 제약한 '푸피우스 칸니니우스법'은 어느 정도 효과를 지녔는지 단언할 수 없다. 아우구스투스는 이 법으로 노예해방 일반을 억제하거나, 피해방인들의 수를

아쿠실라우스(Acusilaus)라는 사람의 유언장은 156년에 작성되었지만 165년에 효력을 발휘했다. 소 플리니우스는 한 유언장이 효력을 발휘하게 된 시점으로부터 18년 전에 작성된 실례를 전해준다(Gaius Plinius Caecilius Secundus, *Epistulae*, 5.5.2, 8.18.5).

51 Petronius, *Satyricon*, 71.1.3.
52 해방을 약속한 주인이 그것을 어겼을 때, 노예는 로마 시장이나 속주 총독 앞에 출두해 시정을 모색할 수도 있었을 것으로 추정되지만, 대부분의 노예에게 실효성이 없었을 것으로 생각된다(*Digesta*, 40.1.5 참조).
53 Tacitus, *Annales*, 14.42.1.

급격히 감축하려고 의도하지는 않았을 것이다. '푸피우스 칸니니우스법'이 제정된 지 5년 후에, 살아 있는 노예 소유주가 행하는 노예해방에 대해서도 규제하는 좀 더 포괄적인 법이 제정되었다.

4. 노예 소유주의 생존 시 노예해방 제한: 아일리우스 센티우스법

4년에 제정된 '아일리우스 센티우스법'은 노예 소유주가 살아 있는 동안 노예를 해방하는 것에 여러 제약을 도입했다. 이 법의 내용도 가이우스의 진술을 통해 알 수 있다.

> 노예를 해방하기를 바라는 모든 사람에게 그것이 허용되는 것은 아니다. 채권자나 보호자를 기만할 목적으로 노예를 해방하는 것은 무효이기 때문이며, 아일리우스 센티우스법은 그러한 목적으로 노예에게 자유를 주는 것을 금지했다.
> 마찬가지로 20세 이하인 미성년 노예 소유주는, 법무관이 참여한 특별 위원회consilium에서 노예를 해방하고자 하는 정당한 근거를 입증한 경우를 제외하고는, 이 법에 의해 노예를 해방하는 것이 허용되지 않는다.[54]

'아일리우스 센티우스법'은 채권자에게 채무를 이행하도록 요구받는 노예 소유주가 재산을 감소시켜 채무 지급불능인이 되기 위해 고의로 노예를 해방하는 것을 금지했으며, 그러한 기만적인 노예해방은 무효가 되었다. 그러나 법학자 울피아누스의 진술에 따르면 채무 지급불능의 노예 소유주가 죽으면서 유언으로 노예를 해방하고 그를 유일한 상속인으로 만든 경우 그 해

---

54 Gaius, *Institutes*, 1.36~1.38.

방은 유효했다.[55] '아일리우스 센티우스법'에서 중요한 것은 20세 이하 노예 소유주에게서 노예해방의 권리를 박탈한 것인데, 20세 이하 노예 소유주에 게도 노예해방의 길이 완전히 봉쇄되지는 않았다. 20세 이하 노예 소유주가 노예를 해방하려면 로마에서는 공식적인 특별 위원회에서 노예를 해방하고 자 하는 정당한 이유causae를 입증해야 했다. 특별 위원회는 로마에서는 원로 원 의원 5명과 기사 5명으로 구성되었으며, 속주에서는 로마 시민인 정무관 20명으로 구성되었다.[56] 특별 위원회의 심판관들은 노예를 해방하려는 이유 를 확인할 때, 사치가 아니라 진정한 감정에서 비롯된 이유를 인정해야 했 다.[57] '아일리우스 센티우스법'은 20세 이하 노예 소유주가 노예를 해방할 수 있는 정당한 이유들의 사례를 제시했다.

예컨대 어떤 노예 소유주가 아들, 딸, 형이나 누이, 수양 자식이나 교사, 관리인 으로 삼으려는 노예, 혹은 장차 결혼할 여자 노예를 특별 위원회 앞에 내세우는 경우 해방을 위한 정당한 이유가 존재한다.[58]

어떤 노예 소유주가 그의 아버지, 스승, 혹은 수양 형제를 해방하는 경우, 정당 한 이유가 된다.[59]

20세 이하 노예 소유주라도 자신과 혈연관계에 있는 노예나 가르침을 제 공한 노예 스승, 혹은 재정 관리인procurator으로 삼으려는 능력 있는 노예 등

---

55   Ulpianus, *Regulae*, 1.14
56   Gaius, *Institutes*, 1.20; Ulpianus, *Regulae*, 1.13a.
57   *Digesta*, 40.2.16.
58   Gaius, *Institutes*, 1.19.
59   같은 책, 1.39.

은 해방할 수 있었음을 알 수 있다. 특히 문제가 된 노예해방의 이유는 결혼하기 위해 matrimonii causa 여자 노예를 해방하는 경우였다.[60] 20세 이하 노예 소유주가 여자 노예를 사랑한다면, 결혼하기 위해 그 노예를 해방할 수 있었다. 이 경우 20세 이하 노예 소유주는 해방한 여자를 6개월 이내 아내로 맞이한다는 서약을 해야 했다.[61] 만약 20세 이하 노예 소유주가 자유를 준 여자와 기한 내에 결혼하지 않으면 해방은 무효가 되었으며, 결혼하기 전 자식이 태어났다면 그 자식의 신분은 6개월의 기한 내에 결혼이 이루어졌는지에 따라 결정되었다. 20세 이하 노예 소유주는 결혼할 목적으로 여자 노예 1명만 해방할 수 있었으며, 물론 자신이 여자 피해방인과 결혼할 수 있는 신분이어야 했다.[62] 결혼하기 위해 해방된 여자는 결혼을 거부할 수 없었으며, 자유를 준 전 주인이 자신의 권리를 포기하지 않는 한 다른 남자와 결혼할 수 없었다. 그녀는 결혼 후 이혼을 요구할 수 없었으며, 그녀의 남편이자 보호자만이 이혼을 요구할 수 있었다. 남편의 요구로 이혼이 성립되었을 경우, 그녀는 재혼을 할 수 없었음을 의미한다.[63] 한편 여자 노예 소유주가 결혼을 할 목적으로 남자 노예를 해방하는 것은 정당한 이유로 인정되지 않았다.[64]

20세 이하 노예 소유주에게 노예해방의 권리가 원칙적으로 거부되었지만, 정당한 해방의 이유를 입증할 경우 노예를 해방할 수 있게 한 것을 보면 '아일리우스 센티우스법'의 의도가 단순히 피해방인의 수를 줄이는 데 있었다고 말할 수 없다. 20세 이하 노예 소유주에게 노예해방의 권리를 제한한

---

60 Buckland, *The Roman Law of Slavery*, p. 540.

61 *Digesta*, 1.13.

62 아우구스투스의 혼인법에 의하면 원로원 의원은 여자 피해방인과 혼인할 수 없었다. 이것은 원로원 신분의 사회적 우월성을 유지하기 위한 조치였다.

63 Buckland, *The Roman Law of Slavery*, pp. 537ff.

64 여주인과 남자 노예가 한때 동료 노예들이었고, 둘이 결혼하려는 분명한 의도로 남자 노예가 여주인에게 맡겨진 경우는 예외로 인정되었다(*Digesta*, 40.2.14).

것은, 충동적인 어린 노예 소유주가 단지 피호인들을 증가시키기 위해서나 과시할 목적으로 노예들을 무분별하게 해방하는 것을 방지하려는 의도였을 것으로 보는 견해도 있다.[65] '아일리우스 센티우스법'은 해방될 수 있는 노예의 나이에 대해서도 규정했다.

> 노예 연령의 필요조건이 아일리우스 센티우스법에 의해 도입되었다. 이 법은 30세 이하 노예는, 해방되어야 할 충분한 이유가 특별 위원회에서 입증되고 법무관의 지팡이에 의해 해방된 경우가 아니면, 해방되어 로마 시민이 되는 것을 허용하지 않았기 때문이다.[66]

당시 노예들의 기대 수명이 평균적으로 20세를 크게 넘지 못했을 것이라는 추산[67]을 고려하면 30세라는 연령 제한은 노예의 해방을 억제하는 실질적인 효과를 지녔을 것이다. 그러나 여기에도 예외가 있었다. 30세 이하 노예도 주인이 특별 위원회에서 해방하려는 정당한 이유를 입증하면 해방될 수 있었다. 또한 노예 소유주는 30세 이하 노예를 비공식으로 해방해 사실상 자유를 허용할 수 있었다. 한편 해방될 수 있는 노예의 연령이 법에 의해 제한된 것은 노예 소유주가 해방될 만한 노예도 해방하지 않을 구실을 제공했다.[68] 노예의 연령에 대한 법은 노예 소유주들에게 유리하게 이용될 수 있었다. 베나프룸Venafrum에서 출토된 한 비는 25세에 죽은 나르키수스Narcissus라

---

65 Duff, *Freedmen in the Early Roman Empire*, p. 34.

66 Gaius, *Institutes*, 1.18.

67 Peter Astbury Brunt, *Italian Manpower 225 B.C.-A.D. 14*(Oxford University Press, 1971), pp. 132ff; Moses I. Finley(ed.), *Studies in Ancient Society*(Routledge and K. Paul, 1974), pp. 74ff; Keith Hopkins, *Conquerors and Slaves*(Cambridge University Press, 1978), p. 34, n. 44.

68 Wiedemann, "The Regularity of Manumission at Rome," p. 168.

는 이름의 한 빌리쿠스의 죽음을 애도하는 내용이다. "젊은 나에게 당연히 주어져야 하는 자유를 법이 거부했지만, 때 이른 죽음으로 영원한 자유가 주어졌다debita libertas iuveni mihi lege negata morte immatura reddita perpetua est."[69] 이 비문에서 나르키수스의 주인인 티투쿠스 플로리아누스Titucus Florianus는 사자死者가 해방될 만했지만 '아일리우스 센티우스법'에 의해 해방되지 못했음을 한탄한다. 비를 세워준 주인의 한탄이 진심이었는지 알 수 없지만, 사자의 해방을 거부한 것은 주인이 아니라 법이었다.

'아일리우스 센티우스법'은 노예해방과 관련해 노예 소유주와 노예의 최소 연령을 정했을 뿐 아니라 해방되어도 시민권을 얻을 수 없는 부적합한 자질을 지닌 노예들에 대해서도 규정했다.

주인에 의해 사슬이 채워졌던 노예, 낙인 찍힌 노예, 범죄를 저질러 고문당하고 고발된 노예, 다른 노예나 야수 혹은 검투 노예와 싸우도록 넘겨졌던 노예, 투옥되었던 노예는 주인이 해방해도 항복한 적들dediticii과 동일한 범주에 속하는 것으로 아일리우스 센티우스법은 규정했다. 로마 인민에 대항해 무기를 들고 싸우다 정복되어 무조건 항복한 적들이 '데디티키이'로 불린다.

따라서 이런 수치스러운 노예들은 어떤 방식으로 어떤 나이에 해방되었든지, 주인이 그들에 대한 권한의 행사를 중지했다 하더라도 결코 로마 시민이나 라틴 시민이 될 수 없으며 언제나 항복한 적들의 범주에 속해야 하는 것이 명백하다.[70]

노예가 공식적으로 해방되면 자유와 더불어 로마 시민권을 가지는 것이

---

69   *Corpus Inscriptionum Latinarum*, 10.4917.

70   Gaius, *Institutes*, 1.13~1.15.

특징이었음에 비추어볼 때, 도덕적으로 수치스러운 행위를 한 노예들은 해방되더라도 시민권을 향유할 수 없게 한 것은 주목된다. 그렇지만 그러한 저질의 노예들이 주인의 호의를 입어 해방되는 일은 현실적으로 거의 일어날 수 없었을 것이므로 법의 규정이 노예해방에 미친 영향은 적었을 것이다.

'아일리우스 센티우스법'의 제정 동기와 내용에 대해서, 아우구스투스의 전기를 쓴 수에토니우스와 3세기 초에 『로마사Historia Romana』를 저술한 카시우스 디오가 남긴 진술들이 있다.

> 아우구스투스는 인민을 순수하게, 외국인과 노예의 피에 의한 모든 오염에서 보호하는 것을 중시해서 로마 시민권을 매우 신중하게 수여했고 노예해방을 제한했다.
>
> 해방되는 노예의 수효와 조건 및 지위에 대해 신중한 규정을 마련함으로써 노예가 자유를 획득하는 것을, 더욱이 노예가 정당한 자유를 획득하는 것을 어렵게 만드는 것에 만족하지 않고, 아우구스투스는 일찍이 사슬에 채어졌거나 고문당한 노예는 누구도 시민권을 획득해서는 안 된다는 법을 제정했다.[71]

> 많은 사람이 노예들을 무차별적으로 해방했기 때문에, 아우구스투스는 노예 소유주와 노예가 도달해야 하는 연령을 정했다.[72]

아우구스투스가 "외국인과 노예의 피에 의한 모든 오염에서ab omni colluuione peregrini ac servilis sanguinis" 시민단을 보호하기 위해 노예해방을 제한했다는 수에토니우스의 진술은 노예해방을 제한하는 법들의 배후에서 해방되는 노예의

---

71   Suetonius, *De Vita Caesarum*, Divus Augustus.40.3~40.4.

72   Cassius Dio, *Historia Romana*, 40.13.7.

수효를 감소시키려는 동기뿐 아니라 인종적 동기를 규명하려는 학자들의 논의를 촉발했다. 더프는 보수적인 아우구스투스가 교활한 노예들이 정당한 이유 없이 해방되는 것을, 그리고 현명치 못한 노예 소유주들이 오리엔트 노예들에게 경솔하고 무모하게 시민권을 개방하는 것을 보고 이탈리아인의 인종적 오염을 억제하기 위해 노예해방에 반대하는 캠페인을 시작한 것으로 보았다.[73] 라스트는 이탈리아의 로마 시민이 노예해방을 통한 인구 유입으로만 유지된다면 시민단은 곧 정체불명의 잡동사니 nondescript farrago가 될 것이 틀림없었으므로 아우구스투스는 로마 시민권의 확대를 억제했다고 보았다. 아우구스투스는 무엇보다도 노예로 유입되었다가 해방되어 로마 시민단에 통합되던 그리스인과 오리엔트인들의 수를 제한함으로써 이탈리아 시민단이 무방비 상태로 오염되는 것을 방지하고자 했다는 것이다.[74]

반면에 브래들리는 아우구스투스가 피해방인들이 번성하도록 장려했고, 수에토니우스의 진술에서 특정한 인종을 암시하는 표현이 없다는 점에서 라스트의 해석을 비판했다.[75] 앳킨슨은 하드리아누스 황제 시대에 기사 신분 출신이면서도 문인으로서 고위 원로원 의원들과 교제하던 수에토니우스가 속주들로부터 원로원에 성공적으로 진입하던 사람들에 대한 원로원 의원들의 적대감을 공유한 것으로 보았다. 이탈리아 로마 출신의 원로원 의원들은 자신들이 '오론테스의 쓰레기 scum of the Orontes'라고 부른, 그리스어를 말하는 동방 출신자 다수가 원로원에 들어온 현실에서 당시와 달랐던 과거를 다소 향수 어린 눈으로 바라보면서 아우구스투스의 입법을 묘사했기 때문이라는 것이다.[76] 그러나 노예해방을 제한하는 법들이나 수에토니우스의 진술의 어

---

73 Duff, *Freedmen in the Early Roman Empire*, p. 30.

74 Last, "The Social Policy of Augustus," p. 429.

75 Bradley, *Slaves and Masters in the Roman Empire*, p. 87; A. H. M. Jones, *Augustus* (Chatto & Windus, 1970), pp. 133ff.

디에서도 '그리스인'이나 '오리엔트인'과 같은 특정한 인종에 대한 언급을 찾아볼 수 없다는 점에 주목할 필요가 있다. 또한 외국인 노예 중에서 특정한 인종이 많았다는 것은 실증적으로 입증할 수 없다. 한편 최근의 연구들은 아우구스투스가 그리스인과 그리스 세계에 대해 인종적 적대감을 가졌다는 아무런 증거가 없으며, 고대 세계에서는 그러한 인종적 편견의 관념이 거의 드러나지 않는다는 점을 제시했다.[77] 노예해방을 제한하는 '아일리우스 센티우스법'이 그리스인 내지 오리엔트인에 대한 편견을 내포했다는 설명은 설득력을 가지기 어렵다.

'아일리우스 센티우스법'은 노예들이 해방되어 시민단에 들어가는 것을 억제하는 데 어느 정도 효력을 지녔을까? 이 법이 얼마나 잘 준수되었는지는 알 수 없다. 라스트는 '아일리우스 센티우스법'은 '푸피우스 칸니니우스법'이 시작한 일을 완성하는 것이었으며, 두 법은 시민단에 유입되는 외국인 노예의 수를 현저히 감축했을 것이 틀림없다고 말했다.[78] 브래들리는 '아일리우스 센티우스법'이 노예해방 자체의 원칙에는 반대하지 않았으며, 다만 로마 시민권을 얻는 노예들의 적합성을 강조한 것으로 보았다. 로마의 전통과 관행의 힘을 생각하면, 노예해방 자체를 완전히 중지한다는 생각은 할 수 없었다는 것이다.[79] '아일리우스 센티우스법'은 어느 경우에도 노예해방 자체를 봉쇄하지 않았다. '아일리우스 센티우스법'이 노예해방과 관련해 주인과 노예의 연령을 제한했지만, 주인이 원해 특별 위원회에 참석하는 수고를 아끼

---

76 Atkinson, "The Purpose of the Manumission Laws of Augustus," pp. 357~360.
77 Glen Warren Bowersock, *Augustus and the Greek World*(Clarendon Press, 1965), pp. 41, 61; Bradley, *Slaves and Masters in the Roman Empire*, p. 149; Adrian Nicholas Sherwin-White, *Racial Prejudice in Imperial Rome*(Cambridge University Press, 1967).
78 Last, "The Social Policy of Augustus," p. 434.
79 Bradley, *Slaves and Masters in the Roman Empire*, pp. 88~89.

지 않는다면 노예를 해방할 수 있었다. 주인이 노예를 특별 위원회에 데리고 가서 정당한 이유를 입증하는 수고는 공식 노예해방 시 노예를 데리고 정무관 앞에 가서 의식을 통해 해방하는 것보다 좀 더 번거로웠을지 모르지만, 근본적으로 다르지 않았다. 어쨌든 아우구스투스는 유스티니아누스 1세 시대까지[80] 사실상 효력을 발휘한 법들을 통해 노예해방에 대한 공식적 기준들과 조건을 확립했다. 그것은 노예제의 전통에서 새로운 면모였으나, 일탈은 아니었다.

5. 맺음말

로마공화정 시기에 공식 노예해방은 노예에게 자유와 더불어 로마 시민권을 수여했다. 노예해방은 전적으로 노예 소유주 개인의 의사에 달려 있었지만, 국가는 그것을 확인하고 그에 대한 세금을 징수했다. 노예제가 발달한 공화정 말기와 제정 초기 로마에서는 무분별한 노예해방의 남용과 그로 말미암은 시민권의 개방이 문제점으로 지적되었다. 로마에서는 특히 그리스인이나 넓은 의미에서 동방 출신 노예들이 대거 시민으로 유입되고 있다고 주장되었으며, 그들에 대한 로마 시민의 질시와 비난이 제기되었다. 그러나 특정 인종 출신 노예들이 시민단에 대거 유입되었다는 과장된 주장은 설득력을 지니지 못한다.

내란을 종식하고 새로운 체제를 확립하던 아우구스투스는 노예해방에 대한 기준과 조건을 마련한 법들을 통해 최초로 노예 소유주의 노예해방권을 제약했다. 유언에 의한 노예해방을 제한한 '푸피우스 칸니니우스법'은 유력

---

80   Tacitus, *Annales*, 15.43.3; Gaius, *Institutes*, 1.32b~1.34; Ulpianus, *Regulae*, 3.1~3.6.

자들이 사후 명성을 얻기 위해 노예들을 대규모로 해방하는 것을 통제하는 것이 주된 의도였다. 노예 소유주는 살아 있는 동안 노예를 해방하는 데 아무런 제약을 받지 않았으며, 유언을 통해서도 일정 한도 이내 노예들을 해방할 수 있었으므로 '푸피우스 칸니니우스법'이 노예해방을 억제해 피해방인들의 수효를 급격히 줄이고자 의도한 것은 아니었다. 노예 소유주가 유언으로 노예를 해방하는 것은 죽을 때까지 노예들의 충성을 확보하는 효율적인 수단이었다. 노예 소유주는 미리 작성한 유언장의 내용을 노예들에게 알려주거나 암시함으로써 노예들을 용이하게 통제했으며, '푸피우스 칸니니우스법'은 해방 대상자로서 유언장에 명시되기 위한 노예들의 경쟁을 강화하는 효과를 지녔을 것이다.

'아일리우스 센티우스법'은 노예 소유주가 살아 있는 동안 노예를 해방하려면 노예 소유주는 20세 이상이어야 하고, 노예는 30세 이상이 되어야 해방될 수 있도록 규정했다. 그리고 시민이 되기에 부적합한 자질을 지닌 노예들은 해방되더라도 시민이 될 수 없게 했다. 20세 이하 노예 소유주도 특별 위원회에서 정당한 이유를 입증하면 30세 이하 노예를 해방할 수 있었으므로 20세 이하 노예 소유주가 노예해방의 권리를 박탈당한 것은 아니었다. '아일리우스 센티우스법'의 연령 제한도 노예 소유주들에게 유리하게 이용되었을 것이다. 노예 소유주는 자유를 얻을 만한 자격이 있는 30세 이하 노예들을 해방하지 않을 구실을 가지게 되었다.

'아일리우스 센티우스법'이 해방되더라도 시민권을 향유할 수 없는 노예들의 범주를 규정한 것이 로마 시민단을 동방 출신 노예들의 피에 의한 오염에서 보호하기 위한 의도였다고 확대 해석할 만한 근거는 없다. 이 규정은 저질의 노예들까지 무분별하게 해방되어 시민단에 유입되는 것을 근절하려는 의도를 지니고 있었겠지만, 현실적으로 그런 노예들이 주인의 호의를 얻어 해방되는 경우는 극히 드물었을 것이다. 그것은 오히려 노예들에게 해방을 달성하기 위해서는 주인에게 순종하고 충성해야 한다는 것을 공식화했을 것이다. 노예해방을 제한하는 법들은 시민권의 무분별한 개방에 대처했을 뿐 아니라, 노예제를 안정시키고 노예 소유주들에게 노예를 통제하는 것을 더욱 용이하게 했을 것이다.

제 10 장

비공식 노예해방과 비공식 피해방인

1. 머리말

노예해방은 로마 노예제의 두드러진 특성이었다. 로마 세계의 노예 소유주들은 노예를 해방하는 데 그리스인들보다 더욱 관대했으며, 일부 노예에게 노예 상태는 항구적이 아닌, 벗어날 가능성이 있는 것이었다. 공식적으로 해방된 피해방인은 법적으로 자유인이었을 뿐 아니라 동시에 로마 시민권을 얻어 시민 공동체의 일원이 되었다. 로마인들의 노예해방은 피해방인을 시민이 아닌, 거류 외인의 범주에 포함한 아테네인들의 그것과 대조된다.[1] 피해방인에게는 자유를 준 전 주인을 보호자로 삼아 일정 기간 전 주인에게 복종하고 다양한 의무를 이행해야 하는 조건이 따르는 것이 일반적이었지만, 해방을 통해 노예의 운명은 극적으로 변했다. 노예 소유주는 노예를 비공식적으로 해방하기도 했다. 비공식 피해방인은 주인과 맺은 관계에서 사실상

---

1   Moses I. Finley, *The Ancient Economy* (University of California Press, 1973), p. 78.

자유인으로 대우받았지만, 법적으로는 여전히 노예였다. 공화정 말기와 제정 초기에는 공식적으로 해방된 피해방인들뿐 아니라 비공식으로 해방된 피해방인들도 많았을 것으로 이해된다. 비공식 피해방인들은 제정 초기 제정된 '유니우스법'에 의해 라틴 시민권을 받았으며, 일정 조건을 충족하면 완전한 로마 시민권을 얻을 수도 있었다.[2] 노예 소유주들은 왜 비공식 노예해방을 이용했으며, 비공식 피해방인의 지위는 어떠했을까? 비공식 노예해방과 비공식 피해방인의 지위에 대해 고찰해보자.

2. 비공식 노예해방

기원전 3세기 말에서 기원전 2세기 초에 많은 작품을 저술한 희극작가 티투스 마키우스 플라우투스Titus Maccius Plautus의 한 작품에 등장하는 그리푸스Gripus라는 노예는 해방되어 자유인으로서 살고 싶은 꿈을 다음과 같이 피력했다.

> 내가 해방된다면, 약간의 토지, 집, 노예들, 그 밖의 모든 것을 구매하고, 상선을 가지고 사업을 시작할 것이다. 나는 유명한 왕 중의 왕이 될 것이다. 그리고 모든 백만장자처럼 삶을 즐기기 위해 보트를 구매해서 항구들을 순항할 것이다. 모든 사람이 나를 잘 알게 되면, 위대한 새로운 도시를 건설하고 내 이름을 따라 그리포폴리스라고 이름을 지을 것이다. 그것은 사람들에게 내가 행한 모든 위대한 일을 상기시킬 것이다. 그 도시는 위대한 제국의 수도가 될 것이다. 의심할 여지없이, 나는 실로 거대한 꿈을 꾸고 있다.[3]

---

2   Keith R. Bradley, *Slavery and Society at Rome*(Cambridge University Press, 1994), p. 155.

공화정 말기 노예 소유주들은 도시 노예들을 해방하는 것이 흔한 관행이었다.[4] 공식 노예해방은 제9장에서도 언급했듯이 세 가지 방법으로 이루어질 수 있었다. 노예를 해방하고자 하는 노예 소유주가 임페리움을 지닌 정무관(집정관, 법무관, 속주 총독) 앞에 노예를 데리고 가서 노예에게 자유의 지팡이를 대는 의식을 하거나manumissio vindicta, 감찰관이 켄수스를 할 때 노예를 자유 시민으로 등록하거나manumissio censu, 혹은 유언장에 노예의 해방을 명시하는 방법manumissio testamento이 있었다.[5] 이 세 가지 방식의 노예해방은 사실상 로마 노예제의 시작부터 알려졌다.[6] 공화정 말기에는 켄수스가 정기적으로 이루어지지 못했으며, 제정기에도 켄수스는 5년에 한 번 이상 행해지지 않았음을 고려하면 켄수스를 통한 노예해방은 자주 이용되지 않았을 것이다.[7]

비공식 노예해방에도 세 가지 방법이 있었다. 노예 소유주는 노예에게 자유를 준다는 편지를 주거나manumissio per epistulam, 노예가 자신과 함께 식탁에 앉아 식사하게 하거나manumissio per mensam, 혹은 증인으로 삼은 친구들 앞에서 노예에게 자유를 선언할 수 있었다manumissio inter amicos. 세 번째 방법이 가장

---

3 Plautus, *Rudens*, 925ff.

4 Géza Alföldy, "Die Freilassung von Sklaven und die Struktur der Sklaverei in der Römischen Kaiserzeit," *Rivista Storica dell'Anticità*, 2(1972), p. 97.

5 Susan Treggiari, *Roman Freedmen during the Late Republic*(Clarendon Press, 1969), pp. 20ff.

6 리비우스는 공화정 초기에 지팡이를 대는 의식을 통해 노예에게 시민권을 부여한 예를 언급했다(Livius, *Ab Urbe Condita*, 2.5.9). 디오니시오스는 켄수스에 의한 노예해방을 시행한 연대를 왕정기의 세르비우스 툴리우스(Servius Tullius) 왕에게로 소급하며(Dionysios of Halikarnassos, *Rhomaike archaiologia*, 4.22.4), 12표법은 유언에 의한 노예해방을 다룬다(Treggiari, *Roman Freedmen during the Late Republic*, p. 20 참조).

7 M. Massey and P. Moreland, *Slavery in Ancient Rome*(Macmillan Education, 1978), p. 69; A. J. B. Sirks. "Informal Manumission and the Lex Junia," *Revue Internationale des droits de l'antiquité*, 28(1981), p. 248, n. 1.

빈번하게 이용되었다. 주인이 노예에게 자신의 식탁에서 함께 식사하게 해서 해방하는 방법도 많은 친구가 참여한 연회를 활용했기 때문이다.[8] 3세기 이집트에서 한 라틴 시민이 작성한 서판은 비공식 노예해방의 실례를 보여준다.

> 헤르모폴리스Hermopolis 출신 마르쿠스 아우레우스 암모니온은 친구들 앞에서 자신의 가정에서 태어난 약 34세 된 여자 노예 헬레네를 해방했으며, 자유를 주는 대가로 티시키스 촌락 출신의 이나로우스의 아들 아우렐리우스 알레스로부터 2200드라크마drachma(약 88파운드)를 받았다.[9]

목제 서판에 기록된 이 해방 문서에는 우선 비공식 노예해방의 사실이 라틴어로 기록되었고, 당사자와 증인들이 그 문서에 서명했다. 이 사례는 주인이 비공식으로 노예를 해방하면서 그 대가를 받고 당사자 간에 계약 문서를 작성했음을 보여준다. 로마의 비공식 노예해방은 주인의 집에서 구두 또는 편지로 쉽게 이루어지는 것이 일반적이었다. 공화정 말기에 이르면 많은 노예가 법적으로는 예속 상태에 있지만 실제로는 자유로운 비공식 피해방인으로 로마 사회에 편입되어 있었다.[10] 노예 소유주가 비공식 노예해방을 이용한 원인은 무엇이었는가? 공식적인 방법으로는 노예를 해방할 수 없거나 혹은 용이하지 않은 상황이 비공식 노예해방을 이용하게 한 원인으로 지적되었다.[11] 살아 있는 노예 소유주가 공식적으로 노예를 해방하는 가장 흔한 방

---

8   Arnold Mackay Duff, *Freedmen in the Early Roman Empire*(W. Heffer & Sons, 1958), p. 21.

9   Vincenzo Arangio-Ruiz(ed.), *Fontes Iuris Romani Anteiustiniani*, Vol. 3, Negotia(Barbèra, 1943), No. 148.

10 Duff, *Freedmen in the early Roman Empire*, p. 29.

법은 임페리움을 지닌 정무관 앞에 노예를 데려가는 것이었는데, 도시 로마에서는 노예 소유주가 그러한 정무관을 만나는 일이 용이했지만 로마 밖에 있는 이탈리아와 속주들에서는 사정이 달랐다.[12] 자치도시의 정무관들은 로마 시민권을 수여하는 공식 노예해방 의식을 주재할 능력이 없었다. 이런 점에서 이탈리아 자치도시들에 사는 유력자들의 이해관계가 경시된 점이 주목된다. 이탈리아가 통일된 후의 공화정 말기와 프린키파투스기에 임페리움을 지닌 정무관들과 노예 소유주 사이의 거리가 비공식 노예해방의 확산을 조장했다.[13]

소 플리니우스의 서한에 따르면, 소 플리니우스 아내의 조부祖父인 루키우스 칼푸르니우스 파바투스Lucius Calpurnius Fabatus는 북부 이탈리아에 살았는데, 친구들 앞에서 비공식으로 해방한 피해방인들을 공식적으로 해방하기를 원했지만, 임페리움을 지닌 로마 국가의 정무관들을 만날 수 없었다. 소 플리니우스는 마침 속주 히스파니아의 총독으로 부임하는 친구 칼레스트리우스 티로Calestrius Tiro에게 속주로 가는 도중 파바투스의 집을 방문하도록 설득했고, 파바투스는 많은 비공식 피해방인을 공식 피해방인으로 만들 수 있었다.[14] 속주에서 공식 노예해방 의식은 총독이 정기적으로 도시들을 순회할 때 치러야 할 일이었다. 그러나 노예해방을 원하는 노예 소유주와 노예가 총

---

11 Keith R. Bradley, *Slaves and Masters in the Roman Empire: A Study in Social Control* (Oxford University Press, 1987), pp. 101~102; Adrian Nicholas Sherwin-White, *The Roman Citizenship*(Clarendon Press, 1973), p. 330; Sirks, "Informal Manumission and the Lex Junia," p. 261.
12 도시 로마에는 제정기에도 노예해방 의식뿐만 아니라 다양한 업무를 수행하는 도시 법무관 (praetor urbanus)이 있었다[Theodor Mommsen, *Römische Staatsrecht*, Vol. 2(S. Hirzel Verlag, 1887), pp. 193ff 참조].
13 Sherwin-White, *The Roman Citizenship*, p. 330.
14 Gaius Plinius Caecilius Secundus, *Epistulae*, 7.16, 7.32.1.

독을 만나기는 용이하지 않았다. 제정기의 속주 총독은 재임 기간에 자신의 속주를 순회하는 것이 관행이었으며, 순회재판이 개최되는 주요 도시들에 일시적으로 체류했으므로 특정 지역의 행정 및 사법상의 업무를 상대적으로 짧은 기간 내에 처리하지 않을 수 없었다. 속주의 모든 도시에서 순회재판이 열린 것도 아니었다. 노예를 공식적으로 해방하고자 하는 노예 소유주가 순회재판이 열리지 않는 도시에 사는 경우 노예 소유주는 노예를 데리고 순회재판이 열리는 도시까지 여행을 하지 않을 수 없었다.[15] 로마 외부의 이탈리아나 속주에 사는 로마 시민들은 노예를 공식적으로 해방할 수 없는 상황에서 불가피하게 비공식 노예해방을 이용했을 것이며, 나중에 여건이 허락하면 해방의 반복을 통해 비공식 피해방인을 공식적으로 해방할 수 있었을 것이다.

한편 노예를 공식적으로 해방하는 것이 용이한 노예 소유주들도 의도적으로 비공식 노예해방을 이용했을 가능성도 있다. 노예에서 해방된 피해방인들이 자신의 직업을 선택할 수 있었다 하더라도 피해방인의 선택에는 많은 제약이 따랐으므로, 피해방인들은 해방되기 전과 마찬가지로 전 주인이 투자한 상공업에서 동업자로 일하거나 전 주인 가정의 관리인과 같은 일을 맡는 것이 일반적이었다.[16] 이러한 상황에서 노예 소유주들은 충실하게 봉사하며 능력을 발휘한 노예들을 공식적으로 해방하는 것이 아니라 비공식으로 해방하고서 피해방인들의 지속적인 충성을 확보하려고 계산했을 것이다. 장래의 공식적인 해방을 약속하거나 암시하는 주인을 위해 비공식 피해방인들은 더욱 열심히 일하도록 자극받았을 것이다.[17] 노예를 비공식으로 해

---

15 Bradley, *Slaves and Masters in the Roman Empire*, p. 102.

16 Duff, *Freedmen in the Early Roman Empire*, pp. 44ff; Massey and Moreland, *Slavery in Ancient Rome*, p. 70.

17 Sirks, "Informal Manumission and the Lex Junia," pp. 261ff.

방하는 노예 소유주는 공식 노예해방 때 국가에 납부해야 하는, 노예 가치의 5퍼센트에 해당하는 노예해방세도 부담하지 않았다.

그렇다면 비공식 피해방인의 지위는 보장될 수 있었을까? 비공식 피해방인은 법적으로 여전히 노예였으며, 주인이 마음을 바꾸어 비공식 해방을 철회할 수 있는 불안정한 지위에 놓여 있었다.[18] 그러나 공화정 말기에 이르면 비공식 피해방인은 주인의 해방 철회 시도에 대해 법무관에게 소송을 제기할 수 있었다.[19] 완전 시민의 권리라는 관념에 입각하면 비공식 피해방인은 노예였지만, 법무관의 칙령에 따르면 자유인이었던 것이다. 비공식 피해방인들은 '주인의 의지로 자유 상태를 유지하는in libertate dominis voluntate morari' 사람들로 불리기도 했고, '법무관의 도움으로 자유 상태로 보호되는in libertate servari auxilio praetoris' 사람들 혹은 '법무관의 보호로 자유 상태에 있는in libertate tuitione praetoris esse' 사람들로도 불렸다.[20]

그렇지만 비공식 피해방인은 법적으로 여전히 노예였기 때문에 비공식 피해방인이 보유한 페쿨리움과 획득한 모든 재산은 전 주인의 소유였으며, 여자 비공식 피해방인에게서 태어난 자식도 노예가 되었다. 법무관의 비공식 피해방인에 대한 보호의 핵심은 피해방인을 전 주인에 대한 노동의 의무에서 자유롭게 하는 것, 즉 전 주인이 노예의 일을 다시 강요할 경우 비공식 피해방인이 소송을 제기하면 법무관이 그것을 방지하기 위해 개입하는 것이었다.[21] 물론 법무관이 언제나 소송을 제기한 비공식 피해방인의 편을 들어

---

18 Massey and Moreland, *Slavery in Ancient Rome*, p. 67.

19 A. J. B. Sirks, "The lex Junia and the Effects of Informal Manumission and Iteration," *Revue internationale des droits de l'Antiquité*, 30(1983), pp. 216~217.

20 Gaius, *Institutes*, 3.56.

21 William Warwick Buckland, *The Roman Law of Slavery: the condition of the slave in private law from Augustus to Justinian*(Cambridge University Press, 1908), p. 445.

준 것은 아니며, 비공식 피해방인이 전 주인의 의사에 따라 정당하게 사실상 자유를 가졌다고 판단할 때만 비공식 피해방인을 보호했다. 주인이 비공식 해방을 철회하려고 시도할 경우, 비공식 피해방인이 자유를 지키는 데에는 어려움이 많았다. 주인은 법무관에게 이러 저런 구실을 대어 비공식 해방을 철회할 수 있었을 것이다.[22] 비공식 피해방인들에게 사실상의 자유를 지키기 위한 소송권을 인정한 것은 비공식 피해방인들이 증가하는 상황에서 로마 국가가 비공식 피해방인들의 이해관계를 무시할 수 없었음을 암시한다.

3. 비공식 피해방인에서 라틴 시민으로

비공식 피해방인들을 보호하고 비공식 피해방인들의 지위를 공식화하기 위해 제정 초기에 '유니우스법'이 제정되었다. 아우구스투스 황제 또는 티베리우스Tiberius 황제(재위: 14년~37년)의 치세에 제정되었을 것으로 생각되는 이법은 비공식 피해방인을 동맹국 전쟁 이후 이탈리아에는 존재하지 않는 라틴 시민으로 규정함으로써 새로운 범주의 피해방인들을 만들었다.[23] 비공식 피해방인에서 라틴 시민이 된 사람은 '유니우스법'의 명칭에 따라 '라티누스 유니아누스Latinus Junianus'(복수형: 라티니 유니아니 Latini Juniani)로 불렸다. '유니우스법'은 비공식 피해방인에게 라틴 시민권을 주어 비공식 피해방인들의 법적

---

22 Duff, *Freedmen in the Early Roman Empire*, p. 76.

23 이 법은 아마도 아우구스투스의 치세 초기인 기원전 17년에 제정되었다고 보는 견해가 많으나, 아우구스투스의 치세 말이나 티베리우스의 치세에 제정되었을 것으로 추정되기도 한다. 더프와 시르크스는 전자의 기원전 17년 설을, 윌리엄 워릭 버클랜드와 에이드리언 니컬러스 셔윈화이트는 후자의 입장을 보인다(Buckland, *The Roman Law of Slavery*, p. 533; Duff, *Freedmen in the Early Roman Empire*, p. 75; Sherwin-White, *The Roman Citizenship*, pp. 328ff; Sirks, "Informal Manumission and the Lex Junia," p. 250).

지위를 인정했을 뿐 아니라, 나아가 비공식 피해방인들이 완전한 로마 시민권을 얻을 수 있는 길을 열어놓았다.

'유니우스법'이 제정된 이유는 무엇일까? 학자들은 이 법이 제정된 이유를 다양한 시각에서 찾았다. 다수의 학자가 '유니우스법'이 제정된 이유를 인도주의적 관점에서 찾았는데, 그 법이 불안정하고 불확실한 지위에 처한 비공식 피해방인들에게 은혜beneficium를 베풀어 좀 더 안정된 지위를 부여하려는 의도로 제정되었다는 것이다.[24] 그렇지만 라티누스 유니아누스는 '유니우스법'에 의해서도 로마 시민과 노예의 중간에 위치한 사람들일 뿐이었다. 테오도어 몸젠Theodor Mommsen은 라티누스 유니아누스가 아무런 공동체에도 속하지 못했으며, 라티누스 유니아누스의 자유는 사실상 제한되어서 '제한적 노예 상태ein qualificirter Sclavenstand'에 있었다고 보았다.[25] 아드리안 요한 바우데베인 시르크스A. J. B. Sirks도 '유니우스법'이 인도주의적 입장에서 라티누스 유니아누스의 처지를 개선하고자 했다는 견해에 의문을 제기하면서, '유니우스법'의 내용을 살펴보면 로마인들이 공짜로 양보하려고 하지 않았음을 알 수 있다고 말했다.[26]

한편 아널드 매카이 더프는 '유니우스법'을 외국인 노예들이 무분별하게 해방되어 로마와 이탈리아 시민단의 혈통을 오염시키는 상황에 대처한 법들의 일환으로 파악했다. 기원전 2년의 '푸피우스 칸니니우스법'은 노예 소유주가 유언으로 해방할 수 있는 노예들의 규모를 노예 소유주가 소유한 노예들의 일정한 비율로 제한했고, 4년에 제정된 '아일리우스 센티우스법'은 공식 노예해방을 하려면 노예는 최소 30세, 노예 소유주는 최소 20세가 되어야 한

---

24 Sherwin-White, *The Roman Citizenship*, pp. 329~330; Treggiari, *Roman Freedmen during the Late Republic*, p. 30.

24 Sherwin-White, *The Roman Citizenship*, pp. 329~330; Treggiari, *Roman Freedmen during the Late Republic*, p. 30.

25 Theodor Mommsen, *Römische Staatsrecht*, Vol. 3(S. Hirzel Verlag, 1887), pp. 626~627.

26 Sirks, "Informal Manumission and the Lex Junia," p. 258.

다고 규정했다. 더프는 '유니우스법'이 라티누스 유니아누스라는 범주를 만든 것도 노예들이 해방되어 바로 시민단에 유입되는 것을 방지하려는 제국 정부의 노력으로 보았다.[27] 한편 캐슬린 앳킨슨은 더프의 견해와는 반대로 제정 초기 제국 정부의 정책은 오히려 라틴 시민권을 가진 피해방인들을 로마 시민으로 받아들이는 데 관심이 있었다고 말하면서, '유니우스법'은 군대에 소집될 수 있는 새로운 병력 자원을 확보하려는 의도로 제정되었다고 보았다. 12년 또는 24년에 제정된 '비셀리우스법 lex Visellia'은 라틴 시민권 소유자들이 로마 경비대(비길레스vigiles)[28]에서 6년간 복무하면 로마 시민권을 주도록 규정했다. 그에 뒤이은 원로원 칙령은 라틴 시민들이 로마 군대에서 3년 복무하면 로마 시민권을 주기로 했다.[29] 이러한 사실은 제정 초기 제국 정부가 라틴 시민권을 가진 피해방인들이 로마 시민이 되는 것을 용이하게 한 증거로 앳킨슨은 해석했다. 앳킨슨은 '유니우스법'이 제정된 연대를 로마가 병사들을 소집하는 데 어려움을 겪은 기원전 26년의 다음 해인 기원전 25년이었을 것으로 보았다.[30]

비공식 피해방인의 지위는 '유니우스법'을 통해 어떻게 변했는가? 라티누스 유니아누스는 자신들을 해방해준 보호자가 사는 도시에서 라틴 시민권을 향유했다.[31] 라티누스 유니아누스는 법적으로 로마 시민이 지닌 대부분의 재산권과 소송권을 가져서 토지, 노예, 가축 등을 매매할 수 있었고 로마법의 보호를 받았다. 그러나 2세기의 법학자 가이우스의 견해가 말해주듯이, 라티

---

27 Duff, *Freedmen in the Early Roman Empire*, pp. 189~190.

28 비길레스는 원래 로마의 소방대를 의미한다. 아우구스투스는 7000명으로 이루어진 비길레스를 창설했다. 비길레스는 특히 야간에 치안을 유지하는 기능도 담당했다.

29 Gaius, *Institutes*, 1.33.

30 K. M. T. Atkinson, "The Purpose of the Manumission Laws of Augustus," *The Irish Jurist*, 1(1966), pp. 364~366.

31 Sirks, "Informal Manumission and the Lex Junia," p. 252.

누스 유니아누스의 권리에는 공식적으로 시민이 된 공식 피해방인들의 경우와 달리 제약이 있었다. 라티누스 유니아누스가 죽으면 라티누스 유니아누스가 소유했던 모든 재산은 페쿨리움으로 간주해 보호자인 전 주인의 소유가 되었다. '유니우스법'은 라티누스 유니아누스에게 유언의 권리를 거부했다. 라티누스 유니아누스는 유언의 증인이 될 수는 있었지만 자신의 유언을 할 수 없었으며, 다른 사람의 유언에 의한 상속인heres이 될 수 없었다.[32]

노예를 비공식으로 해방한 사람의 재정적 손실을 방지하기 위해, 라티누스 유니아누스가 죽었을 때 라티누스 유니아누스의 재산은 전 주인의 소유가 되게 했다는 가이우스의 진술은 노예 소유주들이 경제적 이해관계를 고려해 노예들을 비공식으로 해방하기도 했다는 것을 알 수 있게 해준다. 라티누스 유니아누스는 사후 노예처럼 취급되어서 자신들의 재산을 자식들이 상속하는 것이 아니라 온전히 전 주인에게 귀속되었으니, 라티누스 유니아누스의 자식들이 가장 큰 피해자였다.[33] '유니우스법'이 비공식 피해방인들에게 제공한 '은혜'는 비공식 피해방인들이 결혼을 할 수 있고, 비공식 피해방인들의 자식이 노예가 아니라 자유로운 라틴 시민이 되게 한 것이었다. 라티누스 유니아누스는 노예 상태의 두드러진 특징인 혈족 관계의 단절에서 벗어날 수 있었다.[34]

'유니우스법'의 의도는 노예 소유주가 노예들에게 페쿨리움을 허용하거나, 혹은 피해방인들에게 자본을 투자함으로써 그들의 사업에서 나오는 수익의 몫을 획득하는 관행을 고려하면 좀 더 분명해진다.[35] 로마 귀족층이 발

---

32 Gaius, *institutes*, 1.23~1.24.

33 P. R. C. Weaver, "Where have all the Junian Latins gone? Nomenclature and Status in the Early Empire," *Chiron*, 20(1990), p. 278.

34 Sirks, "Informal Manumission and the Lex Junia," p. 260. 노예 상태의 특징들에 대해서는 Moses I. Finley, *Ancient Slavery and Modern Ideology*(Viking Press, 1980), p. 77 참조.

전시킨 가치 체계에 의하면 토지가 가장 영예로운 재산이었고, 원로원 의원의 품위와 신뢰는 상업적 영리 추구와 양립할 수 없었으며, 상공업에 종사하는 것은 원로원 의원에게 필수적인 여가를 제공하지 못했다. 이런 가치 체계가 원로원 신분들에게는 물론 원로원에 들어가기를 열망하는 부유한 시민들에게도 영향을 미쳤다. 원로원 의원은 법적으로 상선을 소유할 수 없었으며, 조세 징수 사업이나 공공 작업을 청부 맡을 수 없었다. 이런 가치관과 법적 제약은 프린키파투스기에도 계속 영향을 미쳤을 것으로 이해된다. 그렇다고 원로원 의원들을 비롯한 유력자들이 토지에만 자본을 투자하고 상공업에는 관여하지 않았던 것은 아니었다. 그들은 노예들을 해방해 피해방인들이 상공업을 하게 함으로써 자신은 영리 추구와 일정한 거리를 둘 수 있었다.[36]

피해방인과 보호자인 전 주인은 사실상 일종의 동업 관계에 있으면서 후자는 드러나지 않을 수 있었다. 그런데 전 주인의 입장에서 많은 자본을 시민인 피해방인에게 투자하는 것은 부담스러울 수도 있었을 것이다. 이런 경우 비공식 피해방인은 공식 피해방인보다 더 매력적인 동업자가 될 수 있었다. 비공식 피해방인은 법무관의 보호를 받을 수 있었지만, 비공식 피해방인이 죽으면 비공식 피해방인의 모든 재산은 보호자에게 귀속되었기 때문이다. 그러나 비공식 피해방인은 여전히 노예였기 때문에 재산의 소유자나 소송 당사자가 될 수 없었으며, 동업 관계에 있는 보호자가 영리 행위에 직접 관여할 수밖에 없는 문제가 발생했다. 이런 맥락에서 보면, '유니우스법'은 유력자들의 이해관계를 반영했다. 이 법에 의해 비공식 피해방인들은 시민법상 자유인으로서 영리 행위를 합법적으로 추구할 수 있었으며, 비공식 피

35 John R. Love, *Antiquity and Capitalism: Max Weber and the Sociological Foundations of Roman Civilization*(Routledge, 1991), pp. 136ff.

36 Ernst Badian, *Publicans and Sinners: private enterprise in the service of the Roman Republic*(Cornell University Press, 1972), pp. 101ff.

해방인들의 사후 재산은 보호자에게 온전히 귀속되었다. 라티누스 유니아누스가 합법적으로 상선들을 소유하고서 영리 행위를 하면, 라티누스 유니아누스의 보호자는 아무런 도덕적 비난도 법적 제재도 받지 않을 수 있었다.[37]

한편 라티누스 유니아누스에게는 완전한 로마 시민으로 상승할 수 있는 길도 개방되어 있었으며, 시간이 지남에 따라 그 방법들이 증가하는 경향을 보였다. 우선 라티누스 유니아누스는 전 주인이 다시 공식적으로 해방하면 공식 피해방인으로서 로마 시민이 되었다.[38] 해방의 반복을 통한 신분 변동이 언제나 빈번히 일어났을 것이라는 견해도 있지만,[39] 비공식적으로 해방된 라티누스 유니아누스가 보호자에게 공식적으로 해방해주도록 요구할 경우 수락할지는 보호자의 의사에 달려 있었다. 보호자는 무엇보다도 경제적 이해관계를 고려했을 것이다. 라틴 시민이 황제의 은총에 의해beneficio principis 로마 시민권을 얻는 경우도 있었다. 라틴 시민인 피해방인이 황제에게 완전 시민권을 간청할 경우 우선 보호자의 동의를 얻는 것이 원칙이었으며, 황제도 그 원칙을 준수했다. 만약 라틴 시민인 피해방인이 보호자에게 알리지 않은 채 황제의 은총으로 로마 시민권을 얻었다면 황제의 은총이 무효가 되지는 않았지만, 자신의 보호자를 상속인으로 삼아야 했다. 즉, 완전한 시민으로 살다가 라틴 시민으로 죽어야 했다.[40]

다른 한편 라티누스 유니아누스는 제국에 공헌함으로써 로마 시민권을 얻을 수도 있었다. 이런 경우에는 보호자의 동의가 필요하지 않았다. 앞에서도 언급했듯이 우선 라티누스 유니아누스는 24년의 '비셀리우스법'에 의해 로마 경비대에서 6년간 복무하면 로마 시민권을 얻을 수 있었으며, 그 후 로

---

37   Sirks, "Informal Manumission and the Lex Junia," pp. 267ff.

38   Gaius, *Institutes*, 1.35.

39   Duff, *Freedmen in the Early Roman Empire*, p. 80.

40   Gaius, *Institutes*, 3.72.

마 군단에서 3년간 복무해도 로마 시민권이 주어졌다. 51년경 클라우디우스 황제의 칙령은 라틴 시민이 로마에 곡물을 수송하는 선박을 건조할 경우, 64년 네로Nero 황제(재위: 54년~68년)의 칙령은 부유한 라틴 시민이 도시 로마에 훌륭한 집domus을 건축하는 경우 로마 시민권을 주었다. 트라야누스 황제는 도시 로마에서 제분업을 운영하는 라틴 시민에게 로마 시민권을 주게 했다.[41] 시간이 지남에 따라 라티누스 유니아누스가 전 주인의 동의가 없이도 로마 시민권을 얻을 수 있는 방법들이 증가했음을 볼 수 있다. 그러나 재정적 능력을 지닌 소수의 라티누스 유니아누스가 그러한 방법을 활용할 수 있었을 것이다.

4. 맺음말

노예 소유주들이 비공식 노예해방을 이용한 것은 노예들을 공식적으로 해방할 수 없는 상황 때문인 경우도 있었지만, 공식적으로 해방되고자 하는 비공식 피해방인들의 충실한 봉사를 확보하는 데 주된 목적이 있었던 것으로 보인다. 전자의 경우 노예 소유주는 가능한 때에 비공식 피해방인을 다시 공식적으로 해방해줄 수도 있었지만, 후자의 경우 비공식 피해방인의 지위는 불안정했으며 비공식 피해방인은 주인의 변덕에 따라 사실상의 자유를 상실하고 다시 노예 상태에 떨어질 수도 있었다. 따라서 비공식 피해방인과 전 주인 사이에는 긴장과 갈등의 소지가 있었다. 공화정 말기에 비공식 피해방인들은 해방을 취소하려는 주인을 상대로 법무관의 보호를 받을 수 있었다. 제

---

41 Gaius, *Institutes*, 1.35, 3.72~3.73; Sirks, "The lex Junia and the Effects of Informal Manumission and Iteration," p. 248.

정 초기에 제정된 '유니우스법'이 비공식 피해방인들에게 라틴 시민권을 부여함으로써 비공식 피해방인들은 법적으로 자유인이 되었다. 그리고 비공식 피해방인들이 라틴 시민권을 가진 라티누스 유니아누스를 거쳐 완전한 로마 시민이 될 수 있는 길도 열려 있었다. 노예 소유주들에게는 비공식 피해방인과 라티누스 유니아누스를 경제적으로 이용하고 라티누스 유니아누스들에게 투자한 재산을 온전히 확보하는 것이 중요했던 것으로 보인다.

제11장

노예 검투사와 빵과 서커스의 정치

1. 머리말

로마제정 초기의 풍자 시인 유베날리스는 거대 도시 로마의 통치가 '빵과 서커스' 정책을 포함한다고 비난했다. 현대 학자들도 제정기의 시민들을 공화정기에 누리던 정치적 자유를 상실한 채 빵과 서커스에 만족한 군중으로 묘사하고는 했다. 이후 빵과 서커스는 시민의 정치적 관심을 다른 곳으로 돌리기 위한 정책이라는 의미를 가졌다. 로마의 빵과 서커스에서 빵은 제국의 수도에 사는 시민들에게 매달 분배된 곡물을 의미했고, 서커스는 극장에서 상연된 극, 검투사 경기, 야수 사냥, 전차 경주 등을 포함했다. 국가에서 로마 시민에게 밀을 공급하는 정책은 기원전 123년에 가이우스 그라쿠스의 곡물법을 통해 처음 도입되었다. 곡물법은 로마 시에 거주하는 시민에게 매달 일정한 양의 곡물을 저렴한 가격으로 판매함으로써 곡물 가격의 안정을 꾀했다. 기원전 58년부터 곡물은 무상으로 공급되었으며, 곡물 공급의 수혜자는 약 32만 명이었다. 카이사르는 수혜자의 수를 15만 명으로 줄였다. 그 후 네로 황제 때 일시적으로 중단된 것을 제외하면, 곡물의 무상 공급은 제정기에도 황제가 시행해야 할 중요한 정책으로서 3세기 중반까지 계속되었다. 황제로부터 곡물을 분배받은 수도의 시민들은 특권을 지녔던 것이며, 그 특권에 감사하고 자긍심을 느꼈다. 황제가 분배해준 곡물은 빈자에 대한 구호품이 아니라 수혜를 받는 시민의 수입을 보충해주고, 곡물 가격을 안정시키는 역할을 했다.

빵과 서커스 정책에서 일반인들의 관심을 끌었을 뿐 아니라 연구 자료도 상대적으로 풍부한 것은 서커스와 관련된 내용이다. 광장forum 이나 원형경기장amphitheatres, 전차 경주장에서 벌어진 경기들은 오늘날의 관점에서 보면 하나같이 잔인하고 야만스러웠지만, 로마인들에게는 대단한 인기를 끌었으며, 로마인들이 경기에 투자한 부와 시간은 엄청났다. 따라서 근대 이래로 로마인들의 정치적·법적·문화적 업적을 흠모하는 서구 학자들에게 잔인한 경기들은 애써 외면해야 할 대상이 되기도 했다. 그러나 로마 시민들이 콜로세움의 안락한 시설에서 야만스러운 폭력을 즐기며 한 해의 대부분을 보냈다는 일반적 이미지는 얼마나 진실일까? 잔인한 경기들은 어떤 배경에서 시작되어 발달했는가? 로마인들은 경기들에 어떤 태도를 보였는가? 이 글은 이런 의문들을 가지고 서커스의 중심을 이룬 잔인한 경기들, 특히 노예 검투사들의 경기를 그것이 벌어진 시대의 맥락에서 살펴보고자 한다.

2. 검투사 경기의 기원: 사자에 대한 의무

로마의 전통적인 경기ludi 혹은 구경거리는 왕정기부터 시작된 전차 경주와 종교의식에서 하는 행진이었다. 그 후 극장에서 상연되는 극이 보급되었으며, 검투사 경기, 그리고 검투사 경기와 관련된 야수 사냥은 기원전 3세기에 시작되었다. 로마인들은 잔인한 경기들을 자신들이 만든 것이 아니라고 주장하는 경향이 있었다. 검투사 경기는 원래 에트루리아나 캄파니아 지방에서 기원해 로마에 전해진 것으로 주장되었는데, 이를 뒷받침할 만한 증거가 없다. 사료에서 확인할 수 있는 최초의 검투사 경기는 집정관을 지낸 데키무스 유니우스 페라Decimus Iunius Pera가 기원전 264년에 죽었을 때, 페라의 장례식 후에 벌어졌다. 사자死者의 두 아들은 부친의 용기virtus를 기리고 영혼을 달래기 위해 가축 시장forum boarium으로도 쓰이던 포럼에서 검투사 세 쌍이 사투를 벌이게 했다.[1] 검투사 경기는 사자에 대한 추모 의식과 관련되어 있던 것이다. 이런 사실은 "사람의 피를 바침으로써 사자의 영혼을 달랠 수 있다고 믿었기 때문에, 장례식에서 그런 목적으로 구매한 포로나 노예를 희생시켰다"[2]라는 2세기 말의 저술가 퀸투스 셉티미우스 플로렌스 테르툴리아누스Quintus Septimius Florens Tertullianus의 기록에서도 확인된다. "용감했던 전사들의 무덤 앞에서 포로를 희생시키는 것이 관습이었는데, 이런 관습의 잔인성이 명백해지자 대신 검투사들을 싸우게 했다"라는 2세기의 문법학자 섹스투스 폼페이우스 페스투스의 증언도 사람을 제물로 바치던 잔인한 관습을 완화하려는 시도로 검투사 경기가 시작되었음을 보여준다.[3] 초기 검투사들을 의미하는 단어인 부스투아리이bustuarii가 '무덤'이나 '장례용 장작더미'를 의미하는 부스툼bustum에서 유래한 것도 검투사 경기와 장례식의 관련을 시사한다. 전차 경주가 원래 국가의 공식적인 행사로서 축제력에 따라 국고의 지원으로 정무관들의 주관 아래 개최되었던 반면, '의무munus'(복수형: 무네라munera)로 불린 검투사 경기는 유력자가 죽었을 때 후손이 사자의 영혼을 달래기 위해

---

1   기원전 264년의 검투사 경기에 대해서는 Livius, *Epitomae*, 16 참조.

2   Tertullianus, *De spectaculiis*, 12.

3   페스투스가 남긴 증언에 대해서는 Roland Auguet, *Cruelty and Civilization: The Roman Games*(Routledge, 1994), p. 21 참조.

제공해야 할 의무이자 종교적 의식이었다.

그렇지만 검투사 경기는 사적인 종교 행사로 국한되지 않았다. 유력한 인물이 죽었을 때 그 인물에 대한 추모와 장례는 대중적 행사였기 때문이다. 도시의 광장을 향한 장례 행렬에서는 사자의 유족과 친척, 친구, 사자의 조상들을 본뜬 초상imago을 쓴 배우actor, 울먹이며 사자의 공적을 큰 소리로 외치는 전문 애도자들, 일단의 춤꾼이 피리와 호른을 연주하는 악대의 뒤를 따랐다. 귀족 집안에는 대대로 내려오는 조상들의 수많은 초상이 전시되어 있었는데, 그것은 사람이 죽었을 때 밀랍으로 얼굴을 본떠 실제로 살아 있는 모습처럼 채색한 마스크였다. 배우들은 초상의 주인공들이 생전에 역임한 정무관의 복장과 상징물을 갖추고 마차에 올라 행렬을 이루었다. 조상들은 후손의 장례식에서 다시 살아나 대중 앞에 모습을 드러낸 것이다. 사자의 관은 조상들을 뒤따랐다. 행렬이 광장에 도착하면 연단 위에 우선 사자의 조상들이 자리를 잡았고, 사자의 관이 놓였다.[4] 그 후 사자의 장남이나 유족 대표의 장송 연설이 이어졌다. 연설의 주된 내용은 사자와 다시 살아나 대중 앞에 앉아 있는 조상들의 군사적 용맹과 정치적 영예에 대한 찬사로 이루어졌다.

이런 장례식에 참여한 시민들은 어떤 생각을 했을까? 기원전 2세기 그리스 출신의 로마사가 폴리비오스Polybios는 로마의 젊은이들이 죽음을 무릅쓰고 군사적 용맹을 발휘하도록 자극한 것은 바로 장례식의 경험, 군사적 경력을 통해 영예를 얻은 귀족들에 대한 거듭된 회고였을 것으로 보았다. 폴리비오스는 성대한 장례식이 개인의 이기심을 국가를 위한 공공선에 복종시킨 측면을 지적했다. 무엇보다도 귀족들에게 조상의 장례식은 성공한 조상을 공개적으로 과시함으로써 가문의 위세를 높이고, 자신들을 선전하는 절호의 기회로 이용되었다. 관습적으로 귀족들은 장례식에 엄청난 돈을 지출했다.

---

4   Polybios, *Historiae*, 6,53.

귀족들의 정치적 경쟁이 치열해질수록 장례식은 더욱 성대해졌으며, 성공한 조상들의 초상을 쓴 배우의 수가 늘어났다. 기원전 208년에 집정관 마르쿠스 클라우디우스 마르켈루스Marcus Claudius Marcellus가 전사한 후 거행된 장례식에는 마르켈루스의 씨족에 속하는 조상 600명이, 기원전 78년에 거행된 술라의 장례식에는 조상 6000명이 등장했다.[5] 장례 의식과 관련된 검투사 경기는 보통 장례식 후 9일째 되는 날 벌어졌으며, 경기의 의식에서는 종교적 요소가 중요했다. 살해된 검투사나 처형된 죄수가 실제로 죽었는지를 조사하는 노예들은 영혼을 지하 세계로 안내하는 메르쿠리우스Mercurius 신처럼, 시신을 끌고 나가는 노예들은 지하 세계의 신 플루토Pluto나 카론Charon처럼 분장했다.

그러나 검투사 경기는 곧 본래 취지에서 벗어나 대중의 관심을 끌기 위한 행사로 변했다. 콜로세움이 건설되기 전부터 검투사 경기는 도시의 정치·사회·종교의식의 중심지인 광장에서 벌어진 대중적인 행사였다. 시간이 지나면서 경기에 등장하는 검투사의 수와 경기의 횟수가 더욱 늘어났을 뿐 아니라 경기 후에는 흔히 연회가 뒤따랐다. 리비우스에 따르면 기원전 216년 마르쿠스 아이밀리우스 레피두스Marcus Aemilius Lepidus의 장례식에서는 검투사 22쌍이, 기원전 200년 마르쿠스 발레리우스 라이비누스Marcus Valerius Laevinus의 장례식에서는 검투사 25쌍이, 기원전 183년 푸블리우스 리키니우스Publius Licinius의 장례식에서는 검투사 60쌍이 사투를 벌였다. 기원전 174년에 티투스 플라미니누스Titus Flamininus가 부친의 장례식 때 제공한 경기에서는 3일 동안 검투사 74쌍이 싸웠다.[6]

이런 경기는 큰 인기를 끌어서 그 비용을 감당할 수 있는 귀족들에게 대

---

5   Keith Hopkins, *Death and Renewal*(Cambridge University Press, 1983), pp. 3~4

6   Livius, *Ab Urbe Condita*, 23.30.15, 31.50.4, 39.46.2, 41.28.10.

중의 인기를 얻을 수 있는 효과적인 수단이 되었다. 검투사 경기는 종교적 의식의 의미를 점차 상실하고 세속화의 길을 걸었다. 민회에서 선거를 통해 정무관직을 얻고자 경쟁하는 귀족들은 장례식과 상관없이 예전에 죽은 조상을 기리는 검투사 경기를 개최할 것을 약속하고서 정치적으로 유리한 시기에 개최했다. 공화정 말기에 이르면 시민들은 집정관이나 법무관직에 입후보하려는 사람들이 당연히 검투사 경기를 개최할 것으로 기대했고, 그런 귀족들은 영예를 기릴 만한 조상을 발견하려고 노력했다. 기원전 65년에 조영관aedilis 직에 선출된 율리우스 카이사르가 시민들에게 전례 없는 규모의 검투사 경기를 제공할 것을 약속했을 때, 원로원 내 라이벌들은 카이사르가 경기를 위해 지출하는 비용을 제한하는 결정을 끌어냄으로써, 카이사르는 검투사 320쌍을 내세우겠다고 선전했던 경기를 개최할 수 없었다. 아무런 공적 역할을 하지 않은, 죽은 여성을 위한 검투사 경기도 벌어졌다. 기원전 45년에 카이사르는 8년 전에 죽은 딸 율리아를 위한 검투사 경기를 개최했다.[7]

시민들에게 좀 더 대규모의 인상적이고 이례적인 구경거리를 제공하기 위해 귀족들은 동시대인들과는 물론 과거의 조상들과도 경쟁했다. 그렇지만 기원전 1세기 중반까지도 관중의 안전과 안락함을 도모하려는 노력은 없었다. 당시 로마에는 검투사 경기를 위해 특별히 고안된 항구적인 건물이 없었기 때문에, 전차 경주장이나 포룸에서 검투사 경기가 벌어질 때는 목책이 둘러졌다가 경기가 끝나면 서둘러 제거되었다. 기원전 53년에 가이우스 스크리보니우스 쿠리오Gaius Scribonius Curio는 각각의 회전축을 가지고 서로 반대 방향을 향한, 그리스의 반원형극장을 닮은 두 개의 목제 극장을 건설했다. 오전에는 두 극장의 무대에서 동시에 서로 다른 구경거리가 제공되었으며 한

---

7   Plutarchos, *Vitae parallelae*, Caesar.55; Suetonius, *De Vita Caesarum*, Divus Iulius.26; Cassius Dio, *Historia Romana*, 43.22.

극장에서 퍼지는 함성이 다른 극장을 방해하지 않았다. 오후에는 관중으로 가득 찬 두 극장이 "마치 배 두 척에 탄 로마 인민이 회전축들을 중심으로 이동하는 것처럼" 회전함으로써 하나의 원형경기장이 탄생했고 그 경기장으로 검투사들이 입장했다.[8] 기원전 42년에 검투사 경기는 국가의 공식적 게임에도 포함되었다. 이제 로마의 정무관들은 연극이나 전차 경주와 마찬가지로, 검투사 경기를 정기적으로 제공했으며, 그것은 정무관들의 정치 경력의 일부이자 공식적인 의무가 되었다.

3. 정치적 무대로서 경기장: 대중의 주권, 황제의 주권

제정이 확립됨으로써 대중의 인기를 얻기 위한 귀족들의 무한경쟁은 사라졌다. 공화정기 귀족들이 나누어 가졌던 권력을 독점한 황제princeps는 경기를 개최하는 권한도 독점했다. 황제들은 즉흥적으로 경기를 제공하겠다고 결정하는 경우도 있었지만, 일반적으로 한 해 치러질 경기의 횟수와 규모, 경기가 지속되는 기간 등을 미리 정했다. 물론 로마에서 개최된 모든 경기가 황제의 이름으로 제공되지는 않았다. 현실적으로 황제는 법무관이나 재무관에게 경기를 개최하는 권한을 위임했다. 로마 밖의 이탈리아와 속주들에서도 잔인한 경기는 큰 인기를 끌었는데, 거기서는 황제의 허락 없이 유력자나 사제들이 경기를 제공했다. 경기는 지도적인 시민들의 신분에 부과된 조세의 성격을 지닌 공적인 의무였다. 이탈리아의 소도시 폴렌티아Pollentia의 군중은 한 유력자가 죽었을 때, 그 유력자의 상속인들이 사자를 기념하는 경기를 개최한다고 약속할 때까지 매장 의식을 방해했다. 이 소식을 보고받은 티베리우

---

8   Auguet, *Cruelty and Civilization*, pp. 26~27.

스 황제가 파견한 군대는 폴렌티아 도시 주민의 대부분과 협의회 의원들을 노예로 삼았다.[9] 이는 황제의 자의적인 권력 행사의 실례를 보여줄 뿐 아니라 검투사 경기를 개최하는 데 대중의 요구가 크게 작용했음을 시사해준다.

사실상 전제적인 권력을 가진 황제들은 무엇 때문에 빵과 서커스 정책에 많은 관심과 노력을 기울였을까? 폴 벤Paul Veyne은 제국의 소유자이자 주권자인 황제가 빵과 서커스 정책으로 대중의 갈채를 얻으려고 했지만, 대중은 수동적 존재에 지나지 않았다고 보았다. 황제에 대한 대중의 복종은 당연시되었고, 황제는 대중의 반응을 주목할 필요도 없었다는 것이다. 벤이 보기에 대중적인 경기들은 일종의 황제 숭배였다. 반면에 키스 홉킨스와 토머스 위데먼은 빵과 서커스 정책에서 대중의 반응과 역할이 중요했다고 보았다. 황제가 제공한 경기에서 수적으로 다수라는 점 때문에 보호된 대중이 황제에게 다수의 의사를 드러낼 수 있었던 점에서 경기장은 의회parliament로도 표현되었다. 로마의 서커스는 황제의 권력만큼이나 대중의 권력을 드러냈다는 것이다.[10]

대중이 참여하는 경기는 정치적 무대, 즉 일종의 '민회' 역할도 했다. 경기장에서 어떤 정치가는 관중의 갈채를 받는 반면에 어떤 정치가는 야유를 받았다. 키케로가 루키우스 칼푸르니우스 피소 카이소니누스Lucius Calpurnius Piso Caesoninus를 논박하면서 "경기장의 게임에 그대 자신을 맡겨보게. 경기장에서 야유를 받지 않을까 두려운가?"[11]라고 말한 것은 관중이 갈채나 야유 혹은

---

9   Suetonius, *De Vita Caesarum*, Tiberius.37.

10   Auguet, *Cruelty and Civilization*; Alan Baker, *The Gladiator: The Secret History of Rome's Warrior Slaves*(St. Martin's Press, 2001); Hopkins, *Death and Renewal*; Paul Veyne, *Bread and Circuses: Historical Sociology and Political Pluralism*, translated by Brian Pearce(The Penguin Press, 1990); Thomas E. J. Wiedemann, *Emperors and Gladiators*(Routledge, 1992).

11   Cicero, *In Pisonem*, 3.

침묵의 선택권을 가졌음을 보여준다. 제정으로 접어들면서 시민들이 정치에 참여할 권리가 줄어듦에 따라 각종 경기장과 극장은 황제와 시민들이 극적으로 대치할 수 있는 빈번한 기회를 제공했다. 역사상의 대제국 가운데 로마 제국은 황제와 수도의 대중이 빈번하게 한자리에 모이는 것을 허용한 유일한 제국이었다.

때때로 관중은 곡물 가격이 비싸다고 소리 높여 항의했고, 인기 없는 정무관을 처형하라고 외쳤다. 한 번은 티베리우스 황제가 공중목욕탕에 있는 조각상을 황실로 가져간 것을 경기장의 관중이 반환하도록 요구했고, 황제는 그 요구를 수용했다. 극장의 대담한 배우는 정치적 비난의 대사나 몸짓을 하는 경우도 있었다. 네로 치세의 한 배우는 무대에서 독배를 마시고, 수영하는 몸짓을 하면서 "어머니 안녕"이라고 말함으로써 네로가 어머니를 익사시켰다는 대중의 의심을 부추겼다. 그 배우는 로마에서 추방되었다.[12] 각종 경기장이나 극장에서 대중은 자신들의 정치적 의사를 표출할 수 있었다. 20만 명이 넘는 관중이 운집한 대전차 경주장Circus Maximus에서 시위가 발생한 적도 있다. 195년에는 전차 경주장에서 관중이 처음에는 의식에 따라 "영원한 로마"를 외쳤으나, 곧 "우리는 얼마나 오랫동안 전쟁에 나가 싸워야 한다는 말인가?"라고 외쳤다. 역사가 카시우스 디오는 수많은 관중이 잘 훈련된 합창대처럼 한목소리로 지르는 함성에 놀라움을 금치 못했다.[13] 한 번은 전차 경주장의 관중이 칼리굴라Caligula 황제(재위: 37년~41년)에게 조세를 삭감해달라고 요청했다. 황제는 거절했다. 관중이 점점 더 큰 소리로 요구하자 황제는 군대를 파견해서 소리 지르는 사람들을 체포하는 즉시 살해하도록 명령했다. 관중은 침묵했지만, 불만으로 가득 찼다. 티투스 플라비우스 요세

---

12 Suetonius, *De Vita Caesarum*, Nero. 39.
13 Cassius Dio, *Historia Romana*, 75. 4.

푸스Titus Flavius Josephus는 칼리굴라에 대한 대중의 이런 반응이 칼리굴라를 살해하도록 음모자들을 부추겼다고 보았다. 다만 이런 산발적인 실례들이 진지한 정치사를 서술할 만한 충분한 사료가 되지는 못한다.

다른 한편으로 대중적인 경기들은 무엇보다도 황제가 위엄을 드러내는 무대로 이용되었음을 주목할 필요가 있다. 준비된 의식에 따라 황제가 사치스러운 행렬을 과시하며 등장하면 관중은 기립해 갈채를 보냈다. 황제는 관중에게 사치스러운 쇼와 선물을 제공했다. 경기장은 황제가 대중에게 관대함을, 귀족들에게 인자함이나 교만함을, 피정복민들에게 자비나 잔인함을 드러내는 무대였다. 황제가 원형경기장에 입장할 때, 혹은 엄지손가락을 움직여 결투에서 패한 검투사의 운명을 결정하는 순간 그는 궁정 신하 5만 명을 거느리고 있는 셈이었다. 황제는 자신이 최고의 인간, 로마 황제임을 실감했다. 한 검투사가 쓰러지면 관중은 '자비' 혹은 '살해'를 외쳤다. 황제의 결정이 관중의 외침과 반응의 영향을 받을 수 있었지만, 최종 심판자인 황제만이 사투가 언제 끝나야 하는지, 어떤 검투사가 살려지거나 죽어야 하는지 결정했다. 하루에도 여러 차례 반복된 권력의 이러한 극적 행사가 황제의 지위를 정당화하는 데 도움을 주었다.

황제 권력의 정당화와 지지를 위한 잠재력인 대중이 황제에게 저항할 위험도 있었지만, 대중의 결속력 결여, 변덕, 대중을 결속할 수 있는 이념의 부재로 말미암아 그런 위험성은 줄어들었다. 대중의 적대적 반응이 우려되면 황제는 잠시 수도를 떠나 있기도 했다. 어머니를 살해한 네로가 로마 귀환을 연기한 것은 대중의 반응을 염려했기 때문으로 이해된다. 대중적인 쇼를 제공하는 데 흥미가 없었던 티베리우스 황제는 치세 말기의 여러 해 동안 카프리Capri 섬에 은둔함으로써 정치 무대에 참여할 대중의 권리를 박탈했다.[14]

14　Tacitus, *Annales*, 14.13; Suetonius, *De Vita Caesarum*, Tiberius.47.

그러나 일반적으로, 대중이 정치에 참여하는 공화정의 전통이 사라진 제정기에 황제들이 대중적인 게임을 주관하고 참여한 전통은 특기할 만하다. 황제들은 로마에 있으면 정기적으로 경기장에 가서 게임을 관람할 것으로 예상되었다. 아우구스투스는 몇 시간이라도 경기장에 참석할 수 없을 때는 관중에게 미안하다는 뜻을 전하고, 게임을 대신 주재할 대리인을 지명하고는 했다. 최초의 황제 아우구스투스는 제정기의 '유일한 민회'를 존중하는 황제들의 전통을 세웠던 것이다. 클라우디우스 황제는 경기장의 관중을 '나의 주인들'로 부르고, 관중과 농담하고, 때로는 자신의 결정을 현수막에 적어 관중에게 설명하기도 했다. 클라우디우스 황제는 경기가 진행되는 동안 관중의 한 사람으로 경기에 몰입했고, 승리한 검투사에게 돈을 줄 때는 관중과 함께 동전의 수를 세고서 뻗친 왼쪽 손가락으로 수효를 표시하고는 했다.[15] 황제는 대중에게 빵과 서커스를 제공할 의무는 없었지만, 빵과 서커스를 중시했다. 이것은 로마의 평화pax Romana 동안 황제들의 통치가 공화정의 전통을 어느 정도 유지한 증거이기도 하다.

4. 잔인한 경기에 대한 로마인의 태도

흔히 로마인들은 잔인하고 야만스러운 경기에 몰입했다는 비난을 받았다. 평범한 로마인의 경우 경기가 제공하는 구경거리를 외면하기란 쉽지 않았을 것이다. 그러나 잔인한 경기를 비판한 소수의 사람도 있었다. 제정 초기 귀족 출신의 정치가이자 역사가인 타키투스는 "이 도시에는 사람들이 어머니 뱃속에서부터 심취한 것으로 보이는 특정한 악惡이 있다. 그것은 극장에 가

---

15 Suetonius, *De Vita Caesarum*, Claudius. 21.

기를 좋아하는 것과 전차 경주와 검투사 쇼에 대한 열정이다"[16]라고 지적했다. 원형경기장 옆을 지나다 우연히 경기장에 들렀다는 스토아철학자 소 세네카는 자신이 목격한 충격적인 광경을 묘사했다. 원형경기장의 하루 경기는 보통 오전의 야수 사냥과 오후의 검투사 경기로 이루어졌다. 1세기 초부터 정오의 휴식 시간에 죄수를 처형하는 것이 도입되어 일반적 관습이 되었다. 익살스러운 막간극을 예상한 세네카가 경기장에 들어선 때는 정오 무렵이었는데, 세네카는 충격적인 장면을 묘사했다.

이전의 모든 사투는 상대적으로 자비로운 편이었다. 우리는 아무런 규칙도 없는 순전한 학살을 보았다. 결투하는 죄수들은 보호 장비를 전혀 갖추지 않았다. 죄수들의 전신이 검에 노출되었다. 어떤 가격도 헛되지 않았다. 많은 사람이 통상적인 검투사 경기보다, 심지어 대중의 요구에 의해 벌어진 싸움보다 선호한 것이 죄수들의 처형이었다. 죄수들에게 헬멧도, 칼날을 방어할 방패도 주어지지 않은 이유는 명백하다. 죄수들이 왜 무장을 한다는 말인가? 죄수들이 기술을 발휘할 필요가 있는가? 이 모든 것은 죽음을 지연할 따름이다.

오전에 사람들은 사자와 곰들에게 던져진다. 정오에는 관중들 자신에게 사람들이 던져진다. 한 죄수가 다른 죄수를 살해하자마자 관중은 그에게 또 다른 죄수를 죽이든지 그렇지 않으면 죽임을 당하라고 외친다. 마지막 승자는 다른 날의 학살을 위해 목숨이 보존된다. 결국 결투한 모든 죄수가 죽는다. …… 그리고 이 모든 것은 투기장이 절반이 비어 있는 동안 벌어진다.

그대는 희생된 죄수들이 강도짓을 범한 사람이거나 살인자였었다고 말할지 모른다. 죄수가 죽어 마땅하더라도, 왜 그의 고통을 바라보도록 강요하는가?

"그를 살해하라", 관중은 외친다. "그를 가격하고, 불태워라." 그는 왜 그렇

---

16 Tacitus, *Dialogus*, 29.

게 소심해 싸우지 못하는가? 그는 무엇 때문에 살해하기를 겁내는가? 그는 왜 죽기를 주저하는가?[17]

세네카는 죄수를 잔인하게 처형하는 유혈의 드라마에서 주연 배우는 바로 관중이었음을 강조했다. 관중은 장비를 갖춘 훈련된 검투사들이 싸우는 것보다 죄수들의 순전한 유혈극을 보기를 선호했다는 것이다. 검투사들이 싸울 때에도 관중은 구경거리가 시시해지면 분노해 구경꾼에서 적으로 변했다고 세네카는 비난했다. 비겁한 결투에 모욕당했다고 생각한 관중은 "그들은 풋내기들이다. 야수들에게 던져진 죄수들이 더 용기 있다"라고 고함치며 처형을 요구했다. 그러면 채찍이나 불에 달군 쇠막대를 든 관리인lanista이 개입했다. 어른이 노예나 죄수가 흘리는 피, 잔인한 장면을 바라보지 못하는 것은 유치함이나 소심함의 증거로 지적되기도 했다.

세네카의 증언은 사실을 충분히 반영했을까? 로마인들은 잔인한 폭력에 익숙했다. 전사 국가 로마가 지중해 세계를 통일하는 동안 전사자, 포로, 규율에 복종한 병사 수십만이 그 대가를 치렀다. 어떤 군대가 비겁하거나 불복종하면 10명 중 1명의 비율로 추첨된 병사들을 동료들이 학살decimatio했다. 병사들은 공공선을 위해 서로를 살해했다. 이런 측면에서 보면 탈주병을 무자비하게 살해하거나, 검투사들에게 사투를 벌이게 하거나, 노예나 죄수를 야수들에게 던진 것은 놀라운 일이 아니었다. 경기장에서 포로나 탈주병을 공개 처형하는 것은 전선에서 멀리 떨어져 사는 남녀노소에게 용기와 두려움을 주입하는 효과도 있었다. 장차 군인이 될 젊은이들은 탈주병의 운명이 어떠한지 실감했을 것이다. 잔인한 경기와 유혈의 학살은 평화 속에서 폭력의 분위기를 유지하는 의식이기도 했다. 로마 세계의 도시마다 세워진 경기

---

17 Seneca, *Epistulae*, 7.2.

장은 대중의 여가와 오락을 위한 공간이자 인위적 전장battlefield이었다.[18]

또한 광장이나 경기장, 혹은 다른 공개적인 장소에서 죄수들을 가혹한 방법으로 공개 처형하는 것은 근대 이전 사회들에서 공통적인 현상이었다. 매스컴이 발달하지 못한 시기의 국가들은 대중에게 범인을 처벌해 사회질서를 유지한다는 것을 확신시키기 위해 죄수를 공개 처형하고는 했다. 로마제국에서는 죄수들의 신분에 따라 서로 다른 처형 방법이 적용되었다. 추방이나 참수가 일반 시민과 귀족에게 유보되었다면, 십자가형과 야수에게 던지기, 화형 등은 하층민과 노예들에게 적용되었다. 잔인한 공개 처형은 대중에게 공포를 주입하고 준법 의식을 불어넣기 위한 것이었다.

세네카와 같은 일부 지식인은 잔인한 경기를 비판했지만, 노예제에 대한 비판과 마찬가지로, 그들은 경기 자체의 폐지를 주장하지는 않았다. 노예 검투사나 죄수들이 흘리는 피는 동정의 여지가 없는 것으로 여겨졌다. 이런 점에서 고대에는 보편적인 인도주의 이념이 존재하지 않았다. 키케로는 검투사 경기가 일부 사람에게 잔인하고 비인간적으로 보였던 이유는 검투사 가운데 스스로 강등한 자유인 출신자들이 있기 때문이라고 말했다. 자유 시민들의 공동체를 보호하기 위해 범죄자나 위험한 야수들을 살해하는 것은 당연하게 생각되었다. 양성소에서 체계적으로 훈련된 검투사나 야수 사냥꾼은 원래 전쟁 포로나 노예 출신으로 그들의 일에는 불명예와 치욕의 관념이 뒤따랐다.

다른 한편으로 비천한 신분의 검투사나 야수 사냥꾼이 대중의 영웅으로 등장하기도 했고, 제정 초기부터 자유인들이 검투사 학교ludus에 자발적으로 등록하기도 했다. 그런 자유인 중에는 한때 원로원 의원이나 기사 신분에 속했던 사람들도 있었다. 검투사로 지원한 자유인들은 일정 계약 기간에 '낙인,

---

18 Hopkins, *Death and Renewal*, p. 2

쇠사슬 감금, 태형, 검에 의한 죽음'을 받아들인다는 서약을 했다. 성공적으로 살아남아 다시 자유의 몸이 되었을 때 그들에게는 일체의 공직을 보유하는 것이 금지되었다. 대중의 갈채, 영예, 부를 얻은 깜짝 스타들이 등장했다가 기억 속으로 사라지고는 했다. 경기가 벌어질 때는 경기장 주위 공공건물 벽들에 스타들의 초상화가 가득했다. 폼페이의 건물 벽들에는 "트라키아인 켈라두스, 세 번 승리해 세 번 월계관을 썼다. 소녀들의 가슴을 두근거리게 하는 남자"[19]처럼 인기 있는 검투사들에 관련된 낙서가 많았다. 성공적인 검투사의 이미지는 성적 매력과 관련되었다고 해석되기도 한다. 검을 의미하는 글라디우스gladius는 속어로 남성의 성기를 의미했다. 결혼하는 신부는 창 끝으로 머리를 가름하는 관습이 있었는데, 패한 검투사의 몸에 꽂혔던 창이 가장 좋다고 생각되었다. 검투사의 죽음을 무릅쓴 용기와 힘에 일부 여성이 매혹되었음을 보여주는 기록도 있다. 유베날리스는 한 검투사와 함께 이집트로 도주한 원로원 의원의 아내 에피아Eppia에 관한 이야기를 전해준다. 이상의 실제 사례들을 보면 잔인한 경기들에 대한 로마인들의 태도를 한마디로 단정하기는 어렵다. 다만 유혈의 폭력에 심취한 대중이라는 일반적 이미지는 상당히 왜곡된 것일 수 있다.

5. 맺음말

빵과 서커스 정책은 지중해 세계를 통일한 로마제국의 번영기에 활발하게 시행되었다. 넓게 보면 빵과 서커스는 사회의 잉여 수익이 대중에게 분배되는 패턴이기도 했다. 빵이 수도의 시민들에게만 허용된 특권적 의미를 지녔

---

19   *Corpus Inscriptionum Latinarum*, 4.4342.

음에 반해, 서커스는 로마제국의 전 도시에서 자율적으로 시행되었다. 서커스의 잔인한 경기는 황제나 엘리트와 대중이 함께 만나는 정치와 문화의 장이었다. 로마공화정은 원래 폴리스적 정체였다. 정치적·군사적·종교적 공동체의 성격을 지닌 사회에서 군사적 용맹과 영예를 중시하는 귀족들은 공동체의 구성원들에게 선행을 통해 그들의 지지를 얻으려고 노력했다. 귀족들이 장례식이나 경기와 연회에서 선물을 제공한 대상은 특정 부류의 사람들이 아니라 공동체 구성원 전체였다. 귀족들은 어떻게 하면 많은 부를 획득할 것인지 못지않게, 어떻게 하면 사치스럽게 부를 소비할 것인지에 많은 관심을 보였다. 이로 말미암은 경쟁과 사치는 공화정 말기 선거의 타락을 야기했다. 권력을 독점한 제정기의 황제들은 굳이 빵과 서커스 정책을 시행할 의무는 없었다. 그러나 황제들은 대중의 갈채를 받으면서 공화정의 전통을 어느 정도 존중해주고, 전제적 권력의 정당성을 확보하기 위해 빵과 서커스 정책을 중시했다. 서커스는 대중의 관심을 정치에서 다른 곳으로 돌리기 위한 것이라기보다 대중의 정치적 의사를 표출할 기회였다. 경기장의 대중이 유혈의 폭력에만 몰입했다는 비난은 단편적일 수 있다. 경기장은 황제와 대중이 의식적으로 만나는 정치의 장이기도 했다.

제12장

제1차 시칠리아 노예 반란

1. 머리말

고대 세계의 노예들은 노예 소유주들에 대해 다양한 방식으로 저항했다. 노예들은 기회가 있으면 도주하기도 했고, 때로는 무기를 들고 주인에게 대항해 싸우기도 했다. 시칠리아와 이탈리아에서 대규모 노예 반란들이 일어나기 전에도 로마 세계의 노예들은 여러 차례 크고 작은 반란을 일으켰는데, 이 반란들에 대한 기록이 리비우스의 역사에 간략하게 언급되어 있다. 기원전 198년, 카르타고인 인질들이 정착해 있던 로마의 인접 도시 세티아Setia 에서 리비우스가 "반란에 가까운 것"으로 표현한 사건이 발생했다. 귀족 출신의 인질 중에는 함께 포로가 된 많은 노예도 있었다. 기원전 202년 자마 전투 이후에는 더욱 많은 노예를 세티아 지역에 정착시켰다. 그해 노르바Norba 와 키르케이이Circeii 에서 노예들이 반란을 시도했지만, 로마 법무관인 루키우스 코르넬리우스 렌툴루스Lucius Cornelius Lentullus 가 진압했다.[1] 기원전 196년에 에트루리아 지역에서 노예 반란이 발생했을 때, 법무관인 마니우스 아킬리우스

글라브리오Manius Acilius Glabrio가 로마 인근에 주둔하던 1개 군단을 이끌고 반란을 진압하도록 파견되었다. 글라브리오는 반란을 진압하는 데 성공했는데, 반란자 가운데 다수를 살해하고, 다수를 사로잡았으며, 반란 지도자들은 십자가형에 처했다. 일부 노예는 그들의 옛 주인들에게 돌려보냈다.[2] 한편 기원전 185년에서 기원전 184년에는 아풀리아에서 목자 노예들의 반란이 일어났다.[3]

로마공화정 시기 최초의 대규모 노예 반란은 기원전 135년경에 속주 시칠리아에서 발생했다.[4] 제1차 시칠리아 노예 반란으로 일컬어지는 약 4년 동안 지속된 이 반란에 관한 주요 사료는 디오도로스 시켈리오테스가 남긴 저술이다. 디오도로스는 반란이 시작된 도시 엔나Enna에서 가까운 도시인 아기리온Agyrion에 살았던 그리스계 시칠리아인이다. 디오도로스는 시칠리아를 떠나 로마에 정착한 후 인류 문명의 시작에서 기원전 60년까지를 다룬 40권으로 이루어진 방대한 『보편사Bibliotheke Historike』를 저술했다. 디오도로스는 시칠리아 노예 반란을 서술할 때 스토아철학자이자 역사가인 포세이도니오스가 쓴, 현재는 전해지지 않는 『역사』를 주된 사료로 사용했을 것으로 여겨진다. 디오도로스의 『보편사』 40권 가운데 15권이 오늘날까지 전해지지만, 불행히도 시칠리아 노예 반란 부분은 상실되었다. 그러나 후일 디오도로스

---

1   Livius, *Ab Urbe Condita*, 32.36.

2   같은 책, 33.36.1~33.36.3

3   같은 책, 39.29.8~39.29.9.

4   제1차 시칠리아 노예 반란이 발생한 시점과 반란이 지속된 기간에 대해 학자들은 서로 다른 견해를 보였다. 기원전 135년에서 132년까지 반란이 4년 동안 지속되었다고 보는 견해가 있는가 하면, 반란이 더 일찍 발생한 것으로 보는 경우 8년 혹은 그 이상 지속되었다고 여겨지기도 한다. 이에 대해서는 Keith R. Bradley, *Slavery and Rebellion in the Roman World, 140 B.C.-70 B.C.* (Indiana University Press, 1989), pp. 140~141; Peter Green, "The First Sicilian Slave War," *Past and Present*, 20(1961), p. 11 참조.

의 저술을 축약한 비잔티움 제국 시대의 두 사람, 즉 포티오스 1세Photios I와 비잔티움 제국 황제 콘스탄티노스 7세Konstantinos VII (콘스탄티노스 7세 포르피로 게니토스Porphyrogennetos, 재위: 913년~959년)를 통해 시칠리아 노예 반란들에 관한 디오도로스의 서술을 만날 수 있다. 850년대와 880년대 사이에 그리스정교회의 콘스탄티노폴리스Constantinopolis 대주교였던 포티오스 1세는 고전 작품들의 방대한 축약본을 편찬하는 가운데 디오도로스가 쓴 『보편사』의 『축약본Bibliotheke』을 남겼다. 비잔티움 제국의 황제였던 콘스탄티노스 7세는 고전 저술들에 대한 축약본을 만들도록 지시했는데, 콘스탄티노스 7세의 명령으로 만들어진 디오도로스의 축약본은 콘스탄티노스 7세의 『축약 역사Excerpta Historia』로 불린다.[5] 포티오스 1세와 콘스탄티노스 7세의 축약본들이 전해주는 시칠리아 노예 반란에 관한 디오도로스의 서술은, 에피소드 중심의 단편적인 내용들로 이루어져 노예 반란에 대한 충분한 정보를 제공해주지는 못하지만, 제1차 시칠리아 노예 반란에 관한 가장 중요한 사료이다. 노예 반란에 관심을 보인 현대 학자 가운데 프랜시스 월턴Francis R. Walton, 토머스 위데먼, 츠비 야베츠Zvi Yavetz, 브렌트 쇼Brent D. Shaw 등은 노예 반란에 대한 축약본 사료를 번역해 소개했다.[6] 그러나 이들은 사료를 단순히 번역하는 데 그쳤을 뿐, 그것에 대해 논평하거나 노예 반란을 연구한 것은 아니었다. 그 후 피터 그린Peter Green, 제럴드 페어브루게Gerald P. Verbrugghe, 키스 브래들리, 테리사 우르베인칙Theresa E. Urbainczyk과 같은 학자들이 시칠리아 노예 반란에 관한 연구

---

5   Brent D. Shaw, *Spartacus and the Slave Wars*(Bedford/St. Martin's, 2001), pp. 79~80.

6   Diodorus Siculus, *Diodorus of Sicily: in Twelve Volumes*, translated by Charles Henry Oldfather et al.(Harvard University Press, 1966); Shaw, *Spartacus and the Slave Wars*, pp. 79~94; Thomas E. J. Wiedemann, *Greek and Roman Slavery: A Sourcebook* (Routledge, 1981), pp. 199~215; Zvi Yavetz, *Slaves and Slavery in Ancient Rome* (Transaction Publishers, 1988), pp. 15~26.

성과들을 내놓았다.[7] 그러나 제1차 시칠리아 노예 반란이 어떤 상황에서 왜 발생했는가, 반란자들의 의도는 무엇이었는가 하는 근본적인 문제들에 대해서도 학자 사이에 이견이 분분한 실정이어서 이 반란의 실체는 모호한 점이 많다. 이번 장에서는 현대 학자들의 논의를 검토하고, 디오도로스 저술의 축약본들이 전해주는 내용을 재구성해봄으로써 제1차 시칠리아 노예 반란의 원인과 의도를 좀 더 명확하게 이해하고자 한다.

2. 반란의 원인과 배경

디오도로스는 노예 반란의 배경 혹은 반란의 원인을 명확하게 서술하지는 못했다. 포티오스 1세의 디오도로스『축약본』에 따르면 한니발 전쟁으로 카르타고가 붕괴되고 난 후, 시칠리아가 모든 면에서 60년 동안 행운을 누렸을 때 노예 전쟁이 발발했다. 노예 반란을 유발한 원인은 시칠리아에 많은 노예가 있었고, 그들이 가혹하게 학대당했기 때문이었다고 한다. 시칠리아인들은 번성해 큰 부를 획득한 후 수많은 노예를 구매하기 시작했는데, 노예들을 노예시장에서 구매해온 즉시 몸에 표지를 하고 낙인을 찍었다. 노예 소유주

---

7   제1차 시칠리아 노예 반란에 대한 주요 연구 성과로는 다음을 들 수 있다. Keith R. Bradley, "Slave Kingdoms and Slave Rebellions in Ancient Sicily," *Historical Reflections*, 10(1983), pp. 435~451; *Slavery and Rebellion in the Roman World, 140 B.C.-70 B.C.*; Green, "The First Sicilian Slave War," pp. 10~29; Theresa E. Urbainczyk, *Slave Revolts in Antiquity*(University of California Press, 2008); Gerald P. Verbrugghe, *The Sicilian Economy and the Slave Wars c. 210-70 B.C.: Problems and Sources*(Princeton University Press, 1971); "Sicily 210-70 B.C.: Livy, Cicero, and Diodorus," *Transactions and Proceedings of the American Philological Association*, 103(1972), pp. 535~559; "Slave Rebellion or Sicily in Revolt?" *Kokalos*, 20(1974), pp. 46~60.

들은 젊은 노예들은 소 치기로, 그 밖의 노예들은 편리한 대로 다른 용도에 이용했는데, 노예들에게 근근이 생계를 이어갈 최소의 음식과 의복만을 주었다. 그 결과 대부분의 노예가 약탈로 생계를 이어갔으며, 약탈 노예 무리들이 병사들의 집단 같았기 때문에 어디서나 유혈의 참사가 벌어졌다. 한편 총독들은 그러한 노예들을 통제하려고 시도했지만 노예 소유주들의 권력과 위세 때문에 감히 노예들을 처벌하지 못하고 약탈을 눈감아줄 수밖에 없었다. 대지주인 노예 소유주들의 대부분이 로마인 기사 신분이었는데, 기사 신분 로마인은 총독이 속주민에 대한 가렴주구로 고발되면 법정의 배심원으로 활동했기 때문에, 총독들은 노예 소유주들의 비위를 거스르려 하지 않았다는 것이다. 그러나 기사 신분 로마인은 속주민에 대한 가렴주구 혐의로 고발당한 총독을 재판하는 법정의 배심원 자리를 기원전 122년 가이우스 그라쿠스의 '배심원법Lex iudiciaria'에 의해서야 차지할 수 있었기 때문에, 총독이 기사 신분 노예 소유주들을 의식해 그들이 소유한 노예들의 범행을 방기했다는 설명은 연대 착오를 내포한다.[8]

콘스탄티노스 7세의 『축약 역사』에서 반란 원인에 대한 설명은 그 강조점이 다소 다르기도 하고, 포티오스 1세의 축약본에서 언급되지 않은 에피소드들도 포함한다. 디오도로스는 노예 반란이 대부분의 사람에게 예기치 못한 갑작스러운 놀라움으로 다가왔지만, 사태를 판단할 수 있는 사람들이 보기에는 예상할 수 있는 것이었다고 말한다. 거대한 섬 시칠리아의 생산물로 수익을 올린 사람들은 지나치게 부자가 되었으며, 그들은 처음에는 사치스러운 생활양식을, 다음에는 교만과 오만함을 보였다. 노예들에 대한 학대와 노예들의 소외가 증가했으며, 마침내 여건이 형성되었을 때 노예들의 증오

---

8   이런 연대 착오는 디오도로스가 참조한 포세이도니오스의 오류 때문이거나, 혹은 포세이 도니오스가 이용한 다른 사료 때문일 수도 있다.

가 격렬하게 폭발했다.[9]

디오도로스는 반란이 일어날 당시 전체 시칠리아에는 엄청난 수의 노예가 있었음을 거듭 강조했다. 기원전 140년에서 139년경 시칠리아 총독을 지낸 푸블리우스 포필리우스 라이나스Publius Popilius Laenas가 도망 노예 917명 이상을 이탈리아 본토의 주인들에게 돌려보냈다는 기록[10]은 시칠리아에서 노예 반란이 일어날 수 있던 잠재력의 일단을 시사해준다. 많은 부를 획득한 시칠리아의 노예 소유주들은 교만, 탐욕, 악행에서 이탈리아의 노예 소유주들과 경쟁하기 시작했고, 목자 노예들에게 아무런 음식을 주지 않고 목자 노예들이 약탈하는 것을 허용했다고 한다.[11] 목자 노예들에 대한 주인의 가혹한 처우와 그 노예들의 방종으로 말미암아 대규모 반란이 일어나기 전부터 약탈과 살인, 무법적인 혼란 상황이 벌어졌다. 노예들은 처음에는 한적한 곳에서 통행하는 사람들을 살해하기 시작했으며, 나중에는 무리를 지어 잘 보호되지 않은 주택들을 밤에 공격해 파괴하고 재산을 강탈했으며, 저항하는 모든 사람을 살해했다. 노예들의 대범함이 계속 증가함에 따라 시칠리아에서는 밤에 통행할 수 없게 되었으며, 농촌 사람들은 농촌에 머무는 것이 더는 안전하지 못하다는 것을 알았다. 게다가 목자 노예들은 야생에서 생활하는 데 익숙했고, 병사처럼 무장했기 때문에 용기와 대범함이 넘쳤다. 목자 노예들은 곤봉, 창, 혹은 단단한 장대를 지참했고, 이리나 곰의 가죽으로 몸을 보호해서 호전적이고 무시무시한 모습이었으며, 사나운 개 떼를 데리고 다녔다.[12] 그런 노예들이 주인들의 허락 아래 잔인한 만행을 저질렀다는 것이다.

---

9   Diodorus Siculus, *Bibliotheke Historike*, 34/35.2.25~34/35.2.26.

10   Green, "The First Sicilian Slave War," p. 11; Joseph Vogt, *Struktur der antiken Sklaven-kriege*(Akademie der Wissenschaften und der Literatur, 1957), p. 51.

11   Diodorus Siculus, *Bibliotheke Historike*, 34/35.2.27.

12   같은 책, 34/35.2.29~34/35.2.30.

노예 반란은 엔나의 토착인 노예 소유주 다모필로스Damophilos가 소유한 노예들이 시작했다. 엄청난 부자로서 대규모 토지와 많은 가축 떼를 소유한 다모필로스는 사치, 그리고 노예 집단과 노예들에 대한 비인간적인 대우와 가혹함에서 이탈리아인 지주들과 경쟁했다. 다모필로스는 값비싼 말들, 바퀴 4가 달린 마차, 노예들로 이루어진 호위대를 이끌고 농촌을 달렸으며, 잘생긴 노예 소년들의 긴 행렬과 식객들을 자랑했다. 다모필로스는 도시와 농촌 빌라에서 돋을새김한 은 제품과 값비싼 진홍색 식탁보를 자랑하고 사치스러운 연회를 제공했는데, 그 비용과 사치가 페르시아인들을 능가했다.[13]

다모필로스는 노예들을 잔인무도하게 다루는 한편, 적절한 의복과 음식을 제공하지 않았다. 다모필로스가 자신의 노예 중 일부를 정당한 이유 없이 고문하지 않은 날은 하루도 없었다. 벌거벗은 몇몇 노예가 다가와 입을 옷을 줄 것을 요청했을 때, 다모필로스는 버럭 화를 내며 "농촌을 다니는 너희가 왜 벌거벗었다는 말이냐? 농촌 사람들이 의복이 필요한 누구에게나 옷을 제공하지 않느냐?"라고 말하고서 노예들을 기둥에 결박한 채 수없이 때린 후 오만하게 물리쳤다. 노예들을 학대하는 것을 다모필로스 못지않게 즐기던 다모필로스의 아내 메탈리스Metallis[14]도 자신의 마수에 걸린 모든 노예와 여자 노예를 잔인하게 다루었다. 두 사람에게 받은 악의에 찬 처벌 때문에 노예들은 주인들에 대한 분노로 가득 찼으며, 현재의 불행보다 못한 상황은 없을 것으로 확신하고서 반란해 주인들을 살해할 음모를 꾸미기 시작했다.[15]

제1차 시칠리아 노예 반란의 원인 내지 배경에 대한 디오도로스의 설명은 얼마나 옳을까? 디오도로스는 노예들이 주인에게 가혹하게 학대당하고 생계

---

13 같은 책, 34/35.2.34~34/35.2.35.

14 포티오스 1세의 저술에서는 다모필로스의 아내 이름이 메갈리스(Megallis)인데, 메갈리스가 옳은 것으로 받아들여진다.

15 Diodorus Siculus, *Bibliotheke Historike*, 34/35.2.37~34/35.2.38.

에 필요한 기본적인 음식과 의복을 제공받지 못하는 비참한 상황이었음을 강조했다. 디오도로스가 반란 전 노예들이 처한 상황을 지극히 비참하게 묘사한 것은, 도덕적 관점에서 노예 소유주들의 지나친 오만이 그들이 파멸한 원인이었다는 것을 강조하고자 했기 때문으로 해석되기도 했다.[16] 그러나 노예들의 비참한 상황을 노예 반란의 원인으로 강조할 수 있을까? 모지스 핀리도 지적했듯이, 노예들의 비참한 현실에 더해 노예들에 대한 억압이 증가한다고 해서 노예 반란의 위험이 자동적으로 높아진다고 생각할 수 없다. 굶주림과 학대에 시달리는 노예들은 기껏해야 도주하거나 순전히 개인적인 행동을 시도하는 데 반해, 반란이란 조직과 용기와 지속적인 저항을 요구하기 때문이다.[17]

노예 반란의 원인에 관한 디오도로스의 설명에서 주목되는 것은 시칠리아가 행정적으로도 무정부 상태였다는 것이다. 총독들이 로마인 기사 신분의 노예 소유주들을 두려워해 노예들의 약탈과 방종을 눈감아주었다는 디오도로스의 설명은 연대 착오적일 뿐 아니라, 설득력이 약하다. 농업서 저술가 바로의 지침을 감안하면, 노예 소유주들이 가축 사육에 종사하는 노예들에게 음식과 의복을 제대로 지급하지 않고 약탈하도록 허용했다면 노예 통제의 관점에서 심각한 허점을 드러낸 것이었다. 방목 노예들에 대한 통제는 현실적으로 노예 소유주들과 총독의 공동 이해에 속했을 것인데, 노예 반란 전의 시칠리아에서는 그렇지 못한, 행정의 부재 상태였던 것으로 보인다.[18]

윌리엄 린 웨스터먼은 학자들이 디오도로스가 제시한 반란 원인을 받아

---

16 Bradley, *Slavery and Rebellion in the Roman World, 140 B.C.-70 B.C.*, p. 50.

17 Moses I. Finley, "Was Greek Civilization Based on Slave Labour?," *Historia*, 8(1959), p. 159.

18 이탈리아 방목 노예들의 지위와 통제 문제에 관해서는 車轉桓, 「로마 共和政 後期의 移牧」, ≪歷史學報≫, 128집(1990), 33~70쪽 참조.

들이지 않았으며, 수용했다 하더라도 그 의미를 오해했다고 지적했다.[19] 웨스터먼 자신은 디오도로스의 설명을 받아들이면서, 반란 이전 시칠리아의 노예들이 '지나치게 학대당한' 것을 반란의 가장 중요한 원인으로 보았다. 웨스터먼이 보기에 시칠리아의 노예 소유주들이 노예를 대규모로 구매해 그들의 신체에 낙인을 찍고, 가혹하게 학대하며, 노예들에게 필요한 음식과 의복을 제공하지 않은 것은 노예들에게 관습적으로 허용된 실제적 권리를 무시한 것이었다. 고대 노예제사회에서도 노예들은 법적인 권리는 아니더라도 관습적으로 허용된 일정한 권리를 가져서, 모든 노예는 음식, 의복himatismos, 숙박epaulismos에 대한 권리를 가졌다. 디오도로스가 묘사한 노예 반란 이전의 시칠리아에서는 그리스-시칠리아 노예제사회에서 노예노동과 노예 소유 사이의 사회규범과 사회적 조정이 깨졌음을 잘 보여주며, 그런 상황에서 반란이 일어났다는 것이다.[20]

웨스터먼의 견해와 달리, 페어브루게는 노예 반란 이전 시칠리아의 경제 상황에 대한 디오도로스의 설명에 많은 오류가 있으며 부정확하다고 비판했다. 페어브루게가 보기에 제2차 포에니전쟁 이후부터 가이우스 베레스Gaius Verres가 시칠리아 총독으로 재직할 때까지 시칠리아의 경제 상황은 리비우스와 키케로에 따르면 시칠리아 농민들이 개별적으로 재배하는 밀 생산이 주축을 이루었던 반면, 디오도로스에 따르면 많은 노예를 통해 행해진 대규모 가축 사육이 주종을 이루었다. 시칠리아 경제를 지배한 집단이 누구인지에 대해서도 디오도로스의 서술은 다른 두 저자들과 달랐다. 리비우스와 키케로의 저술들에 따르면 시칠리아 경제는 시칠리아 원주민과 그리스인의 수중

---

19 William Linn Westermann, "Slave Maintenance and Slave Revolts," *Classical Philology*, 40(1945), p. 8.

20 같은 글, 9쪽.

에 있었음에 반해, 디오도로스에 따르면 대규모 노예를 소유한 로마인 기사 신분과 이탈리아인 및 시칠리아인 지주들이 경제를 통제했다.[21]

시칠리아의 경제 상황에 대한 페어브루게의 주장은 학자들에게 설득력 있는 것으로 받아들여지지 않았다. 제2차 포에니전쟁 이후 속주 시칠리아는 로마의 통제 아래 경제적으로 번성했고, 농업 생산이 발달해서 로마에 곡물을 공급하는 '로마의 곡창'으로 불렸다. 루키우스 안나이우스 플로루스Lucius Annaeus Florus에 따르면, 곡물이 매우 풍부하게 생산되는 시칠리아에서는 로마 시민들이 소유한 대토지들이 발달했으며, 토지를 경작하는 데 이용된 노예들과 사슬에 채여 일한 경작 노예들을 수용한 많은 지하 감옥이 노예 전쟁의 병력을 제공했다. 키케로도 기원전 73년에서 기원전 71년에 걸친 기간에 시칠리아 총독을 지낸 베레스를 탄핵하는 연설에서 플로루스와 마찬가지로 시칠리아의 곡물 생산에 대해 관심을 보였다. 디오도로스는 노예 반란이 일어난 상황을 설명하면서 반란을 시작한 것은 열악한 상황에서 가축 방목에 이용된 노예들이었음을 지적했다. 스트라본Strabo도 언급했듯이 제1차 시칠리아 노예 반란이 일어나기 전 시칠리아에서는 곡물 재배와 함께 가축 사육도 광범위하게 이루어졌다.[22] 시칠리아는 양과 소와 말의 사육지로서 오랜 명성을 누려왔으며, 이런 맥락에서 반란 노예들의 지도자 클레온Kleon이 말 사육자였다는 디오도로스의 언급도 이해할 수 있다. 디오도로스는 노예 반란을 설명하면서 경제 상황에 대해 단편적으로 언급했을 뿐, 완전한 경제상을 제시하는 데 관심이 없었다. 그리고 디오도로스는 노예들이 가축 사육자로만 이

---

21 Verbrugghe, *The Sicilian Economy and the Slave Wars c. 210-70 B.C.*, pp. 39ff; "Slave Rebellion or Sicily in Revolt?," pp. 46~60 참조.

22 로마에 곡물을 공급하는 기지로서 시칠리아에 관한 언급은 Strabo, Geographica, 6.2.6; Florus, *Epitome Rerum Romanarum*, 2.7.3; Geoffrey Rickman, *The Corn Supply of Ancient Rome*(Clarendon Press, 1980), pp. 104~106 참조.

용되었다고 말하지 않았으며, 젊은 노예들을 제외한 나머지 노예들은 노예 소유주들이 유익하다고 생각하는 다른 일들에 이용되었다고 말했다. 노예들은 가축 사육뿐 아니라 곡물 경작과 가내 봉사에도 두루 이용되었을 것이다. 노예 반란이 일어난 기원전 2세기 후반 시칠리아는 한 가지 생산양식에만 국한되지 않았던 것이 분명하다.[23]

   좀 더 넓은 시각으로 시칠리아가 헬레니즘 세계의 문화적 영향 아래 있었음을 고려하면, 기원전 2세기 시칠리아에서 노예제가 새로운 것은 아니었을 것이다. 로마가 시칠리아를 재정복하고 난 후 시칠리아의 노예 소유 규모는 극적으로 증가했을 것인데, 이탈리아에서 이주한 정착민들과 로마 지배의 영향 때문이었다. 디오도로스는 기사 신분의 로마인이 많은 토지와 노예를 소유했다고 말하고, 부유한 시칠리아인들의 생활양식을 이탈리아 부자들의 생활양식과 동일시했다. 기원전 210년 이후 얼마나 많은 이탈리아인이 시칠리아에 정착했는지 정확히 알 수는 없지만, 이탈리아인 정착자의 수가 증가했다는 징후는 분명하다. 기원전 205년에 푸블리우스 코르넬리우스 스키피오 아프리카누스Publius Cornelius Scipio Africanus는 시라쿠사이에서 토지 소유권을 둘러싼 분쟁을 재판해 최근의 전쟁을 통해서 이탈리아인들에게 토지를 빼앗겼다고 주장한 시칠리아인들에게 토지를 돌려주었다. 기원전 199년 가이우

---

23   시칠리아의 경제 일반에 대해 고찰하면서 마리오 마차는 농업의 혼합적 특성을 강조했다 [Mario Mazza, "Terre e lavoratori nella Sicilia tardorepubblicana," *Società romana e produzione schiavistica*, I(1981), pp. 19~49]. 자코모 만가나로는 소규모 토지 경작이 광범하게 행해졌음을 강조했다[Giacomo Manganaro, "La provincia romana," in E. Gabba and G. Vallet(eds.), *La Sicilia antica*, II, Part 2(Storia di Napoli e della Sicilia, 1980), pp. 411~461]. 노예제의 증가를 불러온 농업에 대해서는 Appianos, *Bellum Civile*, 1.9; Emilio Gabba, *Appiani Bellorum Civilium Liber Primus*(Nuova Italia Ed., 1967), p. 25 참조. 가축 사육과 곡물 경작의 혼합 농경에 대해 키케로가 한 언급은 Cicero, *Verrines*, 2.2.188, 2.3.57, 2.5.7, 2.5.15, 2.5.17, 2.5.20 참조.

스 세르기우스 플라우투스Gaius Sergius Plautus는 시칠리아에서 복무했던 병사들에게 토지를 분배해주는 권한을 받았다. 기원전 193년경에는 일군의 이탈리아인이 할라이사Halaesa에 총독 루키우스 코르넬리우스 스키피오 아시아티쿠스Lucius Cornelius Scipio Asiaticus를 기리는 입상을 세워주었는데, 이것은 아마도 총독이 그들의 이익을 돌보아준 대가였을 것이다. 항구적인 정착자들 외에도, 시칠리아에는 이탈리아반도로부터 상인들negotiatores이 더욱 자주 방문하고 로마의 총독과 그 일행이 계속 들어옴으로써 동시대 로마인들의 노예 소유 패턴이 이식되었을 것이다.[24] 다모필로스와 같은 시칠리아 토착인 고관들은 사회적 과시와 경제적 목적에서 이탈리아인 노예 소유주들과 경쟁했으며, 시칠리아인들의 노예 소유 규모와 노예 이용의 복합성은 이탈리아 로마인들의 그것을 닮았을 것이다.

3. 노예 반란의 의도

디오도로스에 따르면 다모필로스 부부의 가혹한 학대에 분노한 노예들은 주인들을 살해하기로 모의하는 것을 넘어, '자비로운 사람'을 뜻하는 이름의 에

---

24 Bradley, *Slavery and Rebellion in the Roman World, 140 B.C.-70 B.C.*, pp. 49~50. 시칠리아에서 나타난 노예 소유의 정도에 대해서는 Mazza, "Terra e lavoratori nella Sicilia tardorepubblicana," pp. 19~49 참조. 로마인과 이탈리아인의 시칠리아 이주에 대해서는 Tenney Frank, "On the Migration of Romans to Sicily," *American Journal of Philology*, 56(1935), pp. 61~64; Augusto Fraschetti, "Per una prosopografia dello sfruttamento: Romani e Italici in Sicilia, 212-44 a. C.," *Società romana e produzione schiavistica*, I(1981), pp. 51~77; A. J. N. Wilson, *Emigration from Italy in the Republican Age of Rome*(Manchester University Press, 1966), pp. 55~64 참조. 로마의 재정복 이후 시칠리아의 발전에 대해서는 Manganaro, "La provincia romana," pp. 411~461 참조.

우누스Eunus라는 지도자를 내세우고 반란을 꾀했다. 에우누스는 엔나의 안티게네스Antigenes라는 주인에게 속한 시리아 출신 노예였는데, 마술과 불가사의한 것을 행하는 능력으로 유명했다. 에우누스는 신의 명령으로 미래를 예언한다고 주장했고, 꿈을 통해 신의 계시를 말했을 뿐 아니라 신들의 환영을 제시하고 신들의 입으로 미래를 예언하는 체했다. 에우누스의 많은 즉흥연기 중 일부는 우연하게도 진실로 드러났고, 성공한 연기가 관심을 끌어서 에우누스의 명성은 신속히 퍼졌다. 에우누스는 호두 열매나 혹은 호두 열매와 비슷한 양쪽이 뚫린 것에 연료를 넣고 입으로 불어서 섬광과 불꽃을 뿜었다. 노예 반란이 발발하기 전 에우누스는 시리아 여신 아타르가티스Atargatis[25]가 나타나 자신에게 왕이 될 것이라 했다고 말하고는 했다. 안티게네스가 연회를 베풀 때는 에우누스를 불러 에우누스의 왕권에 대해, 그리고 에우누스가 왕이 되면 연회에 참석한 사람들을 어떻게 다룰 것인지에 대해 질문하고는 했다. 에우누스는 모든 질문에 망설임이 없었으며, 주인들을 극진하게 대우할 것이라고 말했다. 손님들은 폭소를 지었고, 일부 손님은 식탁에서 맛있는 음식을 집어 에우누스에게 주면서 왕이 되면 호의를 기억해달라고 덧붙였다.[26] 그리고 훗날 에우누스는 연회에서 익살로 받은 호의에 대해 진지하게 보답할 것이었다.

에우누스는 시리아의 태양신 하다드Hadad 의 배우자 아타르가티스 여신을 깊이 숭배하던 것으로 보인다. 디오도로스는 여신의 은총을 받았다는 에우누스의 마술과 예언 능력에 대해 회의적인 태도를 나타냈지만, 노예들에게는 에우누스의 주장이 큰 영향을 발휘할 수 있었을 것이다. 고대 세계에서는

---

25 아타르가티스의 신전은 북동 시리아의 히에라폴리스(Hierapolis), 즉 오늘날 시리아의 만비즈(Manbij) 또는 멤비즈(Membidj)에 있었다.

26 Diodoros Siculus, *Bibliotheke Historike*, 34/35.2.5~34/35.2.8.

기적에 대한 믿음이 광범하게 퍼져 있었으며, 고대인의 종교적 심성에서 신들과 신들의 도움을 받는 인간의 기적을 행하는 능력은 비범한 것으로 간주되었다.[27] 특히 요새처럼 생긴 도시 엔나에서는 데메테르Demeter 숭배가 크게 성행했으며, 데메테르는 지중해 지역에서 대모신과 동일시된 오랜 역사를 가지고 있었다. 서로 다른 신들의 정체가 동일시되는 것은 자연스럽고 흔한 일이었다. 에우누스가 아타르가티스 숭배에 몰입하면서 주장한 것들은 데메테르를 대모신으로 숭배하는 사람과 동부 지중해 지역에서 온 사람 모두에게 진지하게 받아들여졌을 것이다.[28]

반란을 도모하는 노예들이 에우누스를 찾아가서 자신들의 행동과 장래에 대해 신이 호의를 보일 것인지를 묻고, 왕이 될 것임을 예언하는 에우누스를 지도자로 내세운 것은 반란의 의도를 가늠하는 데 중요하다. 반란 노예들은 단지 주인들의 가혹한 처우에서 벗어나고자 했던 것이 아니라, 자신들의 항구적인 자유를 확보할 더욱 포괄적인 의도를 가졌다는 증거이기 때문이다. 디오도로스는 다모필로스 부부의 노예들에 대한 학대가 반란을 촉발한 것으로 강조하는 한편, 노예들이 반란을 시작하기 전에 에우누스를 찾아가 신의 재가를 얻으려고 했다고 서술했기 때문에, 반란의 시작을 분명하게 파악하기가 곤란하다. 그린은 반란 이전 다모필로스가 소유한 노예들의 '소규모 회합'이 있었고, 에우누스를 찾아간 노예들은 더욱 큰 규모의 노예 집단에서 파견된 대표들일 것으로 해석했다.[29] 브래들리는 기원전 2세기 전반 이탈

---

27 Bradley, *Slavery and Rebellion in the Roman World, 140 B.C.-70 B.C.*, p. 56.

28 에우누스가 시리아 여신을 숭배하는 데 몰두한 것처럼 지중해 동부 출신의 다른 노예들도 그러했을 것으로 생각할 수 있다. 시라쿠사이에서 나타난 숭배 의식에 대한 비문 증거는 Giulia Sfameni Gasparro, *I culti orientali in Sicilia*(Brill, 1973), pp. 162~164, 295 참조. 시리아 여신에 대해서는 Franz Bömer, *Untersuchungen über die Religion der Sklaven in Griechenland und Rom*, III(Revue belge de philologie et d'histoire, 1961), pp. 84~85 참조.

리아에서 발생한 다른 노예 반란들과 마찬가지로 제1차 시칠리아 노예 반란은 소규모 반란으로 시작되었을 것으로 보았다. 반란을 시작하는 단계에서 노예들이 시칠리아 전체 노예의 거대한 반란을 의도한 증거는 없다는 것이다. 다모필로스 부부를 살해하기로 모의한 노예들이 계획을 실행하기 전에 에우누스를 찾아갔고, 즉시 행동하라는 에우누스의 충고를 따라 반란하면서 그날 밤 인근 지하 감옥들에 갇혀 있던 노예들과 다른 노예들을 규합해 노예 약 400명이 엔나의 외곽에 집결했을 것으로 브래들리는 보았다.[30] 소규모 노예들이 시작한 반란이 애초의 의도와 무관하게 상황에 따라 대규모 반란으로 비화되었다는 것이다.

디오도로스에 따르면, 노예들이 에우누스에게 자신들의 결심이 신의 호의를 받는지 물었을 때, 에우누스는 자신이 통상적으로 하는 의식에 기대어 신들의 호의를 약속했고, 즉시 행동으로 옮기도록 노예들을 설득했다. 노예들은 즉시 노예 400명을 규합했고, 여건이 허락하는 대로 무장하고서 에우누스를 지도자로 내세운 다음 엔나를 공격했다. 노예들은 가옥을 침입하고 많은 유혈 참사를 벌였으며, 심지어 젖을 빠는 아기를 바닥에 팽개쳤고, 남편이 보는 앞에서 여자들에게 자행한 무도한 행위와 엽색 행위를 말로 다할 수 없을 정도였다. 이제 엔나에서 온 수많은 노예가 합세했으며, 노예들은 우선 자신들의 주인에게 무자비한 행동을 하고 나서 다른 사람들을 학살했다.[31] 도시 근처 빌라에 숨었던 다모필로스와 메탈리스는 노예들이 집결한 극장으로 끌려와 살해되었다. 반면에 다모필로스 부부의 딸은 평소에 노예들을 동

---

29 Green, "The First Sicilian Slave War," p. 12. 그린의 이러한 견해와 사료 취급 방식에 대한 신랄한 비난은 W. G. G. Forrest and T. C. W. Stinton, "The First Sicilian Slave War," *Past and Present*, 22(1962), pp. 87~92 참조.

30 Bradley, *Slavery and Rebellion in the Roman World, 140 B. C.-70 B. C.*, p. 58.

31 Diodoros Siculus, *Bibliotheke Historike*, 34/35.2.10~34/35.2.12.

정하고 친절하게 도와주었기 때문에, 노예들은 그녀를 살해하지 않고 카타나Catana에 있는 친척 집으로 안전하게 데려다주었다고 한다. 노예 소유주의 오만과 노예에 대한 가혹한 대우가 반란을 불러온 주된 원인이었음을 강조한 디오도로스는 노예 소유주들이 노예들을 학대한 정도에 따라 보복을 받았다고 말하면서, 노예들의 보복은 노예들의 천성적인 야만성 때문이라기보다 이전에 받은 부당한 대우에 대한 응징이었다고 썼다.[32] 노예들에게 동정적인 디오도로스의 이런 견해는 디오도로스의 주된 사료원이었던 스토아철학자 포세이도니오스의 저술에서 영향을 받았음을 시사한다.

디오도로스는 반란 노예들이 반란을 어떻게 조직해 이끌었는지에 대한 정보를 제공해준다. 에우누스는 반란 노예들의 모임에서 왕으로 선출되었는데, 그것은 에우누스의 남자다운 용기나 군사 지도자로서 지닌 능력 때문이 아니라 에우누스의 경이로운 재주와 반란을 사주한 것, 그리고 에우누스의 이름이 좋은 징조를 내포하는 것으로 보였기 때문이었다.[33] 반란 노예들의 왕이자 최고사령관이 된 에우누스는 모든 반란 노예를 소집하고서 무기를 제조하는 기술을 가진 사람들을 제외하고 엔나의 모든 주민을 살해했다. 무기 제조 기술이 있는 사람들은 사슬에 채워 무기를 제조하게 했다. 엔나를 장악한 에우누스는 왕권을 확고히 확립한 후 반란 세력을 더욱 규합해 무장시킨 후 농촌을 약탈했다. 에우누스는 머리에 왕관을 쓰고 왕의 완전한 외관을 갖추었으며, 자신과 마찬가지로 시리아 출신인 아내를 왕비로 선언했다. 에우누스 왕은 자신을 안티오코스Antiochos로, 반란 노예 집단을 시리아인들로 불렀다. 에우누스는 재능이 뛰어난 것으로 보이는 노예들을 왕의 '자문 회의' 멤버로 임명했는데, 그중 한 사람인 아카이오스Achaios는 계획과 행동에서 뛰

---

32 같은 책, 34/35.2.13.
33 같은 책, 34/35.2.14.

어난 인물이었다. 에우누스는 3일 만에 반란자 6000명 이상을 무장시켰고, 그 밖에 에우누스를 따른 사람들은 도끼, 손도끼, 투석기, 낫, 부지깽이, 주방용 쇠꼬챙이만으로 무장했다. 에우누스가 수많은 노예를 계속 규합했기 때문에, 에우누스는 로마 장군들과도 전투를 감행했고 우세한 병력으로 전투에서 거듭 승리했으며, 이제 노예 병사 1만 명 이상을 거느렸다.[34]

한편 반란 노예들이 엔나를 장악했다는 소식을 듣고 아그리겐툼Agrigentum 근처에서 클레온이라는 이름의 킬리키아Cilicia 출신 노예가 또 다른 노예 반란을 일으켜 아그리겐툼을 장악하고 주변 농촌을 약탈했다. 로마 당국은 반란 집단들이 서로 충돌함으로써 시칠리아가 분쟁에서 자유롭게 되리라는 기대를 했겠지만, 예상과 달리 두 집단은 합세했다고 디오도로스는 말한다. 클레온은 에우누스의 명령에 따라 왕에게 봉사하는 장군이 되었다. 반란이 발발한 지 30일 정도가 지났을 무렵에 클레온의 노예 무리는 5000명에 달했다. 한편 기원전 135년 5월경에 시칠리아에 도착한 로마 군사령관 루키우스 플라우티우스 힙사이우스Lucius Plautius Hypsaeus[35]는 8000명의 군대를 모집해 반란 노예들과 싸워 패했는데, 이때 반란 노예는 2만 명에 이르렀다. 디오도로스는 머지않아 반란 노예의 무리가 20만 명에 달했으며, 로마 군대와 벌인 수많은 전투에서 훌륭하게 싸웠고, 패한 적이 거의 없다고 말했다.[36]

노예 반란의 전개 양상에 대한 디오도로스의 이후 서술은 반란의 종말에 관한 이야기를 제외하면 중단되었기 때문에, 노예 왕국의 실체나 반란 노예들의 의도를 파악하기가 곤란하다. 노예 소유주들에 대해 반란한 노예들은 노예제의 존재를 부정했는가? 노예 왕국에는 노예들이 없었는가? 반란 노예

---

34 같은 책, 34/35.2.16.
35 힙사이우스가 법무관을 지낸 해는 정확히 알 수 없다.
36 Diodoros Siculus, *Bibliotheke Historike*, 34/35.2.17~34/35.2.18.

들은 무엇을 원했는가? 노예들은 진정 자신들의 항구적인 왕국을 건설하고자 의도했는가? 노예 반란을 연구하는 학자 사이에 반란 노예들이 의도한 것이 무엇인지는 커다란 쟁점이었다. 핀리가 지적했듯이 1848년의 공산당선언 이후 고대 노예제 연구는 마르크스주의자와 비마르크스주의자들 사이의 전장으로 표현될 정도로 이데올로기의 영향을 받은 적도 있는데, 특히 노예 반란의 경우가 그러했다.[37] 사료에 입각해 제1차 시칠리아 노예 반란을 연구한 학자들은 일반적으로 이 반란이 노예제에 대한 원시 공산주의적 Urkommunist 혁명도, 사회주의적 반란이나 좌익의 경제적 반란도 아니었음을 분명히 하면서, 반란 노예들은 시칠리아에 헬레니즘 시대 셀레우코스왕국의 복제품을 수립하고자 의도했다고 보았다. 가령 요제프 포크트는 반란 노예들이 헬레니즘 왕국의 노선에 따라 자신을 인민으로 형성했고, 셀레우코스왕국이나 프톨레마이오스 Ptolemaios 왕조의 군사적 민회처럼 스스로 지배자인 왕을 선출했다고 말했다. 에우누스가 자신을 안티오코스라 칭하고 반란자들을 시리아인들이라고 부른 것은 이 군주정의 셀레우코스적 성격을 분명하게 보여주는 것이었다.[38]

브래들리는 "노예 국가가 노예 반란의 목적이었다는 일반적인 함축을 받아들일 수 있는가?"라는 의문을 제기했다. 브래들리는 다음과 같은 세 가지 측면을 고려하면서 그 질문에 부정적으로 답했다. 첫째, 노예 반란의 산물로서 새로운 국가가 출현한 것은 역사상 지극히 드문 현상이었다. 유일한 실례

---

37 Finley, "Was Greek Civilization Based on Slave Labour?," p. 160.

38 Joseph Vogt, *Ancient Slavery and the Ideal of Man*, translated by Thomas E. J. Wiedemann(Harvard University Press, 1975), p. 52. 이와 같은 견해로는 Moses I. Finley, *Ancient Sicily*, 2nd ed.(Rowman and Littlefield, 1979), p. 141; Arnold J. Toynbee, *Hannibl's Legacy: The Hannibalic War's Effects on Roman Life*, Vol. II: Rome and Her Neighbours after Hannibal's Exit(Oxford University Press, 1965), p. 325 참조.

는 생도맹그Saint-Domingue에서 투생 루베르튀르Toussaint Louverture가 이끈 노예 혁명에 뒤이어 1803년에 아이티에서 국가가 창설된 것이었다. 생도맹그 혁명의 기원과 전개는 프랑스혁명의 넓은 맥락과 관련되어 있었다. 고대 시칠리아의 노예들이 살던 시대와 달리, 생도맹그 노예들이 반란하던 시대에는 자유와 평등의 이념이 공식화되어 있었다. 반면에 시칠리아에 노예 국가를 수립하는 것은 그 섬의 유산자들(로마인들과 지역 엘리트들)과 로마 정부의 승인이 필요했을 것인데, 로마가 그러한 특권의 강탈을 용인할 준비가 되어 있었다는 아무런 증거가 없다. 로마의 군사적 보복이 조만간 뒤따를 것은 불가피했으며, 브래들리는 반란 노예들이 이런 사실을 인식했을 것으로 보았다.[39]

둘째, 디오도로스의 서술에서 보이는 왕국의 증거가 매우 제한적이며, 왕정의 정부 체계를 창설하려고 했던 반란 지도자 에우누스 안티오코스에게만 적용되었다는 것이다. 헬레니즘 군주정의 가장 두드러진 특징은 왕의 절대적 권한이었지만, 국가의 통치를 위해 중요한 재정적·사법적 제도들도 있었다. 브래들리는 시칠리아 노예 왕국의 제도적 특징이 어떠했는지 알려진 바가 전혀 없고, 왕국이 통치된 방식에 대해 아무런 서술도 없는 것에 주목했다. 또한 헬레니즘 군주들은 살아 있는 동안 종교적으로 숭배되었던 데 반해, 시칠리아의 반란 노예들은 자신들의 왕에게 신적인 영예를 부여하지 않았고, 왕도 신적인 재가를 추구하지 않았다는 것이다. 브래들리가 보기에 이러한 차이는 종교적 심성의 차이에서 비롯된 것이 아니라, 시칠리아 노예 국가가 실제적이든 혹은 상상적인 것이든, 결코 국가가 아니었기 때문일 수 있었다.

셋째, 대규모의 반란을 지도하는 카리스마적 지도자들은 추종자들에게서 최고의 권위를 부여받는데, 시칠리아 노예 반란의 지도자도 강력하고 결정

---

39 Bradley, "Slave Kingdoms and Slave Rebellions in Ancient Sicily," p. 438.

적인 지도력를 가졌다는 증거가 있다. 브래들리는 "시칠리아의 노예 속민들은 자신들의 지도자가 왕의 지위와 권위를 가지는 것에 대한 동의를 지속적으로 보여주었는가?", "이전에는 자신들과 동일한 지위에 있던 노예가 왕의 절대권을 가지는 것을 허용하는 일이 일어났다고 자동적으로 가정할 수 있는가?"라는 의문을 제기했다.[40]

스파르타쿠스의 반란을 노예들의 전쟁이 아니라 로마의 지배에 대한 이탈리아인들의 저항으로 보는 견해가 있었던 것과 마찬가지로,[41] 시칠리아 노예 반란을 노예들의 전쟁이 아니라 로마제국의 지배에 대한 시칠리아 속주민의 저항으로 보는 주장도 있었다.[42] 페어브루게는 반란 노예의 수가 최대 20만에 달했다는 디오도로스의 수치가 부정확하며 과장된 것이 틀림없다고 보았다. 페어브루게는 자유인과 노예를 포함한 시칠리아 전체 주민이 100만을 넘을 수 없었을 것으로 추산하면서, 만약 디오도로스가 제시한 20만 명이라는 수치가 옳다면 시칠리아는 노예 20만 명을 부양할 수 없었을 것이기 때문에 반란자 20만 명의 대다수는 자유인이었을 것이라고 주장했다.[43] 반란 노예의 수에 대한 디오도로스의 수치가 과장되었을 수 있지만, 그렇다고 반란자의 대다수가 자유인이었을 것이라는 페어브루게의 주장 역시 아무런 사료의 뒷받침이 없는 것이어서 설득력을 지니기 어렵다.

---

40 Bradley, "Slave Kingdoms and Slave Rebellions in Ancient Sicily," p. 440.

41 Wolfgang Zeev Rubinsohn, "Was the Bellum Spartacium a Servile Insurrection?," *Rivista di filologia e d'instruzione classica*, 99(1971), pp. 290~299; 김경현, 「스파르타쿠스 봉기의 성격에 관하여, 제1부: 연구사의 개관」, ≪서양사론≫, 35호(1990), 1~30쪽 참조.

42 Verbrugghe, "Sicily 210-70 B.C.," pp. 535~559; "The 'Elogium' from Polla and the First Slave War," *Classical Philology*, 68(1973), pp. 25~35; "Slave Rebellion or Sicily in Revolt?," pp. 46~60.

43 같은 글, 49~50쪽. 페어브루게의 주장에 대한 비판으로는 Urbainczyk, *Slave Revolts in Antiquity*, pp. 41~42를 참조.

반란 노예들이 남긴 발언이나 사료가 없으므로 노예 왕국의 성격이나 노예 반란의 의도를 명확하게 파악하기는 어렵지만, 반란 노예들이 힙사이우스가 이끈 로마 군대와 벌인 싸움에서 승리했을 무렵에 이르면 엔나와 아그리겐툼을 중심으로 한 노예들의 국가 혹은 공동체에서는 왕권이 확립되었고, 노예들은 자신들의 항구적인 자유를 확보하기 위해 노력했다. 특히 안티오코스 왕이 주화를 발행한 것은 왕권을 선전하고 노예 국가의 독립을 주장한 하나의 증거를 보여준다.[44] 주화의 한쪽에는 데메테르 여신이, 다른 쪽에는 시칠리아의 가장 중요한 농산물인 밀 이삭과 함께 안티오코스 왕(바실레오스basileos)이라는 명칭이 새겨져 있었다. 우르베인칙은 주화를 발행한 증거로 보건대 반란 노예들의 공동체가 군주적적 통치 형태를 채택했고, 노예들이 조직되어 있었으며, 노예들은 전쟁을 어떻게 진행할 것인지에 대한 분명한 이념과 장기적인 계획을 가지고 있었을 것으로 보았다. 노예 왕국의 왕이 주화를 발행한 것은 단순히 주인들의 시야에서 숨거나 어디론가 도주하기를 희망하는 사람들의 행동이 아니었다.[45] 왕권 아래 조직된 노예들은 될 수 있는 한 시칠리아의 많은 노예를 자신들의 편으로 끌어들이는 데 희망을 걸었을 것이며, 그러기 위해서는 다른 도시들을 장악할 필요가 있었다.

엔나와 아그리겐툼을 장악한 노예들은 다시 섬의 동쪽 끝에 위치한 도시 타우로메니움Tauromenium을 공격했다. 이 전투에서 노예군에 맞서 전투를 지휘한 로마 사령관은 퀸투스 파비우스 막시무스 에부르누스Quintus Fabius Maximus Eburnus였는데, 결국 도시의 성채는 함락되었고 에부르누스는 도주했다. 시칠리아의 얼마나 많은 부분이 노예왕의 통제 아래 넘어갔을까? 디오도로스는

44   Green, "The First Sicilian Slave War," p. 16; E. S. G. Robinson, "Antiochus King of the Slaves," *Numismatic Chronicle*, 20(1920), pp. 175~176; Shaw, *Spartacus and the Slave Wars*, p. 84.

45   Urbainczyk, *Slave Revolts in Antiquity*, p. 42.

〈그림 12-1〉 노예 반란 당시 속주 시칠리아

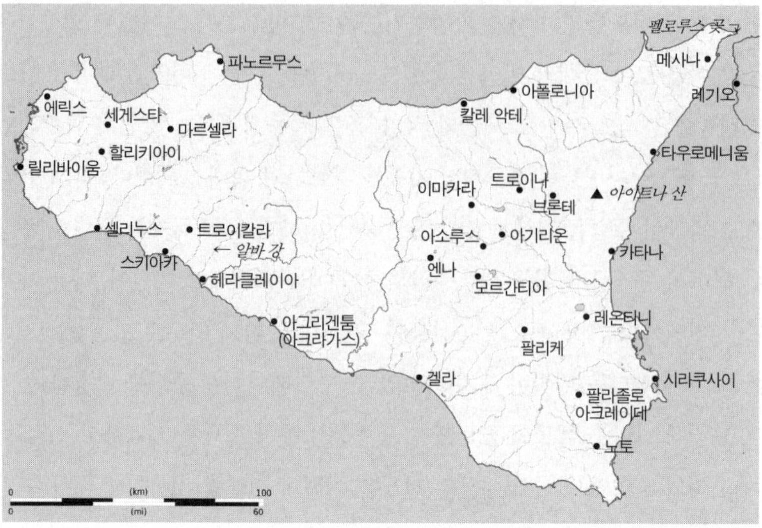

자료: Shaw, *Spartacus and the Slave Wars*, p. 5 참조.

"시칠리아 섬 전체가 반란 노예들에게 종속될 위험에 직면했다"[46]라고 말했지만, 시칠리아의 대부분이 실제로 노예왕의 세력에 종속되었다는 의미는 아닐 것이다. 스트라본은 노예들에게 정복된 도시들로서 추가로 카타나와 거명되지 않은 '그 밖의 많은 도시'를 언급했다. 시라쿠사이는 노예군의 포위 공격을 받았지만, 보급품의 부족 때문에 노예군은 포위를 풀고 말았다. 메사나Messana는 확실히 반란 세력에 가담하지 않았으며, 메사나와 같은 태도를 보인 다른 도시들도 있었다. 반면 고지대 언덕의 요새화된 성채 도시 모르간티나Morgantina는 노예왕의 세력 아래 들어간 것으로 알려졌다.[47]

기원전 134년 시칠리아의 군대 지휘권이 집정관 2명 중 한 사람인 가이우

---

46 Diodoros Siculus, *Bibliotheke Historike*, 34/35.2.25.

47 Green, "The First Sicilian Slave War," pp. 16~17 참조.

스 풀비우스 플라쿠스Gaius Fulvius Flaccus에게 맡겨졌는데, 이것은 로마 원로원이 시칠리아 사태의 심각성을 인식했음을 보여준다. 그러나 플라쿠스의 투입으로 사태가 호전되기는커녕 여러 도시를 반란 노예들이 장악했고, 이 과정에서 노예들은 여러 차례 로마군을 격파했다.[48] 한편 시칠리아 노예 반란의 소식이 전해지자 다른 지역들에서도 노예 반란이 일어났다고 한다. 로마에서는 150명, 아티케에서는 1000명 이상의 노예가 반란을 일으켰고, 델로스 섬과 다른 많은 곳에서도 노예들의 반란이 일어났다. 디오도로스에 따르면 이 반란들의 경우 진압 병력이 신속히 투입되고, 응징 조치가 가혹했기 때문에 진압된 반면, 시칠리아에서는 어려움이 가중되고 있었다.[49] 기원전 133년에 원로원은 시칠리아에 대한 군대 지휘권을 법무관을 역임한 경력이 있는 루키우스 칼푸르니우스 피소 프루기Lucius Calpurnius Piso Frugi에게 맡겼다. 시칠리아에 서둘러 도착한 피소는 병사들의 사기를 진작한 후 엔나를 공격했지만 실패했다. 그러나 피소는 마침내 모르간티나를 공격해 탈환하는 데 성공했으며, 이는 노예 반란의 종말이 시작되었음을 알리는 것이었다.[50]

기원전 132년에 시칠리아에 대한 군대 지휘권을 맡은 인물은 대범하고 유능한 집정관 푸블리우스 루필리우스Publius Rupilius였으며, 루필리우스의 부사령관으로 마르쿠스 페르페르나Marcus Perperna가 함께 파견되었다. 두 사령관은 처음에는 반란 노예들과 벌인 싸움에서 패했지만, 노예들이 차지한 요새들을 점령하는 작전을 체계적으로 펼쳤다. 두 사령관은 반란 노예들이 완강하게 저항하는 타우로메니움을 장기간 포위 공격했고, 결국 기근에 시달린 반란 노예들은 처음에는 어린이들을, 다음에는 여자들을, 종국에는 서로를

48 Livius, *Epitomae*, 56; Orosius, *History against the Pagans*, 5.9.4.

49 Diodoros Siculus, *Bibliotheke Historike*, 34/35.2.19.

50 Orosius, *History against the Pagans*, 5.9.4~5.9.8.

잡아먹는 상황에 이르렀다고 한다. 그 도시를 장악한 로마 군대는 도시에 있던 모든 반란 노예를 포획해 고문한 후 절벽 아래로 던졌다. 루필리우스는 다시 엔나를 마찬가지 방법으로 포위해 반란자들을 극도의 기근으로 몰아 희망을 좌절시켰다. 절망적인 상황에서 반란 노예들의 사령관 클레온은 소수의 노예와 함께 출격을 시도하다가 살해되었다. 결국 엔나에 있던 모든 반란자는 학살당했다.[51]

이로써 제1차 시칠리아 노예 반란은 끝난 셈이었는데, 안티오코스 왕은 호위대 1000명을 이끌고 절벽이 있는 곳으로 도주해 있었다. 그러나 로마 군대가 압박해오는 상황에서 희망이 없었기 때문에, 호위병들은 자신들의 무시무시한 운명을 불가피하다는 것을 알고서 검으로 서로를 찔러 죽음을 택했다. 디오도로스에 따르면 안티오코스 왕은 비겁하게도 어떤 동굴 속에 피신해 있다가 노예 4명, 즉 요리사 노예, 빵 굽는 노예, 목욕할 때 마사지해주는 노예, 음주 파티에서 서비스하는 노예와 함께 끌려나왔다. 모르간티나로 옮겨져 투옥된 안티오코스 왕은 비참한 죽음을 맞이했다.[52] 로마군 사령관 루필리우스는 정예 병력 약간을 이끌고 섬 전체를 순회하면서 남은 반란 세력의 소굴들을 일소함으로써 시칠리아를 평정했다.

4. 맺음말

제1차 시칠리아 노예 반란이 일어날 당시 시칠리아에서 얼마나 많은 노예가 존재했는지, 노예제 생산의 형태가 어떠했는지를 구체적으로 알려주는 정보

---

51 Diodoros Siculus, *Bibliotheke Historike*, 34/35.2.20~34/35.2.21.
52 같은 책, 34/35.2.22~34/35.2.23.

가 없어서 노예 반란의 경제적 배경과 원인에 대한 파악에는 어려움이 따른다. 디오도로스는 시칠리아에 노예제가 광범하게 퍼져 있었고, 노예들은 곡물 생산과 방목 및 가내 봉사 등에 다양하게 사역되고 있었음을 시사해준다. 제1차 시칠리아 노예 반란의 원인으로서 디오도로스는 노예 소유주의 교만과 노예들에 대한 가혹한 대우, 목자 노예들의 약탈, 행정의 부재 상태 등을 생생하게 지적했지만, 그것을 논리적으로 연결해 서술하지는 못했다. 디오도로스가 말한 노예들에 대한 주인의 가혹한 대우와 노예들의 약탈과 방종은 노예 통제의 관점에서 양립할 수 없는 것이었다. 특히 방목 노예들에 대한 통제 문제는 노예 소유주들과 총독의 공동 관심사와 이해에 속하는 문제였을 것인데, 노예 반란 전의 시칠리아에서는 그들 사이에 협조하지 못했고, 방목 노예들을 통제하지 못하는 행정의 부재를 드러낸 것으로 보인다.

학대에 분노한 노예들은 주인들을 살해하기로 모의하는 것을 넘어, 반란을 의도하면서 신의 호의를 확보하고자 노력했고, 에우누스를 지도자로 내세웠다. 노예들은 반란을 통해 항구적인 자유를 확보할 포괄적인 의도를 가졌던 것이다. 노예들이 엔나와 아그리겐툼을 장악했을 무렵에 이르면, 노예들의 국가에서는 자신들이 자유인이었을 때 경험한 헬레니즘 왕국을 모방해 왕권이 확립되었고, 왕의 이름으로 주화를 발행했다. 노예들은 스스로 조직하고, 지도자를 내세우면서 항구적인 자유를 확보하기 위해 노력했다. 왕권 아래 조직된 노예들은 될 수 있는 한 많은 노예를 끌어들이기 위해 시칠리아의 여러 도시를 점령하면서 세력 확장을 시도했지만, 결국 실패하고 말았다.

제13장

제2차 시칠리아 노예 반란

1. 머리말

로마제국의 속주 시칠리아에서는 기원전 135년경에 제1차 시칠리아 노예 반란이 발생한 지 한 세대 후인 기원전 104년에 다시 대규모 노예 반란이 일어났다. 제2차 시칠리아 노예 반란이 일어났을 때, 로마제국은 심각한 위기에 직면해 있었다고 디오도로스 시켈리오테스는 말했다. 시칠리아에서 노예 수만 명이 반란을 일으켰다는 소식이 전해졌을 때는 가이우스 마리우스가 아프리카 왕들인 보쿠스Bocchus와 유구르타Jugurtha에 대한 전쟁에서 승리하고 아프리카인 수만 명을 살해했을 무렵이었고, 또한 로마인들이 갈리아에서 킴브리Cimbri족에게 충격적인 일련의 패배를 당했던 시기였다.[1] 로마 공화국

---

1   제2차 시칠리아 노예 반란이 발발한 시점에 대한 디오도로스의 서술은 사실과 정확하게 부합하지 않는다. 북아프리카 왕들을 상대로 벌인 결정적인 전투는 기원전 106~105년 겨울에 키르타(Cirta) 근처에서 발생했으며, 유구르타는 기원전 105년 어느 때인가 사로잡혔다(Sallustius, *Bellum Iugurthinum*, 101). 로마가 킴브리족에게 아라우시오(Arausio)에서

은 킴브리족과 벌인 전투에서 거의 6만 명에 달하는 병사를 잃었기 때문에[2] 새로운 적에 대해 파견할 병력이 부족한 위기에 직면해 있었다.

고대 세계에서 유례를 찾기 힘든 대규모 노예 반란이 왜 시칠리아에서 다시 발생한 것일까? 반란 노예들은 무엇을 원했으며, 반란의 양상은 어떠했는가? 반란은 왜 실패했는가? 이러한 의문들에 대한 정보를 찾기 위해 주목할 만한 거의 유일한 사료는 제1차 시칠리아 노예 반란의 경우와 마찬가지로, 디오도로스가 기원전 30년경 완성한, 문명의 시작부터 기원전 60년까지를 다룬 방대한 『보편사』이다. 『보편사』 가운데 시칠리아 노예 반란 부분은 상실되었으므로, 비잔티움 제국 시대의 포티오스 1세와 콘스탄티노스 7세의 축약본들을 통해 디오도로스의 서술을 만날 수 있다.[3] 이 글은 축약본들이 전해주는 디오도로스의 서술을 따라 노예 반란 이야기를 재구성해봄으로써 제2차 시칠리아 노예 반란이 왜 발생했고, 어떻게 전개되었으며, 반란 노예들은 무엇을 원했는지를 파악해보고자 한다.

2. 반란의 원인

대규모 노예 반란이 임박했음을 신이 미리 예고하기라도 하는 것처럼 시칠

크게 패한 것은 기원전 105년 말이었다[Zvi Yavetz, *Slaves and Slavery in Ancient Rome* (Transaction Publishers, 1988), p. 75, n. 1 참조].

2   Polybios, *Historiae*, 6.26.6.

3   디오도로스의 『보편사』는 Diodorus Siculus, *Diodorus of Sicily: in Twelve Volumes*, translated by Charles Henry Oldfather et al.(Harvard University Press, 1966)를 보기 바란다. 『보편사』 가운데 시칠리아 노예 반란들에 관련된 부분은 Brent D. Shaw, *Spartacus and the Slave Wars*(Bedford/St. Martin's, 2001), pp. 79~94; Yavetz, *Slaves and Slavery in Ancient Rome*, pp. 15~26에도 실려 있다.

리아에서 새로운 노예 반란이 일어나기 전에 먼저 이탈리아에서 많은 단명한 소규모 반란이 발생했다고 디오도로스는 말한다. 최초의 반란은 누케리아Nuceria에서 발생한 것으로 노예 30명이 음모를 꾸몄지만 즉시 처형되었다. 카푸아에서 노예 200명이 일으킨 반란도 신속히 진압되었다. 세 번째 반란은 기이한 것이었다고 말하면서 디오도로스는 그것에 대해 상세하게 서술했다.[4] 이 반란은 로마 기사 신분으로서 부유한 부친을 둔 티투스 미누키우스 베티우스Titus Minucius Vettius가 일으킨 것이었다. 베티우스는 다른 사람이 소유한 미모의 노예 소녀와 사랑에 빠져 7탈렌트[5]나 되는 거액으로 그녀를 매입하기로 했다. 매입 대금을 내기로 한 날 약속을 이행하지 못하자 베티우스는 30일의 지불 연기를 요청했고, 다시 지불 기일이 다가와 채권자들에게서 독촉을 받자 베티우스는 모든 사람의 상상을 초월하는 일에 착수했다. 베티우스는 매입 대금의 지불을 독촉하던 채권자들의 생명을 노리는 계획을 세웠을 뿐 아니라, 스스로 왕권을 추구했다.

디오도로스의 서술에 나오는 노예 반란들의 지도자들은 예외 없이 모두 왕권을 주장했다. 베티우스도 자신의 노예들을 이용해 채권자들을 살해하고, 로마에 대한 반란을 통해 스스로 왕이 되고자 했다. 베티우스는 무장과 무기 5000벌을 구매했고, 자신의 노예 400명을 이끌고 반란을 일으켰다. 베티우스는 왕관을 쓰고 자줏빛 왕복을 입었으며, 호위병lictor들과 그 밖의 왕의 장식들을 갖추고서 자신을 왕으로 선포한 후, 노예 소녀에 대한 값을 내라고 요구하던 사람들을 매질하고서 참수했다. 베티우스는 무장한 노예들을 이끌고 이웃 농장들로 가서 반란에 가담하는 노예들에게는 무기를 주고, 반

---

4   Diodoros Siculus, *Bibliotheke Historike*, 36.2.2~36.2.6.
5   7아테네 탈렌트(Attic talents)는 평균적인 노예 가격의 70~80배에 달하는 액수였다(Shaw, *Spartacus and the Slave Wars*, p. 109, n. 1 참조).

대하는 노예는 누구든지 살해했다. 곧 베티우스는 노예 병사 700명 이상을 거느렸으며, 그 병사들을 전투 단위인 켄투리아centuria로 구분했다.

반란 소식이 로마에 전해졌을 때, 로마 원로원은 현명하게 대처함으로써 사태를 해결했다고 디오도로스는 말한다. 원로원은 법무관 가운데 한 사람인 루키우스 리키니우스 루쿨루스Lucius Licinius Lucullus[6]에게 반란자들을 체포하는 임무를 맡겼다. 루쿨루스는 바로 그날 로마에서 병사 600명을 모집했으며, 카푸아에 이를 때까지 보병 4000명과 기병 400명을 모집했다. 베티우스는 루쿨루스의 군대가 공격해 올 것을 알고서 3500명 이상의 병사로 고지대를 점령했다. 양측의 병력이 교전할 때, 처음에는 반란자들이 고지를 점령하고 있어서 유리했다. 루쿨루스는 베티우스 편의 사령관 중 한 사람인 아폴로니우스Apollonius를 매수해 아폴로니우스에게 처벌의 면제를 보장하면서 동료 반란자들을 배반하도록 설득했다. 아폴로니우스가 로마 군대의 편을 들면서 베티우스를 공격하는 상황에 이르자 베티우스는 사로잡힐 경우의 처벌이 두려워서 자살했고, 반란에 가담했던 모든 사람도 동일한 운명을 선택했다.

디오도로스는 제2차 시칠리아 노예 반란이 왜 일어났는지에 대한 정보를 제공해준다. 마리우스가 킴브리족을 상대로 전투하는 동안, 원로원은 마리우스에게 해외 속주에 있는 동맹국들에 군사적 원조를 요청할 수 있도록 허용했다.[7] 따라서 마리우스는 당시 비티니아Bithynia의 왕인 니코메데스 3세 에우에르게테스Nicomedes III Euergetes[재위: 기원전 127년(추정)~94년(추정)]에게 도움을 요청하는 사절을 파견했는데, 니코메데스 3세는 비티니아인의 대다수가 로마인 푸블리카니들에게 사로잡혀서 로마의 속주들에서 노예로 있다고

---

6   기원전 104년의 법무관이었다. 미트라다테스 전쟁에서 활약한 같은 이름의 아들이 더 잘 알려져 있다.
7   마리우스가 유구르타 전쟁의 승리를 기념하고, 두 번째 집정관직에 취임하기 위해 기원전 104년 1월 1일 로마로 귀환하자, 마리우스에게 갈리아에서의 전쟁 지휘권이 주어졌다.

대답했다고 한다.[8] 그러자 원로원은 동맹국의 어떤 자유인도 로마 속주에서 노예 상태로 구속되어서는 안 되며, 총독들은 그러한 사람들에게 자유를 주어야 한다는 칙령을 발표했다. 이 칙령에 따라 당시 시칠리아 총독이던 푸블리우스 리키니우스 네르바Publius Licinius Nerva[9]는 많은 노예를 심문해 해방함으로써 수일 만에 노예 800명 이상이 자유를 얻었으며, 섬 전역에서 노예 상태에 있는 사람은 모두 자유에 대한 열망으로 들떠 있었다.[10]

그러자 시칠리아의 부자이자 세력가이던 귀족들은 황급히 총독을 찾아가서 노예들을 해방하는 정책을 그만두도록 요구했다. 총독이 귀족들의 뇌물에 넘어갔든 혹은 귀족들에게 호의를 보이려는 자신의 욕구에 쉽게 굴복했든, 총독은 노예들을 심리하는 것에 더는 관심을 보이지 않았으며, 자유를 얻기 위해 자신을 접견하려는 노예들을 꾸짖어 주인에게 되돌아가도록 명령했다. 그러자 자유에 대한 희망이 좌절된 노예들은 집결해 팔리코이Palikoi[11] 신전으로 도피했고, 그곳에서 반란을 모의했다.[12] 부당하게 자유를 상실하고 노예가 된 사람들의 자유에 대한 희망과 그 희망의 좌절이 노예 반란의 주된 원인이었음을 알 수 있다. 팔리코이는 위증에 대해 응징하는 쌍둥이 신이었으며,[13] 신들의 신전은 주인에게서 가혹한 학대를 당한 노예들이 도피하는

8   비티니아 왕이 한 대답에 대한 디오도로스의 서술의 신뢰성에 대해서는 Wolfgang Zeev Rubinsohn, "Some Remarks on the Causes and Repercussions of the so-called 'Second Slave Revolt' in Sicily," *Athenaeum*, 60(1982), pp. 444ff 참조.

9   네르바는 기원전 104년의 법무관으로 시칠리아 총독이었다. 카시우스 디오는 이 이야기를 약간 다르게 설명했다(Cassius Dio, *Historia Romana*, 27.93).

10 Diodoros Siculus, *Bibliotheke Historike*, 36.3.1~36.3.3.

11 팔리코이는 시칠리아 토착인들이 숭배한 쌍둥이 신이었다. 이 신들의 신전은 남동부 시칠리아의 레온티니 근처 유황 호숫가에 있었다. 디오도로스는 이 신전이 도주 노예들의 피난처로 이용되었음을 보여준다(Shaw, *Spartacus and the Slave Wars*, p. 111, n. 3 참조).

12 Diodoros Siculus, *Bibliotheke Historike*, 36.3.4.

13 Theresa E. Urbainczyk, *Slave Revolts in Antiquity*(University of California Press, 2008),

장소였다. 기원전 135년경에 발생한 제1차 시칠리아 노예 반란이 노예들에 대한 노예 소유주들의 가혹한 학대와 방목 노예들을 통제하지 못한 무정부적 상황에서 일어났던 반면,[14] 제2차 시칠리아 노예 반란은 무엇보다도 자유를 얻고자 하는 노예들의 열망에서 비롯되었다.

3. 반란의 양상과 의도

여러 곳에서 노예들의 대범함이 드러났는데 최초로 자유를 요구한 것은 할리키아이Halicyae의 매우 부유한 두 형제가 소유한 노예 30명이었으며, 그 노예들의 지도자는 바리우스Varius였다. 노예들은 우선 밤에 잠자던 자신들의 주인들을 살해한 후, 이웃 농장들로 가서 노예들에게 합세해 자유를 얻을 것을 요구했다. 그들은 그날 밤 노예 120명 이상을 모집했다. 반란 노예들은 자연적으로 방어에 유리한 지점을 장악하고서 그곳을 더욱 강화했으며, 그러는 동안 추가로 무장한 노예 80명을 받아들였다. 총독 네르바가 서둘러 군대를 이끌고 반란 노예들을 포위 공격했지만 실패했다. 반란 노예들의 요새를 무력으로 장악할 수 없다고 판단한 총독은 노예들의 반역에 희망을 품었는데, 가다이오스Gadaios라는 별명을 가진 가이우스 티티니우스Gaius Titinius라는 노예를 회유하는 데 성공했다. 가이우스 티티니우스는 자신이 이끄는 많은 노예를 데리고 반란에 가담하려는 것처럼 반란 노예들의 요새로 접근했다. 반란 노예들의 친구로서 받아들여진 가이우스 티티니우스는 용감해서

---

p. 19.

14 제1차 시칠리아 노예 반란의 원인에 대해서는 차전환, 「제1차 시칠리아 노예반란의 원인과 의도」, ≪西洋古代史硏究≫, 제23집(2008), 140~149쪽 참조.

반란군의 장군으로 선출되었지만, 요새를 배반했다. 결국 반란 노예 가운데 일부는 전투에서 살해되었고, 나머지는 사로잡힐 경우 뒤따를 처벌을 두려워해서 높은 절벽에서 스스로 뛰어내렸다.[15] 도주 노예들의 첫 번째 반란은 이렇게 끝났다.

할리키아이의 노예 반란을 진압한 총독의 병사들이 해산하고 자신들의 집으로 돌아간 후, 노예 80명이 다시 반란해서 로마인 기사 신분인 푸블리우스 클로니우스Publius Clonius를 살해한 다음 많은 노예 무리를 모은다는 소식이 전해졌다. 총독 네르바는 병력 대부분을 해산한 상태여서 즉시 행동할 수 없었으므로, 반란 노예들은 더욱 안전을 도모할 수 있었다. 총독은 동원할 수 있는 병사들을 이끌고 출발해 알바Alba 강을 건넌 후, 카프리아노스Kaprianos 산 위에 진을 치고 있던 반란 노예들을 우회해 헤라클레이아Herakleia에 도착했다. 반란 노예들은 총독이 겁쟁이라는 소문을 퍼뜨림으로써 많은 노예를 반란하도록 자극했는데, 처음 7일 동안 800명 이상을 무장시켰으며 곧 반란 노예들은 2000명 이상이 되었다.[16]

헤라클레이아에 있던 총독은 마르쿠스 티티니우스Marcus Titinius를 사령관으로 임명하고 마르쿠스 티티니우스에게 엔나에 주둔한 수비대에서 병력 600명을 할당해준 다음 반란 노예들을 공격하게 했다. 마르쿠스 티티니우스가 이끄는 군대가 반란 노예들을 공격했지만, 반란 노예의 수가 더 많았고 유리한 지점을 차지하고 있었다. 마르쿠스 티티니우스와 그의 병사들은 패배했으며, 그들 중 다수는 살해되었고 나머지는 무기를 버리고 도주했다. 승리한 반란 노예들은 많은 무기를 확보해 더욱 대범해졌으며, 이제 어디서나 모든 노예가 반란하도록 고무되었다. 날이 갈수록 더욱 많은 노예가 반란에 가담해

---

15   Diodoros Siculus, *Bibliotheke Historike*, 36.3.5~36.3.6.

16   같은 책, 36.4.1~36.4.2.

그들의 수가 놀랄 만큼 증가했기 때문에, 반란 노예들은 수일 만에 6000명을 넘었다.[17]

이 무렵 반란 노예가 모두 모여서 우선 살비우스Salvius라는 노예를 왕으로 선출했는데, 살비우스는 장래를 예언하는 능력으로 유명했고 여성들의 종교적 축제에서 피리를 열광적으로 연주하는 사람이었다. 왕이 된 살비우스는 도시를 나태와 방종의 원천으로 간주해 자신의 노예들에게 도시를 피하도록 명령했다고 한다. 살비우스는 반란 노예들을 세 집단으로 구분하고서 각각의 집단에 적절한 수의 군사령관을 임명했으며, 군사령관들에게 농촌을 수색해 정해진 시간과 장소에 충분한 병력을 모으도록 명령했다.[18] 반란 노예들은 말과 다른 가축들을 충분히 확보했고, 곧 기병 2000명 이상과 보병 2만명 이상을 확보했으며, 그 병사들을 훈련시켰다. 자유인 노예 소유주들의 억압에 대항해 반란한 노예들은, 다시 자유인들의 세계를 모방해 자신들의 왕과 군사령관을 내세우고 그들에게 복종하지 않을 수 없었다.

반란 노예들이 강력한 도시 모르간티나를 공격했다. 그러자 총독 네르바가 모르간티나를 원조하기 위해 이탈리아 동맹국 군대와 시칠리아에서 모집한 병사들로 구성된 병력 1만 명을 이끌고 출발했다. 모르간티나에 도착한 총독의 군대는 노예들의 군대에 패했다. 살비우스가 무기를 버린 사람은 누구든 살해해서는 안 된다고 선포하자, 총독이 이끄는 병사 대다수는 무기를 버리고 도주했다. 살비우스는 군영을 되찾았고, 많은 무기를 손에 넣었다. 이 전투에서 살비우스 왕의 인간적인 선언 덕에, 총독 휘하 군대에서는 이탈리아인과 시칠리아인 600명이 살해되었을 뿐이었고, 4000명 정도가 포로로 잡혔다. 살비우스가 성공한 결과 더욱 많은 노예가 몰려들어 살비우스의 병

---

17 같은 책, 36.4.4.
18 같은 책, 36.4.5.

력은 배가되었으며, 살비우스는 넓은 농촌의 명백한 주인이 되었다. 살비우스는 다시 모르간티나를 포위해 장악하려고 시도하며 도시 안에 있는 노예들에게 자유를 주겠다고 제안하는 선언을 했지만, 노예 주인들이 노예들에게 도시를 방어하는 데 가담한다면 마찬가지로 자유를 주겠다고 역으로 제의했을 때 노예들은 오히려 주인들의 편을 들어 강력하게 저항함으로써 포위 공격을 물리쳤다.[19] 그러나 나중에 총독이 노예들의 해방을 백지화하자 노예의 대다수가 반란 노예들에 가담했다.

세게스타Segesta와 릴리바이움Lilybaeum 주변의 농촌과 다른 이웃 도시들에서도, 많은 노예 사이에서 반란의 열정이 고조되었다. 여기서 노예 반란의 지도자는 아테니온Athenion이라는 용기가 뛰어난 사람으로, 킬리키아 출신이었다. 아테니온은 매우 부유한 형제 2명이 소유한 빌리쿠스였는데, 점성술에 뛰어난 능력이 있어서 자신이 관리하던 노예 약 200명에다 인접한 곳의 노예들까지 끌어들임으로써 5일 만에 1000명이 넘는 노예를 모집했다. 아테니온이 왕으로 선출되어 왕관을 썼을 때, 다른 노예 반란 지도자들과 다른 태도를 보였다. 아테니온은 반란한 모든 노예를 받아들인 것이 아니라 가장 훌륭한 노예들을 병사로 만들고, 나머지는 그들의 이전 노동으로 돌아가 자신에게 부여된 임무를 열심히 이행하게 했다. 그래서 아테니온은 자신의 노예 병사들에게 음식을 풍부하게 제공할 수 있었다.[20] 아테니온은 신들이 별을 통해 자신에게 시칠리아의 왕이 될 것임을 예언한 것처럼 행동했으며, 자신은 땅과 모든 가축과 농작물을 보호해야 한다고 말했다.

아테니온이 병력 1만 명 이상을 모집했을 때, 난공불락의 도시 릴리바이움에 대한 공격을 시도했다. 릴리바이움을 장악하는 데 실패하자, 아테니온

---

19 같은 책, 36.4.7~36.4.8.
20 같은 책, 36.5.1~36.5.2.

은 신들의 뜻이 그러하므로 계속 포위 공격을 하면 불행을 맞을 것이라고 말하면서 릴리바이움을 떠나기로 했다. 아테니온의 군대가 철수할 준비를 하는 동안, 릴리바이움을 원조하기 위해 북아프리카의 마우레타니아인 보조군을 태운 배들이 항구에 도착했으며, 그 보조군 사령관은 고몬Gomon이었다. 고몬의 병사들은 행군하던 아테니온의 군대를 밤에 기습해 다수를 살해한 후 도시로 돌아왔다. 반란 노예들은 아테니온이 별들을 읽음으로써 예측하는 능력에 경탄했다.[21]

이무렵 혼란과 연이은 불행이 시칠리아 전체를 사로잡았다. 디오도로스는 노예들뿐 아니라 가난한 자유인들도 온갖 종류의 약탈과 불법행위를 했다고 말한다.[22] 반란에 뛰어든 많은 노예만 농촌을 약탈한 것이 아니라, 토지를 전혀 소유하지 못한 자유인들도 약탈과 불법행위에 호소했다. 재산이 없는 사람들은 떼를 지어 농촌으로 몰려가 가축 떼를 몰아가고, 헛간에 저장된 농작물들을 약탈했으며, 마주치는 모든 사람을 노예이든 자유인이든 가리지 않고 살해했으므로, 누구도 그들의 광포하고 불법적인 행동에 대한 소식을 전달할 수 없었다. 어떤 로마인 정무관도 법을 집행하지 않아 무정부 상태가 만연했기 때문에 무책임한 방종이 횡행했으며, 사람들은 어디서나 약탈을 자행했다. 모든 지역은 소란을 일으키며 부자들의 재산을 약탈하는 완전한 자유를 가진 사람들의 폭력과 약탈로 가득 찼다. 예전부터 자신들의 도시들에서 명성과 부를 확고하게 누리던 사람들은 이제 뜻밖에 일어난 운명의 역전을 통해 노예들의 손에 의해서 폭력적으로 재산을 상실했을 뿐 아니라, 자유인들에게서도 무례한 취급을 감수하도록 강요받았다.[23] 디오도로스는 무

---

21 같은 책, 36.5.3~36.5.4.
22 같은 책, 36.6.
23 같은 책, 36.11.

정부 상태의 혼란 속에서 부자들의 재산을 반란 노예와 가난한 자유인들이 약탈했음을 생생히 기록했다.

살비우스는 모르간티나를 포위 공격한 후 멀리 레온티니 Leontini 평야까지 농촌을 약탈하고 나서, 3만 명이나 되는 정예 노예 병사를 집결시켰다. 살비우스는 영웅신들인 팔리키 Palici 에게 희생을 바친 후, 승리에 대한 감사의 공물로 자주색 줄무늬로 테를 두른 옷을 바쳤다.[24] 자신을 왕으로 선포한 살비우스는 이후 반란 노예들에 의해 트리폰 Tryphon 왕으로 불렸다.[25] 트리폰 왕은 트리오칼라 Triocala[26]를 장악하고서 그곳에 왕궁을 건설할 의도를 가졌기 때문에, 왕이 자신의 장군을 소환하는 것처럼 아테니온을 소환하기 위해 사절을 파견했다. 모든 사람은 아테니온이 살비우스와 수위권을 다툴 것이고, 그에 뒤따른 반란 노예 사이의 싸움으로 노예 반란은 끝날 것으로 예상했다.[27]

그렇지만 행운의 여신은 두 반란 지도자가 한마음이 되게 했다. 트리폰 왕은 군대를 이끌고 신속하게 트리오칼라로 갔으며, 아테니온도 병력 3000명을 이끌고 트리오칼라로 가서는 장군이 왕에게 순종하는 것처럼 트리폰에게 순종했다.[28] 트리폰과 아테니온이 왕권을 놓고 싸우지 않고 전자가 왕이 되고 후자가 왕에게 복종하는 군사령관이 된 것은 제1차 시칠리아 노예 반란에서 에우누스와 클레온이 각각 왕과 군사령관이 된 것과 동일하다. 아테니

---

24 로마인들에게서 빼앗은 토가 프라이텍스타(toga praetexta) 또는 라티클라비아(laticlavia) 로 추정된다.

25 아마도 시리아인 왕위 찬탈자로서 트리폰(Tryphone)으로 알려진 디오도토스(Diodotos) 를 모방했을 것이다. 제1차 시칠리아 노예 반란에서 에우누스는 안티오코스라는 왕명을 얻었다.

26 트리오칼라는 아마도 카미쿠스(Camicus)와 동일할 것인데, 아크라가스(Acragas)와 가까운 요새이고 오늘날의 칼타벨로타(Caltabellota)이다.

27 Diodoros Siculus, *Bibliotheke Historike*, 36.7.1~36.7.2.

28 이에 대해서는 Diodoros Siculus, *Bibliotheke Historike*, 34/35.2.17~34/35.2.18 참조.

온은 자신의 군대의 나머지를 파견해 농촌을 방어하고, 노예들을 반란으로 끌어들이게 했다. 그러나 나중에 트리폰은 아테니온이 기회가 오면 자신을 공격할 것으로 의심하고서 아테니온을 감금했다. 트리폰은 이미 강력하던 요새를 더욱 강화했다. 트리오칼라는 세 가지 훌륭한 이점을 지녔기 때문에 그렇게 불렸다고 말해진다. 첫째, 물맛이 아주 좋은 물이 흘러넘치는 샘들이 풍부했다. 둘째, 포도와 올리브를 생산하고 경작하기가 매우 좋은 인접한 농촌이 있었다. 셋째, 거대한 난공불락의 바위 능선이 제공하는 탁월한 무력을 지니고 있었다. 트리폰은 트리오칼라 둘레에 길이 8스타데스stades[29]의 도시 성벽과 깊은 해자를 두르고 왕도로 사용했으며, 생활에 필요한 모든 것이 풍부히 공급되게 했다. 트리폰은 또한 왕궁과 시장을 건설했고, 지력이 뛰어난 충분한 수의 사람을 선발해 자문단으로 임명한 다음 자신의 내각으로 이용했다. 트리폰이 노예 집단을 집결시켰을 때, 트리폰은 자주색 테를 두른 토가와 넓은 테를 가진 튜닉을 입고, 도끼를 든 호위병들이 자신을 앞서게 했다.[30] 트리폰은 로마인들의 모든 제도를 이용해 왕의 위엄을 나타내는 모든 장식을 사용했다. 제1차 시칠리아 노예 반란에서 반란 노예들이 왕국을 건설하고 자신들의 자유를 확고히 하려고 의도한 것과 마찬가지로,[31] 트리오칼라에 중심을 둔 반란 노예들의 국가에서는 왕권이 확고하게 확립되었고, 통치에 필요한 여러 제도를 갖춘 것으로 보인다.

---

29 1마일에 조금 모자라는 길이이다.

30 Diodoros Siculus, *Bibliotheke Historike*, 36.7.3~36.7.4.

31 제1차 시칠리아 노예 반란의 의도에 대해서는 차전환, 「제1차 시칠리아 노예반란의 원인과 의도」, 149~160쪽 참조.

4. 반란의 종말

로마 원로원은 반란 노예들에 대항해 루쿨루스[32]에게 로마인과 이탈리아인 1만 4000명, 비티니아인과 테살리아인과 아카르나니아인 800명, 루카니아인 600명, 그 밖에 다른 병사 600명을 포함해 총 1만 7000명의 군대를 할당해주었다.[33] 이러한 병력을 이끌고 루쿨루스가 시칠리아로 침입하자, 트리폰은 아테니온에 대한 불신을 버리고 로마인들과 벌일 임박한 전쟁을 위한 계획을 함께 세웠다. 트리폰은 트리오칼라에서 싸울 생각이었지만, 아테니온은 넓은 공간에서 싸워야 한다고 충고했다. 아테니온의 계획대로 반란 노예들은 스키르타이아Scirthaea 근처에 4만 명에 이르는 병력으로 군영을 구축했다. 로마군 군영은 12스타데스(약 1.4마일) 떨어져 있었다.[34]

처음에는 부단한 전초전이 있었고, 그 후 양 군은 정면으로 마주쳤다. 전투는 때로는 이편으로 때로는 저편으로 기울었고, 양측에 많은 사상자를 냈다. 기병 200명을 이끌던 아테니온은 승리로 의기양양하며 자기 둘레의 전 지역을 시신들로 뒤덮었지만, 양 무릎에 상처를 입고 세 번째 가격을 당한 후 싸울 수 없게 되었으며, 그 결과 노예들은 용기를 잃고 패주했다. 아테니온은 죽은 체함으로써 다음 날 저녁 도주에 성공했다. 로마인들이 빛나는 승리를 거두었는데, 트리폰의 군대와 트리폰 자신이 방향을 돌려 도주했기 때문이었다. 많은 노예가 도주하는 동안 살해되었으며, 살해된 노예는 모두 2만 명에 이르렀다.[35] 나머지 반란 노예들은 밤을 이용해 트리오칼라로 도주했는데, 만약 총독의 군대가 추적했더라면 그들을 살해하는 것은 쉬운 일이었을

---

32 루쿨루스는 아마도 네르바를 계승해 총독이 되었던 것으로 보인다.

33 제시된 병사들의 수를 합하면 1만 6000명이다.

34 Diodoros Siculus, *Bibliotheke Historike*, 36.8.1~36.8.2.

35 같은 책, 36.8.4~36.8.5.

터였다.

트리오칼라의 반란 노예들은 낙담하지 않았으며, 적에게 비열하게 항복하지 않고 최후까지 싸우기로 맹세했다. 스키르타이아 전투 후 9일째 되는 날 총독 루쿨루스의 군대가 트리오칼라를 공격했지만 패배하고 퇴각했으며, 반란 노예들은 다시 한 번 의기양양했다. 디오도로스에 따르면 총독 루쿨루스는 나태했기 때문이든 혹은 매수되었기 때문이든, 필요한 행동을 아무것도 수행하지 않았으며, 그 때문에 나중에 로마인들에 의해 재판에 회부되어 처벌받았다.

루쿨루스의 후임 총독으로 파견된 가이우스 세르빌리우스Gaius Servilius[36]도 마찬가지로 주목할 만한 아무런 업적을 이룩하지 못했다. 세르빌리우스도 루쿨루스와 마찬가지로, 나중에 재판을 받고 추방되었다. 한편 반란 노예들의 왕 트리폰이 죽었으며, 아테니온이 왕위를 계승했다. 총독 세르빌리우스가 아테니온을 방해하는 아무런 행동도 하지 않았기 때문에, 아테니온은 도시들을 공격했고, 농촌을 유린하면서 많은 곳을 자신의 지배 아래 두었다.[37]

그해 말(기원전 101년) 로마에서는 마리우스가 마니우스 아퀼리우스Manius Aquillius[38]를 동료 집정관으로 해서 다섯 번째 집정관직에 선출되었다. 아퀼리우스가 시칠리아의 반란 노예들을 진압하는 총독으로 파견되었으며, 아퀼리우스는 용기를 발휘하며 완전한 승리를 거두었다. 아퀼리우스는 반란 노예들의 왕 아테니온과 정면으로 대결해 승리했다. 아퀼리우스는 아테니온을

---

36 아마 복점관 세르빌리우스와 동일 인물일 것인데, 세르빌리우스는 루쿨루스를 성공적으로 기소했고, 자신이 다시 루쿨루스의 아들들에게 기소당했다(Plutarchos, *Vitae parallelae*, Lucullus.1.1).

37 Diodoros Siculus, *Bibliotheke Historike*, 36.9.

38 마리우스가 다섯 번째로 집정관을 지낸 것은 기원전 101년이었다. 기원전 100년에도 전직 집정관(proconsul)으로서 시칠리아에서 계속 근무한 마리우스의 동료 마니우스 아퀼리우스를 디오도로스는 가이우스 아퀼리우스로 잘못 표기했다(같은 책, 36.10).

살해했으며, 자신도 머리에 부상을 당했지만 치료 후 회복되었다. 아퀼리우스는 이제 1만 명 정도이던 잔존 반란 노예를 상대로 전투를 계속했다. 반란 노예들이 저항하지 않고 자신들의 요새로 도피하자, 아퀼리우스는 요새를 장악할 때까지 무자비하게 모든 수단을 이용했다. 패배에도 불구하고 1000명 정도의 반란 노예들은 사티로스Satyros를 장군으로 삼아 계속 저항했다. 아퀼리우스는 처음에는 사로잡은 노예들을 처형하려고 의도했지만, 즉시 처벌하지 않고 야수들과 싸우도록 로마로 데려왔다고 한다. 일부 사람은 그 노예들이 가장 영예로운 종말을 맞이했다고 말했다. 그들은 야수들과 싸우기를 거부하고 공공 제단 앞에서 서로를 살해했는데, 사티로스가 마지막 노예를 살해한 후 자신의 손으로 영웅답게 죽었다.[39] 약 4년간 지속된 시칠리아 노예 반란은 종말을 맞이했다.

5. 맺음말

디오도로스에 따르면 기원전 2세기 시칠리아에서는 이탈리아에서와 마찬가지로 노예제가 광범하게 보급되어서, 많은 노예가 농업과 방목, 가내 봉사 등에 사역되었다. 많은 노예가 집결한 지역에서 노예들을 제대로 통제하지 않을 경우, 노예 반란의 가능성이 높아졌을 것이다. 디오도로스는 제2차 시칠리아 노예 반란을 유발한 주된 원인은 노예들의 자유에 대한 희망의 좌절이었다고 말했는데, 제1차 시칠리아 노예 반란이 노예들에 대한 노예 소유주들의 가혹한 대우와 방목 노예들에 대한 통제의 결여에서 비롯된 것과 대조된다. 제1차 시칠리아 노예 반란의 경우와 마찬가지로, 제2차 시칠리아 노예

---

39   Diodoros Siculus, *Bibliotheke Historike*, 36.10.1~36.10.3.

반란을 일으킨 노예들은 자신들의 자유를 확보하기 위해 왕을 내세우고 그 나름대로 국가를 조직했다. 반란 노예들의 집단은 예외 없이 왕국을 지향했던 것이다. 반란 노예 가운데 종교적인 예언의 능력이 있거나 평판이 있는 유능한 노예가 왕으로 추대되었고, 군사적으로 유능한 노예들이 왕에게 복종하는 군사령관이 되어 노예군을 통제했다. 반란 노예들이 추구한 왕국은 자신들이 알던 현실의 로마 국가를 모델로 한 것이었다. 반란 노예들은 단순히 주인의 억압에서 도피하려는 것보다 더욱 포괄적이고 장기적인 목적을 가지고 있었다. 제2차 시칠리아 노예 반란이 한창일 때 시칠리아에서는 반란 노예뿐 아니라 가난한 자유인들도 부자들의 재산을 약탈하고 온갖 폭력을 행사하는 무정부 상태였다. 로마제국은 병력 자원이 부족한 상황이었기 때문에 제2차 시칠리아 노예 반란의 초기 국면에 적극적으로 대처할 수 없었으며, 이 노예 반란은 4년 동안 지속되었다.

맺는 말

　　노예제는 로마사의 초창기부터 존재했지만, 로마가 제국으로 팽창하고 지중해 세계에 평화와 번영을 가져다 준 시기에 노예제사회가 가장 발달했다. 노예제사회란 주민 가운데 노예가 일정 부분(4분의 1 혹은 3분의 1)을 차지하고 그 노예 가운데 상당한 수가 경제적으로 생산적인 노동에 종사한 사회, 혹은 도시와 농촌의 잉여 생산에서 노예들이 주축을 담당한 사회를 의미한다. 그러나 노예의 수와 노예들이 담당한 경제적 역할의 관점에서 노예제사회를 정의하는 것은 노예 소유주들이 권력과 위신을 과시하기 위해서나 사치스러운 용도로 노예를 소유한 사실은 포괄하지 못한다.

　　노예제사회에서 정치사회적 엘리트를 형성한 유산계급은 노예제를 광범하게 수용했으며, 그들 중 아무도 노예제의 정당성을 의심하지 않았다. 스토아철학자들은 노예제가 자연법에 반하는 것으로 인식하고 노예 소유주들에게 노예들을 가혹하게 취급하지 말도록 충고했지만, 스토아철학자들의 관심은 현실 노예제를 개선하는 데 있었던 것이 아니라 노예 소유주들의 도덕적 행복에 있었다. 기독교는 노예들에게 하느님에게 복종하듯이 주인에게 복종하도록 가르쳤다. 노예들은 주인에게 복종하면서 헌신적인 기독교도로 삶으로써 내세에서 누릴 자유를 염원하라는 기독교의 가르침은 현실 노예제를 강화하는 데 이바지했을 것이다.

대표적인 노예제 생산양식은 노예제 농장 경영과 노예제 이목이었다. 노예제 농장은 상품생산을 지향하는 한편 곡물과 사료작물 같은 자급자족을 위한 생산도 중요시했다. 부재지주들은 빌리쿠스를 비롯한 농장 노예들을 효과적으로 관리하는 데 많은 관심을 기울였다. 농장 노예들을 관리하는 방식은 시간이 지남에 따라 달라졌다. 대 카토가 노예들에게 무자비한 태도를 보인 반면, 콜루멜라는 노예들에 대한 엄격한 통제와 함께 회유책을 겸한 당근과 채찍의 방식을 권고했다. 흔히 노예제 농장의 발달은 자영 농민의 몰락을 초래한 것으로 이해되지만, 노예제 농장은 외부 노동을 전제해 노예노동을 조직했고 주변 농민과 공존 관계에 있었던 점에도 주목할 필요가 있다.

노예제 이목이 발달할 수 있던 요건은 이목업자들이 방목용 공유지와 칼레스를 자유롭게 이용하는 것이었다. 로마 국가는 한니발 전쟁 이후 증가한 방목용 공유지를 이목업자들이 이용할 수 있게 하고 방목세를 징수하는 한편 개인이 공유지에 방목할 수 있는 가축 두 수의 한계를 설정해 이목업자 간의 과도한 경쟁을 억제했다. 노예 감독 목자의 통제 아래 가축 떼를 돌보는 노예 목자들은 빌리쿠스의 엄격한 통제 아래 있던 농장 노예들보다 상대적으로 자유로웠고 남녀 노예의 동거가 허용되었다. 노예 목자들의 동거는 노예를 통제하기 위한 방편이자 동거를 통해 태어난 자식을 양육해 목자로 이용하기 위한 수단이었다.

로마제정 시기에 노예제 농장 경영이 쇠퇴하고 소작제가 발달한 과정은 사료의 여건상 잘 알려지지 않았다. 정복 전쟁이 중단되어 노예 가격이 상승함으로써 노예제 농장 경영이 쇠퇴했다고 보는 정복 이론이나, 노예제 농장 생산성의 비탄력성을 지적한 이론은 노예제 생산양식의 몰락 원인을 충분히 설명하지 못했다. 콜루멜라는 노예들을 통제하는 문제와 관련해 노예제 농장에 부분적으로 소작제를 도입하도록 권고했음에 반해, 소 플리니우스의 사례는 부재지주들의 농장이 점점 더 소작지들로 분할되었음을 시사해준다.

농장의 수입을 극대화하기보다 안정적인 지대 수입을 확보하려는 부재지주들의 보수적인 성향도 소작제가 확산되게 한 요소로 주목할 필요가 있다. 법 사료들을 고찰해보면 제정 전기 이탈리아의 콜로누스들은 자신의 의사에 따라 지주와 계약을 맺고 계약 기간이 끝나면 소작지를 떠날 수 있는 자유인이었던 반면, 제정 후기 제국의 여러 지역에서 콜로누스들은 지주의 소작지에 결박되어 예속인 신분으로 전락했다. 예속 소작제는 콜로누스를 지주의 토지에 결박해 조세수입을 확보하고자 노력한 황제들의 산물이었다.

소작제의 발달과 콜로누스의 예속은 노예제사회의 쇠퇴와 관련되었다. 모지스 핀리는 노예제사회가 언제 어떻게 성립되었고 왜 쇠퇴했는가 하는 문제에 대해 이론적으로 설명했다. 핀리의 분석에 따르면 4세기에서 5세기에 이르렀을 때는 이탈리아와 시칠리아 같은 제국의 핵심지도 노예제사회가 아니었다. 제정기 내내 토지의 사적 소유권이 유지되었고 부유한 지주들에게 토지가 집중되는 경향은 계속되었다. 그러나 제국 전역에서 시장의 경직성이 현저했으며, 아우구스투스 시대 이후 시장이 확대될 가능성이 사라짐으로써 시장을 지향해 생산하는 도시와 농촌의 노예제 생산에 불리해졌다. 또한 노예 소유주들은 제국 내에서 독립성을 상실한 하류층의 노동을 이용할 수 있었기 때문에 노예를 충원할 필요가 없어졌다. 노예노동이 하류층의 노동으로 점차 대체된 결과 고대 말기는 여전히 많은 노예가 있었지만 더는 노예제사회가 아니었다.

노예제 농장은 근대 플랜테이션처럼 시장을 지향해 합리적으로 이윤을 추구한 것으로 평가하는 근대론자들이 있었는가 하면, 고대의 농업에서는 근대적 합리성이란 있을 수 없었다고 주장하면서 노예제 농장의 자급자족적 측면과 원시성을 강조한 원시론자들도 있었다. 근대론자들은 고대 지주와 근대 지주들의 심성이나 영리 행위에는 근본적인 차이가 없다고 보면서 로마의 노예제 생산을 자본주의와 동일시하는 경향이 있었다. 원시론자들은 자본주의 이전 경제의 생산은 순전히 경험적 지식에 입각한 생산으로, 자본주의 시대의 생산은 합리적·과학적 원리에 기초한 생산으로 대조했다. 노예제 생산과 고대 경제 일반의 특성을 둘러싼 학자들의 상반된 주장은 로마 시대에 저술된 농업서들을 바탕으로 노예제 농장의 생산 실태를 충분히 파악하지 못한 데서 비롯된 것이기도 했다. 노예제 농장은 포도주나 올리브유 등의 특화된 생산과 관련된 화폐적 부문과 자급자족을 위한 생산을 하는 자연적 부문이 긴밀하게 결합된 이중경제의 특성을 가지고 있었다.

공화정 말기와 제정 초기의 로마 노예제사회가 지닌 특징 가운데 하나는 노예 소유주들이 노예들에게 가족생활을 허용하거나 노예들을 빈번하게 해방한 것이었다. 도시에 사는 유력한 노예 소유주의 가정은 많은 노예와 피해방인을 포함한 대규모 파밀리아를 이루었다. 노예 소유주는 일부 남녀 노예에게 가족생활을 허용함으로써 그들의 충성을 용이하게 확보했다. 그러나 노예 가족의 삶은 주인에게 달려 있었으며, 주인은 필요하면 노예들의 가족관계를 무시한 채 그 구성원들을 분리해 매각하고 상속자들에게 유증하고는 했다. 그리스의 폐쇄적인 노예제와 달리, 로마의 개방적인 노예제사회는 노예도 해방되면 시민으로 받아들였다. 노예해방은 노예 소유주의 의사에 달린 문제였지만, 프린키파투스를 확립한 아우구스투스는 노예들이 무분별하게 해방되어 시민단에 들어오는 것을 규제하기 위한 법들을 제정했다. '푸피우스 칸니니우스법'은 노예 소유주가 유언장으로 해방할 수 있는 노예의 수를 소유한 노예들의 규모에 따라 일정 비율로 제한했으며, 아무리 많은 노예를 소유한 사람이라도 노예를 100명 이상 해방할 수 없게 했다. 이 법은 상류층 노예 소유주들의 과시적인 노예해방을 제한하는 것이 주된 목적이었을 것이다. '아일리우스 센티우스법'은 노예를 해방할 수 있는 노예 소유주의 최소 연령과 해방될 수 있는 노예의 최소 연령을 각각 20세와 30세로 정했고, 시민권을 얻기에 부적합한 자질을 가진 노예들은 해방되어도 시민권을 가지지 못하게 했다. 노예해방을 제한하는 법들이 노예해방의 길을 봉쇄한 것은 아니었으며, 노예들이 해방을 달성하기 위해서는 주인에게 더욱 순종하고 충성해야 한다는 것을 공식화한 효과를 발휘했을 것이다.

노예 소유주들에 의해 비공식적으로 해방되어 법적으로는 여전히 노예이지만 주인과 맺은 관계에서는 자유인으로 취급받는 비공식 피해방인들도 많았다. 노예 소유주가 노예해방 의식을 주재하는 정무관을 만나기 어려운 상황에서 우선 비공식으로 노예를 해방하기도 했지만, 경제적 이해관계를 고려해 비공식 해방을 이용했을 가능성도 있다. 비공식 피해방인과 전 주인 사이에는 긴장과 갈등의 소지가 있었다. 공화정 말기에 비공식 피해방인은 해방을 취소하려는 전 주인에 대해 법무관의 보호를 받을 수 있었으며, 제정 초기 제정된 '유니우스법'에 의해 비공식 피해방인들은 라틴 시민권을 얻음으로써 법적으로 자유인이 되었다. 라틴 시민권을 가진 비공식 피해방인들에게는 완전한 로마 시민권을 얻을 수 있는 길도 열려 있었다. 그러나 비공식 피해방인이 죽으면 그들이 소유한 재산은 페쿨리움으로 간주해 보호자인 전 주인의 소유가 되었다.

노예 검투사와 관련된 빵과 서커스는 로마 정치를 상징하는 것처럼 인식되고 있다. 오늘날의 관점에서 보면 매우 잔인하고 야만스러운 검투사 경기가 로마인들에게는 대단한 인기를 끌었다. 검투사 경기는 유력자가 죽었을 때 후손이 사자의 영혼을 달래기 위해 치르는 종교적 의식에서 비롯되었지만, 점차 세속화의 길을 걸었다. 공화정 후기에 정치권력을 추구하는 귀족들은 경쟁적으로 화려한 검투사 경기를 제공함으로써 시민들의 인기를 얻고자 했다. 제정기의 황제들은 로마에서 경기를 개최하는 권한을 독점했으며, 빵과 서커스 정책에 많은 관심과 노력을 기울였다. 검투사 경기가 벌어지는 경기장은 한편으로 황제가 위엄을 드러내고 권력을 행사하는 무대였으며, 다른 한편으로는 대중이 황제에게 권력을 드러낼 수 있는 일종의 민회와 같은 역할도 했다.

　노예들은 노예 소유주들에게 다양한 방식으로 저항했다. 로마제국의 속주 시칠리아에서 두 차례 일어난 노예 반란은 노예 전쟁으로 불릴 정도로 대규모였다. 이탈리아 중남부와 함께 시칠리아가 전형적인 노예제사회로 일컬어지는 것은 노예 반란들과 관련된 인식 때문이기도 하다. 노예들에 대한 노예 소유주의 오만과 가혹한 대우, 노예들의 약탈과 무정부 상태에서 일어난 제1차 시칠리아 노예 반란에서 노예들은 왕을 선출했다. 최고 사령관이기도 한 안티오코스 왕은 자문 회의를 구성했고 또 다른 노예 반란의 지도자 클레온과 합세해 클레온을 장군으로 임명했다. 엔나와 아그리겐툼, 타우로메니움 등을 장악한 왕은 자신과 데메테르 여신을 새긴 주화를 발행해 왕국을 선전했다. 제2차 시칠리아 노예 반란에서 왕으로 선출된 살비우스도 노예군을 조직하고 장군들을 임명했다. 살비우스는 트리오칼라 둘레에 성벽과 해자를 두르고 왕궁과 시장을 건설했다. 또한 로마 국가의 제도들을 이용해 왕의 위엄을 갖추고 왕권을 확립했다. 왕권 아래 조직된 노예들은 자유를 항구화하기 위해 요새화된 도시들을 점령하면서 세력 확장을 시도했지만, 결국 도시들을 차례로 점령하는 로마 군대에 맞서 싸우다 죽음을 맞이했다. 제2차 시칠리아 노예 반란이 한창일 때 시칠리아에서는 가난한 자유인들도 부자들의 재산을 약탈하고 온갖 폭력을 일삼는 무정부 상태였다.

참고문헌

일차 자료

Appianos. *Bellum Civile*.

Aristoteles. *Politica*.

Augustinus. *De Civitate Dei*.

Augustus. *Res Gestae Divi Augusti*.

Cassius Dio. *Historia Romana*.

Cato. *De Agricultura*.

Cicero. *De Officiis*.

_____. *Epistulae ad Atticum*.

_____. *In Pisonem*.

_____. *In Verrem*.

_____. *Pro Caecina*.

_____. *Pro Cluentio*.

_____. *Pro Roscio Amerino*.

_____. *Pro Sestio*.

_____. *Verrines*.

Columella. *De Re Rustica*.

Diodoros Siculus. *Bibliotheke Historike*.

Dionysios of Halikarnassos. *Rhomaike archaiologia*.

Eusebius. *Historia Ecclesiastica.*

Florus. *Epitome Rerum Romanarum.*

Gaius. *Institutes.*

Gellius. *Nocticum Atticarum.*

Hippolytus. *Refutatio Omnium Haeresium.*

Horatius. *Epistles.*

_____. *Satires.*

Iuvenalis, *Satires.*

Jerome. *Epistles.*

Lactantius. *De Ira Dei.*

_____. *Divinae institutiones.*

Livius. *Ab Urbe Condita.*

Martialis. *Epigrams.*

Orosius. *History against the Pagans.*

Paulus. *Sententiae.*

Petronius. *Satyricon.*

Plautus. *Rudens.*

Gaius Plinius Secundus. *Naturalis Historia.*

Gaius Plinius Caecilius Secundus. *Epistulae.*

Plutarchos. *Vitae parallelae.*

Polybios. *Historiae.*

Sallustius. *Bellum Iugurthinum.*

Salvianus, *De gubernatione Dei.*

Seneca. *Epistulae.*

Strabo. *Geographica.*

Suetonius. *De Vita Caesarum.*

Tacitus. *Annales.*

_____. *Dialogus.*

Tertullianus. *De spectaculiis.*

Ulpianus. *Regulae.*

Vallerius Maximus. *Facta et dicta memorabilia*.

Varro. *De Re Rustica*.

Velleius Paterculus. *Historiae*.

Codex Iustinianus.

Codex Theodosianus.

Digesta.

Papyri in the University of Michigan Collection.

The Oxyrhynchus Papyri.

Berlin-Brandenburgische Akademie der Wissenschaften(ed.). 1853~. *Corpus Inscrip-tiones Latinorum*, Vol. 1~16.

Dessau, H(ed.). 1892~1916. *Inscriptiones Latinae Selectae*, Vol. 1~3. Weidmannos.

Diodorus Siculus. 1966. *Diodorus of Sicily: in Twelve Volumes*. translated by C. H. Oldfather et al. Harvard University Press.

Lachmann, K. and A. Rudorff(eds.). 1848. *Gromatici veteres*. Georg Reimer.

Riccobono, S. et al(eds.). 1909~1943. *Fontes Iuris Romani Anteiustiniani*, Vol. 1~3. Barbèra

이차 자료

① 연구서

Astin, A. E. 1978. *Cato the Censor*. Oxford University Press.

Auguet, R. 1994. *Cruelty and Civilization: The Roman Games*. Routledge.

Badian, E. 1972. *Publicans and Sinners: private enterprise in the service of the Roman Republic*. Cornell University Press.

Baker, A. 2001. *The Gladiator: The Secret History of Rome's Warrior Slaves*. St. Martin's Press.

Barrow, R. H. 1928. *Slavery in the Roman Empire*. Methuen.

Beloch, K. J. 1968. *Die Bevölkerung der Griechisch-Römischen Welt*. "L'Erma' di Bretschneider.

Bömer, F. 1961. *Untersuchungen über die Religion der Sklaven in Griechenland und Rom*, III. Revue belge de philologie et d'histoire.

Bowersock, G. W. 1965. *Augustus and the Greek World*. Clarendon Press.

Bradley, K. R. 1987. *Slaves and Masters in the Roman Empire: A Study in Social Control*. Oxford University Press.

_____. 1989. *Slavery and Rebellion in the Roman World, 140 B.C.-70 B.C.* Indiana University Press.

_____. 1994. *Slavery and Society at Rome*. Cambridge University Press.

Brockmeyer, N. 1968. *Arbeitsorganisation und Ökonomisches Denken in der Gutswirtschaft des römischen Reiches*. Selbstverlag.

_____. 1987. *Antike Sklaverei*, 2nd ed. Wissenschaftliche Buchgesellschaft.

Brunt, P. A. 1971a. *Italian Manpower 225 B.C.-A.D. 14*. Oxford University Press.

_____. 1971b. *Social Conflicts in the Roman Republic*. Chatto and Windus.

Bücher, K. 1901. *Industrial Evolution*. Henry Holt and Company.

Buck, R. J. 1983. *Agriculture and Agricultural Practice in Roman Law*. Franz Steiner Verlag.

Buckland, W. W. 1908. *The Roman Law of Slavery: the condition of the slave in private law from Augustus to Justinian*. Cambridge University Press.

Burdese, A. 1952. *Studi sull'ager publicus*. G. Giappichelli.

Carandini, A. 1979. *L'anatomia della Scimmia: La Formazione Economica della Società prima del Capitale: con un commento alle Forme che precedono la produzione capitalistica dai Grundrisse di Marx*. Giulio Einaudi.

Ciccotti, E. 1977. *Il Tramonto della Schiavitù nel Mondo antico*. Fratelli Bocca.

Clausing, R. 1925. *The Roman Colonate: The Theories of its Origin*. Columbia University Press.

De Coulanges, F. 1885. *Le Colonat romain*. Hachette.

De Martino, F. 1979. *Storia Economica di Roma Antica*. La nuova Italia.

De Neeve, P. W. 1984. *Colonus: Private Farm Tenancy in Roman Italy During the Republic and the Early Principate*. Brill Academic Publishers.

_____. 1984. *Peasants in Peril: Location and Economy in Italy in the second Century B.C*. J. C. Gieben.

De Ste. Croix, G. E. M. 1981. *The Class Struggle in the Ancient Greek World: from the ArchaicAge to the Arab Conquests*. Cornell University Press.

Dilke, O. A. W. 1971. *The Roman Land Surveyors*. David and Charles.

Dohr, H. 1965. *Die italischen Gutshöfe nach den Schriften Catos und Varros*. Gouder & Hansen.

Duff, A. M. 1958. *Freedmen in the Early Roman Empire*. W. Heffer & Sons.

Duncan-Jones, R. 1982. *The Economy of Roman Empire*. Cambridge University Press.

Finley, M. I. 1973. *The Ancient Economy*. University of California Press.

_____. 1979. *Ancient Sicily*, 2nd ed. Rowman and Littlefield.

_____. 1980. *Ancient Slavery and Modern Ideology*. Viking Press.

Finley, M. I(ed.). 1974. *Studies in Ancient Society*. Routledge and K. Paul.

Fox, R. L. 1986. *Pagans and Christians*. Viking.

Frank, T. 1975. *An Economic Survey of Ancient Rome*, Vol. I, reprinted. The Johns Hopkins Press.

Frayn, J. M. 1984. *Sheep-Rearing And The Wool Trade in Italy during the Roman Period*. F. Cairns.

Frier, B. W. 1980. *Landlords and Tenants in Imperial Rome*. Princeton University Press.

Gabba, E. 1967. *Appiani Bellorum Civilium Liber Primus*. Nuova Italia Ed.

Gabba, E. and M. Pasquinucci. 1979. *Strutture Agrarie E Allevamento Transumante Nell'Italia Romana (III~I Sec. a.C.)*. Giardini.

Garnsey, P. 1988. *Famine and Food Supply in the Greco-Roman World*. Cambridge University Press.

_____. 1996. *Ideas of Slavery from Aristotle to Augustine*. Cambridge University Press.

Gasparro, G. S. 1973. *I culti orientali in Sicilia*. Brill.

Giardina, A. and A. Schiavone(eds.). 1981. *Società Romana E Produzione Schiavistica*, Vol. 1-111. Laterza.

Goffart, W. A. 1974. *Caput and Colonate: toward a History of Late Roman Taxation*. University of Toronto Press.

Griffin, M. T. 1976. *Seneca: A Philosopher in Politics*. Clarendon Press.

Gummerus, H. 1906. *Der römische Gutsbetrieb als Wirtschaftlicher Organismus nach den Werken des Cato, Varro, und Columella*. Klio, Beiheft 5. Dieterich.

Harris, W. V. 1971. *Rome in Etruria and Umbria*. Clarendon Press.

Heitland, W. E. 1921. *Agricola: A Study of Agriculture and Rustic Life in the Greco-Roman World from the Point of View of Labour*. Cambridge University Press.

Hopkins, K. 1978. *Conquerors and Slaves*. Cambridge University Press.

_____. 1983. *Death and Renewal*. Cambridge University Press.

Johne, K. P., J. Köhn and V. Weber. 1983. *Die Kolonen in Italien und den westlichen Provinzen des römischen Reiches: eine Untersuchung der literarischen, juristischen und epigraphischen Quellen vom 2. Jahrhundert v.u.Z. bis zu den Severern*. Akademie-Verlag.

Johnston, H. W. 1903. *The Private Life of the Romans*. Foresman and Co.

Jolowicz, H. F. 1972. *Historical Introduction to the Study of Roman Law*. Cambridge University Press.

Jones, A. H. M. 1957. *Athenian Democracy*. B. Blackwell.

_____. 1964. *The Later Roman Empire, 284-602: a social economic and administrative survey*. University of Oklahoma Press.

_____. 1970. *Augustus*. Chatto & Windus.

Kaltenstadler, W. 1978. *Arbeitsorganisation und Führungssystem bei den römischen Agrarschriftstellern*. Lucius & Lucius.

Kehoe, D. P. 1988. *The Economics of Agriculture on Roman Imperial Estates in North Africa*. Vandenhoeck and Ruprecht.

Kiechle, F. 1969. *Sklavenarbeit und technischer Fortschritt im römischen Reich*. Franz Steiner Verlag.

Kuzishchin, V. I. 1984. *La grande proprietà agraria nell'Italia romana. II secolo a. C. I secolo d. C.* translated by S. Arcella. Editori Riuniti.

Levick, B. M. 1990. *Claudius.* Yale University Press.

Love, J. R. 1991. *Antiquity and Capitalism: Max Weber and the Sociological Foundations of Roman Civilization.* Routledge.

Lugli, G. 1938. *I monumenti antichi di Roma e suburbio iii: A traverso le regioni.* G. Bardi.

MacMullen, R. 1990. *Changes in the Roman Empire: Essays in the Ordinary.* Princeton University Press.

Marx, K. and F. Engels. 1979. *Pre-Capitalist Socio-Economic Formations: a collection.* Progress Publishers.

Massey, M. and P. Moreland. 1978. *Slavery in Ancient Rome.* Macmillan Education.

Mayer-Maly, T. 1956. *Locatio Conductio: Eine Untersuchung zum klassichen römischen Recht.* Herold.

Mommsen, T. 1887. *Römische Staatsrecht*, Vol. 2. S. Hirzel Verlag.

_____. 1887. *Römische Staatsrecht*, Vol. 3. S. Hirzel Verlag.

Parrish, D. 1984. *Season Mosaics of Roman North Africa.* Giorgio Bretschneider Editore.

Rickman, G. 1980. *The Corn Supply of Ancient Rome.* Clarendon Press.

Rostovtzeff, M. I(Rostowzew, M). 1910. *Studien zur Geschichte des römischen Kolonates.* Vieweg & Teubner Verlag.

_____. 1926. *The Social and Economic History of the Roman Empire*, Vol. 1. Clarendon Press.

_____. 1960. *Rome.* translated by James Duff. Oxford University Press.

Salvioli, G. 1985. *Il Capitalismo antico: Storia dell'economia romana.* Laterza.

Schiavone, A. 2000. *The End of the Past: Ancient Rome and the Modern West.* Harvard University Press.

Schneider, H(ed.). 1976. *Zur Sozial und Wirtschaftsgeschichte der späten Römischen Republik.* Wissenschaftliche Buchgesellschaft.

Schtaerman, E. M(Staerman, E. M.). 1964. *Die Krise der Sklavenhalterordnung im*

Westen des römischen Reiches, translated by W. Seyfarth. Akademie-Verlag.

_____. 1969. *Die Blütezeit der Sklavenwirtschaft in der Römischen Republik*, translated by M. Bräuer-Pospelova. Franz Steiner Verlag.

Shaw, B. D. 2001. *Spartacus and the Slave Wars*. Bedford/St. Martin's.

Sherwin-White, A. N. 1967. *Racial Prejudice in Imperial Rome*. Cambridge University Press.

_____. 1973. *The Roman Citizenship*. Clarendon Press.

Stockton, D. L. 1979. *The Gracchi*. Clarendon Press.

Tibiletti, G. 1978. *Storia Locali dell'Italia Romana*. Università di Pavia.

Toynbee, A. J. 1965. *Hannibl's Legacy: The Hannibalic War's Effects on Roman Life*, Vol. II: Rome and Her Neighbours after Hannibal's Exit. Oxford University Press.

Trapenard, C. 1908. *L'ager Scripturarius: Contribution a L'histoire de la propriété collective*. Société du Recueil J.-B. Sirey et du Journal de Paris.

Treggiari, S. 1969. *Roman Freedmen during the Late Republic*. Clarendon Press.

Tröltsch, E. 1931. *The Social Teaching of the Christian Churches*, Vol. 1. translated by O. Wyon. George Allen and Unwin.

Urbainczyk, T. E. 2008. *Slave Revolts in Antiquity*. University of California Press.

Verbrugghe, G. P. 1971. *The Sicilian Economy and the Slave Wars c. 210-70 B.C.: Problems and Sources*. Princeton University Press.

Veyne, P. 1990. *Bread and Circuses: Historical Sociology and Political Pluralism*, translated by Brian Pearce. The Penguin Press.

Vogt, J. 1957. *Struktur der antiken Sklavenkriege*. Akademie der Wissenschaften und der Literatur.

_____. 1965. *Sklaverei und Humanität: Studien zur antiken Sklaverei und ihrer Erforschung*. Franz Steiner Verlag.

_____. 1975. *Ancient Slavery and the Ideal of Man*. translated by T. E. J. Wiedemann. Harvard University Press.

Wallon, H. 1847. *Histoire de l'esclavage dans l'antiquité*, Vol. I. L'imprimerie royale.

Watson, A. 1987. *Roman Slave Law*. Johns Hopkins University Press.

Weaver, P. R. C. 1972. *Familia Caesaris: A Social Study of the Emperor's Freedmen and Slaves.* Cambridge University Press.

Weber, M. 1891. *Die römische Agrargeschichte in ihrer Bedeutung für das Staats-und Privachtrecht.* F. Enke.

_____. 1976. *The Agrarian Sociology of Ancient Civilization.* translated by Richard Ira Frank. Humanities Press.

Weiss, A. 2004. *Sklave der Stadt: Untersuchungen zur öffentlichen Sklaverei in den Städten des römischen Reiches.* Franz Steiner Verlag.

Westermann, W. L. 1955. *The Slave Systems of Greek and Roman Antiquity.* American Philosophical Society.

White, K. D. 1970. *Roman Farming.* Cornell University Press.

Whittaker, C. R(ed.). 1988. *Pastoral Economies in classical Antiquity.* Cambridge Philological Society.

Wiedemann, T. E. J. 1981. *Greek and Roman Slavery: A Sourcebook.* Routledge.

_____. 1992. *Emperors and Gladiators.* Routledge.

Wilson, A. J. N. 1966. *Emigration from Italy in the Republican Age of Rome.* Manchester University Press.

Wood, E. M. 1988. *Peasant-Citizen and Slave: The Foundations of Athenian Democracy.* Verso.

Yavetz, Z. 1988. *Slaves and Slavery in Ancient Rome.* Transaction Publishers.

高麗大學校大學院 西洋古代史研究室 편역. 1981. 『西洋 古典古代 經濟와 奴隷制』. 法文社.

브래들리, K. R(Keith R. Bradley). 2001. 『로마제국의 노예와 주인: 사회적 통제에 대한 연구』. 차전환 옮김. 신서원.

핀리, 모시스(Moses I. Finley). 1998. 『고대 노예제도와 모던 이데올로기』. 송문현 옮김. 민음사.

핀리, M. I(Moses I. Finley) 엮음. 1976. 『古代奴隷制』. 金鎭京 옮김. 探求堂.

② 논문

Alföldy, G. 1972. "Die Freilassung von Sklaven und die Struktur der Sklaverei in der
  Römischen Kaiserzeit." *Rivista Storica dell' Anticità*, 2.

Atkinson, K. M. T. 1966. "The Purpose of the Manumission Laws of Augustus." *The
  Irish Jurist*, 1.

Bloch, M. 1975. "How ancient slavery came to an end." in M. Bloch. *Slavery and
  Serfdom in the Middle Ages: selected essays.* translated by William R. Beer.
  University of California Press.

Bradley, K. R. 1979. "Holidays for Slaves." *Symbolae Osloenses: Norwegian Journal
  of Greek and Latin Studies*, Vol. 54, Issue 1.

_____. 1983. "Slave Kingdoms and Slave Rebellions in Ancient Sicily." *Historical
  Reflections*, 10.

_____. 1987. "On the Roman Slave Supply and Slavebreeding." in M. I. Finely(ed.).
  Classical Slavery. F. Cass.

_____. 2010. "Freedom and Slavery." in A. Barchiesi and W. Scheidel(eds.). *The
  Oxford Handbook of Roman Studies.* Oxford University Press.

Brockmeyer, N. 1971. "Der Kolonat bei römischen Juristen der republikanischen und
  augusteischen Zeit." *Historia*, 20.

Brunt, P. A. 1975. "Two great Roman Landowners." *Latomus*, 34.

_____. 1993. "Aristotle and Slavery." in P. A. Brunt. *Studies in Greek History and
  Thought.* Oxford University Press.

Carandini, A. 1980. "Il Vigneto e la Villa del Fondo di Settefinestre nel Cosano: Un Caso
  di Produzione Agricola per il Mercato Transmarino." *Memoirs of the American
  Academy in Rome*, 36.

_____. 1983. "Columella's Vineyards and the Rationality of the Roman Economy."
  Opus, II.

Carl, G. 1926. "Die Agrarlehre Columellas." *Vierteljahresschrift für Sozial- und Wirtschafts-
  geschichte*, 19.

Carrington, R. C. 1931. "Studies in the Campanian 'Villae Rustica'." *Journal of Roman

Studies, 21.

Daube, D. 1946. "Two early Patterns of Manumission." *Journal of Roman Studies*, 36.

Day, J. 1932. "Agriculture in the Life of Pompeii." *Yale Classical Studies*, 3.

De Neeve, P. W. 1985. "The Price of Agricultural Land in Roman Italy and the Problem of Economic Rationalism." *Opus*, 4.

_____. 1990. "A Roman Landowner and his Estates: Pliny the Younger." *Athenaeum*, 79.

Duncan-Jones, R. P. 1976. "Some Configuration of Landholding in the Roman Empire." in M. I. Finley(ed.). *Studies in Roman Property*. Cambridge University Press.

Dyson, S. L. 1978. "Settlement Patterns in the Ager Cosanus: The Wesleyan University Survey, 1974-1976." *Journal of Field Archaeology*, 5.

Finley, M. I. 1959. "Was Greek Civilization Based on Slave Labour?." *Historia*, 8.

_____. 1965. "Technical Innovation and Economic Progress in the Ancient World." *Economic History Review*, Vol. 18.

_____. 1976. "Private Farm Tenancy in Italy before Diocletian." in M. I. Finley(ed.). *Studies in Roman Property*. Cambridge University Press.

_____. 1982. "Problems of slave society: some reflections on the debate." *Opus*, II.

Flory, M. B. 1978. "Family in Familia: Kinship and Community in Slavery." *American Journal of Ancient History*, 3.

Forrest, W. G. G. and T. C. W. Stinton. 1962. "The First Sicilian Slave War." *Past and Present*, 22.

Frank, T. 1916. "Race mixture in the Roman Empire." *American Historical Review*, 21.

_____. 1932. "The Sacred Treasure and the Rate of Manumission." *American Journal of Philology*, 53(4).

_____. 1935. "On the Migration of Romans to Sicily." *American Journal of Philology*, 56.

Fraschetti, A. 1981. "Per una prosopografia dello sfruttamento: Romani e Italici in Sicilia, 212-44 a. C." *Società romana e produzione schiavistica*, I.

Frederiksen, M. W. 1975. "Theory, evidence and the ancient economy." *The Journal of Roman Studies*, Vol. 65.

Frier, B. W. 1978. "Tenant's Liability for Damage to Landlord's Property in Classical Roman Law." *Zeitschrift der Savigny-Stiftung für Rechtsgeschichte: Romanistische Abteilung*, Vol. 95.

_____. 1979. "Law, Technology, and Social Change: The Equipping of Italian Farm Tenancies." *Zeitschrift der Savigny-Stiftung für Rechtsgeschichte: Romanistische Abteilung*, Vol. 96, Issue 1(August).

Günther, R. 1969. "Kolonen und Sklaven in der Schrift de re rustica Columella's." in H. von Ruth Stiehl and H. E. Stier(eds.). *Beiträge zur Alten Geschichte und deren Nachleben: Festschrift für Franz Altheim zum 6. 10. 1968*. De Gruyter.

_____. 1976. "Die Entstehung des Kolonats im 1. Jahrhundert v. u. Z. in Italien." in H. Schneider(ed.). *Zur Sozial – und Wirtschaftsgeschichte der späten römischen Republik*. Wissenschaftliche Buchgesellschaft.

Gabba, E. 1979. "Sulle strutture agrarie dell' Italia romana fra 3. e I. sec. a.C." in E. Gabba, M. Pasquinucci. *Strutture Agrarie E Allevamento Transumante Nell' Italia Romana (III~I Sec. a. C.)*. Giardini.

Garnsey, P. D. A. 1976. "Peasants in Ancient Roman Society." *Journal of Roman Studies*, 3.

_____. 1980. "Non-Slave Labour in the Roman World." in P. D. A. Garnsey(ed.). *Non-Slave Labour in the Greco-Roman World*. Cambridge Philological Society.

_____. 1988. "Mountain Economies in Southern Europe." in C. R. Whittaker(ed.). *Pastoral Economies in Classical Antiquity*. The Cambridge Philological Society.

Green, P. 1961. "The First Sicilian Slave War." *Past and Present*, 20.

Grenier, A. 1905. "La Transhumance des troupeaux en Italie et son rôle dans l'histoire romaine." *Mèlanges d'Archèologie et d'Histoire*, Vol. 25.

Held, W. 1971. "Das Ende der progressiven Entwicklung des Kolonates am Ende des 2. und in der ersten Hälfte des 3. Jahrhunderts im römischen Imperium." *Klio*, 53.

Hinrichs, F. T. 1966. "Die Lex agraria des Jahres 111 v. Chr." *Zeitschrift der Savigny-Stiftung für Rechtsgeschichte*, 83.

Jameson, M. H. 1977. "Agriculture and Slavery in Classical Athens." *Classical Journal*, 73.

Johannsen, K. 1971. "Die Lex Agraria des Jahres III v. Chr. Text und Kommentar." Ph.D. dissertation, Ludwig-Maximilians Universität München.

Jones, A. H. M. 1974a. "The Cloth Industry under the Roman Empire." in A. H. M. Jones. *The Roman Economy: studies in ancient economic and administrative history.* Rowman and Littlefield.

_____. 1974b. "The Roman Colonate." in A. H. M. Jones. *The Roman Economy: studies in ancient economic and administrative history.* Rowman and Littlefield.

Kehoe, D. P. "Allocation of Risk and Investment on the Estates of Pliny the Younger." *Chiron*, 18.

Kloft, H. 1984. "Arbeit und Arbeitsverträge in der griechisch-römischen Welt." *Saeculum*, Vol. 35, Issue 3-4.

Konstan, D. 1975. "Marxism and Roman Slavery." *Arethusa*, 8.

Krenkel, W. 1965. "Zu den Tagelöhnern bei der Ernte in Rom." *Romanitas*, 6/7.

Kromayer, J. 1914. "Die wirtschaftliche Entwicklung Italiens im II. und I. Jahrhundert v. Chr." *Neue Jahrbücher für das klassische Altertum, Geschichte und deutsche Literatur*, 17.

Kudlien, F. 1988. "Zur sozialen Situation des flüchtigen Sklaven." *Hermes*, 116.

Kyrtatas, D. J. 1995. "Slavery as Progress: Pagan and Christian Views of Slavery as Moral Training." *International Sociology*, Vol. 10.

Last, H. M. 1934. "The Social Policy of Augustus." *The Cambridge Ancient History*, X. Cambridge University Press.

Lauffer, S. 1961. "Die Sklaverei in der griechisch-römischen Welt." *Gymnasium*, 68 (*Rapports: XIe Congrès international des sciences historiques, Stockholm 21 - 28 août 1960. 2, Antiquité.* Almqvist and Wiksell International).

Lübtow, U. von. 1956. "Catos Leges Venditioni et Locationi Dictae." *Eos*, 48.

MacMullen, R. 1986. "What Difference did Christianity make?." *Historia*, Bd. 35, H. 3.

Manacorda, D. 1978. "The Ager Cosanus and the Production of the Amphorae of Sestius: New Evidence and a Reassessment." *Journal of Roman Studies*, 68.

Manganaro, G. 1980. "La provincia romana." in E. Gabba and G. Vallet(eds.). *La Sicilia antica*, II, Part 2. Storia di Napoli e della Sicilia.

Manning, C. E. 1989. "Stoicism and slavery in the Roman Empire." *Aufstieg und Niedergang der römischen Welt*, II, 36.3.

Maróti, E. 1976. "The Vilicus and the Villa-System in ancient Italy." *Oikumene*, 1.

Mazza, M. 1981. "Terre e lavoratori nella Sicilia tardorepubblicana." *Società romana e produzione schiavistica*, I.

Mickwitz, G. 1937. "Economic rationalism in Graeco-Roman agriculture." *English Historical Review*, 52.

Momigliano, A. 1987. "Moses Finley and Slavery." in Moses I. Finley(ed.). *Classical Slavery*. F. Cass.

Pasquinucci, M. 1979 "La Transumanza Nell' Italia Romana." in E. Gabba and M. Pasquinucci, *Strutture Agrarie E Allevamento Transumante Nell' Italia Romana* (III~I Sec. a.C.). Giardini.

Purcell, N. 1985. "Wine and Wealth in Ancient Italy." *The Journal of Roman Studies*, 75.

Rathbone, D. W. 1981. "The Development of Agriculture in the 'Ager Cosanus' during the Roman Republic: Problems of Evidence and Interpretation." *Journal of Roman Studies*, 71.

_____. 1983. "The Slave Mode of Production in Italy." *Journal of Roman Studies*, 73.

Rawson, B. 1966. "Family Life among the Lower Classes at Rome in the First Two Centuries of the Empire." *Classical Philology*, 61.

Revillout, C. J. 1856. "Etude sur l'histoire du colonat chez les Romains." *Extrait de la Revue Historique de Droit français et étranger*, numero de sept.-oct.

Robinson, E. S. G. 1920. "Antiochus King of the Slaves." *Numismatic Chronicle*, 20.

Rosafio, P. 1991. "Studies in the Roman Colonate." Ph.D. Thesis, University of Cambridge.

Rubinsohn, W. Z. 1971. "Was the Bellum Spartacium a Servile Insurrection?." *Rivista di filologia e d'instruzione classica*, 99.

_____. 1982. "Some Remarks on the Causes and Repercussions of the so-called 'Second

Slave Revolt' in Sicily." *Athenaeum*, 60.

Sabattini, A. 1977. "Sulla transumanza in Varrone." *Athenaeum*, 55.

Saller, R. P. 1987. "Slavery and the Roman Family." in Moses I. Finely(ed.). *Classical Slavery*. F. Cass.

Schlaifer, R. 1936. "Greek theories of Slavery from Homer to Aristotle." *Harvard Studies in Classical Philology*, 47.

Sirks, A. J. B. 1981. "Informal Manumission and the Lex Junia." *Revue Internationale des droits de l'antiquité*, 28.

_____. 1983. "The lex Junia and the Effects of Informal Manumission and Iteration." *Revue internationale des droits de l'Antiquité*, 30.

Skydsgaard, J. E. 1974. "Transhumance in Ancient Italy." *Analecta Romana*, VII.

Starr, C. G. 1958. "An Overdose of Slavery." *Journal of Economic History*, 18.

Tibiletti, G. 1949. "Il possesso dell'ager publicus e le norme de modo agrorum sino ai Gracchi." *Athenaeum*, 27.

_____. 1950. "Ricerche di Storia Agraria Romana." *Athenaum*, 28.

_____. 1955. "Lo Sviluppo del Latifondo in Italia dall'Epoca Gracana al Principio dell'Impero." *Relazioni del X Congresso Internazionale di Scienze Storiche*, Vol. 2.

Treggiari, S. 1975. "Family Life among Staff of the Volusii." *Transactions of the American Philological Association*, 105.

Verbrugghe, G. P. 1972. "Sicily 210-70 B.C.: Livy, Cicero, and Diodorus." *Transactions and Proceedings of the American Philological Association*, 103.

_____. 1973. "The 'Elogium' from Polla and the First Slave War." *Classical Philology*, 68.

_____. 1974. "Slave Rebellion or Sicily in Revolt?" *Kokalos*, 20.

Weaver, P. R. C. 1990. "Where have all the Junian Latins gone? Nomenclature and Status in the Early Empire." *Chiron*, 20.

Weber, M. 1924. "Die soziale Gründe des Untergangs der Antiken Kultur." in Marianne Weber(ed.). *Gesammelte Aufsätze zur Sozial-und Wirtschaftsgeschichte*. J. C. B. Mohr.

Westermann, W. L. 1945. "Slave Maintenance and Slave Revolts." *Classical Philology*, 40.

White, K. D. 1965. "The Productivity of Labour in Roman Agriculture." *Antiquity*, 39.

_____. 1973. "Roman Agricultural Writers I: Varro and his Predecessors." in H. Temporini(ed.). *Aufstieg und Niedergang der römischen Welt*, Part 1, Vol. 4: Philosophie und Wissenschaften; Künste. Walter de Gruyter & Co.

_____. 1976. "Latifundia. Eine kritische Prüfung des Quellenmaterials über Grossgüter in Italien und Sizilien bis zum Ende des ersten Jahrhunderts n. Chr." in H. Schneider(ed.). *Zur Sozial-und Wirtschaftsgeschichte der späten römischen Republik*. Wissenschaftliche Buchgesellschaft.

Whittaker, C. R. 1987. "Circe's Pigs: From Slavery to Serfdom in the Later Roman World." in Moses I. Finely(ed.). *Classical Slavery*. F. Cass.

Wiedemann, T. E. J. 1985. "The Regularity of Manumission at Rome." *Classical Quarterly*, 35.

Yeo, C. A. 1948. "The Overgrazing of Ranch-Lands in Ancient Italy." *Transactions and Proceedings of the American Philological Association*, 79.

_____. 1952. "The Development of the Roman Plantation and Marketing of Farm Products." *Finanz-Archiv*, 13.

_____. 1952. "The Economics of Roman and American Slavery." *Finanzarchiv*, 13.

김경현(金炅賢). 1986. 「西紀前 2世紀 前半의 이탈리아의 農業構造의 變化: 티베리우스·그락쿠스의 土地改革의 社會·經濟的 背景」. ≪史學志≫, 20집.

_____. 1989. 「고대사학자 핀리: 지적 배경을 중심으로」. 梁秉祐 엮음. 『歷史家와 歷史認識』. 民音社.

_____. 1990. 「스파르타쿠스 봉기의 성격에 관하여, 제1부: 연구사의 개관」. ≪서양사론≫, 제35호(1990)

_____. 1998. 「서양 고대세계의 奴隷制」. 歷史學會 엮음. 『노비·농노·노예: 隷屬民의 比較史』. 一潮閣.

김창성. 2000. 「콜로누스의 위상과 조세징수」. 허승일 외. 『로마 제정사 연구』. 서울대학교 출판부.

웨스터맨, W. L(William Linn Westermann). 1976. 「古代 희랍에 있어서의 奴隷制와 自由의 諸要素」. M. I. 핀리(Moses I. Finley) 엮음. 『古代奴隷制』. 金鎭京 옮김. 探求堂.

차영길. 1993. 「로마노예제의 발전과 실제」. 池東植 엮음. 『西洋 古代와 中世의 社會』. 新陽社.

차전환(車轉桓). 1987.「紀元前 二世紀前半 로마의 農場經營: 카토의 農業書를 中心으로」. ≪歷史學報≫, 116집.

_____. 1990. 「로마 共和政 後期의 移牧」. ≪歷史學報≫, 제128집.

_____. 1992. 「코사 지역(ager cosanus)의 定住樣式과 農業構造」. ≪歷史教育≫, 제52집.

_____. 1993. 「로마 공화정 후기 이탈리아의 소농의 존재여건」. ≪서양사론≫, 제40호.

_____. 1994. 「로마 제정 초기 이탈리아의 농장경영: 콜루멜라의 농업서를 중심으로」. ≪충남사학≫, 제6집.

_____. 1996a. 「로마시대 노예제의 발달」. 김진경 외. 『서양고대사강의』. 한울.

_____. 1996b. 「핀리(M.I. Finley)의 노예제론」. ≪忠南史學≫, 제8집.

_____. 1997. 「로마 공화정말 제정초기의 colonus와 소작제의 기원」, ≪歷史教育≫, 제63집.

_____. 1998. 「로마 공화정말 제정초기 비공식 해방노예의 지위」. ≪忠南史學≫, 제10집.

_____. 1999. 「로마 공화정말 제정초기의 노예 가족(slave family)」. ≪湖西史學≫, 제27집.

_____. 2000a. 「노예제에서 소작제로의 이행」. 허승일 외. 『로마 제정사 연구』. 서울대학교출판부.

_____. 2000b. 「로마 제정초기 노예해방을 제한하는 법들」. ≪歷史學報≫, 제166집.

_____. 2001. 「서양 고대 사회경제사 연구와 경제의 특성에 대한 서술」. 尹世哲教授停年紀念歷史學論叢刊行委員會 엮음. 『時代轉換과 歷史認識』. 솔.

_____. 2002. 「고대노예제 연구의 쟁점들」. ≪西洋古代史研究≫, 제11집.

_____. 2003. 「로마 제정초기 북아프리카 황제령의 경영」. ≪서양사론≫, 제76호.

_____. 2008a. 「제1차 시칠리아 노예반란의 원인과 의도」. ≪西洋古代史研究≫, 제23집.

_____. 2008b. 「제2차 시칠리아 노예반란에 대한 디오도로스의 서술」. ≪人文論叢≫, 제22집.

찾아보기

차전환

충남대학교 영어영문학과를 졸업하고 서울대학교 대학원 역사교육과와 성균관대학교 대학원 사학과를 졸업했으며 현재 충남대학교 사학과 교수로 재직하고 있다. 저서로는 『로마 제국과 크리스트교』(2006), 『(인물로 보는) 서양고대사: 고대 그리스에서 로마 제정 시대까지』(공저, 2006), 『서양고대사강의(개정판)』(공저, 2011) 등이 있으며 역서로는 『로마제국의 노예와 주인: 사회적 통제에 대한 연구』(2001), 『타키투스의 역사』(공역, 2011)가 있다.

한울아카데미 1859

고대 노예제사회

로마 사회경제사

ⓒ 차전환, 2015

지은이 **차전환** | 펴낸이 **김종수** | 펴낸곳 **한울엠플러스(주)** | 편집 **이황재**

초판 1쇄 인쇄 **2015년 12월 15일** | 초판 1쇄 발행 **2015년 12월 30일**

주소 **10881 경기도 파주시 광인사길 153 한울시소빌딩 3층** | 전화 **031-955-0655** | 팩스 **031-955-0656**
홈페이지 **www.hanulmplus.kr** | 등록번호 **제406-2015-000143호**

Printed in Korea.
ISBN 978-89-460-5859-0 93920 (양장)
ISBN 978-89-460-6103-3 93920 (반양장)

* 책값은 겉표지에 표시되어 있습니다.